그림으로 풀어쓴
역경

圖解易經 (Tu Jie Yi Jing)
Compiled by Zu Xing
Text and Illustration ⓒ 2006 Beijing ZITO Books ZITO
Korean translation copyright ⓒ 2010 Gimm-Young Publishers, Inc.
This Korean edition is published with authorization by Beijing Zito Books Co., Ltd.
All rights reserved

그림으로 풀어쓴 역경

풀어쓴이_ 주싱
옮긴이_ 고광민

1판 1쇄 발행_ 2010. 3. 18.
1판 8쇄 발행_ 2025. 3. 26.

발행처_ 김영사
발행인_ 박강휘

등록번호_ 제406-2003-036호
등록일자_ 1979. 5. 17.

경기도 파주시 문발로 197(문발동) 우편번호 10881
마케팅부 031)955-3100, 편집부 031)955-3200, 팩시밀리 031)955-3111

이 책의 한국어 판 저작권은 저작권자와의 독점계약으로 김영사에 있습니다.
저작권법에 의해 한국 내에서 보호를 받는 저작물이므로 무단전재와 복제를 금합니다.

값은 뒤표지에 있습니다.
ISBN 978-89-349-3766-1 03150

홈페이지_ www.gimmyoung.com   블로그_ blog.naver.com/gybook
인스타그램_ instagram.com/gimmyoung   이메일_ bestbook@gimmyoung.com

좋은 독자가 좋은 책을 만듭니다.
김영사는 독자 여러분의 의견에 항상 귀 기울이고 있습니다.

그림으로 풀어 쓴
역易경經

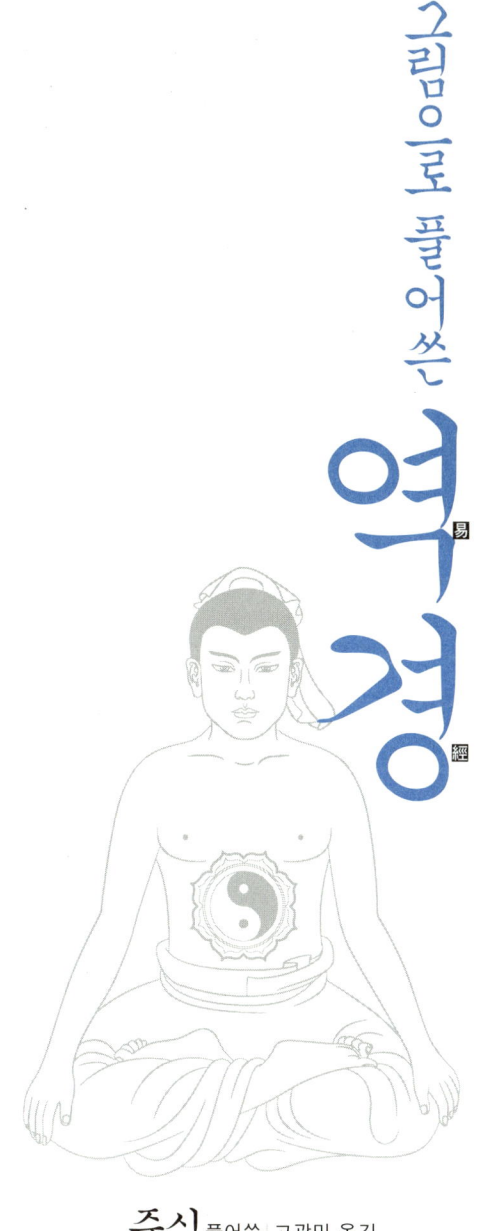

주싱 풀어씀 | 고광민 옮김

김영사

책을 내면서

《역경》은 대다수의 중국인들에게는 익숙한 경전으로, 몇천 년 동안 중국인의 잠재의식 속에서 깊게 자리 잡아, 개인의 행위와 사회 발전에 방향을 제시했다.

사서삼경四書五經 중에 처음이 《역경》이며, 노자의 《도덕경老子道德經》 중 88개의 구절이 《역경》에서 왔다. 또한 한의학 경전인 《황제내경黃帝內經》에도 《역경》의 음양陰陽, 오행五行, 팔괘八卦, 태극太極이 수없이 등장한다. 공자 역시 "하늘이 나에게 몇 년을 더 주어 《주역周易》을 다 배우게 해준다면 큰 허물은 없을 것이다"라고 하며, 젊은 시절 《역경》을 배우지 못했음을 안타까워했다. 이처럼 《역경》은 중국 사상의 대표라고 할 수 있으며, 동양 사상의 근간이라 말할 수 있다.

《역경》은 음양, 강유剛柔의 조화 속에 멈추지 않고 쉼 없이 정진하는 것을 강조한다. 《역경》은 양효陽爻를 상징하는 '—'과 음효陰爻를 상징하는 '--'을 기본 부호로 한다. 이를 근거로 팔괘를 두 개씩 중첩하여 만들어진 육십사괘를 통하여 우주 만물의 모든 현상을 설명한다. 또한 점술을 통해 천도天道, 지도地道, 인도人道의 규율을 드러낸다.

《역경》〈계사전繫辭傳〉에서는 "한 번은 음陰이 되고 한 번은 양陽이 되는 것을 도道라 한다"고 했다. 모든 사물의 변화는 시간과 장소에 따라 양강陽剛이 되기도 하고 음유陰柔가 되기도 한다. 이러한 음양의 변화 법칙이 바로 천도이자 인도다. 《역경》에서 밝히고 있는 천도, 지도, 인도는 우주 만물이 음양의 변화 법칙에 따라 움직이는 규율이다. 그 규율은 바로 모든 사물이 변화한다는 것이며, 그 변화한다는 규율은 변함 없이 계속 진행된다. 또한 그 규율은 복잡하면서도 간단하여, 변화 중에 발전을 이루고 반복을 통해 조화와 통일을 이룬다. 사람이 이러한 규율을 이해하고, 시시때때로 변하는 상황에 대응한다면 쉼 없이 정진할 수 있으며, 사회에 커다란 발전을 가져올 것이다.

어떤 의미에서《역경》은 현실 생활의 중요한 지침이 될 수도 있지만, 너무 심오하고 어렵다는 인식 때문에 사람들이 쉽게 다가가지 못했다. 일반인들이《역경》을 접하지 못했던 이유는 여러 가지가 있다. 우선,《역경》의 부호符號, 괘명卦名, 승乘, 승承, 비比, 응應 등의 의미가 무엇인지 쉽게 이해하기 힘들었다. 또한 역술인들이 점괘, 관상, 풍수 등을 볼 때, 천간天干, 지지地支, 음양, 오행 등 어려운 용어들을 거론하며,《역경》을 신비스럽게 포장한 것도 주요한 이유다. 하지만 더 큰 이유는 쉽게 설명한 책이 없었다는 것이다. 우리는 서점에서 여러 종류의《역경》을 볼 수 있지만《역경》의 상象, 수數, 이理, 점占을 상세하게 설명한 책은 매우 적다. 바삐 움직이는 현대인의 삶의 패턴 속에서, 많은 시간을 들여《역경》을 공부하는 것은 쉬운 일이 아니다. 때문에 현대인은《역경》을 쉽게 접하지 못하고 있다.《역경》이 아무리 훌륭한 내용을 담고 있는 최고의 경전이라 해도, 무슨 내용인지 쉽게 전달하지 못한다면, 오늘날 우리에게는 쓸모없는 물건에 불과할 뿐이다.

이러한 배경에서 이 책은 처음《역경》을 접하는 독자들을 위해 현대의 새로운 형식으로 풀이했다. 우선 기본 지식을 쉽게 설명하여《역경》이 어렵다는 인식을 없앴으며, 육십사괘와 그 원리를 그림을 통해 쉽게 설명했다. 아울러《역경》의 탄생 배경, 유파, 철학 사상 등도 객관적인 관점에서 이해할 수 있도록 풀이했다. 이 책을 통해《역경》의 진면목이 많은 이들에게 전달되기를 바란다. 책의 내용 중에 부족한 부분은 독자들의 많은 질책을 바란다.

옮긴이의 말

세상에는 법도 많다. '공부 잘하는 법', '키 크는 법', '돈 버는 법'. 여러 개별적인 사안의 공통된 규율이 바로 법이다. 규율은 수학의 공식처럼, 원인을 제공하면 결과를 예측할 수 있다. 법칙과 규율이란 바로 미래를 예측하기 위해 만들어진 것이다.

사람의 삶도 공식이 있으면 좋겠다. '이렇게 하면 이렇게 되고, 저렇게 하면 저렇게 된다'는 규칙이 있으면 세상살이가 두렵지 않을 것이다. 《역경》은 사람의 삶의 공식을 설명한 책이다. 자연의 변화와 인간의 삶의 규율을 담고 있다. 때문에 《역경》을 통해 미래를 내다보고 현실을 준비할 수 있다.

《역경》의 핵심 사상은 변화變다. 노자의 《도덕경》에는 "돌아오는 것은 도道의 움직임이다返者道之動也"라는 말이 있다. 도의 특징은 되돌아온다는 것이다. 즉 갔다가 돌아오고, 왔으면 다시 가고, 마치 산을 올라갔다가 내려오는 것처럼 오고 가는 것이 계속해서 반복된다. 절대적이거나 고정적인 것은 《역경》의 사상에 부합하지 않는다. 늘 좋은 것도 없고, 항상 나쁜 것도 없다. 위치가 오르면 내려올 것을 생각하여 겸손할 수 있으며, 내려오면 올라갈 수 있는 희망이 있어 기쁘다. 해 뜨기 전이 가장 어둡듯이, 처절한 절망은 희망의 시작을 의미한다.

조화는 《역경》의 또 다른 핵심 사상이다. 음양陰陽은 조화를 이루어야 형통하고, 오행五行도 조화를 통해 발전할 수 있다. 조화란 단수가 아니고 복수이며, 나만 존재하지 않고 상대가 있음을 의미한다. 나 이외의 다른 상대와 끊임없이 충돌하고 호흡하면서 조화를 이루는 것이다. 인간의 삶 속에서 나 이외의 부모, 형제, 배우자, 동료 등과 끊임없이 관계하며 조화를 이루는 것이 《역경》의 사상이다. 이때, 하나가 다른 하나를 압도하는 것은 길吉하지 않다. 또한 상대를 무시하여 제거하는 것은 더욱 불가하다. 상대가 없으면 내가 없어진다. 그러니 상대는 나의 존립의 근거다. 인간은 자연과 한 쌍이다. 인간이 일방적으로 자연을 억압하거나 해치는 것은 인간의 존립을 무너뜨리는 행위다. 가진 자가 없는 자를 도와주는 것이 결국 자신의 행복을 지키는 것임을 《역경》은 깨우쳐주고 있다.

옥玉도 알아보는 사람이 없으면 한낱 돌에 불과한 것처럼, 《역경》의 심오한 사상도 사람들이 이해하지 못하면 의미 없는 부호에 지나지 않는다. 《역경》이 특정인들만의 전유물이 된 것은, 그들만의 울타리를 높게 쳤기 때문이다. 담이 높으면 밖의 경치를 볼 수 없어 답답하다. 집 안에 보물이 있어도 알아주는 이가 없어 먼지만 쌓일 것이다. 담을 헐고 소통해야 형통하다. 옛날 모습만을 고집하며 변하지 않는다면 소통은 없다. 현실의 코드로 변화하여 끊임없이 소통하는 것이 《역경》 사상의 핵심이다. 이런 차원에서 이 책은 《역경》 철학을 직접 실천했다는 의의가 있다.

이 책은 《역경》을 쉽게 풀이하고자 했다. 학술적인 배경은 물론, 기본 지식과 철학 사상을 쉬운 용어로 독자들에게 전달하고 있다. 특히 육십사괘를 그림으로 풀이하여 한눈에 각 괘의 특징을 이해할 수 있도록 했다. 심오한 사상을 쉽게 풀다 보니 다소 표현이 부족한 부분도 있지만, 일반인들이 《역경》을 이해하는 데 많은 도움이 되리라 생각한다.

《역경》의 기본 개념

음양 陰陽
《역경》의 핵심 사상이다. 세상 만물은 陰陽의 작용에 의해 끊임없이 변화한다. 이때, 陰陽은 기氣라는 형태로 드러나는데, 양기陽氣는 상승하고 음기陰氣는 하강하며, 양자의 상호 작용을 통해 조화와 통일을 이룬다.

오행 五行
옛날 사람들은 세상 만물이 목木, 화火, 토土, 금金, 수水의 다섯 가지 물질로 만들어졌다고 생각했다. 사물의 변화와 발전은 모두 이 다섯 가지 물질의 상호작용의 결과인데, 그들 간에는 서로 돕거나 견제하는 상생상극相生相剋의 규율이 있다.

만물 생장과 소멸의 규율
《역경》〈설괘전〉에서는 만물의 생장과 소멸의 규율을 설명한다. 만물은 봄에 태어나 여름에 성장하고 가을에 수확하여 겨울에 사라진다. 1년을 360일로 계산하며, 팔괘八卦가 각각 45일을 주관한다. 한 괘에서 다른 괘로 바뀌는 전환점에는 사정사우四正四隅의 여덟 절기節氣가 있다. 각각의 괘에는 세 개의 효가 있어, 이것과 팔괘八卦의 팔을 곱하면 이십사가 되는데, 이것이 24절기를 나타낸다.

木 春

손巽(바람)

진震(천둥)

간艮(산)
감坎(물)

水

양의 兩儀
〈계사전〉에서는 "《역易》에는 태극太極이 있고, 太極에서 양의 兩儀가 나왔다(易有太極, 是生兩儀)"고 했다. 여기서 兩儀는 천지 天地를 나타내며, 太極이 처음 분화하는 모습과 그 숫자를 나타낸다. 이는 두 개로 분화되는 사물이나 상대적인 두 개의 사물을 가리키기도 한다.

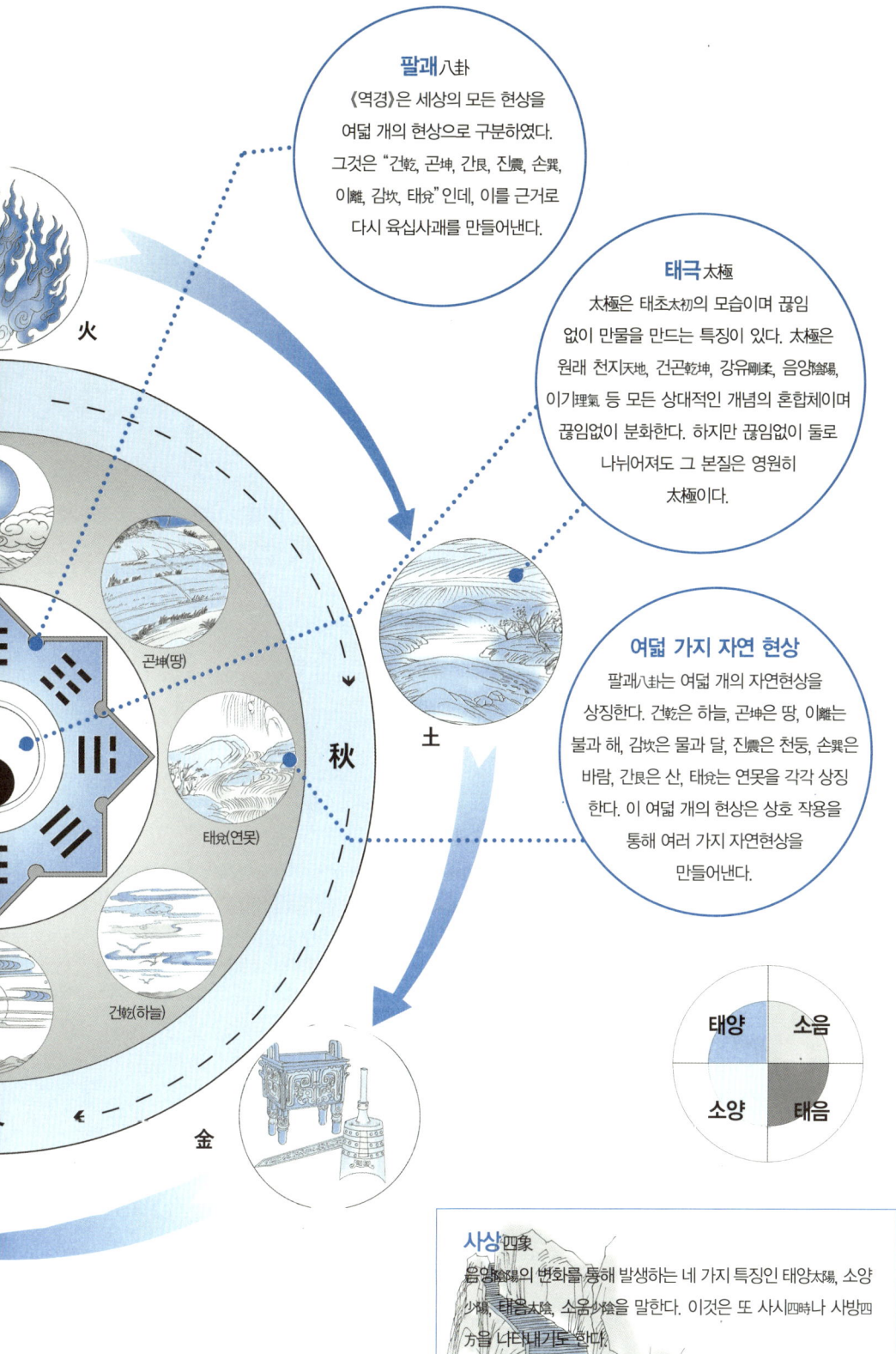

팔괘 八卦
《역경》은 세상의 모든 현상을 여덟 개의 현상으로 구분하였다. 그것은 "건乾, 곤坤, 간艮, 진震, 손巽, 이離, 감坎, 태兌"인데, 이를 근거로 다시 육십사괘를 만들어낸다.

태극 太極
太極은 태초太初의 모습이며 끊임없이 만물을 만드는 특징이 있다. 太極은 원래 천지天地, 건곤乾坤, 강유剛柔, 음양陰陽, 이기理氣 등 모든 상대적인 개념의 혼합체이며 끊임없이 분화한다. 하지만 끊임없이 둘로 나뉘어져도 그 본질은 영원히 太極이다.

여덟 가지 자연 현상
팔괘八卦는 여덟 개의 자연현상을 상징한다. 건乾은 하늘, 곤坤은 땅, 이離는 불과 해, 감坎은 물과 달, 진震은 천둥, 손巽은 바람, 간艮은 산, 태兌는 연못을 각각 상징한다. 이 여덟 개의 현상은 상호 작용을 통해 여러 가지 자연현상을 만들어낸다.

사상 四象
음양陰陽의 변화를 통해 발생하는 네 가지 특징인 태양太陽, 소양少陽, 태음太陰, 소음少陰을 말한다. 이것은 또 사시四時나 사방四方을 나타내기도 한다.

차
례

책을 내면서 … 4
옮긴이의 말 … 6
《역경》의 기본 개념 … 8

1 ❖ 어떤 책인가?

미래를 예견하는 책 | 가장 심오하고 오래된 경전 … 18
구성 | 〈경〉과 〈전〉 … 20
출현 | 연대, 작가 그리고 '삼역' … 22
우주관 | 천인합일 … 24
철학 사상 | 음과 양이 번갈아 오는 것을 '도'라 한다 … 26
근본 정신 | 끊임없이 생성되는 것을 '역'이라 한다 … 28
변화 법칙 | 통하고 변해야 오래간다 … 30
판단의 근거 | 시와 중 … 32
《역경》을 연구한 학파들 | 두 개의 유파와 여섯 개의 종파 … 34
새로운 발견 | 현대 생활에서 《역경》의 가치 … 40

2 ※ 기본 지식

태극太極 | 최초 우주의 혼돈 상태 … 54

양의兩儀 | 둘로 나누어지는 모든 사물 … 56

사상四象 | 사시, 사방, 사국 … 57

하도河圖와 낙서洛書 | 역에 관한 전설 … 58

괘卦 | 만상의 근원 … 62

효爻 | 모방의 의미이며, 역의 변화를 나타낸다 … 63

팔괘八卦 | 만물의 여덟 가지 요소 … 64

선천팔괘先天八卦 | 만물의 형상 … 65

후천팔괘後天八卦 | 자연의 변화에 순응하다 … 66

육십사괘六十四卦 | 육십사괘는 역의 끝이 아니다 … 68

〈육십사괘 방원도方圓圖〉 | 우주의 시간과 공간을 나타낸다 … 70

착종복잡錯綜複雜 | 변괘의 여러 형태 … 74

승승비응承乘比應 | 같은 성질은 밀어내고 다른 성질은 끌어들인다 … 78

중정中正과 당위當位 | 효의 순서 … 82

점술 용어 | 길한가, 흉한가? … 84

오행五行 | 우주를 이루고 있는 다섯 가지 기본 물질 … 86

천간天干과 지지地支 | 역법의 계산 부호 … 88

납갑納甲과 역수易數 | 오행, 팔괘, 천간, 지지의 배합 … 92

3. 점치는 방법

점술의 원칙 | 의문이 생길 때만 점을 친다 … 96
가장 오래된 점술 | 설시포괘 … 98
가장 간단한 점술 | 금전괘 … 104
매화역수梅花易數(1) | 숫자점복법 … 106
매화역수(2) | 시간기괘법 … 108
매화역수(3) | 방위기괘법 … 110
매화역수(4) | 측자기괘법 … 112

4. 육십사괘

건괘乾卦 | 양이며 강하다, 만물이 처음 생겨났다 … 118
곤괘坤卦 | 부드럽지만 강하다, 후덕하여 포용한다 … 120
둔괘屯卦 | 창조의 처음 단계, 어려움이 가득하다 … 122
몽괘蒙卦 | 가린 것을 제치고 지혜를 열다, 스승을 따르고 학자를 공경한다 … 124
수괘需卦 | 인내하고 기다리며 정도를 지킨다 … 126
송괘訟卦 | 소송을 멈추고 다툼을 그쳐라, 중립을 지키고 치우치지 마라 … 128
사괘師卦 | 병력을 통솔하니 기강을 엄정히 하라 … 130
비괘比卦 | 서로 아끼고 돕는다, 사욕 없이 공평하다 … 132
소축괘小畜卦 | 역량을 쌓아 도움을 얻어낸다 … 134
이괘履卦 | 겸손하며 신중하고 예의에 맞게 행동하라 … 136
태괘泰卦 | 음양이 교합하여 편안하고 형통하다 … 138
비괘否卦 | 음양이 불화하여 막히고 닫혔다 … 140
동인괘同人卦 | 세계가 하나 되고 천하가 공평하다 … 142
대유괘大有卦 | 번창하여 풍부하다, 가득하나 넘치지 않는다 … 144
겸괘謙卦 | 몸을 낮추고 남을 먼저 생각한다 … 146
예괘豫卦 | 즐겁고 화락하다, 위기를 대비한다 … 148
수괘隨卦 | 사람들을 따르고 자연에 순응한다 … 150

| 고괘蠱卦 | 폐단을 고치고 난관을 다스린다, 시종일관 신중하라 … 152
| 임괘臨卦 | 천하를 관찰하고 인정과 형벌로 다스린다 … 154
| 관괘觀卦 | 진실하고 엄정하다, 공경하고 흠모한다 … 156
| 서합괘噬嗑卦 | 작은 처벌로 큰 죄를 예방한다, 정치가 순조롭고 사람이 화합한다 … 158
| 비괘賁卦 | 꾸미고 장식함이 분수에 맞다 … 160
| 박괘剝卦 | 소인이 득세한다, 신중하고 인내하라 … 162
| 복괘復卦 | 바른 기운이 다시 오니 해야 할 일을 한다 … 164
| 무망괘无妄卦 | 정도에 부합하여 마음이 편안하다 … 166
| 대축괘大畜卦 | 부유하고 강하다, 멈춰야 할 때 멈춘다 … 168
| 이괘頤卦 | 윗사람이 백성을 기르지만 백성에게 도움을 받을 때도 있다 … 170
| 대과괘大過卦 | 강유를 조절하여 균형을 잡는다 … 172
| 감괘坎卦 | 함께 배를 타고 난관을 극복하다 … 174
| 이괘離卦 | 의지할 것이 있다, 유순하며 중용을 지키다 … 176
| 함괘咸卦 | 의견을 나누며 교분을 쌓는다 … 178
| 항괘恒卦 | 항상 변함없이 의지하고 돕는다 … 180
| 둔괘遯卦 | 잠시 물러나 발전을 모색한다 … 182
| 대장괘大壯卦 | 권력이 커지니 신중하게 지켜라 … 184
| 진괘晉卦 | 명군에 힘입어 단번에 출세하다 … 186
| 명이괘明夷卦 | 겉으로 부드럽게 하고 재능을 감춘다 … 188
| 가인괘家人卦 | 아끼고 사랑하며 본분을 지킨다 … 190
| 규괘睽卦 | 적절한 방법으로 동질성을 찾는다 … 192
| 건괘蹇卦 | 난관에 직면한다, 나아가지 말고 멈춰 선다 … 194
| 해괘解卦 | 고난을 제거하고 백성과 휴식한다 … 196
| 손괘損卦 | 남에게 줄 때는 정성을 담아라 … 198
| 익괘益卦 | 타인을 돕고 신임을 얻는다 … 200
| 쾌괘夬卦 | 굳세고 과감하게 소인을 제거한다 … 202
| 구괘姤卦 | 우연히 만난다, 사악함을 예방하라 … 204
| 췌괘萃卦 | 사람이 모인다, 편안하고 즐겁다 … 206
| 승괘升卦 | 순탄하게 올라간다, 조금씩 쌓아 큰 것을 이룬다 … 208

☷☱ 곤괘困卦 | 곤궁에 빠졌다, 천천히 출로를 모색한다 … 210
☵☴ 정괘井卦 | 덕을 쌓고 은혜를 베푼다, 공평하고 사심이 없다 … 212
☱☲ 혁괘革卦 | 천명을 따르고 백성에 호응하여 개혁을 실행한다 … 214
☲☴ 정괘鼎卦 | 헌것을 없애고 새것을 만든다, 현명한 사람을 등용한다 … 216
☳☳ 진괘震卦 | 재난이 찾아온다, 진정하고 차분하라 … 218
☶☶ 간괘艮卦 | 스스로 절제하며 멈춘다 … 220
☴☶ 점괘漸卦 | 절차대로 진행한다, 행동이 자연스럽다 … 222
☳☱ 귀매괘歸妹卦 | 혼사를 준비한다, 부녀의 덕을 지켜라 … 224
☳☲ 풍괘豊卦 | 풍요롭다, 지키고 보존하라 … 226
☲☶ 여괘旅卦 | 흩어져 떠돈다, 안정이 우선이다 … 228
☴☴ 손괘巽卦 | 뛰어난 사람을 따른다, 겸손하고 유순하다 … 230
☱☱ 태괘兌卦 | 외유내강하여 남들과 화평하다 … 232
☴☵ 환괘渙卦 | 흩어짐을 막고 사심을 없애라 … 234
☵☱ 절괘節卦 | 절제하여 선을 넘지 않는다 … 236
☴☱ 중부괘中孚卦 | 정성을 다하여 화합을 불러온다 … 238
☳☶ 소과괘小過卦 | 조금 넘어섰다, 상황에 맞게 조절하라 … 240
☵☲ 기제괘旣濟卦 | 모든 일을 이루었다, 지키는 것이 어렵다 … 242
☲☵ 미제괘未濟卦 | 사물은 끝없이 변화하고 발전한다 … 244

5 〈계사전〉

우주자연의 법칙을 따르다 | 하늘은 높은 곳에 자리 잡고
　　　　　　　　　　　땅은 낮은 곳에 위치하여 건곤이 정해졌다 … 248
세상의 모든 현상을 표현하는 용어 | 길과 흉 … 250
이치에 맞게 행동하다 | 하늘이 도와 길하고 순조롭다 … 252
수양의 최고 단계 | 하늘에 순응하며 운명에 만족한다 … 254
높은 곳에 있으며 추위를 이기지 못한다 | 지극히 존귀하면 지위가 없고,
　　　　　　　　　　　너무 높이 있으면 따르는 백성이 없다 … 256

변變과 통通 | 열고 닫음을 되풀이하는 것이 변이고,
　　　　　　오고 가며 막힘이 없는 것이 통이다 … 258

뒤로 물러나는 것은 실패가 아니다 | 자벌레가 몸을 굽히는 것은
　　　　　　　　　　　　　　　　앞으로 나아가기 위함이다 … 260

인생은 근심의 연속이다 | 《역경》을 지은 이는 근심하는 바가 있었다 … 262

관찰하는 능력 | 사물을 보고 현상을 파악하며, 점을 쳐서 미래를 안다 … 264

절대적인 길흉은 존재하지 않는다 | 좋아함과 미워함이 서로 충돌하여 길흉이 생긴다 … 266

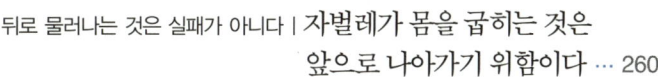

6 〈설괘전〉

성인이 《역경》을 만든 이유 | 이치를 규명하고 인성을 파악하여 천명을 이해한다 … 270

미래를 예견할 수 있는 후천팔괘 | 《역경》은 후천팔괘의 순서를 따른다 … 272

방위와 계절 | 만물은 진에서 출발하여 손에서 정돈된다 … 274

여덟 개의 자연 현상과 그 의미 | 신이란 만물의 작용을 말하는 것이다 … 276

팔괘의 특성 | 건은 강건하고 곤은 유순하다 … 278

팔괘가 나타내는 각종 형상 | 건은 말이고 곤은 소다 … 280

관련 주요 저작 … 282

이장의 도해圖解

〈역경〉 = 〈주역〉 19

〈경〉과 〈전〉 21

〈역경〉은 세 명의 성인이 완성했다 23

천인합일의 우주관 25

음과 양이 번갈아 오는 것을 '도'라 한다 27

끊임없이 생성되는 것을 '역'이라 한다 29

사물의 변화는 천도의 규율을 따른다 31

'시'와 '중' 33

두 개의 유파와 여섯 개의 종파(1) 35

두 개의 유파와 여섯 개의 종파(2) 37

두 개의 유파와 여섯 개의 종파(3) 39

의학과 역학은 근원이 같다(1) 41

의학과 역학은 근원이 같다(2) 43

〈역경〉이 중국 건축에 미친 영향 45

현대 물리학의 다차원 시공관 47

〈역경〉에 나온 '차원'의 개념 49

〈역경〉의 육십사괘와 DNA 유전자 64개 51

1

어떤 책인가?

《역경》하면, 특이한 부호와 난해한 내용이 연상된다. 심오하다는 인식 때문에, 줄곧 학자와 무속인들만의 전유물이 되었고, 일반인들은 가까이하지 못했다. 그렇다면 《역경》은 정말 어려운가? 그렇지 않다. 제1장에서는 《역경》이 어떤 책인지 설명한다.

어떤 책인가	미래를 예견하는 책
1	# 가장 심오하고 오래된 경전

《역경易經》은 예견의 법칙들을 모아놓은 책이다. 예견의 영역에서, 《역경》은 가장 심오하고 오래되었기 때문에 최고의 경전으로 인정받는다.

《역경》은 이치가 심오하고 예견의 능력도 뛰어나기 때문에 경經이라 칭하게 되었다. 어떤 이들은 《역경》을 '인류의 유년기 철학'이라 칭한다. 그들의 말에 따르면, 《역경》은 원시 사회를 배경으로 감성과 지성의 초보적 사유를 거쳐 만들어졌기 때문에 그 당시 인류의 지혜를 모아놓은 것일 뿐, 신비하거나 어려운 책은 아니라는 것이다.

흔히 《역경》을 《주역周易》이라고도 하는데, 《주역》의 '주周'에 대한 풀이가 다양하다. 《역경》의 육십사괘와 384효爻는 우주 만물을 모두 포괄하기 때문에 '주'를 '보편'의 뜻으로 풀이하는 이들이 있다. 한편, '주'가 주周나라를 가리킨다고 풀이하는 사람들도 있다.

청淸나라 진칙진陳則震은 《주역천술周易淺述》에서 '역易'을 두 가지 의미로 풀이했다. 하나는 '바꾸다'는 뜻으로, 음양陰陽, 한서寒暑, 상하사방上下四方처럼 대칭적인 개념이 서로 교체되는 것을 말한다. 또 하나는 '변하다'는 의미로 사계절이 순환하는 것을 뜻한다.

《역위易緯·건착도乾鑿度》에서는 '역'의 의미를 세 가지로 설명했다. 우선 '간략하다簡易'는 뜻이 있다. '역'은 삼라만상을 포괄하는 간략한 법칙이기 때문에 모든 사물과 현상을 '역'으로 설명할 수 있다. 둘째는 '변하다'는 뜻으로, 역은 변화의 규율이라는 의미다. 끝으로 '변하지 않음不易'을 의미하는데, 역이 변화를 뜻하지만 그 변화의 규율은 항상 변하지 않기 때문이다.

《역경》은 만물의 생성과 변화의 과정을 설명하고 있다. 즉, '만물은 음양의 상호 작용을 통해 만들어지고, 강하고 부드러움剛柔의 밀고 당김을 거쳐 변화하는 것'이라 했다.

《역경》=《주역》

《역경》을《주역》이라고도 하며,《주역》의 '주' 자에 대한 풀이가 다양하다.

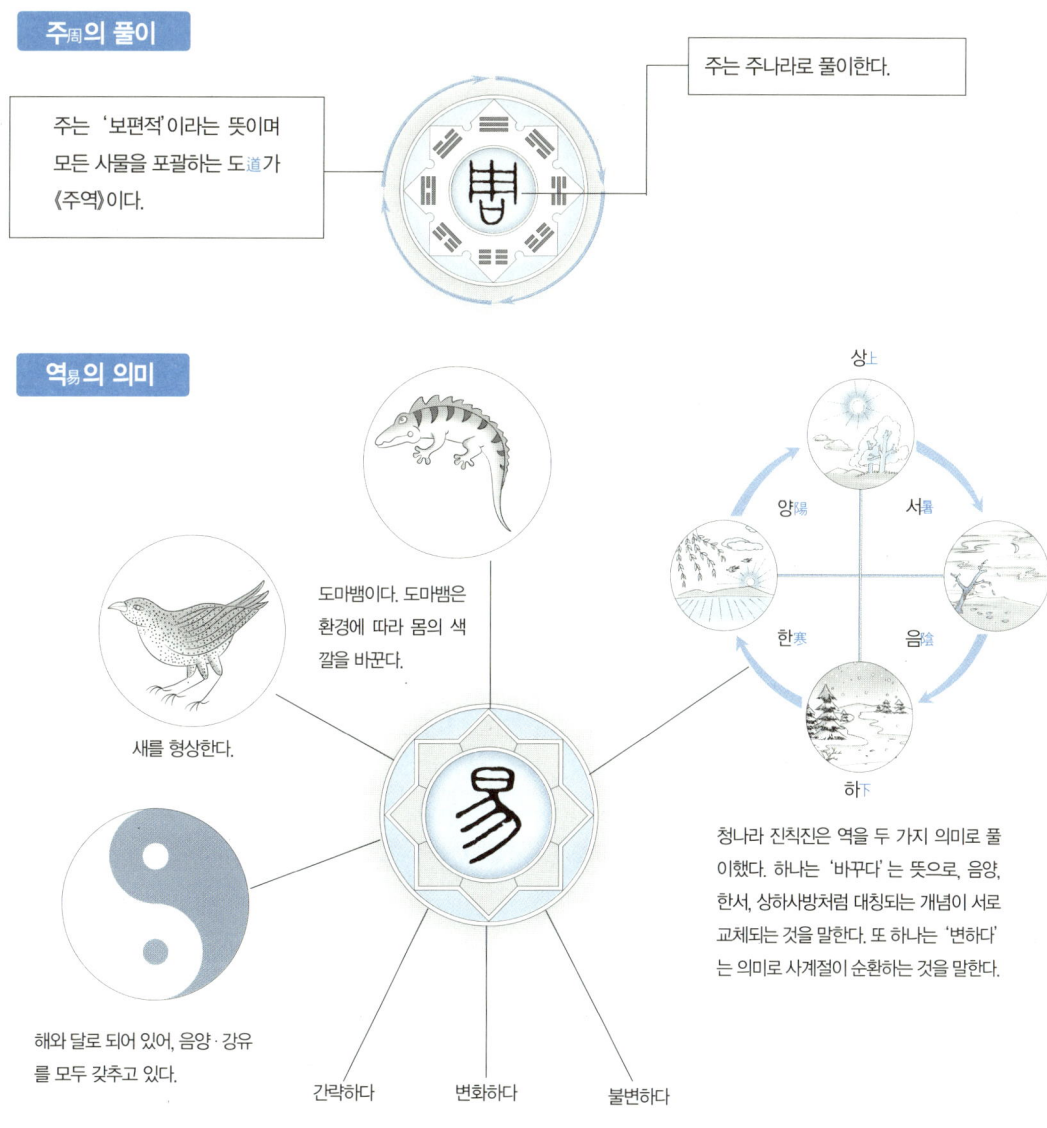

주周의 풀이

주는 '보편적'이라는 뜻이며 모든 사물을 포괄하는 도道가《주역》이다.

주는 주나라로 풀이한다.

역易의 의미

도마뱀이다. 도마뱀은 환경에 따라 몸의 색깔을 바꾼다.

새를 형상한다.

해와 달로 되어 있어, 음양·강유를 모두 갖추고 있다.

간략하다   변화하다   불변하다

청나라 진칙진은 역을 두 가지 의미로 풀이했다. 하나는 '바꾸다'는 뜻으로, 음양, 한서, 상하사방처럼 대칭되는 개념이 서로 교체되는 것을 말한다. 또 하나는 '변하다'는 의미로 사계절이 순환하는 것을 말한다.

《역위·건착도》에서는 역에 세 가지 의미가 있다고 주장했다.

《역경》은 '만물이 음양의 상호 작용을 통해 만들어지고, 강하고 부드러움剛柔의 밀고 당기는 과정을 통해 변화하는 것'을 설명하고 있다.

어떤 책인가
2 〈경〉과 〈전〉
구성

《역경》은 〈경經〉과 〈전傳〉으로 구성되어 있다.

《역경》은 〈상경上經〉과 〈하경下經〉으로 나뉘며, 〈상경〉에 30괘, 〈하경〉에 34괘로 모두 육십사괘가 있다. 각 괘에는 괘상卦象, 제목題目, 괘사卦辭, 효사爻辭가 있다.

팔괘八卦인 건乾, 감坎, 간艮, 진震, 손巽, 이離, 곤坤, 태兌를 두 개씩 겹쳐놓으면 육십사괘가 만들어진다. 각 괘상卦象에는 육효六爻가 있으며 효는 음과 양으로 나뉜다. 양성陽性은 '구九'라 칭하고, 음성陰性은 '육六'이라 칭한다. 괘卦는 모두 여섯 줄이며, 아래에서부터 순서대로 초初, 이二, 삼三, 사四, 오五, 상上이라 부른다. 육십사괘의 괘상에는 모두 384개의 효가 있다. 제목은 괘사卦辭, 효사爻辭의 내용과 관련이 있다. 괘사는 효사 앞에 있으며 제목을 풀이한 것이다. 효사는 육효의 순서대로 각 효의 의미를 설명한다.

〈전〉은 7종으로 〈단전彖傳〉 상하 편, 〈상전象傳〉 상하 편, 〈문언전文言傳〉, 〈계사전繫辭傳〉 상하 편, 〈설괘전說卦傳〉, 〈잡괘전雜卦傳〉, 〈서괘전序卦傳〉이며 모두 10편으로 구성되어 있다.

옛사람들은 이 10편의 〈전〉을 '십익十翼'이라고 불렀는데, 〈전〉이 〈경〉의 날개라는 의미에서 비롯된 것이다. 〈전〉은 〈경〉의 내용을 설명한다.

〈단전〉은 《역경》의 괘명卦名과 괘사에 대한 주석註釋이다.
〈상전象傳〉은 《역경》의 괘명과 효사에 대한 주석이다.
〈문언전文言傳〉은 건괘乾卦와 곤괘坤卦에 대한 해석이다.
〈계사전繫辭傳〉은 《역경》 철학의 핵심으로 내용이 방대하고 심오하며, 10개의 〈전〉을 대표할 정도로 중요하다. 〈계사전〉은 《역경》의 탄생과 원리 그리고 의의를 설명했으며, 처음으로 역괘의 점술법을 설명했다. 〈계사전〉은 괘사와 효사에 대한 주석이 아니라 《역경》에 대한 전체적인 설명이라는 점에서, 〈단전〉이나 〈상전〉과는 성격이 다르다.
〈설괘전說卦傳〉은 팔괘의 괘상에 대한 구체적인 설명이며, 점술 이론의 기초가 된다.
〈잡괘전雜卦傳〉은 육십사괘의 상반相反과 착종錯綜을 통해 종괘綜卦와 착괘錯卦를 만들어내고, 괘상을 근거로 괘와 괘의 관계를 설명한다.
〈서괘전序卦傳〉은 〈잡괘전〉과는 다른 성격으로, 육십사괘의 배열과 순서에 대해 설명한다.

결론적으로, 〈전〉을 쓴 사람들은 《역경》의 해석을 통해 자신의 사상을 드러내고자 했다.

〈경〉과 〈전〉

《역경》은 〈경〉과 〈전〉으로 구성되어 있다. 《역경》은 〈상경〉과 〈하경〉으로 나뉘며 모두 육십사괘가 있다. 〈전〉은 모두 7종 10편으로 되어 있으며, 〈경〉의 날개라는 의미에서 옛날 사람들은 〈전〉을 '십익十翼'이라고 칭했다. 〈전〉은 《역경》의 내용을 설명한다.

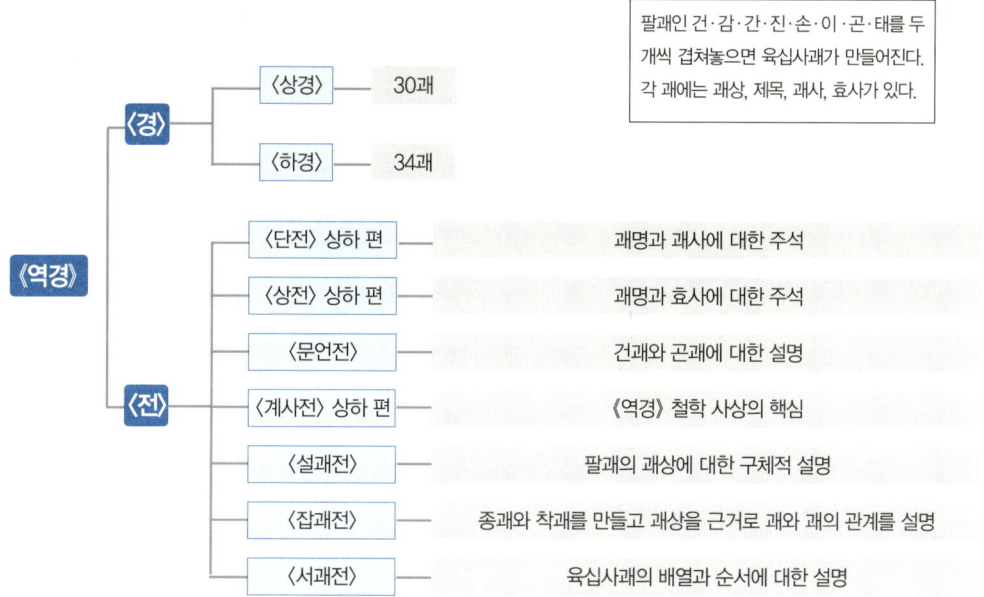

팔괘인 건·감·간·진·손·이·곤·태를 두 개씩 겹쳐놓으면 육십사괘가 만들어진다. 각 괘에는 괘상, 제목, 괘사, 효사가 있다.

왜 〈계사전〉을 《역경》 학습의 필독서라고 하나요?

왜냐하면 〈계사전〉이 《역경》의 출현, 원리, 의의 등을 설명했을 뿐만 아니라 《역경》 철학 사상의 핵심을 설명하고 있기 때문이란다.

괘의 육효

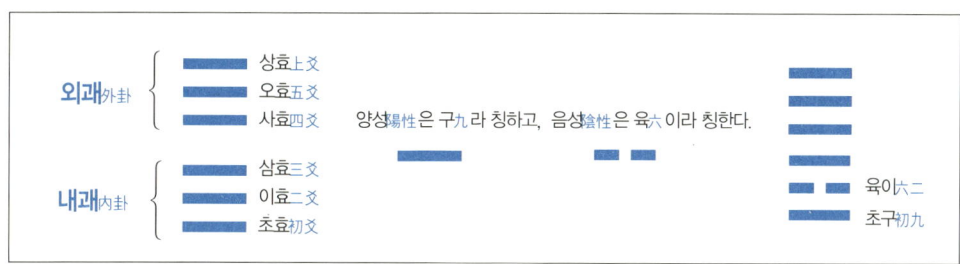

어떤 책인가	출현
3	# 연대, 작가 그리고 '삼역'

《역경》이 언제 만들어졌는지에 대해 아직 정론이 없다. 학자들은 대략 5천 년 전이나 7천 년 전, 중국 상商나라 말이나 주周나라 초에 쓰여졌을 것이라 추측하고 있다. |

전하는 바에 따르면, 《역경》은 하도河圖와 낙서洛書에서 유래되었다고 한다. 고대 전설에서는, 황허黃河에서 용마龍馬(등에 그림이 그려져 있는 말)가 나왔고, 뤄수이洛水에서 영귀靈龜(등에 문자가 새겨져 있는 거북)가 출현했는데, 복희씨伏羲氏가 이를 보고 선천팔괘先天八卦를 만들었다고 한다. 그 후, 은殷나라 말기에 주나라 문왕文王이 유리羑里에 갇혀 있을 때, 복희씨의 선천팔괘를 근거로 후천팔괘後天八卦(문왕팔괘文王八卦라고도 함)와 육십사괘, 괘사, 효사를 만들었다고 전한다. 〈전〉은 춘추시대 공자孔子가 지은 것이다. 이 때문에 《역경》은 삼대를 거쳐 세 명의 성인인 복희씨와 문왕 그리고 공자에 의해 완성되었다고 말한다.

한편, 효사는 주나라 문왕의 아들 주공周公이 지었다는 설說이 있는데, 주공은 왜 세 명의 성인에 포함되지 않는 것일까? 그것은 고대 종법宗法의 관념에서 부자父子는 한 명으로 계산하기 때문에 주공이 빠졌다고 한漢나라 유학자들은 말한다.

《역경》의 종류에 대해서는 '삼역三易'설이 전해진다. 즉 역사적으로 세 종류의 《역경》이 있었다는 설인데, 그 세 가지는 신농씨神農氏의 《연산역連山易》, 헌원씨軒轅氏의 《귀장역歸藏易》, 그리고 주나라 문왕이 유리에 갇혀 만든 《주역》이 그것이다.

《주례周禮》에서는 "태복太卜이 삼역의 법을 관장하는데 첫 번째가 《연산역》이고, 두 번째가 《귀장역》이며, 세 번째가 《주역》이다. 근본이 되는 괘는 여덟 개이며, 모두 육십사괘가 있다"라고 기록되어 있다.

《주역》은 '건괘乾卦'와 '곤괘坤卦'에서부터 시작하며, 이는 천지天地와 천인天人 관계를 의미한다. 《연산역》은 '간괘艮卦'에서 시작하며, '산에 구름이 끊임없이 생겨남'을 상징한다. 한편, 《귀장역》은 '곤괘坤卦'에서 시작하는데, 이는 '만물이 모두 땅에 묻힘'을 상징한다. 즉 만물은 땅에서 와서 땅으로 되돌아가기 때문에, 만물의 근간이 땅임을 나타낸 것이다.

그러나 '삼역'의 출현 시기에 대해 다른 주장도 있다. 동한東漢의 정현鄭玄은 "하夏나라의 역학은 《연산역》이고, 상나라의 역학은 《귀장역》이며, 주나라의 역학은 《주역》"이라 했다. 하지만 아직까지 정론이 없으며《연산역》과《귀장역》이 오늘날 남아 있지 않아, 우리가 볼 수 있는 《역경》은 단지 《주역》뿐이다.

《역경》은 세 명의 성인이 완성했다

《역경》은 복희씨, 문왕, 공자를 거쳐 완성되었다.

복희씨

《역경》의 기원을 하도와 낙서에서 찾는다. 태고 시대에 황허黃河에서 용마(등에 그림이 그려져 있는 말)가 나왔고 뤄수이洛水에서 영귀(등에 문자가 새겨져 있는 거북)가 출현했는데, 복희씨가 이를 보고 선천팔괘를 만들었다고 한다.

주 문왕

은나라 말기, 주 문왕이 유리에 갇혀 있을 때, 복희씨의 선천팔괘를 근거로 후천팔괘와 육십사괘, 괘사와 효사를 만들었다. 문왕의 아들 주공이 효사를 지었다고 주장하는 사람도 있다.

공자

〈전〉은 춘추 시대 공자가 지은 것이다.

용마부도龍馬負圖

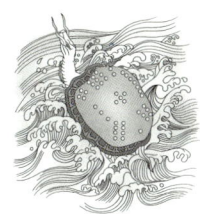

신귀부서神龜負書

삼역

역대로 세 종류의 《역경》이 존재했다는 설이 있다.

신농씨 시대(《연산역》)   헌원씨 시대(《귀장역》)   은나라 말기(《주역》)

동한의 대학자인 정현은 "하나라의 역학은 《연산역》이고, 상나라의 역학은 《귀장역》이며, 주나라의 역학은 《주역》"이라 했다.

1장 · 어떤 책인가?

어떤 책인가	우주관

4 천인합일

'천인합일天人合一'은 《역경》의 중심 사상일 뿐만 아니라 중국 전통문화의 핵심이다. 《역경》의 궁극적인 목적은 '천인합일'을 실현하는 것이다.

하늘과 사람의 관계

'천인합일'은 인간이 우주자연의 규율과 하나가 되는 상태를 말한다. 이때 '천인합일'은 어느 한쪽에 치우침이 없이 자연과 인간의 양쪽 모두를 고려해야만 설명될 수 있다.

《역경》 중에 건괘와 곤괘는 하늘과 땅이며, 천지天地는 자연을 나타낸다. 만약 천天과 지地를 상대적인 개념으로 본다면, 하늘天은 지면 위의 하늘, 지구의 대기층, 우주 공간 등을 가리키고, 해·달·별·바람·천둥·비·이슬 등이 여기에 해당된다. 《역경》에 따르면, 천지간의 만물은 모두 하늘이 주관한다. 땅地은 하늘과 짝이 되어 서로 돕기 때문에 둘 중에 어느 것도 빠질 수 없다. 다만 땅은 항상 하늘에 순응하기 때문에 하늘이 자연을 대표한다.

한편, 땅은 인류와 생명체의 삶의 터전이다. 어떠한 생명체도 대지를 떠날 수 없으며, 하늘을 나는 새들도 예외가 될 수 없다. 때문에 하늘은 생명의 근원이며 땅은 생명 존립의 근거다. 사람과 자연은 하나로 어우러져 있기 때문에 따로 떼어놓을 수가 없다.

사람은 천지에서 나서 만물의 일부가 되지만 만물과 동일하지는 않다. 왜냐하면 사람에게는 인의지성仁義之性과 성명지리性命之理가 있으며, 이 때문에 사람은 다른 사물에는 존재하지 않는 신성神性한 사명이 있다.

《역경》에서는 그 사명을 "천지의 도道를 이루고 천지의 이치를 돕는 것"이라 말한다. 자연은 인류에게 생존에 필요한 모든 것을 제공하고, 사람은 자연이 주는 생존 수단을 얻는 동시에 자연이 목적을 달성하도록 도와야 한다. 이렇게 될 때 인간도 목적에 도달하게 되는 것이다.

인간과 자연은 함께 호흡하는 공동체

천인합일은 천, 지, 인, 사건, 사물을 모두 포괄하는 완전한 세계를 가리킨다. 《역경》은 이처럼 거시적인 관점으로 세계를 인식하였으며, 인간과 자연을 함께 호흡하는 유기체로 이해하고 있다.

천인합일의 우주관

'천인합일'은 인간이 우주자연의 규율과 완전히 합일된 상태를 말한다.

인간과 자연의 상호 작용

《역경》은 천일합일의 관점으로 세계를 인식하였으며, 인간과 자연을 함께 호흡하는 유기체로 이해하고 있다.

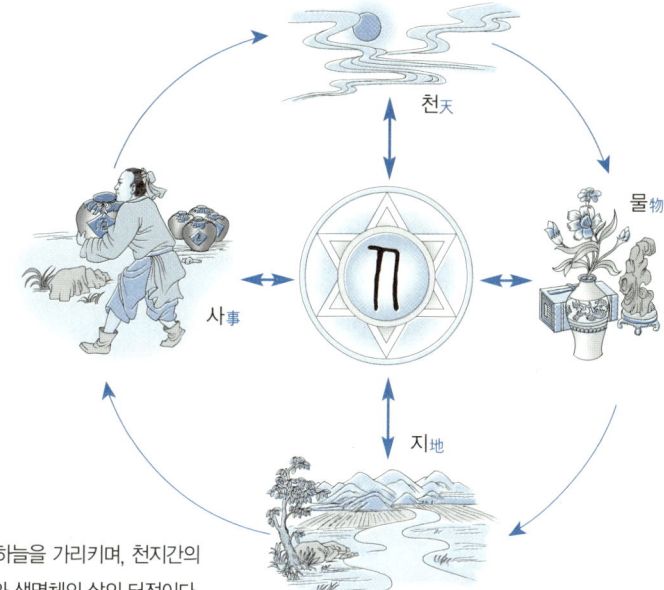

천天과 지地의 의미

《역경》에서 '천'은 지면 위에 존재하는 하늘을 가리키며, 천지간의 모든 자연을 나타낸다. 한편 '지'는 인류와 생명체의 삶의 터전이다.

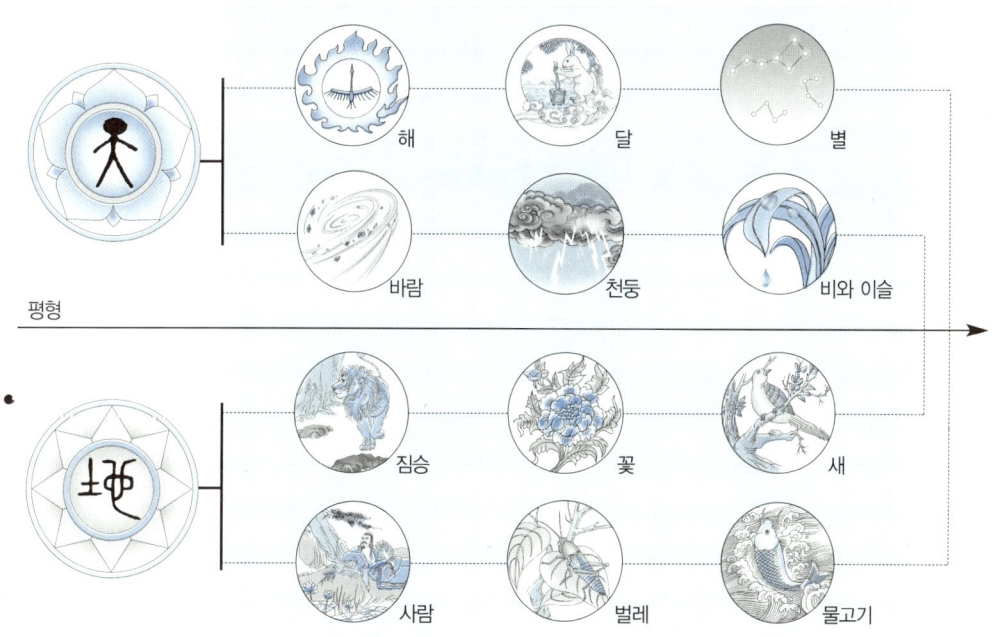

어떤 책인가 5

철학 사상
음과 양이 번갈아 오는 것을 '도'라 한다

〈계사전〉에는 '음陰과 양陽이 번갈아 오는 것을 도道'라 했다. 음양은 중국 고대의 중요 사상이자 《역경》의 근본 사상이다. 《역경》에 따르면, 세상은 음양의 상호 작용으로 인해 끊임없이 변화하며 성장한다. 이때 음양은 기氣라는 형태로 존재하는데, 양기陽氣는 위로 오르고 음기陰氣는 아래로 내려가며, 끊임없이 상호 작용하여 조화를 이룬다.

음양 – 《역경》 괘상의 핵심
《역경》의 괘상卦象은 음효陰爻와 양효陽爻로 이루어졌다. 음효와 양효의 조합을 통해 팔괘가 만들어진다. 팔괘의 순서와 배열은 음양의 대립과 조화를 드러낸다. 팔괘를 다시 두 개씩 겹쳐 놓으면 육십사괘가 되는데, 이 과정에서도 음양의 조화가 핵심이다.

음양 – 사물의 양면
《역경》은 모든 사물에 음양의 성질을 부여했다. 자연사물 중에서, 하늘은 양이고 땅은 음이며, 해는 양이고 달은 음이다. 더위는 양이고 추위는 음이며, 밝음은 양이고 어둠은 음이며, 낮은 양이고 밤은 음이다. 사회의 구도 속에서, 남자는 양이고 여자는 음이며, 임금은 양이고 백성은 음이며, 군자는 양이고 소인은 음이다. 한편, 《역경》은 추상적인 개념에도 음양의 성질을 부여했다. 예를 들어, 강하고 부드러움, 굳세고 유순함, 나아가고 물러남, 귀하고 천함, 높고 낮음 등이 그것인데, 이것들이 모두 하나의 양과 하나의 음으로 이루어졌다. 이처럼 《역경》은 사회와 자연 현상에 모두 음양의 성질을 부여했다.

고대 음양 사상의 발전
《역경》의 음양 개념은 진한秦漢 시기에 크게 발전하여, 당시 자연과학의 핵심 사상이 되었다. 예를 들어, 동한 시대 천문학자 장형張衡의 우주 이론은 음양과 기화氣化가 결합된 사상으로 당시 자연과학을 대표한다.

음과 양이 번갈아 오는 것을 '도'라 한다

음양은 《역경》의 근본 사상이자 고대 중국의 중요한 사상이다. 《역경》에 따르면, 음양의 상호 작용에 의해 세계가 끊임없이 변화하며 성장한다. 《역경》은 모든 사물에 음양의 성질을 부여했다.

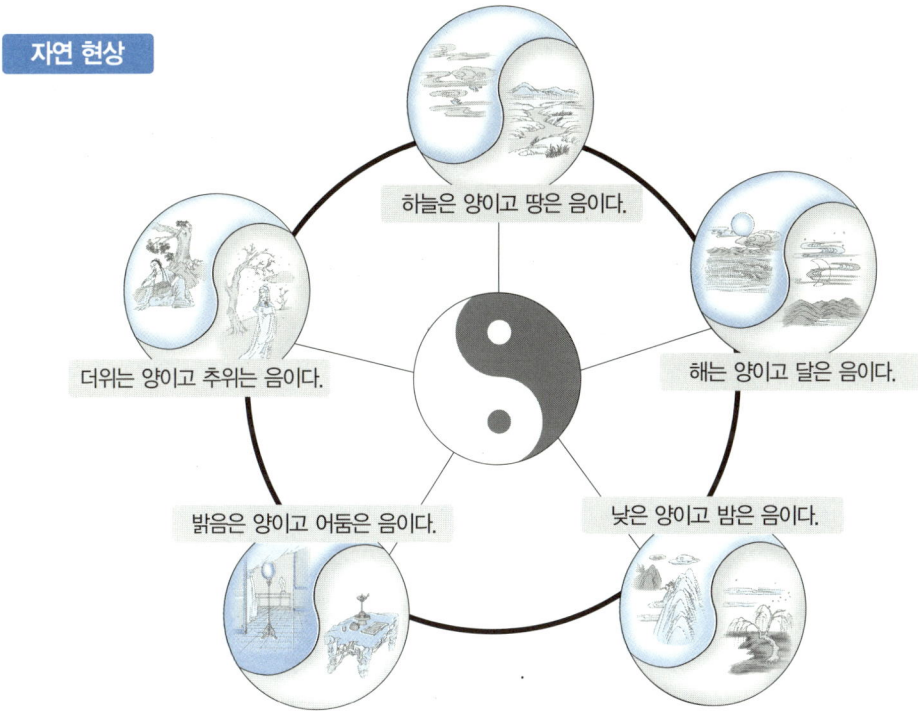

자연 현상
- 하늘은 양이고 땅은 음이다.
- 해는 양이고 달은 음이다.
- 낮은 양이고 밤은 음이다.
- 밝음은 양이고 어둠은 음이다.
- 더위는 양이고 추위는 음이다.

사회 현상
- 남자는 양이고 여자는 음이다.
- 임금은 양이고 백성은 음이다.
- 군자는 양이고 소인은 음이다.

주의

《역경》은 추상적인 개념에도 음양의 성질을 부여했다. 예를 들어 강하고 부드러움, 굳세고 유순함, 나아가고 물러남, 귀하고 천함, 높고 낮음 등이 그것이다. 이처럼 《역경》은 사회와 자연 현상에 모두 음양의 성질을 부여했다.

1장 • 어떤 책인가?   27

| 어떤 책인가 | 근본 정신
| 6 | # 끊임없이 생성되는 것을 '역'이라 한다

〈계사전〉에는 "끊임없이 생성되는 것이 역易이다"라고 했다. 이것은 '역이란 무엇인가?'에 대한 가장 정확한 답이며, 《역경》의 근본 정신을 명확하게 표현한 것이다.

'끊임없는 생성'은 역의 근본적인 모습이다

'역'은 '생生'이며, '생생生生'은 끊임없는 생성의 과정이다. 이는 주재자主宰者가 생명을 창조한 것이 아니라 자연 스스로 끊임없이 만들어냈음을 의미한다.

'역'은 우주의 변화 과정을 말해준다

'역'은 우주가 어떻게 만들어졌는지 설명하고 있다. 우주는 혼돈 상태인 '태극太極(─)'에서 나왔으며, 그 후에 '음(--)'과 '양(─)'으로 나뉘었고, 이것이 다시 태음太陰, 태양太陽, 소음少陰, 소양少陽의 사상四象이 되었다. 사상은 또 팔괘로 분화되는데, 팔괘는 만물의 성질을 나타낸다. 〈설괘전〉에는 "건은 강건剛健하고 곤은 유순하다. 진震은 움직이며 손巽은 들어간다. 감坎은 빠지는 것이고, 이離는 부착되는 것이다. 간艮은 멈추며 태兌는 기뻐하는 것이다"라고 각각의 성질을 설명했다. 팔괘는 각각 하늘, 땅, 바람, 산, 물, 불, 천둥, 연못을 상징한다. 이 팔괘로부터 또 육십사괘가 나왔지만, 육십사괘가 생성의 종결은 아니며 그 생성은 계속 진행된다. 때문에 육십사괘의 마지막 두 괘가 '기제既濟'와 '미제未濟'다. 사물과 사건이 발전의 마지막 단계에 도달했다는 것은 또 다른 시작을 의미한다. 그래서 〈서괘전〉에서는 "사물은 끝이 없기 때문에 미제에서 끝을 맺는 것이다"라고 했다.

'역'의 생성과 변화 과정은 끊임없는 지속의 과정이다

〈계사전〉에서는 "하늘과 땅이 교감하여 만물이 만들어지고, 남녀가 정을 나누어 사물이 태어난다"고 했다. 또 〈서괘전〉에서는 "천지가 있은 후에 만물이 있고, 만물이 있은 후에 남녀가 있다. 남녀가 있은 후에 부부가 있고, 부부가 있은 후에 부자가 있으며, 부자가 있은 후에 군신이 있다. 군신이 있은 후에 상하가 있고, 상하가 있은 후에 예의가 행해진다"고 했다. 천지가 천지가 될 수 있는 이유는 바로 '생성'하기 때문이다. 천지자연天地自然에는 본질적으로 '끊임없이 생성'하는 이치가 존재한다.

끊임없이 생성되는 것을 '역'이라 한다

역은 우주가 어떻게 만들어졌는지 설명하고 있다. 우주는 혼돈 상태인 '태극'에서 나왔으며, 그 후에 '음'과 '양'으로 나뉘었고, 음양에서 다시 태음太陰, 태양太陽, 소음少陰, 소양少陽의 사상이 나왔다. 사상은 또 팔괘로 분화되는데, 팔괘는 만물의 성질을 나타낸다. 이 팔괘에서 또 육십사괘가 나왔지만, 육십사괘가 생성의 종결은 아니며 그 생성은 계속 진행된다.

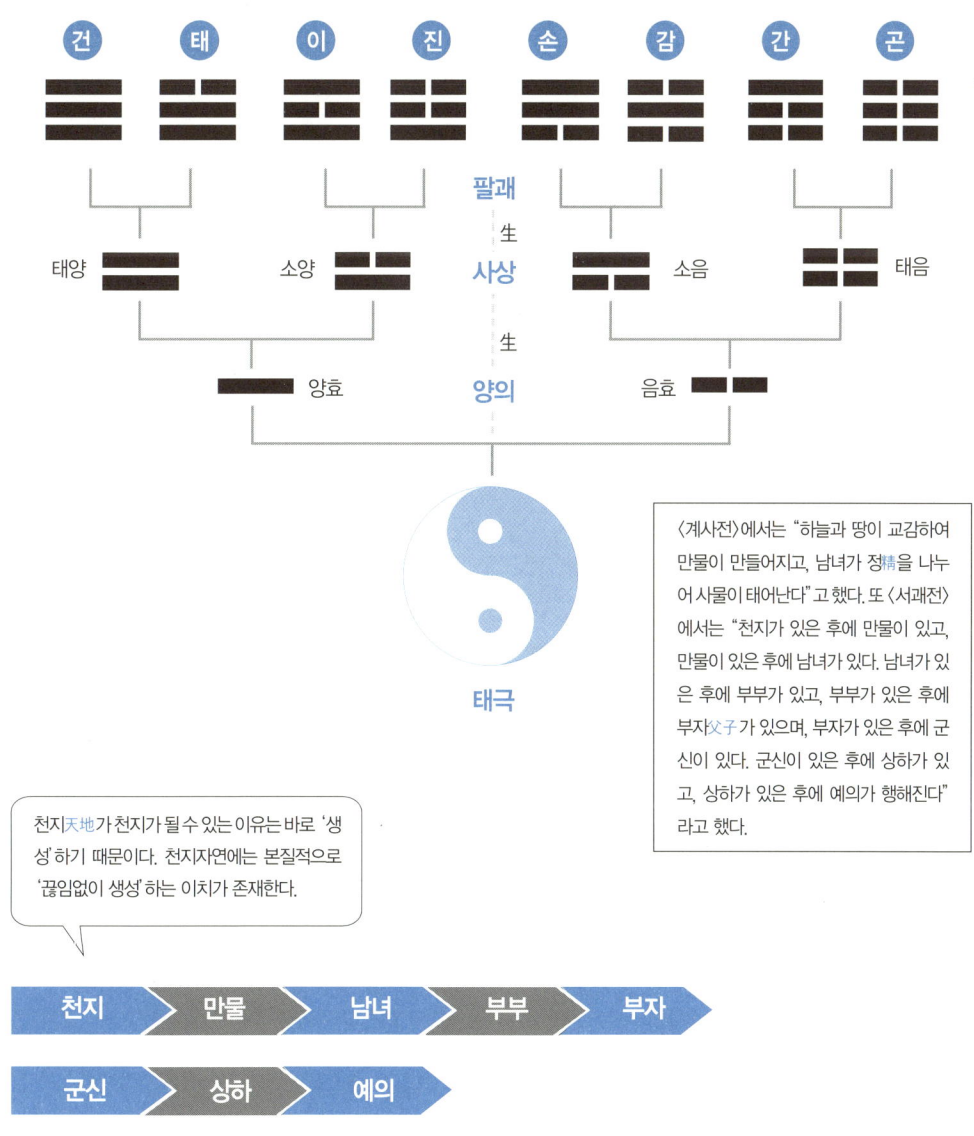

천지天地가 천지가 될 수 있는 이유는 바로 '생성'하기 때문이다. 천지자연에는 본질적으로 '끊임없이 생성'하는 이치가 존재한다.

〈계사전〉에서는 "하늘과 땅이 교감하여 만물이 만들어지고, 남녀가 정精을 나누어 사물이 태어난다"고 했다. 또 〈서괘전〉에서는 "천지가 있은 후에 만물이 있고, 만물이 있은 후에 남녀가 있다. 남녀가 있은 후에 부부가 있고, 부부가 있은 후에 부자父子가 있으며, 부자가 있은 후에 군신이 있다. 군신이 있은 후에 상하가 있고, 상하가 있은 후에 예의가 행해진다"라고 했다.

천지 〉 만물 〉 남녀 〉 부부 〉 부자
군신 〉 상하 〉 예의

어떤 책인가 7

변화 법칙

통하고 변해야 오래간다

〈계사전〉에 보면 "궁窮하면 변變하고, 변하면 통通하며, 통하면 오래간다"고 했는데, 이것은《역경》의 중요한 변화 법칙을 설명하는 내용이다. 변화變化와 불변不變은 한 쌍을 이루기 때문에 청대淸代 학자 왕부지王夫之는 "《역경》은 항구함과 변화를 모두 갖추고 있다"고 했다.

변해야 항구하며 항구함 중에 변화가 있다

《역경》에는 '항구함'과 '변화'의 개념이 존재한다. 〈계사전〉에 보면 "도는 수없이 움직이며 머무르지 않고 변화한다"고 했다. 사물은 변해야 항구할 수 있고, 항구한 것은 변화하기 때문에 항구하다.《역경》은 이것을 강조한다. 한편 '변화'에는 일정한 규율이 있는데, 그것은 '적합하게 변한다'는 것이다. 이것이 소위 '천행天行'이며 '천도天道'가 운행하는 규율이다.

사물의 변화는 천도를 따른다

옛사람들은 만물이 모두 변하지만 오직 천도天道만이 변하지 않는다고 여겼다.

'하늘은 위에 있고 땅은 아래에 있으며, 양은 귀하고 음은 천하다'는 말은, 천도를 가장 잘 드러낸다. 때문에 사물은 천도를 따라야 변하며, 존비尊卑와 장유長幼의 질서를 드러내야 한다. 이러한 통변通變의 규율은《역경》의 괘를 형성하는 기본 원칙이다.

〈설괘전〉에 보면 "《역경》은 하늘의 도를 세워 음양이라 하고, 땅의 도를 세워 유강柔剛이라 했으며, 사람의 도를 세워 인의仁義라고 했다. 또한 천지인天地人 삼재三才를 갖추고, 각각 두 효씩 쌍을 이루어 육효六爻를 배열했고, 이것으로 괘를 만들었다. 육효는 음과 양으로 나뉘고 유柔와 강剛의 성질을 번갈아 사용했다. 이렇게《역경》은 여섯 자리를 기본 형태로 한다"고 했다.

즉,《역경》의 각 괘에는 육효가 있고, 이 육효는 삼재의 도를 의미한다. 삼재의 도는 각각 음양, 강유, 인의다. 또한 육효는 음과 양으로 구분된다. 즉, 초효初爻와 이효二爻는 땅의 음양이 되고, 삼효三爻와 사효四爻는 사람의 음양이 되며, 오효五爻와 상효上爻는 하늘의 음양이 된다. 음양의 위치는 대립과 조화를 이룬다. '유와 강을 번갈아 사용한다'는 것은, 효의 변화를 설명한 것이다. 이는 육효의 위치가 번갈아 변한다는 말로, 강했다가 유해지기도 하며 그 움직임은 끝이 없다는 말이다.

만물은 변하지만 오직 천도의 규율만이 변하지 않는다고《역경》은 주장한다. 때문에 인간은 천도를 본받아 그 항구함에 순응하며, 시대에 맞게 적절히 변화해야 한다. 이렇게 되면 오래 지속할 수 있다.

사물의 변화는 천도의 규율을 따른다

만물은 변하지만 오직 천도의 규율만 변하지 않는다고 《역경》은 주장한다. 〈계사전〉에는 "도는 수없이 움직이며 머무르지 않고 변화한다"고 했다. 사물은 변해야 항구할 수 있고, 항구한 것은 변화하기 때문이다. 변화에는 일정한 규율이 있는데, 그것은 바로 '적합하게 변한다'는 것이다.

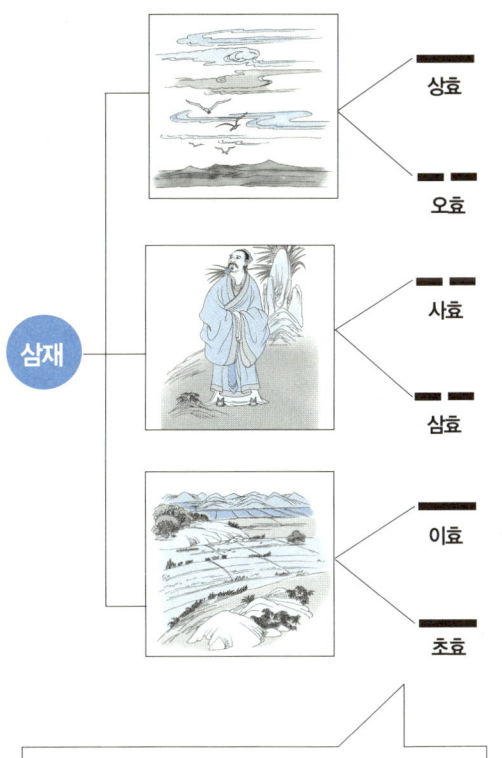

《역경》의 육효는 천지인삼재의 도를 나타낸다. 삼재의 도는 각각 음양·강유·인의로 구분되며, 육효의 음양·강유는 도의 항구함과 변화를 나타낸다. 이것이 서로 번갈아 찾아오고 섞이면서 《역경》의 규율이 된다.

만물은 변하지만 오직 천도의 규율만은 변하지 않는다고 《역경》은 주장한다. 인간은 천도를 본받아 그 항구함에 순응하며 시대에 맞게 적절히 변화해야 한다. 이렇게 되면 오래 지속할 수 있다.

인간의 행위는 천도를 따라야 한다

봄: 만물이 새로워지고 대지가 따뜻해진다. 사람들은 야외로 나가 꽃을 감상하고 푸르름을 만끽한다.

여름: 날씨가 무덥고 태양이 내리쬔다. 사람들은 시원한 옷을 입고 나무 그늘에서 더위를 식힌다.

가을: 바람이 시원하게 불어오고, 단풍잎이 하늘하늘 떨어지며, 사람들은 풍성한 과실을 딴다.

겨울: 겨울이 찾아오면, 공기는 차갑고 땅은 얼며, 눈꽃이 바람에 날린다. 사람들은 두꺼운 옷을 입고 빠르게 움직인다.

| 어떤 책인가 8 | 판단의 근거
시와 중

《역경》은 인간의 행위가 '시時'와 '중中'에 부합해야 한다고 주장한다. '중'은 공자가 말한 중용中庸의 도를 가리키며, 정확하게 움직여 지나치거나 모자라지 않는 것을 말한다. '시'는 때와 부합하는 것을 말한다.

시와 중은 최고의 생존 지혜이다

일의 성공을 위해서는 적절한 시기와 환경에서 실행해야 한다. 겨울에는 가죽옷이 좋지만 여름에는 어울리지 않음과 같다. 그래서 일반적으로 '시'와 '중'은 함께 쓰인다. 사람은 적절한 때에 행동하고 적절한 시기에 멈춰야 한다. 또한 모든 행위가 만물의 변화와 조화를 이뤄야 한다. 그리하여 소통과 조화 속에서 인간의 가치를 드러내야 한다.

사물의 미묘한 징조를 파악하다

'시기時'에는 객관성과 규율성이 존재한다. '시'는 우리의 의지대로 움직일 수 없으며 타인의 행동에 영향을 받기 때문에, 객관성을 갖는다. 하지만 노력을 기울여 '시'의 변화를 파악하고 행동할 시기를 결정해야 한다. 이렇게 하면 천도天道에 어긋나지 않는다. 사람은 수양을 통해 '시'를 깨닫고 행동에 옮길 능력을 키워야 한다.

'시'의 변화를 깨닫고, 적절하게 행동하려면 징조를 파악해야 한다. 〈계사전〉에서는 "성인聖人이 신묘한 이치를 밝힌 것이 《역》이다. 《역》은 신묘하여 만민의 마음을 꿰뚫어 볼 수 있고, 모든 일을 이룰 수 있으며, 서두르지 않아도 빠르고, 행하지 않아도 저절로 도달한다"고 했다. 또 "군자가 윗사람에게 아첨하지 않고 아랫사람에게 함부로 하지 않는 것은 기幾를 알기 때문이다. '기'는 사물의 미묘한 징조다. 길吉한 일은 징조가 먼저 드러나는데, 군자는 기미를 보고 행동하기 때문에 무작정 기다리지 않는다"라고 했다. 변화의 처음 단계에 그 추세를 명확히 분석하고 '시기'를 파악하는 것을 '지기知幾'라 한다.

때時를 기다린 후에 행동한다

이는 주동적으로 환경에 적응하여 천지의 규율에 순응하는 것이다. '시'와 '중'을 터득하면, 사람들은 진취적으로 변하며 때를 기다리는 인내심도 갖게 된다.

'시'와 '중'

《역경》은 인간의 행위가 '시'와 '중'에 부합해야 한다고 주장한다. '중'은 공자가 말한 중용의 도이며, 정확하게 움직여 지나치거나 모자람이 없는 것을 말한다. '시'는 시기와 부합하는 것을 말한다.

시		
	시의 의미를 파악	때가 왔는지 관찰하고, 주어진 기회를 중시한다.
	시의 역할을 이해	때가 왔음을 파악하고 기회를 잡는 방법을 안다.
	시의 변화를 관찰	때의 변화를 관찰하고 그 변화에 맞게 행위를 수정한다.
	시의 기회를 이용	주어진 기회를 이용하고, 기회를 놓치지 않도록 한다.

중		
	중용의 도 中庸之道	정확하게 움직여 지나침이나 모자람이 없는 것이다.
	시행시지 時行時止	적절한 때에 시작하고, 적절한 때에 멈추는 것이다.

'시'와 '중'은 최고의 생존 지혜이다. 이는 주동적으로 환경에 적응하여 천지의 규율에 순응하는 것이다. 시와 중을 터득하면, 사람들은 진취적으로 변하며 때를 기다리는 인내심도 갖게 된다.

그렇다면 어떻게 해야 시의 변화를 깨닫고 적절하게 행동할 수 있나요?

그것은 '징조를 파악함'에 달려 있다. 〈계사전〉에서 "기幾는 사물의 미묘한 징조다. 길한 일은 먼저 그 징조가 드러나는데, 군자는 기미를 보고 움직이기 때문에 종일토록 기다리지 않는다"라고 했다. 여기서 '기'는 사물의 미묘한 징조인데, 변화의 처음 단계에서 명확히 그 추세를 분석하고 '시기'를 파악하는 것이 바로 '지기 知幾'란다.

어떤 책인가	《역경》을 연구한 학파들

9 두 개의 유파와 여섯 개의 종파

《역경》을 연구한 학파들에 대하여 언급한 책들은 많다. 공자가 《주역》을 정리한 후, 사마천司馬遷의 《사기史記》, 반고班固의 《한서漢書》, 범엽范曄의 《후한서後漢書》에서 《역경》의 연구 학파를 소개했다. 전국 시대 후기, 《역경》의 해설서가 수집되면서 《오전五傳》이 만들어졌다. 경학의 흥성으로 인해, 한나라 이후 2천여 년 동안 많은 연구 학파들이 나왔다. 하지만 대체적으로 이들은 두 개의 유파와 여섯 개의 종파로 귀결된다.

두 개의 유파는 상수학파象數學派와 의리학파義理學派이며, 여섯 종파는 점복종占卜宗, 기상종機祥宗, 도서종圖書宗, 노장종老莊宗, 유리종儒理宗, 사실종史實宗이다. 여섯 종파는 또 상수학파와 의리학파로 구분할 수 있는데, 점복종, 기상종, 도서종은 상수학파에 속하고, 노장종, 유리종, 사실종은 의리학파에 속한다.

상수학파

역학에서 상象과 수數는 항상 함께 사용되는 개념이다. 상은 형태를 가리키고, 수는 숫자와 계산 방식을 지칭한다. 예를 들어 남자, 여자, 노인, 어린이, 아름다움, 추함, 살찌다, 마르다 등의 개념이 나타내는 형상을 '상'이라 한다. 그리고 그 형상과 관련된 숫자, 예를 들어 키, 허리둘레, 나이 등의 숫자와 이것을 계산하는 방식이 '수'다. 때문에 형태가 있는 사건과 사물은 모두 상과 수로 나타낼 수 있다.

《역경》에서의 상은 세 가지 의미가 있다. 첫 번째는 팔괘, 육십사괘, 384효의 형상이다. 두 번째는 팔괘가 상징하는 사물인데, 예를 들어 건괘乾卦는 하늘, 곤괘坤卦는 땅, 태괘兌卦는 연못, 진괘震卦는 천둥 등을 가리키는 것을 말한다. 세 번째는 괘사와 효사에서 거론한 구체 사물을 가리킨다. 이 세 종류의 의미를 통칭하여 역상易象이라고 한다.

역수易數 역시 세 가지 의미를 지닌다. 첫째는 각 효의 특성을 나타내는 숫자를 말한다. 즉 6, 7, 8, 9의 네 가지 숫자가 있는데, 그중 양효는 홀수, 음효는 짝수, 큰 수는 노老, 작은 수는 소少라고 한다. 이 네 개의 숫자는 각각 소양칠少陽七, 노양구老陽九, 노음육老陰六, 소음팔少陰八을 나타낸다. 두 번째는 효의 순서를 말한다. 육효는 아래에서 위의 순서로 배열되며, 처음의 효를 '초初'라 하고, 순서대로 이二, 삼三, 사四, 오五, 상上이라 한다. 이 순서는 효의 변화 규율을 나타낸다. 세 번째는 점을 쳐 점괘를 구하는 방법이다. 즉 시초점을 칠 때, 시초의 수량을 계산해서 필요한 괘상을 유추해내는 것을 말한다.

상수학파는 주로 《역경》의 괘상과 괘의 변화를 연구해 길흉을 판별하는 학파이다.

두 개의 유파와 여섯 개의 종파 (1)

공자가 《주역》을 정리한 이후, 《역경》을 연구한 학파는 매우 많았다. 하지만 큰 흐름으로 보면 두 개의 유파와 여섯 개의 종파로 귀결된다.

두 개의 유파		여섯 개의 종파		
	상수학파	점복종	기상종	도서종
	의리학파	노장종	유리종	사실종

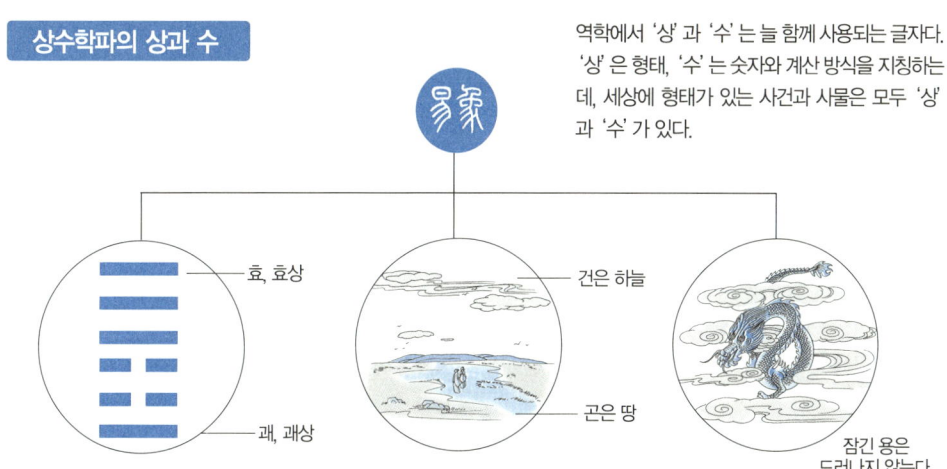

상수학파의 상과 수

역학에서 '상'과 '수'는 늘 함께 사용되는 글자다. '상'은 형태, '수'는 숫자와 계산 방식을 지칭하는데, 세상에 형태가 있는 사건과 사물은 모두 '상'과 '수'가 있다.

- 효, 효상
- 괘, 괘상
- 건은 하늘
- 곤은 땅
- 잠긴 용은 드러나지 않는다.

《역경》의 팔괘, 육십사괘, 384효의 형상.

팔괘가 상징하는 사물을 가리킨다. 예를 들어 건괘는 하늘을 상징하고 곤괘는 땅을 상징하는 것과 같다.

괘사와 효사에서 거론한 구체 사물을 가리킨다. 예를 들어 건괘의 괘사 중에서 나온 용이 그것이다.

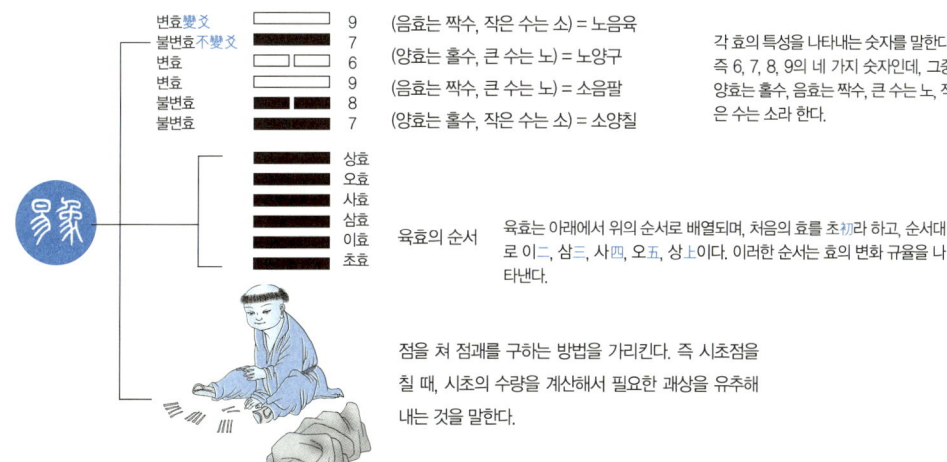

- 변효 變爻 — 9
- 불변효 不變爻 — 7
- 변효 — 6
- 변효 — 9
- 불변효 — 8
- 불변효 — 7

(음효는 짝수, 작은 수는 소) = 노음육
(양효는 홀수, 큰 수는 노) = 노양구
(음효는 짝수, 큰 수는 노) = 소음팔
(양효는 홀수, 작은 수는 소) = 소양칠

각 효의 특성을 나타내는 숫자를 말한다. 즉 6, 7, 8, 9의 네 가지 숫자인데, 그중 양효는 홀수, 음효는 짝수, 큰 수는 노, 작은 수는 소라 한다.

- 상효
- 오효
- 사효
- 삼효
- 이효
- 초효

육효의 순서

육효는 아래에서 위의 순서로 배열되며, 처음의 효를 초初라 하고, 순서대로 이二, 삼三, 사四, 오五, 상上이다. 이러한 순서는 효의 변화 규율을 나타낸다.

점을 쳐 점괘를 구하는 방법을 가리킨다. 즉 시초점을 칠 때, 시초의 수량을 계산해서 필요한 괘상을 유추해 내는 것을 말한다.

상수학파의 대표 인물

이 학파의 대표 인물은 한나라의 맹희孟喜, 경방京房, 초연수焦延壽, 그리고 송宋나라의 진단陳摶, 소옹邵雍 등이다.

맹희, 경방, 초연수는 모두 한나라 역학의 대표 인물들이다. 그중 초연수의 저작은 사라졌다. 맹희와 경방의 역학을 합쳐 맹경역학孟房易學이라고 부르며, 이 두 학파는 한나라의 관방역학官方易學에 속한다. 사마천의 《사기》와 반고의 《한서》에 따르면, 진시황秦始皇이 분서갱유를 단행할 때, 《역경》은 불태우지 않아서 선진先秦의 역학은 중단되지 않았다고 한다. 상수학파의 학문 전승 관계는 이러하다. 공자가 상구商瞿에게 《역경》을 전수한 이후, 초楚나라 사람 헌비자홍軒臂子弘, 강동江東 사람 교자용자矯子庸疵, 연燕나라 사람 주자가수周子家竪, 순우淳于 사람 광자승우光子乘羽를 거쳐 제齊나라 사람 전하田何에게 전수되었다. 전하는 한나라 초기 경학이 흥할 때 역학의 대사大師가 된 사람이다. 전하는 《역경》을 우관于寬, 복생服生, 양하楊何 등에게 전수했다. 우관은 다시 전왕손田王孫에게, 전왕손은 시구施仇, 맹희, 양구하梁丘賀에게 전수했다. 맹희는 초연수에게 전했고, 초연수는 경방에게 전했다. 이후에 시구, 맹희, 양구하, 경방의 역학은 관방官方의 교재로 선택되었다.

그러나 한대 관방의 역학은 대부분 소실되어, 단편적인 내용들만 전해지고 있으며, 오직 경방의 《경씨역전京氏易傳》만이 완전한 모습으로 남아 있다.

경방의 역학은 관방역학이며 이는 한대의 주류였다. 이외에 민간역학이 있는데 그 대표 인물이 비직費直이다. 관방과 민간의 역학 연구는, 각각 유가儒家의 금문학파今文學派와 고문학파古文學派에 속한다. 소위 금문은 서한西漢과 동한東漢에서 통행되었던 예서隸書를 말하며, 고문古文은 진한 이전에 통행되던 대전大篆을 말한다. 전자는 서한, 동한 시기에 필사했던 책을 가리키며 후자는 고대부터 전해오는 책을 지칭한다. 금문학파와 고문학파가 근거한 경전들은, 내용이 서로 달라 금문경학과 고문경학으로 나뉘게 되었다.

맹경역학은 동한으로 오면서 점차 비직의 민간역학에 자리를 내주었다. 위魏나라, 당唐나라 시기에는 왕필王弼의 의리학파가 역학의 주류였다. 송대에 와서는 상수학파가 마침내 두각을 드러냈으며, 이것이 북송北宋 초기의 화산도사華山道士 진단과 그 계승자인 소옹을 대표로 하는 학파다. 상수학파의 기본 특징은 두 가지다. 첫째는 각종 도식으로 《주역》의 원리를 설명하는 것이고, 둘째는 음양재이陰陽災異의 천인감응설天人感應說을 가급적 거론하지 않았다는 것이다. 하지만 소옹은 천인감응天人感應과 비슷한 〈황극경세도皇極經世圖〉를 만들었다. 이 도표는 육십사괘의 순서와 이를 근거로 만든 고대 역사 연표를 함께 실어 인류 역사의 변천 과정을 설명하고 있다.

송나라 역학의 주류는 도서학파圖書學派이며 진단과 소옹이 그 대표 인물이다. 이 학파는 도표와 그림으로 설명을 대신했고, 〈황극경세도〉로 천인감응설과 음양재이설을 설명했다. 이들은 일종의 맹경역학의 변용이라고 볼 수 있으며 상수학파로 분류한다.

• **두 개의 유파와 여섯 개의 종파 (2)**

상수학파의 인물과 전승

시구, 맹희, 양구하, 경방의 역학은 관방의 교재로 선택되어 관방역학이라고 불렸다. 맹경역학은 동한으로 오면서 점차 비직의 민간역학에 자리를 내주었다. 송대에는 상수학파가 두각을 드러내기 시작했으며, 북송 초기 화산도사 진단과 그 계승자인 소옹이 그 대표적인 인물이다.

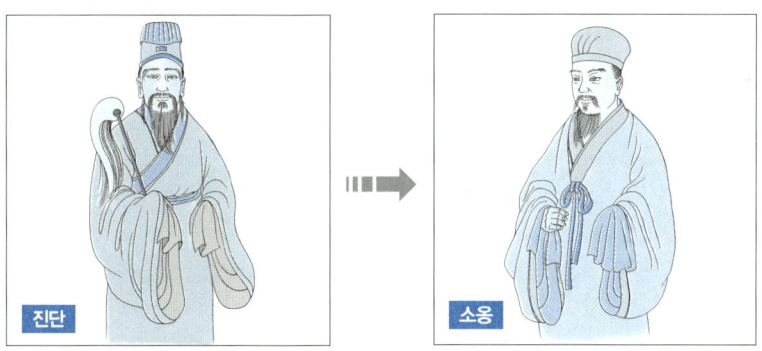

그런데 북송 초기의 화산도사 진단과 그 계승자인 소옹을 대표로 하는 역학 학파는 또 뭐라고 부르나요? 그리고 왜 그들 학파를 상수학파로 분류하죠?

송나라 역학을 도서학파라고 부르며, 이를 도서종이라고 한다. 이 학파는 각종 도식으로 《주역》의 원리를 설명했고, 음양재이의 천인감응설은 가급적 거론하지 않았다. 각종 도식이 있긴 했지만 그래도 소옹은 〈황극경세도〉를 만들어 천인감응설과 음양재이설을 설명했다. 그런데 이들 모두 일종의 맹경역학의 변용이기 때문에 일반적으로 상수학파로 분류한단다.

의리학파

'의義'는 '의미'이며, '이理'는 '이치'를 가리킨다. '의義'와 '이理'는 형태가 없어 스스로 존재를 나타낼 수 없기 때문에 글이나 도형을 통해 모습을 드러낸다. 이렇게 보면 상수와 의리義理는 동전의 양면과 같다. 건괘乾卦와 곤괘坤卦를 예로 들면, 그 형태를 근거로 했을 때 '건'은 하늘이며 양이고 '곤'은 땅이며 음이다. 의미를 근거로 했을 때 건은 강건하고 곤은 유순하다. 건이 강건한 것은 천체가 끊임없이 운행하며 그 위력도 강하기 때문이다. 곤이 유순한 것은 땅이 하늘의 움직임에 순응하여 만물을 만들어내기 때문이다. 이것이 소위 '이理'다. 의리학파는 주로 《주역》의 괘명卦名, 괘사卦辭, 효사爻辭 그리고 괘상卦象과 효상爻象이 내포하는 의미와 이치를 연구하는 학술 유파다.

의리학파의 대표 인물

《사고전서제요四庫全書提要》에서는 의리학파의 창시자는 위魏나라의 왕필王弼이며 그 계승자는 송대의 호원胡瑗, 정이程頤, 이광李光, 양만리楊萬里라 했다.

왕필은 위나라 산양山陽 사람이다. 24년의 짧은 생애 동안 《노자老子》 주석서뿐만 아니라 《주역》 주석서도 저술하여 위진魏晉 현학玄學의 대표 인물이 되었다. 그의 역학은 세 가지로 요약할 수 있다. 첫째, 의식적으로 상수의 학설을 배척하고 한나라 상수학파와 대립했다. 둘째, 〈전〉의 기본 관점으로 《역경》을 이해했다. 셋째, 상수학을 철저하게 배척하고 비직 역학을 계승했다. 왕필에 의하면, 모든 사물은 여러 부류로 나눌 수 있으며, 같은 부류에 속한 사물끼리는 공통적인 특징이 있는데 그것이 바로 '의리'다. 때문에 사물의 의리를 알면 사물의 특징을 이해할 수 있다. 그는 상수학파의 호체互體, 괘기卦氣, 괘변卦變, 납갑納甲 및 음양재이陰陽災異 등의 학설을 배척했고, '일효위주설一爻爲主說', '효변설爻變說'과 '적시설適時說' 등 새로운 학설을 제기하여 한대 역학 연구의 방향을 돌려놓았다. 그러나 그의 학설이 상수학파의 역학 연구 방법을 이탈하는 것은 아니다.

왕필 이후, 의리학파의 대표 인물로는 호원, 정이, 이광, 양만리 등이 있다. 호원은 저작을 남기지 않았으며, 제자들이 그의 가르침을 근거로 《주역구의周易口義》를 편찬했다. 정이는 《정씨역전程氏易傳》을 남겼다. 이광과 양만리는 모두 남송 사람인데, 특이하게도 '역사의 사건'을 근거로 《주역》을 증명했다. 이는 《주역》이 만들어진 역사 배경 속에서 《주역》의 본래 의미를 연구하는 것이 아니라, 역대 왕조의 흥망성쇠를 인용하여 의리학파의 이론이 정확하다는 것을 증명하는 것이다.

《사고전서제요》 이후 근현대의 역학은 많은 발전이 있었는데, 이것을 다음과 같이 세 부류로 나눌 수 있다. 첫째는 의고擬古적인 경향이 있으며, 둘째는 《주역》의 원문을 철저히 부정하는 것이고, 셋째는 〈전〉을 인정하고 의리학파의 자유로운 철학적 사유를 긍정하는 것이다.

• 두 개의 유파와 여섯 개의 종파 (3)

의리학파의 의義와 이理

의리학파는 주로《주역》의 괘명, 괘사, 효사 그리고 괘상과 효상이 내포하는 의미와 이치를 연구하는 학술 유파다. '의義'는 '의미'이며, '이理'는 '이치'를 가리킨다. 의와 이는 형태가 없어 스스로 존재를 드러낼 수 없기 때문에 글이나 도형을 통해 모습을 드러낸다. 상수와 의리는 동전의 양면과 같다.

건은 하늘이다. 천체가 끊임없이 운행하기 때문에 건에는 강건하다는 의미가 있다.

곤은 땅이다. 하늘의 움직임에 순응하여 만물을 만들기 때문에 곤에는 유순하다는 의미가 있다.

의리학파의 인물과 전승

《사고전서제요》에서는 의리학파의 창시자는 위나라의 왕필이며, 그 계승자는 송대의 호원, 정이, 이광, 양만리라 했다.

왕필은 어렸을 적부터 신동이라 불렸다. 그는 24세로 생을 마감했지만,《노자》주석서뿐만 아니라《주역》주석서를 저술하여 위진 현학의 대표 인물이 되었다.

호원 → 정이 → 이광 → 양만리

왕필 이후 의리학파의 대표적인 인물은 호원, 정이, 이광, 양만리다.

| 어떤 책인가 | 새로운 발견
| 10 | # 현대 생활에서 《역경》의 가치

《역경》은 후대의 정치, 경제, 군사, 일상생활 등에 막대한 영향을 주었다. 급변하는 사회 속에서 《역경》은 새로운 가치로 끊임없이 재해석된다. 그렇다면《역경》은 현대 사회에서 어떠한 가치를 가지고 있는가?

전문가들은 한의학, 건축학, 물리학, 유전학 등의 분야에서 《역경》은 강한 생명력을 유지하면서 현대인의 사고와 행위를 지배한다고 주장한다.

《역경》과 한의학

오늘날 자연과학 분야는 국제적인 학술 시스템을 갖추고 있는데, 오직 의학 분야만 한의학과 서양 의학으로 구분된다. 인류 역사상 한의학과 서양 의학은 각자 독자적으로 발전했다. 한의학은 수천 년의 역사가 있다. 반면, 서양 의학은 근대 100~200년의 짧은 역사에도 현대 과학기술에 힘입어 빠르게 발전하여 주도적인 위치를 차지했다.

(1) 의학과 역학은 근원이 같다

한의학의 이론은 중국 고대 철학 사상과 일맥상통한다. '의학과 역학의 근원이 같다'는 말은 의학과 철학의 관계를 정확하게 표현하고 있다. 한의학 이론의 경전인《황제내경黃帝內徑》은 전국 시대와 양한兩漢 시대에 나왔다. 이 책은《역경》의 핵심 사상을 의학과 결합시켜, 한의학을 심오한 철학을 갖춘 자연과학으로 승화시켰다. 음양오행설陰陽五行說, 기화학설氣化學說, 경락학설經絡學說, 장상학설臟象學說, 약물귀경藥物歸經, 약藥의 승강침부升降沈浮, 사기오미四氣五味, 오운육기학설五運六氣學說, 자우류주학설子牛流注學說 등은 모두《역경》과 밀접한 관계를 가지고 있다. 그중에서도 특히 음양오행설은《역경》에서 비롯된 것으로 한의학의 이론을 확립하는 데 중요한 역할을 했다.

이에 반해 서양 의학은 현대 자연과학의 기초 위에서 발전했다. 현대 자연과학은 서양 의학에 이론적 기초를 제공했을 뿐만 아니라 첨단의 기술과 장비도 제공했다. 처음 혈액 순환을 발견한 이후 지금은 심장 수술과 장기 이식까지 가능하게 되었다. 또한 합성 항생제부터 시작해서 대량 화학 약물이 출현하게 되었으며, 현미경의 사용에서부터 CT와 MRI에 이르기까지 괄목할 만한 발전과 성과를 거두었다.

의학과 역학은 근원이 같다 (1)

한의학의 이론은 중국의 고대 철학 사상과 일맥상통한다. '의학과 역학은 근원이 같다'는 말은 의학과 철학의 관계를 정확하게 표현한다. 한의학 이론의 경전인 《황제내경》은 전국 시대와 양한 시대에 출현했다. 이 책은 《역경》의 핵심 사상을 의학과 결합시켰으며, 한의학을 심오한 철학을 갖춘 자연과학으로 승화시켰다.

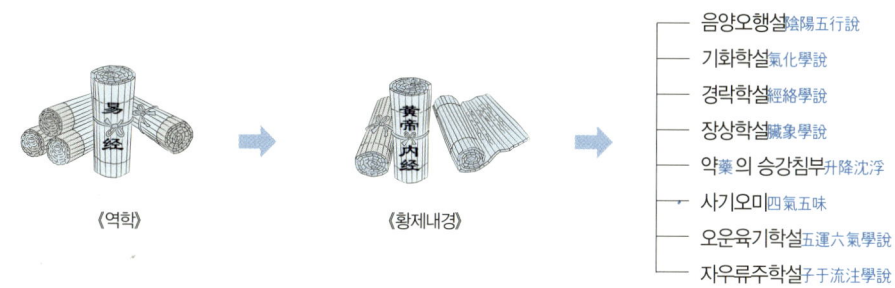

《역경》과 한의학의 음양오행설

음양오행설은 한의학과 결합하여 방법론이 되었는데, 한의학에서는 질병의 발생과 악화가 음양의 문제를 벗어나지 않는다고 본다. 오행은 쇠金, 나무木, 물水, 불火, 흙土이다. 이것은 사람의 오장五臟과 짝을 이룬다. 간은 목木, 심장은 화火, 비장은 토土, 폐는 금金, 신장은 수水에 속한다.

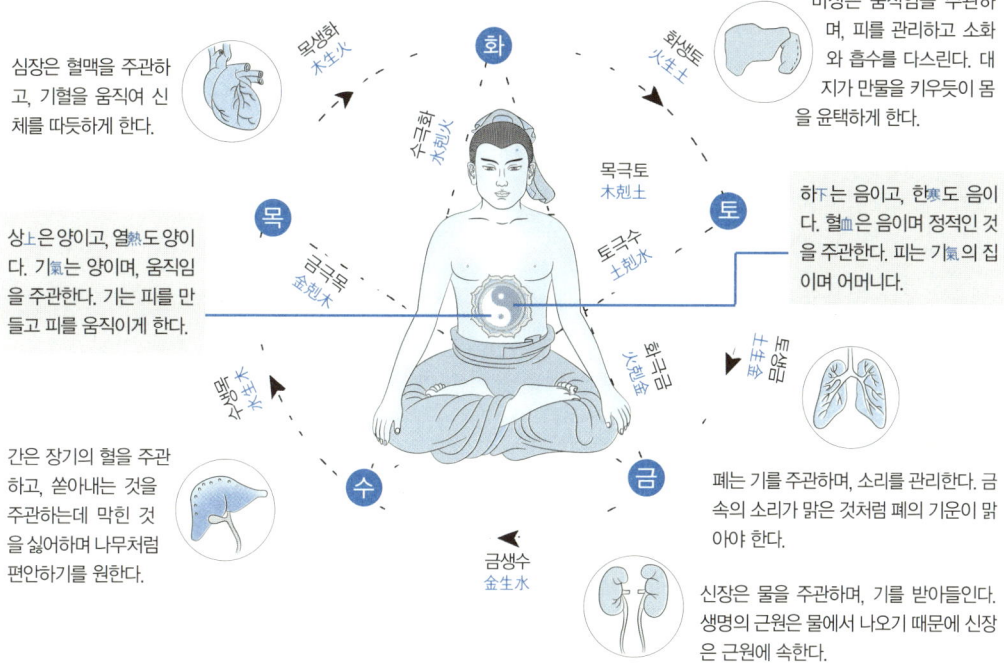

> **주의**
> 오행인 목·화·토·금·수는 상생상극의 관계로 서로 도움을 주기도 하고 억제하기도 한다. 이 오행이 한의학에 활용되어 인체 장기의 연관관계를 설명한다. 정상적인 신체 상황에서는 오행이 규칙적으로 움직이는데, 병리의 상황에서는 이 규칙이 파괴된다.

(2) 현대 난치병 치료에 있어서 한의학은 서양 의학보다 뛰어나다

서양의 첨단 진료를 한의학이 따라갈 수 없지만, 이 때문에 한의학이 쇠퇴하지는 않았다. 최근 10년 사이 과학기술의 급속한 발전에 따라 인류의 생존은 오히려 재난의 위험에 직면하고 있다. 한쪽에서는 인류와 늘 호흡하는 산림·토양·공기 등이 끊임없이 파괴되고 오염되었으며, 다른 한쪽에서는 긴장과 스트레스로 인해 현대인의 몸과 마음이 균형을 잃었다. 이것은 의학의 새로운 문제가 되었고 질병은 계속 발생했다. 심장과 뇌혈관 질환, 암, 에이즈 등 서양 의학에서 치료하기 어려운 일련의 난치병들이 계속 발견되었다.

서양 의학은 이러한 문제를 해결하기에는 역량이 부족하다. 왜냐하면 현대의 질병들은 대부분 종합적인 질병이며, 그 원인도 복잡하여 잘 드러나지 않기 때문이다. 질병의 발생과 변화도 여러 요인의 영향을 받기 때문에 수술과 약물 치료 등의 틀에 박힌 방법으로는 효과를 보기 어렵다. 하지만 한의학은 서양 의학의 단점을 보완할 수 있다. 한의학은 전체적인 움직임을 관찰하는 것이 특징이기 때문에, 현대 난치병의 본질을 심도 깊게 이해하는 데 도움이 된다. 한의학은 증상을 근거로 상세하고도 총체적인 분석을 할 뿐만 아니라, 여러 가지 단계를 나누어 질환의 움직임을 치료한다.

(3) 《역경》의 종합적인 사유 방식은 현대 생명과학 연구 분야에서 중요한 역할을 한다

한의학의 종합적인 사유 특징은 《역경》의 천인합일에서 비롯되었다. 서양 의학은 인체를 개별적이고 독립적인 개념으로 인식하며 질병에 대처하는 주체라고 이해한다. 이에 반해 한의학은 인체를 외부 세계와 더불어 조화를 이루는 합일의 개념으로 인식하며, 각 요소 간의 불균형을 질병 발생의 근본 원인으로 보고 있다. 질병이 악화되는 것은 음양이 균형을 잃고 사악함과 올바른 기운이 다투기 때문이라고 설명한다. 또 인체의 내재 요인을 중시하여 '사악함이 모이면 기氣는 반드시 허虛하게 되고 올바른 기운이 있으면 사악함이 끼어들지 못한다'고 말한다. 한의학의 치료는 음양을 조절하여, 정正을 돕고 사邪를 억제하며, 인체 각 부분의 평형을 유지하는 것이다. 이러한 방법을 통해 사람과 자연의 충돌을 막는 것이 한의학 치료의 주된 방식이다.

《역경》에서 비롯된 한의학의 종합적인 사유 방식은 인체 연구 분야에 중요한 역할을 하고 있다. 뿐만 아니라 생체와 환경의 상호 관계를 연구하면서 점차 현대 생명과학 분야에서도 중요한 역할을 하고 있다.

의학과 역학은 근원이 같다 (2)

《역경》의 '천인합일'은 한의학의 이론 형성에 지대한 영향을 주었다. 서양 의학은 인체를 개별적이고 독립적인 개념으로 인식하는 데 반해, 한의학은 인체를 외부 세계와 조화를 이루는 합일의 개념으로 인식한다. 때문에 질병의 발생과 악화의 원인을 음양의 균형 상실로 본다.

봄과 여름에는 양의 기운이 만들어진다

봄

봄에는 기후가 따뜻해진다. 늦게 자고 일찍 일어나 몸이 양기를 받도록 해야 한다.

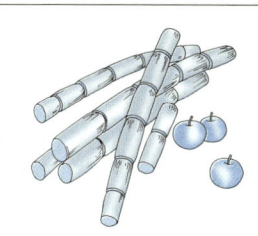
봄에는 간의 기운이 왕성해진다. 신맛은 간 기능을 도와주고 단맛은 비장을 튼튼하게 한다.

비록 날씨가 점점 더워진다고 해도 겨울옷을 벗으면 안 된다. 꽃샘추위가 오기 때문이다.

여름

여름에는 기온이 높아 늦게 자고 일찍 일어난다. 야외에서 잘 때 신체의 보온에 유념해야 한다.

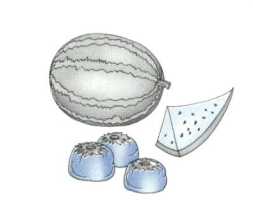
소화기 계통의 질병을 조심해야 한다. 비장을 활동하게 하고 입맛을 돋우는 음식을 먹어야 한다.

여름은 아침저녁의 기온 차가 있다. 때문에 낮에는 적게 입고 밤에는 옷을 걸쳐야 한다.

가을과 겨울에는 음의 기운이 만들어진다

가을
1. 가을에는 건조하여 일찍 자고 일찍 일어나는 것이 좋다.
2. 배, 매실 등 음기와 폐의 기운을 돕는 과일을 먹는 것이 좋다.
3. 날씨가 점점 서늘해진다고 해서 바로 겨울옷을 꺼내 입지 말고, 약간의 추위를 느끼는 것이 좋다.

겨울
1. 겨울은 추워 만물이 겨울잠을 잔다. 일찍 자고 늦게 일어나면서 양기를 신체 장기에 쌓아두는 것이 좋다.
2. 겨울에는 쉽게 차가운 기운이 들어오기 때문에 날것과 차가운 음식을 적게 먹어야 한다. 양고기처럼 음양의 기운을 북돋우거나 열량이 높은 음식을 먹어야 한다.
3. 겨울옷은 추위를 막아 보온 효과가 높은 것으로 입어 동상을 방지해야 한다.

한의학의 치료는 음양을 조절하고, 올바름을 돕고 사악함을 억제하며, 인체 각 부분의 평형을 유지하는 것이다. 이러한 방법을 통해 사람과 자연의 충돌을 막는 것이 치료의 주된 방법이다.

《역경》과 건축

고대 중국에서는 《역경》의 '의意'와 '상象'이 결합된 사유 체계와 음양 조화의 원리를 근거로 풍수학風水學이 생겼는데, 이것은 중국 건축 분야에 막대한 영향을 주었다.

우선 북경성과 고궁을 예로 들 수 있다. 북경성은 《역경》의 천지인 '삼재지도三才之道'를 근거로 하여 황궁을 자금성紫禁城이라고 칭했으며, 이것은 별자리인 자미원紫微垣(별자리 이름으로 삼원 중 하나이며 황제의 궁전을 지칭하기도 함)을 본뜬 것이다.

고궁에는 태화전太和殿, 중화전中和殿, 보화전保和殿의 삼대전三大殿이 있는데, 이는 천상의 삼원三垣(중국 고대 천문학자들은 천체의 항성을 삼원, 28숙, 그리고 기타 별자리로 나누었는데, 삼원은 태미원, 자미원, 천시원을 합쳐서 부르는 말)을 상징한다. 앞에 있는 대궐前殿은 양이고, 뒤에 있는 침소後寢는 음이다. 후침의 삼대궁三大宮은 건청궁乾淸宮, 곤령궁坤寧宮과 교태궁交泰宮이다. 《역경》에서 건은 하늘·임금·아버지를 상징하고, 곤은 땅·신하·어머니를 상징하여, 삼대궁의 명칭은 《역경》의 원칙과 부합한다. 건의 맑고 가벼운 기운은 위로 오르고, 곤의 무겁고 탁한 기운은 아래로 내려앉아, 천지가 교합하여 큰 것을 이루고 인류가 대길大吉하게 된다는 의미다. 삼대궁 주위에는 동쪽의 6궁과 서쪽의 6궁이 좌우에 있어, 이를 모두 합하면 15개의 궁이 된다. 이는 하도낙서河圖洛書의 중심축과 상응한다. 또한 12개 궁은 12진辰과 상응하며 부녀자의 도를 상징하기도 한다. 이는 지도地道를 본받아 자신을 드러내지 않음을 의미한다.

한편, 북경성의 문은 외성에 일곱 개가 있다. 이는 제왕이 자리에 앉아 밝은 곳을 바라보며 다스린다는 의미다. 또 내성에 있는 아홉 개의 문은 황제의 존귀함으로 천하를 다스린다는 의미다. 황성대문皇城大門의 남쪽에 천안문天安門, 북쪽에 지안문地安門, 서쪽에 서안문西安門이 있는데, 이는 선천팔괘의 건천곤지乾天坤地, 이일감월離日坎月의 구도를 따랐다. 우문牛門, 신무문神武門, 동화문東華門, 서화문西華門은 또 주작, 현무, 청룡, 백호 등의 천상 28숙을 주관한다. 내성에는 동남쪽에 숭문문崇文門과 서남쪽에 선무문宣武門이 있으며 '왼쪽은 문文으로 다스리고 오른쪽은 무武로 다스림'을 상징한다. 동북의 안정문安定門과 서북의 덕승문德勝門은 문치무공文治武功과 회유천하懷柔天下를 상징하고 있다. 동직문東直門, 서직문西直門은 해와 달이 뜨고 지는 음양대도陰陽大道를 상징한다. 그 지름이 15리인데 이는 하도낙서의 중심축을 움직이는 숫자를 상징한다.

현대 건축에서도 《역경》을 운용한 예들을 찾아볼 수 있다. 예를 들어 세계적인 건축가 이오 밍 페이Ieoh Ming Pei, 貝聿銘가 1980년대에 설계한 향산반점香山飯店(이오 밍 페이가 1979년 설계하고 1982년 완공한 호텔, 베이징에 위치함)은 전체적인 배치에서부터 세부적인 처리에 이르기까지 역학의 상수와 부호를 운용했고, 이를 통해 중국 문화와 예술성을 강조했다. 이처럼 《역경》의 '천인합일'의 개념은 중국 현대 건축학 분야에서도 강한 생명력을 유지하면서 발전하고 있다.

《역경》이 중국 건축에 미친 영향

《역경》이 탄생시킨 중국 고대의 풍수학은 중국 건축 분야에 막대한 영향을 주었다.

고궁의 건축 구조

후침 삼대궁은 건청궁과 곤령궁, 교태궁인데, 이는 《역경》에서 말하는 하늘은 건, 땅은 곤이라는 원칙에 부합한다. 천지가 교합하여 큰 것을 이루고 인류가 대길大吉하게 된다는 의미이다. 뒤쪽의 침소는 음에 속한다.

고궁의 삼대전은 태화전, 중화전, 보화전이며, 이는 천상의 삼원을 상징한다. 앞쪽의 궁전은 양에 속한다.

후침 삼대궁과 동쪽 6궁, 그리고 서쪽 6궁을 합하면 모두 15궁인데, 이는 하도낙서의 중심축과 상응한다. 동서의 12궁은 12진과 상응하며, 부녀자의 도를 상징하고, 지도地道를 본받는다는 의미다.

고궁은 또 자금성이라고도 하는데, 이것은 하늘의 자미원과 상응한다.

북경 성문의 배치

내성의 아홉 개 문은 황제의 존귀함으로 천하를 다스린다는 의미를 지닌다.

동직문은 해와 달이 뜨고 지는 음양대도를 의미한다.

황성대문에는 천안문, 지안문, 동안문, 서안문이 있다. 이는 선천팔괘의 건천곤지, 이일감월의 구도를 지니고 있다.

고궁의 우문·신무문·동화문·서화문은 주작·현무·청룡·백호 등의 천상 28숙을 주관한다.

외성의 7문은 제왕이 자리에 앉아 밝은 곳을 향해 다스린다는 의미다.

《역경》과 현대 물리학

《역경》과 물리학은 원래 직접적인 관련이 없다. 그러나 현대 과학에 새로운 관점들이 출현하게 되었고, 그중 일부 과학자들은 과학의 신개념이 《역경》의 사상과 본질적으로 일치한다고 주장한다. 고에너지물리학자인 프리초프 카프라 Fritjof Capra(영국의 세계적인 핵물리학자로 미국으로 건너가 버클리 대학교에서 입자이론 연구, 물리학과 동양 철학의 비교 논문을 수차례 발표함)는 "과거 수십 년간 현대 물리학의 변화 방향은 동방 세계관과 일치하는 듯하다. 동방의 세계관에서는 우주의 모든 현상들을 서로 떼어낼 수 없는 하나의 조화로운 통일체로 인식한다"고 했다.

(1) 현대 물리학의 관심이 집중되는 다차원 시공관

현대 물리학의 원자 및 아원자 입자(원자보다 더 작은 입자를 말하며, 원자핵, 양성자 등을 말함) 관련 연구 결과를 보면, 물질, 시간, 공간, 인과관계 등 기본적인 관념들은 반드시 수정되어야 한다고 지적하고 있다. 시간과 공간의 개념은 여러 차례 변화를 겪었다. 옛날에는 하늘은 둥글고 땅은 네모지다고 생각했다. 그 후 뉴턴 Isaac Newton의 절대 시공관이 나왔고, 또 아인슈타인 Albert Einstein의 상대론적 시공관이 출현했다. 근래에는 '가변광속이론 VSL'을 근거로 새로운 시공관이 출현했으며, 최근에는 '초끈이론 superstring theory(물질과 힘의 근본은 입자가 아니라 진동하는 작은 끈이라고 생각하는 이론)'의 기초 위에 생겨난 다차원多次元 시공관時空觀이 관심의 초점이 되고 있다. 다차원 시공관을 설명하려면, 먼저 1차원 시공부터 설명해야 한다. 직선 위에 국가가 존재한다면 사람들은 모두 직선이라고 하는 1차원의 시간과 공간에서 생활할 것이며, 그들에게는 평면의 개념이 존재하지 않는다. 이것이 바로 1차원의 세계다. 2차원의 시간과 공간은 평면이다. 평면 위에 국가가 존재한다면 사람들에게는 단지 평면의 개념만 있고 '위'라는 개념이 없을 것이다. 3차원의 세계는 우리가 현재 생활하는 세계다. 이 세계에 사는 사람들에게 시간과 공간은 절대적인 개념이다. 수학 분야에서는 1950년대에 독일의 수학자인 리만 Georg Friedrich Bernhard Riemann이 유클리드 Euclid의 기하학을 뛰어넘는 4차원의 시공 개념을 제기했다. 한편 물리학자들은 우주에는 4차원의 시공만 존재하는 것이 아니라 5차원, 6차원 심지어 10차원의 시공도 존재한다고 주장한다. 초기의 우주는 절대 진공 상태의 특이점 singularity(빅뱅이론에서 나온 말로서, 우주 팽창을 역으로 거슬러 올라가보면 모든 물질이 한곳에 모여 있는 '시작점'에 이르게 되는데, 이는 우주의 모든 질량이 무한 밀도로 압축되어 있는 상태이며 '특이점'이라고 함)이었다. 이때에 10차원의 시공이 존재했지만 안정적인 상태는 아니었다. 우주가 생겨날 때 10차원의 시공이 4차원과 6차원으로 나뉘어졌다. 6차원의 시공은 무한 밀도로 압축된 특이점이 되었고, 4차원의 시공은 우주 대폭발의 상태에 처하게 되어 지금의 우주가 생겨나게 된 것이다. 10차원 시공학설을 주장하는 과학자들은 미래에 우주는 축소된 모습으로 변하게 될 것이며 결국 하나의 특이점으로 변하여 우주의 탄생이 다시 시작될 것이라고 주장한다.

현대 물리학의 다차원 시공관

시간과 공간의 개념은 여러 차례 변화를 겪었다. 태고에는 하늘은 둥글고 땅은 네모지다고 생각했다. 그 후에 뉴턴의 절대 시공관이 나왔고, 또 아인슈타인의 상대론적 시공관이 출현했다. 근래에는 '가변광속이론'을 근거로 새로운 시공관이 출현했으며, 최근에는 '초끈이론'의 기초 위에 생겨난 다차원 시공관이 관심의 초점이 되고 있다.

물리학자들의 주장은 이러하다. 초기의 우주는 절대 진공 상태의 특이점이었다. 이때에 10차원의 시공이 존재했지만 안정적인 상태는 아니었고, 여기서부터 지금의 우주가 탄생하게 된 것이다.

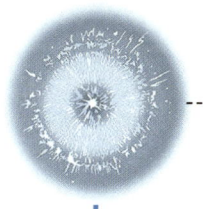

우주가 생겨날 때 10차원의 시공이 4차원과 6차원으로 나뉘어졌다. 6차원의 시공은 무한 밀도로 압축된 특이점이 되었고, 4차원의 시공은 우주 대폭발의 상태에 처하게 되어 지금의 우주가 생겨나게 된 것이다.

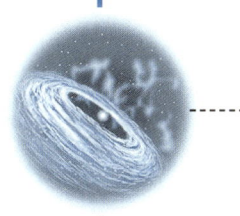

10차원 시공학설을 주장하는 과학자들은 '우주는 폭발 중에 생겨난 것이라 미래에는 축소된 모습으로 변하게 될 것이며, 결국 하나의 특이점으로 변하여 우주의 탄생이 다시 시작된다'는 것이다.

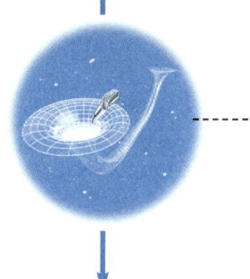

《시간의 역사》 저자인 스티븐 호킹은 다음과 같이 주장하고 있다. 우리들은 단지 다차원 다중우주 중의 한 곳에 살고 있다. 만약 두 개의 우주에 구멍이 뚫려 서로 연결된다면, 이것이 소위 말하는 웜홀이며 블랙홀과 화이트홀로 연결된 우주 내의 통로다. 인류는 이 웜홀을 통해 시공을 초월한 여행을 할 수 있으며 시간도 거슬러 올라갈 수 있다.

다차원 시공의 모형

하나의 다차원 시공으로 이루어진 우주 공간에서 벽을 뚫고 지나갈 수 있으며, 마음대로 어느 곳이든 들어갈 수 있다.

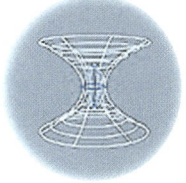

(2) 우리들은 단지 다중우주 중의 한 곳에 살고 있을 뿐이다

이 밖에 《시간의 역사 A Brief History of Time》의 저자인 물리학자 스티븐 호킹 Stephen Hawking은 다음과 같이 주장하고 있다. 우리들이 생활하는 이 우주는 수많은 다중우주 Multiverse 중 하나이며, 우주는 마치 공중에 떠다니는 수많은 비누 거품과도 같다. 각각의 비누 거품은 모두 하나의 우주이며, 그것들은 서로 연결되어 있지 않다. 만약 두 개의 우주 사이에 연결 구멍을 뚫는다면 이것이 소위 말하는 웜홀 wormhole이다. 이렇게 되면 인류는 시공을 초월한 여행을 할 수 있다. 이러한 상황에서, 우주는 무한하게 되고 세계는 끝이 없어진다. 공간과 시간의 개념도 변할 것이며 시간도 거슬러 올라갈 수 있다.

(3) 《역경》의 '차원'

《역경》의 〈태극팔괘도太極八卦圖〉에는 '차원次元'이라는 용어가 없었을 뿐, 차원의 개념은 존재했다. 《역경》에는 "역의 근원은 태극이고, 태극은 양의兩儀를 낳았고, 양의는 팔괘를 낳았다"고 했다. 여기에서 태극은 1차원의 시공을 가리키고, 양의는 2차원의 시공을 가리킨다. 미시적인 관점에서 보면, 정반正反으로 대립되는 물질은 공간의 제한을 받지 않아 상대방의 공간에도 출현할 수 있기 때문에 이 공간은 모두 2차원이 된다. 그러나 대립되는 물질이 같은 세계에 출현하면 시간은 서로 반대 방향으로 움직이기 때문에 그들의 시간은 2차원이 된다. 또한 3차원의 미시적 세계가 정반으로 대립되는 물질에 있어서는 4차원의 시공인데 이것이 바로 "양의가 사상四象을 낳았다"는 것이다. 미시적 관점에서 정正에 속하는 물질의 시간과 공간은 각각 1차원이며, 반反에 속하는 물질의 시간과 공간도 각각 1차원이다. 서로 더하면 4차원의 미시적인 세계가 된다. 정에 속하는 세계는 4차원의 미시적 시공이 되며, 반에 속하는 세계도 4차원이 되어 서로 더하면 8차원이 된다. 팔괘는 바로 정반 세계의 8차원 거시적 시공을 가리킨다. 4차원의 미시적 세계에서 8차원의 거시적 세계가 만들어진 것이 우주인데, 이것이 "사상이 팔괘를 낳았다"는 것이다. 이렇게 추산하면 나아가 10차원이 되며 무한으로 귀결된다.

(4) 《역경》에는 우주의 완전한 입체 모형이 서술되어 있다

《역경》은 '십천간十天干'과 '십이지지十二地支'로 시간을 나타내며 하도낙서, 선천팔괘와 후천팔괘로 공간을 나타낸다. 후천팔괘와 낙서의 구궁九宮을 배합하면, 동·남·서·북·동북·동남·서북·서남·중앙 등 아홉 개의 방위가 된다. 또 선천팔괘와 하도를 배합하여 상하좌우로 움직이고 정방향과 역방향으로 회전하면, 입체의 구형球型이 만들어진다. 만약 〈선천팔괘도先天八卦圖〉를 세워서 보고 〈후천팔괘도後先天八卦圖〉를 눕혀놓고 본다면, 일월이 순환하고 음양이 섞이지 않는 완전한 입체 모형이 나타날 것이다.

《역경》과 현대 물리학의 핵심을 결합하여 새로운 개념 체계를 만든다면, 현대 물리학의 시공 이론에 새로운 방향을 제시하게 될 것이다.

《역경》에 나온 '차원'의 개념

수천 년 전, 《역경》의 〈태극팔괘도〉에는 '차원'이라는 용어가 없었을 뿐, 차원의 개념은 존재했다. 《역경》에는 "역의 근원은 태극이고, 태극은 양의를 낳았고, 양의는 팔괘를 낳았다"라고 했다. 여기에서 태극은 1차원의 시공, 양의는 2차원의 시공을 가리킨다. 사상은 4차원의 시공, 팔괘는 8차원의 시공을 가리킨다. 이렇게 추산하면 더 나아가 10차원이 되며 결국 무한으로 귀결된다.

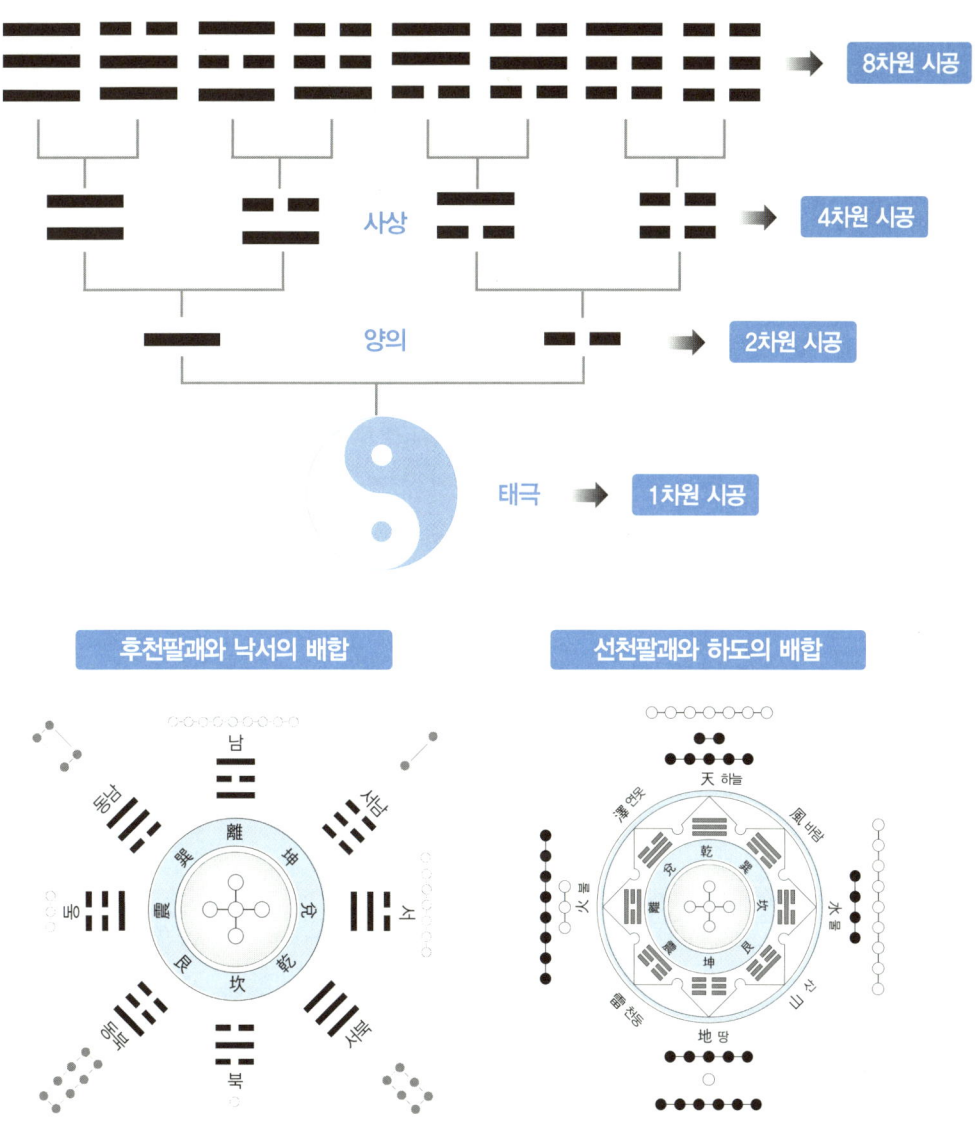

만약 〈선천팔괘도〉를 세워서 보고 〈후천팔괘도〉를 눕혀놓고 본다면, 일월이 순환하고 음양이 섞여 있는 완전한 입체 모형이 나타날 것이다.

《역경》과 현대 유전학

《역경》에서는 "천지의 큰 덕은 만물을 만드는 것"이며, "끊임없이 생성하는 것이 역"이라고 했다. 이는 생명의 탄생과 변화를 강조한 것이다. 하나의 괘에 여섯 개의 효가 있는데, 이는 현대 유전학의 유전 계산법과 유사하며, 그 구체적인 계산 절차도 비슷하다.

지금의 계산기처럼, 《역경》의 계산법은 이진법을 따르고 있는데, 이는 유전 암호의 표시 방법과 상당히 흡사하다. 1996년, 인류 유전자 지도를 처음으로 발표했을 때, 1만 6천 개의 유전자 위치를 그려냈고 이것을 통해 한 사람의 삶의 형태와 유전 과정을 설명했다. 즉, 14개의 염기 중에 임의로 세 개를 취하고, 이를 근거로 조합된 64개의 유전 인자를 통해 한 사람의 삶이 통제된다. 만약 이진법과 괘의 순서를 비교하고, 태음·소음·소양·태양과 네 개의 유전 암호인 티민Thymine·사이토신Cytosine·구아닌Guanine·아데닌Adenine을 비교한다면, 양자가 동일한 암호 관계에 있음을 발견하게 된다.

《역경》 역시 64개의 부호로 이루어졌다. 각각의 부호는 네 개의 기본 요소를 세 개씩 조합하여 이루어졌으며, 음양의 기본 규율에 근거하고 있다. 이것은 사람의 생명과 발전이 64개의 부호에 의해 통제받는다는 말이다. 각 부호는 다시 여섯 종류로 변화할 수 있을 뿐만 아니라, 또 다른 부호의 일부분이 될 수도 있다.

《역경》으로도 유전자 지도를 표시할 수 있는데, 그중에서 티민·사이토신·구아닌·아데닌은 각각 괘상 부호로 표시한다.

상호 비교를 통해 양자 간에 법칙을 밝혀낼 수 있을까? 양자의 특징을 보면, 한쪽은 유전자 지도에 있는 64종의 암호를 통해 정보를 전달하고, 한쪽은 64종의 부호를 통해 현상과 미래를 나타낸다. 《역경》을 근거로 만든 유전자 지도는 그 순서가 매우 엄격할 뿐만 아니라, 기존의 유전자 지도의 결함까지 발견할 수 있어, 돌연변이 문제를 완벽하게 설명할 수 있다.

《역경》과 유전 암호에는 모두 심오한 원리가 있는데, 한쪽은 음과 양의 두 축으로 구성되어 있고, 다른 한쪽은 대칭이 되는 DNA 쌍나선형 고리의 형태를 띠고 있다. 두 가지 체계가 모두 64개의 부호로 이루어졌기 때문에 이를 근거로 가설을 세울 수 있다. 그 가설은 바로 물질이나 비물질을 통해 암호를 전달하는 시스템이 존재하며, 모든 생명은 이 시스템의 64개 부호를 통해 표현할 수 있다는 것이다.

오늘날 생명의 오묘함이 점차 드러나고 있다. 우리는 과학을 통해 세상을 인식하지만, 분자생물학, 분자유전학과 《역경》이 일치한다는 사실을 통해 과학과 철학은 완전히 동일한 체계라는 사실을 알 수 있다.

《역경》의 육십사괘와 DNA 유전자 64개

현대 유전학에 있어서 DNA 순서와 단백질 아미노산 순서가 유전의 암호가 된다. 유전 암호는 세 개 염기의 중첩(《역경》의 8괘의 3효에 해당함)으로 구성되며, DNA 분자의 배열 순서대로 읽으며, 그 순서는 서로 중첩되지 않는다.

팔괘의 3효 ≡ → UUU DNA의 세 개 염기의 중첩

DNA는 모든 생명체의 보편적인 유전 물질이다. 《역경》의 태음, 소음, 소양, 태양처럼 DNA도 네 종류의 염기인 아데닌, 구아닌, 티민, 사이토신으로 구성된다. DNA의 구조는 쌍방향 나선형인데, 이것은 《역경》의 음과 양의 기본 부호와 비슷하다.

태양	소음	소양	태음	아데닌	구아닌	티민	사이토신
≡	⚎	⚍	≡≡	A	G	U	C

태극 음양 → DNA 쌍방향 나선 구조

육십사괘와 DNA 유전 암호의 대조표

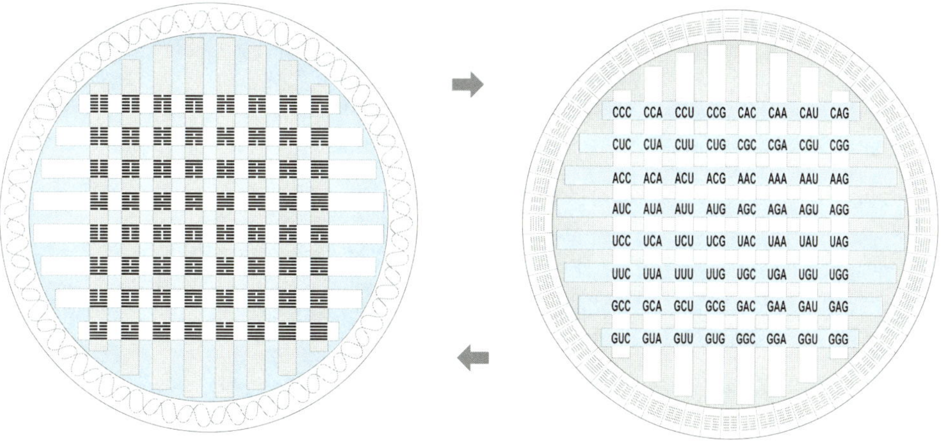

CCC	CCA	CCU	CCG	CAC	CAA	CAU	CAG
CUC	CUA	CUU	CUG	CGC	CGA	CGU	CGG
ACC	ACA	ACU	ACG	AAC	AAA	AAU	AAG
AUC	AUA	AUU	AUG	AGC	AGA	AGU	AGG
UCC	UCA	UCU	UCG	UAC	UAA	UAU	UAG
UUC	UUA	UUU	UUG	UGC	UGA	UGU	UGG
GCC	GCA	GCU	GCG	GAC	GAA	GAU	GAG
GUC	GUA	GUU	GUG	GGC	GGA	GGU	GGG

> DNA는 세 개의 암호가 중첩되어 있는데, 이는 《역경》의 육십사괘 체계와 서로 상응한다. 이것은 결코 우연이 아니며, 자연 사물의 탄생과 변화는 일종의 규율에 따라 만들어진다는 것을 나타낸다.

이장의 도해圖解

태극 55

양의 56

사상 57

하도낙서(1) 59

하도낙서(2) 61

괘 62

효 63

팔괘 64

선천팔괘 65

후천팔괘 67

육십사괘의 괘례 69

〈육십사괘 원형도〉 71

〈육십사괘 방형도〉 73

착종복잡의 착괘와 종괘 75

착종복잡의 교호괘 77

승승비응(1) 79

승승비응(2) 81

중정과 당위 83

점술 용어 – 길·흉·회·인 85

오행의 성질과 특징 87

천간과 지지(1) 89

천간과 지지(2) 91

역학 용어 납갑 93

2

기본 지식

《역경》이 어렵다고 느끼는 이유는, 기본 지식이 부족하기 때문이다.
관련 지식과 전문 용어를 알면 《역경》을 쉽게 이해할 수 있다.

기본 지식 1 ─ 태극太極
최초 우주의 혼돈 상태

태극은 처음이며 끝이 없다. 태극은 우주 처음의 혼돈 상태를 말한다.

《설문해자說文解字》에서는 "처음에 태극이 하나의 도道를 세웠고, 그것이 천지天地로 나뉘어졌으며, 다시 만물이 되었다"고 했다. 이것은 최초에 하나였던 태극이 끊임없이 분화하여 만물을 만들었음을 설명하는 것이다. 태극은 천지, 건곤乾坤, 강유剛柔, 음양陰陽, 이기理氣 등의 모든 상대적인 개념의 혼합체이며, 끊임없이 분화하는 특징이 있다. 계속 분화하더라도 그 본질은 태극이며 그 수는 영원히 하나이다.

《주자어류朱子語類》에 보면 주희朱熹가 진순陳淳의 질문에 답하는 내용이 있다. "천지를 살펴보면 천지 중에 태극이 있고, 만물을 살펴보면 만물 중에도 태극이 있다." 그가 말한 태극은 일종의 근원을 가리키며, 모든 것을 포괄하는 혼돈의 개념이다.

《주자어류》는 "태극은 나무가 성장하는 것과 같다. 나무는 위로 가지를 내고 꽃과 잎사귀를 만들면서 계속 성장한다. 나무가 열매를 맺을 때가 되면, 나무 내부에 탄생의 이치가 생겨나면서 씨앗을 내게 된다. 이렇게 만들어지는 과정을 거치면, 하나인 태극은 무한개가 되며 그 생성의 과정은 쉼 없이 이어진다"고 했다. 그의 말에 따르면 뿌리는 하나의 태극이며, 열매를 맺으면 태극이 무한개로 변하는 것이다.

이론적인 측면에서, 태극은 천지 만물의 이치다. 이 이치가 하늘에 적용되면 천리天理가 되고, 땅에 적용되면 지리地理가 된다. 또 만물에 적용되면 물리物理가 되고, 사람에게 적용되면 인리人理가 된다. 《예기禮記》〈대학大學〉에서는 "임금은 인仁이 있어야 하고, 신하는 공경함敬이 있어야 하며, 자녀는 효孝가 있어야 하고, 부모는 자애慈가 있어야 한다. 또한 다른 나라와 외교를 할 때는 신의信가 있어야 한다"고 했다. 즉 각각의 영역마다 거기에 맞는 이치가 있듯이 사람으로 태어나면 사람의 이치를 다해야 한다는 것이다. 이는 마치 《역경》〈문언전〉에서 말한 "대인은 천지의 덕에 부합하고, 일월日月의 밝음과 일치하며, 춘하추동의 질서를 같이하고, 귀신과 길흉을 함께한다"는 말과 일맥상통한다.

태극

최초에 하나였던 태극이 끊임없이 분화하여 만물을 만든다. 태극은 천지, 건곤, 강유, 음양, 이기 등의 모든 상대적인 개념의 혼합체이며, 끊임없이 분화하는 특징이 있다. 계속 분화하더라도 그 본질은 태극이며, 그 수는 영원히 하나이다.

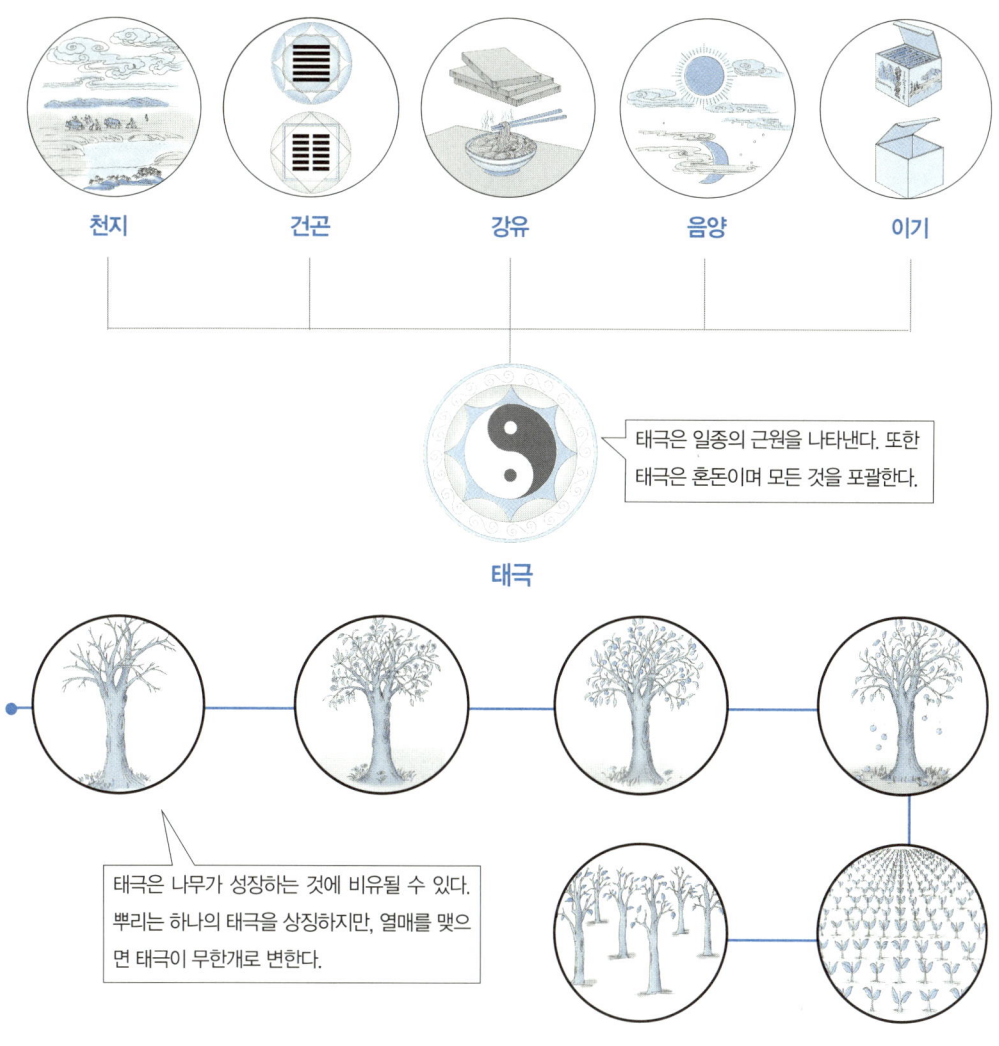

> 태극은 일종의 근원을 나타낸다. 또한 태극은 혼돈이며 모든 것을 포괄한다.

> 태극은 나무가 성장하는 것에 비유될 수 있다. 뿌리는 하나의 태극을 상징하지만, 열매를 맺으면 태극이 무한개로 변한다.

주의

태극은 천지 만물의 이치다. 이 이치가 하늘에 적용되면 천리가 되고, 땅에 적용되면 지리가 된다. 또 만물에 적용되면 물리가 되고, 사람에게 적용되면 인리가 된다. 때문에 각각의 영역마다 거기에 맞는 이치가 있어 사람으로 태어나면 사람의 이치를 다해야 한다. 이는 마치 《주역》〈문언전〉에서 말한 "대인은 천지의 덕에 부합하고, 일월의 밝음과 일치하며, 춘하추동의 질서를 같이하고, 귀신과 길흉을 함께한다"는 말과 일맥상통한다.

기본 지식 2

양의 兩儀

둘로 나누어지는 모든 사물

양의는 천지를 가리키며, 둘로 나누어지는 모든 상대적인 사물을 지칭한다.

〈계사전〉에서는 "역易의 근원은 태극이며, 태극이 양의를 낳았다"고 했다. 또 "둘로 나누어진다는 것은 양의를 형상한 것이다"라고 했는데, 여기에서 '이二'와 '양兩', 그리고 '양의'는 모두 천지를 가리킨다. 양의는 태극이 처음 나누어진 상태다. 〈계사전〉에서는 또 "하늘은 높은 곳에 자리 잡고, 땅은 낮은 곳에 위치하여 건곤이 정해졌다. 높은 것과 낮은 것이 펼쳐져 귀한 것과 천한 것이 자리를 잡았다. 움직임과 고요함도 일정한 법칙이 있어 강함과 부드러움이 결정되었다"고 하여, 천지에서부터 존비尊卑, 건곤乾坤, 귀천貴賤, 동정動靜, 강유剛柔가 생겨났음을 설명하고 있다. 또 "건乾의 도는 남자를 이루고 곤坤의 도는 여자를 이룬다. 건은 만물의 시작을 알리고 곤은 만물을 만든다"고 하여, 남녀의 개념도 천지에 의해서 만들어졌음을 설명하고 있다.

한편, 양의는 상대적인 사물의 관계를 말한다. 사람에게 있어서, 정신은 양陽이고 육체는 음陰이며, 이성은 양이고 욕망은 음이다. 사회에 있어서, 대중은 양이고, 개인은 음이며, 공익公益은 양이고, 사리私利는 음이다. 그러나 육체가 없으면 정신이 드러날 수 없으며, 개인이 없으면 대중도 형성될 수 없다. 이 때문에 이성과 욕망, 공익과 사리는 비록 주종 관계이지만 균형을 이뤄야 조화롭고 원만하다.

양의

양의는 천지를 가리키며, 둘로 나누어지는 모든 상대적인 사물을 지칭한다.

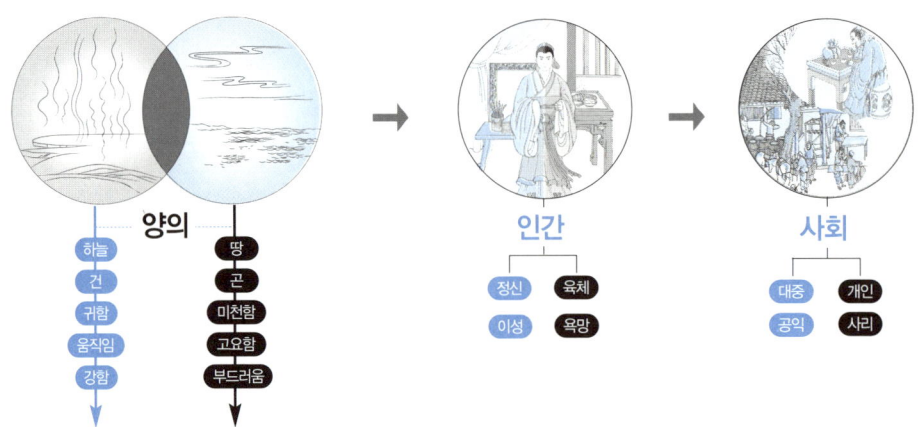

기본 지식	사상四象
3	# 사시, 사방, 사국

사상은 음양의 변화로 만들어지는 태양·소양·태음·소음을 가리키는데, 사상은 사시四時·사방四方·사국四國 등의 개념으로도 발전한다.

중국어에서 '상象'은 형상, 상태, 상징, 비유 등의 의미를 갖는다. 때문에《역경》의 괘卦의 형상과 육효六爻의 형상을 각각 괘상卦象과 효상爻象이라 한다. 이는 마치 천체의 움직이는 모습을 천상天象이라 하며, 지면의 형상을 지상地象이라 칭하는 것과 같다.

사상四象이 사시四時라는 주장은《역경》과 관련된 저작들에서 쉽게 찾아볼 수 있다. 이정조李鼎祚는《주역집해周易集解》에서 다음과 같이 말했다. "사상은 사시이며, 양의兩儀는 건곤乾坤이다. 건과 곤이 감坎·이離·진震·태兌를 만드는데, 진은 봄이요, 태는 가을이며, 감은 겨울이고, 이離는 여름이다. 때문에 양의가 사상을 낳는다고 말한 것이다." 한편 공영달孔穎達은《주역정의周易正義》에서 "양의가 사상을 낳았다는 말은, 금金·목木·수水·화火가 천지에서 나왔음을 가리킨다"고 주장했다. 또 그는 "진목震木·이화離火·태금兌金·감수坎水가 각각 한 계절을 주관한다"고 했는데, 여기서 진목은 봄이고, 이화는 여름이며, 태금은 가을이고, 감수는 겨울이다.

이밖에도 고대에는 망望·삭朔·상현上弦·하현下弦과 자子·우牛·묘卯·유酉, 그리고 동서남북과 청룡·백호·현무·주작 등을 사상이라고 칭했다.

사상

양의는 하나의 통일체에 존재하는 두 개의 대립적인 개념이며, 음양이 변화를 일으켜 사상인 태양·소양·태음·소음을 낳는다.

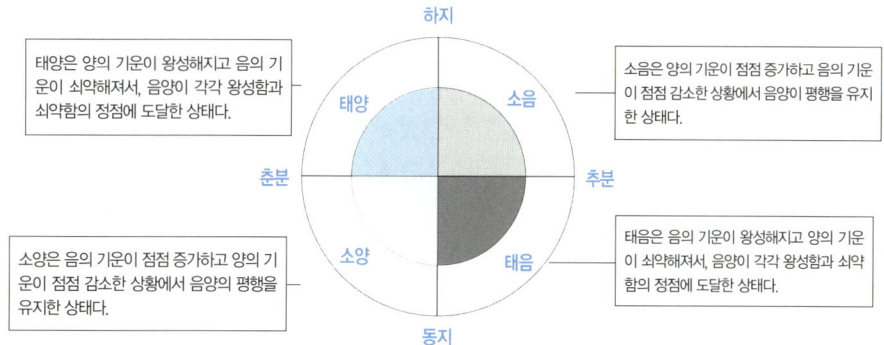

기본 지식 4

하도河圖와 낙서洛書
역에 관한 전설

하도와 낙서는 중화 문화의 원류이며, 《역경》 팔괘와 음양오행의 근원이다. 중국 상고 시대에 황허黃河에서 등에 그림이 새겨진 용마가 나왔는데, 복희씨가 그것을 보고 선천팔괘를 만들었고 우임금이 홍수를 다스릴 때, 뤄수이洛水에서 신령한 거북이 나타나 우임금이 이것을 이용해 구주를 만들었다고 한다. 후대인들은 "하도가 나왔다", "낙서가 나왔다"라는 말로 태평성대의 상서로운 징조를 나타냈다.

하도

하도는 10개의 흑색과 백색의 원으로 음양陰陽, 오행五行, 사상四象을 나타내는 사각형의 그림이다. 북쪽은 안쪽에 한 개의 백점과 바깥쪽에 여섯 개의 흑점이 있어, 현무의 별자리를 나타내며 수水에 속한다. 동쪽은 안쪽에 세 개의 백점과 바깥쪽에 여덟 개의 흑점이 있어, 청룡의 별자리를 나타내며 목木에 속한다. 남쪽은 안쪽에 두 개의 흑점과 바깥쪽에 일곱 개의 백점이 있어, 주작의 별자리를 나타내며 화火에 속한다. 서쪽은 안쪽에 네 개의 흑점과 바깥쪽에 아홉 개의 백점이 있어, 백호의 별자리를 나타내며 금金에 속한다. 중앙에는 안쪽에 다섯 개의 백점이 있고, 바깥쪽에 10개의 흑점이 있어, 시간과 공간의 시작점을 나타내며 토土에 속한다. 백점은 홀수이며 양陽이 되고, 흑점은 짝수이며 음陰이 된다. 사상은 각각 일곱 개의 별자리를 주관하여 모두 28개의 별자리가 된다. 고대 사람들은 북쪽에 앉아 남쪽을 향해 있는 것을 정방향이라고 생각했다. 즉 앞에는 주작, 뒤에는 현무, 왼쪽에 청룡, 오른쪽에 백호를 말하는 것인데, 이것이 풍수의 근본이다. 하도의 10개 수 중에 1·3·5·7·9는 양에 속하고, 2·4·6·8·10은 음에 속한다. 양의 수를 더하면 25가 되고, 음의 수를 합하면 30이 되며, 양과 음의 수를 모두

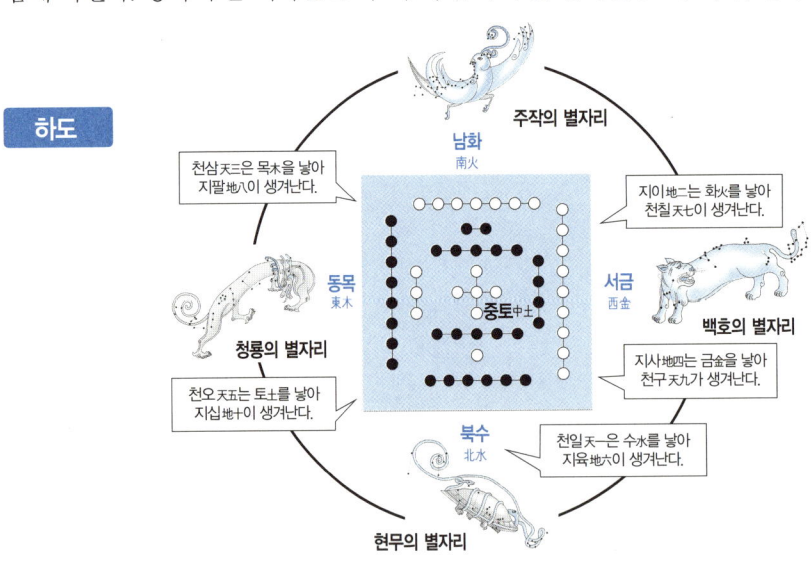

하도낙서 (1)

하도의 10개 숫자 중 1·3·5·7·9는 양에 속하고, 2·4·6·8·10은 음에 속한다. 양의 수를 더하면 25가 되고, 음의 수를 더하면 30이 되며, 양과 음의 수를 모두 더하면 55가 된다. 그래서 옛날 사람들은 "천지의 숫자는 55이다. 이 숫자로 변화를 완성하고 귀신을 움직인다"고 했다. 이는 만물의 모든 수數가 천지의 수에서 나왔다는 것을 설명하고 있다.

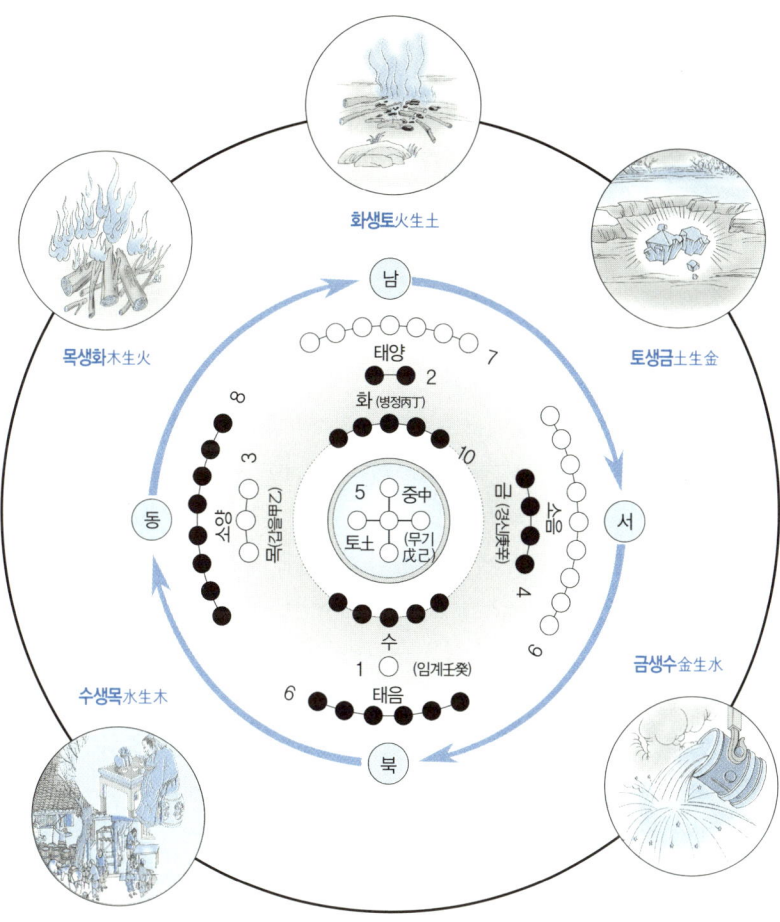

하도 중에서 토土는 중앙이며 음이다. 사상은 바깥쪽에 위치하며 양이다. 중앙의 토는 정靜이며 외부의 사상은 동動이다. 만약 하도의 정방형 그림을 원형으로 변형하면, 목화木火는 양이고, 금수金水는 음이며, 음토陰土와 양토陽土는 각각 흑과 백의 점이 되는데, 이것이 바로 〈태극도〉다. 이때에 수는 태음이 되고, 화는 태양이 되며, 목은 소양, 금은 소음이 된다. 이렇게 태극 사상으로 변화한다. 때문에 하도는 음양이 구현된 형태로 역상의 근원이 된다.

더하면 55가 된다. 옛사람들은 "천지의 숫자는 55다. 이 숫자로 변화를 완성하고 귀신을 움직인다"라고 했다. 또 "천일天一이 수水를 만들면 지육地六이 완성되고, 천이天二가 火를 만들면 지칠地七이 완성된다. 천삼天三이 木을 만들면 지팔地八이 완성되고, 천사天四가 金을 만들면 지구地九가 완성되며, 천오天五가 土를 만들면 지십地十이 완성된다"고 했다. 여기서 보면 1은 水를, 2는 火를, 3은 木을, 4는 金을 만드는 수數이다. 또한 5는 土를, 6은 水를, 7은 火를, 8은 木을, 9는 金을, 10은 土를 만드는 수다. 이렇듯 만물의 생존에는 각각 그것을 주관하는 수가 있다.

하도의 土는 중앙이며 음에 속하고, 사상은 바깥쪽에 위치하며 양에 속한다. 木火는 상생이며 양이고, 金水는 상생이며 음이다. 오행에는 음양이 각각 섞여 있어 그 근원이 같음을 나타낸다. 중앙의 土는 정靜이고 외부의 사상은 동動인데, 이것은 음양동정陰陽動靜의 이치를 설명한다. 만약 하도의 정방형을 원형으로 변형하면 木火는 양이 되고 金水는 음이 되며, 음토와 양토는 각각 흑과 백의 점이 되는데, 이것이 바로 〈태극도太極圖〉다. 이때 水는 태음이 되고, 火는 태양이 되며, 木은 소양, 金은 소음이 된다. 이렇게 하여 태극 사상四象으로 변화한다. 때문에 하도는 음양이 구현된 형태이며 역상易象의 근원이 된다.

낙서

하도를 여덟 방향으로 펼쳐놓으면 팔괘가 된다. 이때 각각의 방위 수는 십이지十二支의 형상을 포괄하는데 이것이 낙서다. 낙서에서는 하도의 화 2·7과 금 4·9의 위치가 바뀌었고, 토오土五가 중앙에 와서 여덟 방향으로 펼쳐 있는 형태이다. 이것이 모두 구성九星이며, 이때 십토十土는 드러나지 않고 숨어 있다. 이렇게 되면 1은 아래, 9는 위, 왼쪽에 3, 오른쪽에 7이 오며, 4와 2는 상단의 좌우에, 8과 6은 하단의 좌우에 오게 된다. 이 아홉 개의 숫자를 횡橫이나 종縱으로 더하면 모두 15가 된다. 낙서의 수는 1·2·3·4·5·6·7·8·9로 모두 더하여 45가 되며, 이것은 천지 만물의 생사生死를 주관하는 수다. 오행은 수일水一, 화이火二, 목삼木三, 금사金四, 토오土五다. 이 오행 중의 양의 수를 합하면 9가 되고, 음의 수를 합하면 6이 된다. 때문에 양효를 구九라 하고 음효를 육六이라 한다. 오행 음양의 수를 합하면 15가 되는데, 이는 천지인삼재天地人三才의 수다. 낙서의 구성은 자백구성紫白九星이라 하며, 이 수는 역으로 센다. 즉 구자九紫, 팔백八白, 칠적七赤, 육백六白, 오황五黃, 사벽四碧, 삼록三綠, 이흑二黑, 일백一白의 순이다. 매년 하나의 별자리로 머물면서 끊임없이 운행한다. 이때 그해에 머물러 있는 별의 괘상卦象은 그해에 태어나는 사람의 풍수와 운명의 괘가 된다. 낙서의 아홉 수 중에 하나는 본체體가 되고 나머지 여덟이 작용하게 된다. 때문에 구성은 팔괘를 사용하고 이를 운행하는 수는 15다. 이것을 여덟 방향으로 펼쳐놓으면 120이 되고, 여기에 삼재를 곱하여 360이 되는데, 이는 지구가 한 바퀴 회전하는 수다. 낙서의 총수는 45인데 여덟 방향으로 움직이면 역시 360이 나온다. 낙서는 하도의 사면 구도를 팔면 구도로 바꾼 것이며 오행의 수와 위치도 이에 상응하여 변한다. 즉 1은 수水, 6은 금, 3은 목, 8은 토다. 또 2는 토, 7은 금, 4는 목, 9는 화이며, 5는 여전히 중앙에 있어 사방으로 펼쳐진다. 10은 적합함을 나타내는 수이며 자신은 드러나지 않는다.

하도낙서 (2)

낙서

하도 　　하도의 네 면에 있는 여덟 개의 수를　　낙서
　　　　회전하면 2, 7과 4, 9의 자리가 바뀐다.

낙서의 수는 1·2·3·4·5·6·7·8·9로 모두 합하여 45가 되는데, 이 45는 천지 만물의 생사를 주관하는 수數다. 오행은 수일, 화이, 목삼, 금사, 토오다. 이 오행 중의 양의 수를 합하면 9가 되고, 음의 수를 합하면 6이 된다. 때문에《역경》에서는 양효를 구九라 하고, 음효를 육六이라 한다. 오행 음양의 수를 합하면 15가 되는데, 이는 천지인삼재天地人三才의 수다.

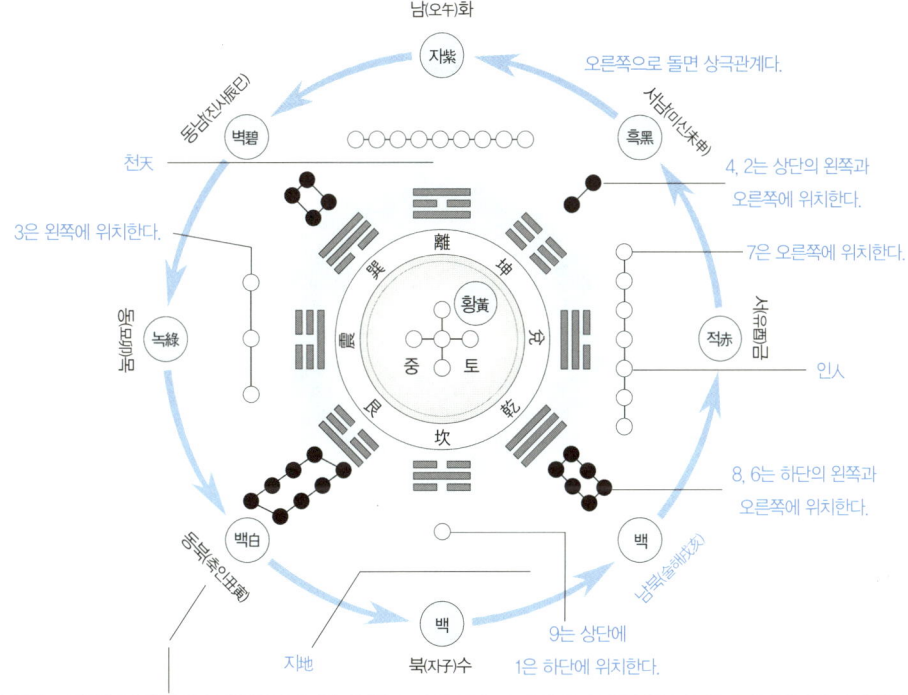

낙서의 구성은 또한 자백구성이라고 하는데, 이 수는 역으로 센다. 즉 구자, 팔백, 칠적, 육백, 오황, 사벽, 삼록, 이흑, 일백의 순이다. 매년 하나의 별자리로 머물면서 끊임없이 운행하고 있다. 구성은 팔괘를 사용하고 이를 운행하는 수는 15다. 이것을 여덟 방향으로 펼쳐놓으면 120이 되고, 여기에 삼재를 곱하여 360이 되는데, 이는 지구가 한 바퀴 회전하는 수다. 같은 이치로, 낙서의 총수는 45인데 여덟 방향으로 움직이니 이를 계산하면 역시 360이 나온다.

기본 지식	괘卦
5	만상의 근원

'괘'는 '걸다掛'라는 의미이며, 본질을 나타낸다. 또한 만물의 근원을 의미한다.

《역경》에서 가장 먼저 눈에 띄는 것이 괘상이다. 그러면 괘는 무엇인가? 《역경》의 '괘'는 우주에 존재하는 현상을 말한다. 괘는 '걸다'라는 의미이며, 어떠한 현상이 눈앞에 걸려 있다는 뜻이다. 사물이 형상으로 드러나듯이, 부호로 사물을 드러내는 것이 괘이며, 이는 수많은 사물의 근원적인 형상이 된다.

《역경증석易經證釋》에서 "괘는 하나이지만 쓰임은 많다. 예를 들어, 건乾의 형상은 간단하지만 그것이 상징하는 것은 무한하다"고 했다. 또한 "괘에는 내괘內卦와 외괘外卦, 상괘上卦와 하괘下卦, 교호괘交互卦와 방통괘旁通卦 등의 구분이 있지만 주용主用, 본세本世, 객응客應, 신사臣使 등의 쓰임이 있어, 괘는 하나이지만 무한히 많은 것을 형상한다"고 했다.

'괘' 자는 그 자체가 8획으로 되어 있어, 여덟 가지 변화를 나타낸다. 괘는 선천팔괘를 중첩하여 만든 것으로, 양효와 음효를 일정한 규율로 조합하여, 이것으로 자연과 인류 사회의 변화 법칙을 설명한다. 괘는 《역경》의 기본적인 단위일 뿐만 아니라, 점술 행위를 목적으로 조합된 부호의 배열이기도 하다.

괘

《역경》의 '괘'는 우주에 존재하는 현상을 말한다. 괘는 '걸다'라는 의미이며, 어떠한 현상이 눈앞에 걸려 있다는 뜻이다.

'걸다'는 뜻이다. 어떠한 현상이 우리 눈앞에 걸려 있다는 의미다.

예견하는 것을 목적으로 조합된 부호다.

만물과 만상의 근원적인 형상을 나타낸다.

'괘' 자는 그 자체가 8획으로 되어 있어 괘의 여덟 가지 변화를 의미한다.

기본 지식

6 효爻

모방의 의미이며, 역의 변화를 나타낸다

효란 무엇인가? 효는 '모방하다'는 의미이며, 역의 변화를 나타낸다. 효는 괘를 구성하는 기본 단위이다. 그중 '—'을 양효라고 하고 '– –'을 음효라고 한다.

효를 풀이하면서, 공자는 "천하 만물의 움직임을 모방했기 때문에, 효에 길흉이 나타나고 과오가 드러난다"고 했다. '효'는 '교류·교차'의 의미가 있는데, 우주 만물이 시시각각 교류하고 끊임없이 관계를 맺으며 변화하기 때문이다. '효'는 또 변화의 의미가 있다. 《역경증석》에는 "효가 여섯 개라서 변화가 많다", "효가 여섯이지만 모방한 사물의 수는 매우 많아 다 기록할 수 없다", "효는 무한한 의미를 담고 있으며, 그 변화를 모두 드러낸다"고 했다. 효는 비록 음효와 양효 두 종류뿐이지만, 그것이 육효六爻에 배열되어 또 다른 형상이 생겨나고, 효사爻辭를 통해 여러 형상들이 덧붙여져서 수많은 형상을 나타낸다는 의미다.

괘효卦爻는 모두 여섯 개로 아래에서부터 위로 센다. 여섯 개의 효는 세 부분으로 나누는데, 초효初爻와 이효二爻는 지地를 의미하고, 삼효三爻와 사효四爻는 인人을 나타내며, 오효五爻와 상효上爻는 천天을 상징한다. 이것을 삼재三才라고 한다. 천도天道는 음과 양이고, 지도地道는 강剛과 유柔이며, 인도人道는 인仁과 의義다.

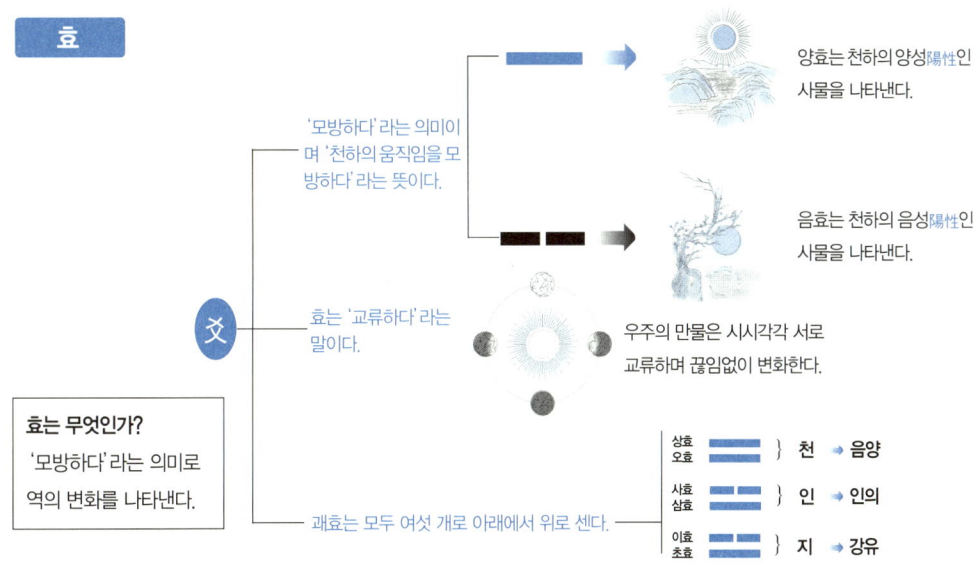

2장 · 기본지식

기본 지식	팔괘八卦
7	# 만물의 여덟 가지 요소

팔괘는 우주 만물을 구성하고 있는 여덟 가지 사물을 나타낸다.

우주의 모든 현상은 '건乾·감坎·간艮·진震·손巽·이離·곤坤·태兌'의 팔괘를 통해 나타낼 수 있다. 팔괘는 각각 세 개의 효로 구성되는데, 이것을 경괘經卦 혹은 단괘單卦라고 한다.

팔괘 중에 첫 번째는 건괘이고 하늘을 나타내며 늘 위에 존재한다. 두 번째는 곤괘이며 땅을 나타낸다. 인류는 지구에 살며 늘 땅을 밟고 살기 때문에 땅은 아래에 위치한다. 세 번째는 이괘이고 태양을 나타내며, 네 번째는 감괘로 달을 나타낸다. 이 두 가지는 공처럼 생겨 끊임없이 회전하기 때문에 시간과 공간, 그리고 우주를 나타낸다. 다섯 번째는 진괘이며 천둥을 나타낸다. 우주의 전기 에너지가 움직이는 것이 천둥이다. 천둥이 치고 나면 기氣가 흐르는데, 이것을 바람이라 한다. 때문에 여섯 번째는 손괘이며 바람을 나타낸다. 바람은 기의 흐름이며, 그 흐름이 거세게 지나가면 전기가 통한다. 이처럼 기류가 회전하는 것을 《역경》에서는 "천둥과 바람이 서로 부딪친다"라고 표현했다. 일곱 번째는 간괘이며 높은 산과 육지를 나타낸다. 마지막으로 여덟 번째는 태괘이며 바다와 강을 나타낸다. 우주 안에서 이 여덟 개의 괘는 서로 대립하면서 수많은 현상을 만들어낸다.

팔괘

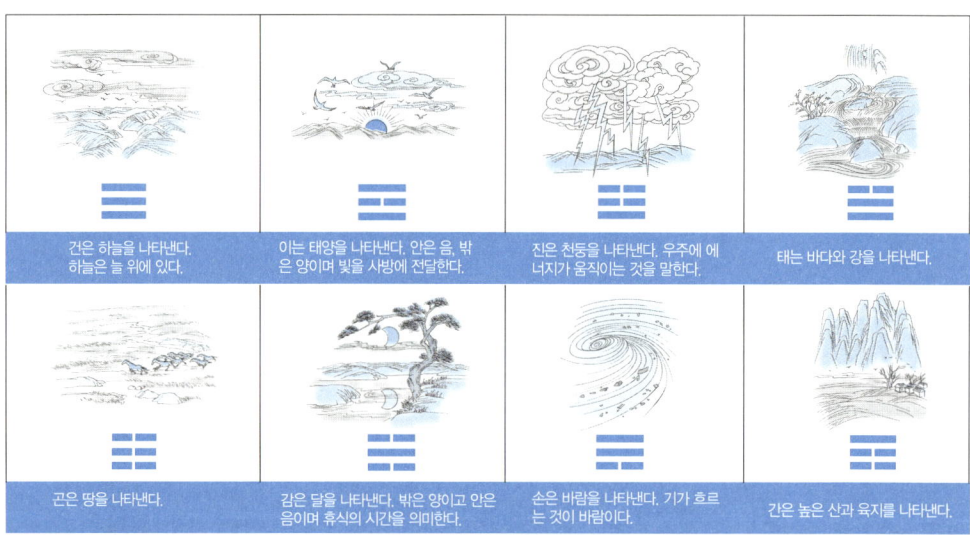

건은 하늘을 나타낸다. 하늘은 늘 위에 있다.

이는 태양을 나타낸다. 안은 음, 밖은 양이며 빛을 사방에 전달한다.

진은 천둥을 나타낸다. 우주에 에너지가 움직이는 것을 말한다.

태는 바다와 강을 나타낸다.

곤은 땅을 나타낸다.

감은 달을 나타낸다. 밖은 양이고 안은 음이며 휴식의 시간을 의미한다.

손은 바람을 나타낸다. 기가 흐르는 것이 바람이다.

간은 높은 산과 육지를 나타낸다.

기본 지식 8

선천팔괘先天八卦
만물의 형상

전설에 따르면 선천팔괘는 복희씨가 만들었다고 한다. 선천팔괘는 두 개씩 서로 대칭을 이루고 있으며, 세상에 존재하는 대립과 통일, 음양의 변화 규율을 나타낸다. 선천팔괘는 우주 생성 초기의 형상을 드러낸다.

선천先天이란 무엇인가? 우주 만물이 형태를 갖추기 이전을 선천이라 하고, 우주 만물이 생긴 이후를 후천後天이라 한다. 선천팔괘는 남건南乾, 북곤北坤, 동이東離, 서감西坎, 동북진東北震, 서남손西南巽, 동남태東南兌, 서북간西北艮이다. 건곤乾坤은 한 쌍이며 하늘과 땅에 자리를 정했고, 이감離坎은 한 쌍으로 물과 불이 섞이지 않는다고 했다. 진손震巽은 한 쌍이기 때문에 우레와 바람이 부딪치며, 간태艮兌가 한 쌍으로 산과 못이 서로 기운을 통한다고 했던 것이다. 건은 양에 속하며 기운이 올라가 위에 자리 잡았고 남쪽에 위치했다. 곤은 음에 속하며 기운이 가라앉아 아래에 자리 잡았고 북쪽에 위치했다. 동방東方은 일출의 땅으로 밖은 양이고 안은 음인 이離가 자리 잡았다. 서방西方은 일몰의 땅이며 밖은 음이며 안이 양인 감이 자리 잡았다. 동북은 봄에 속하며 천둥이 치기 때문에 진이 자리 잡았고, 서남은 가을에 속하여 바람이 세차게 불기 때문에 손이 자리 잡았다. 서북에는 산이 많은데 간이 산이며, 동남에는 연못이 많은데 태가 연못이다. 선천의 기운은 만물 탄생의 근원이며 천지 이기理氣의 원천이다. 집터를 찾거나 묘지를 정할 때, 여러 가지 방법을 사용하지만 일반적으로 선천팔괘에 근거한다. 선천팔괘의 방위는 위가 남방南方, 아래가 북방北方이어서 현재의 지도와 완전히 상반된다.

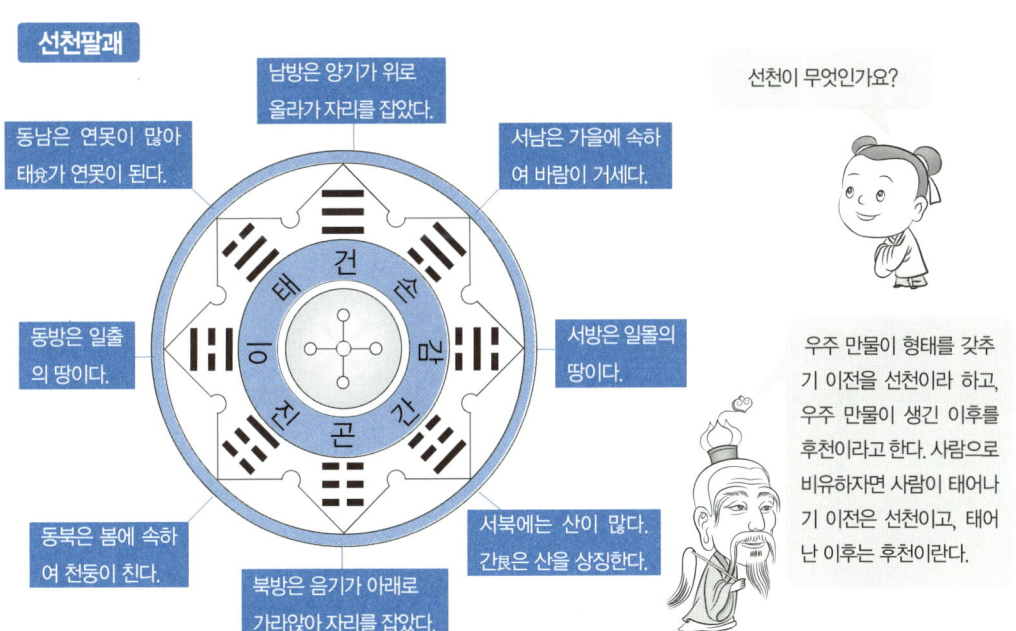

기본 지식	후천팔괘 後天八卦
9	# 자연의 변화에 순응하다

후천팔괘는 문왕팔괘文王八卦이며, 자연과 인류 사회의 모습을 반영한다. 선천팔괘가 우주 형성의 모습을 드러낸다면, 후천팔괘는 우주가 형성된 이후 인간이 어떻게 자연의 변화에 순응했는지를 나타낸다.

후천팔괘의 방위는 선천팔괘와 달리 이남離南, 감북坎北, 진동震東, 태서兌西, 간동북艮東北, 곤서남坤西南, 건서북乾西北, 손동남巽東南이다. 후천팔괘의 배열 순서와 관련된 기록은 〈설괘전〉에 보인다. 〈설괘전〉에는 "만물은 진에서 출발하여, 손에서 정돈하고, 이離에서 서로 보며, 곤에서 일을 한다. 또한 태에서 기뻐하고, 건에서 싸우며, 감에서 노고勞苦하고, 간에서 완성된다"고 했다. 이는 팔괘가 운행하는 데 일정한 절차가 있음을 설명하는 것이다.

후천팔괘는 사계절의 변화와 만물의 생장 소멸을 근거하여 얻어낸 규율로서, 그 구체적인 모습을 〈설괘전〉에서 볼 수 있다. 만물은 봄에 태어나고 여름에 성장하며, 가을에 거두어들이고 겨울에는 묻힌다. 지구가 도는 360일 중에, 팔괘는 각각 45일을 주관하는데, 네 면과 네 모서리四正四隅에서 절기가 바뀐다. 각 괘에는 세 개의 효가 있는데, 3에 팔괘의 8을 곱하면 24절기가 나온다.

아래는 후천팔괘의 배열 순서와 그 의미에 대한 설명이다.

(1) 진震, 동쪽에 위치하며 목木에 속한다. 목의 기운은 봄에 가장 왕성하다.
(2) 손巽, 바람이며 목에 속하고 동남쪽에 위치한다. 만물은 봄과 여름 사이에 성장한다.
(3) 이離, 해이며 화火에 속하고 남쪽에 위치한다. 화의 기운은 여름에 가장 왕성하여, 이때 초목이 무성해진다.
(4) 곤坤, 땅이며 부드러운 성질을 가지고 있어 음토陰土에 속한다. 서남방에 속하며, 늦여름과 초가을에 초목은 근본으로 돌아가 대지의 양분이 된다.
(5) 태兌, '말하다' 또는 '기뻐하다'라는 의미이며, 사람들은 가을의 풍성한 수확에 기뻐한다. 서쪽은 가을에 속하며, 금金의 성질은 가을에 왕성하다.
(6) 건乾, 강건한 성질을 가지고 있으며, 금에 속한다. 음력 9월, 10월의 늦가을과 초겨울에 해당한다. 이때 양기는 사라지고 음기가 상승하여, 음양이 건의 영역에서 서로 부딪치는데, 이때는 초목이 떨어지고 시드는 시기다.
(7) 감坎, 수水에 속하고 월月이다. 북방에 속한다. 음력 11월은 만물이 근본으로 돌아가고 초목도 움츠린다. 11월에 노고를 치하하고 휴식하기 때문에 감이라고 한다.
(8) 간艮, '멈춘다, 마치다'라는 의미로 감의 다음에 위치한다. 사계절의 순환은 겨울과 봄 사이에 끝나며, 만물이 이미 끝났기 때문에 이를 간이라고 한다.

후천팔괘

후천팔괘의 방위는 선천팔괘와 달라 이남, 감북, 진동, 태서, 간동북, 곤서남, 건서북, 손동남이다.

후천팔괘의 배열 순서와 관련된 기록은 〈설괘전〉에 보인다. 〈설괘전〉에는 "만물은 진에서 출발하여, 손에서 정돈하고, 이離에서 서로 보며, 곤에서 일을 한다. 또한 태에서 기뻐하고, 건에서 싸우고, 감에서 노고하며, 간에서 완성된다"고 했다.

후천팔괘는 사계절의 변화와 만물의 생장 소멸에 근거하여 얻어낸 규율이다. 만물은 봄에 태어나고 여름에 성장하며, 가을에 거두어들이고 겨울에는 묻힌다. 지구가 도는 360일 중에, 팔괘는 각각 45일을 주관하는데, 네 면과 네 모서리에서 절기가 바뀌게 된다. 각 괘에는 세 개의 효가 있는데 3에 팔괘의 8을 곱하면 24절기가 나온다.

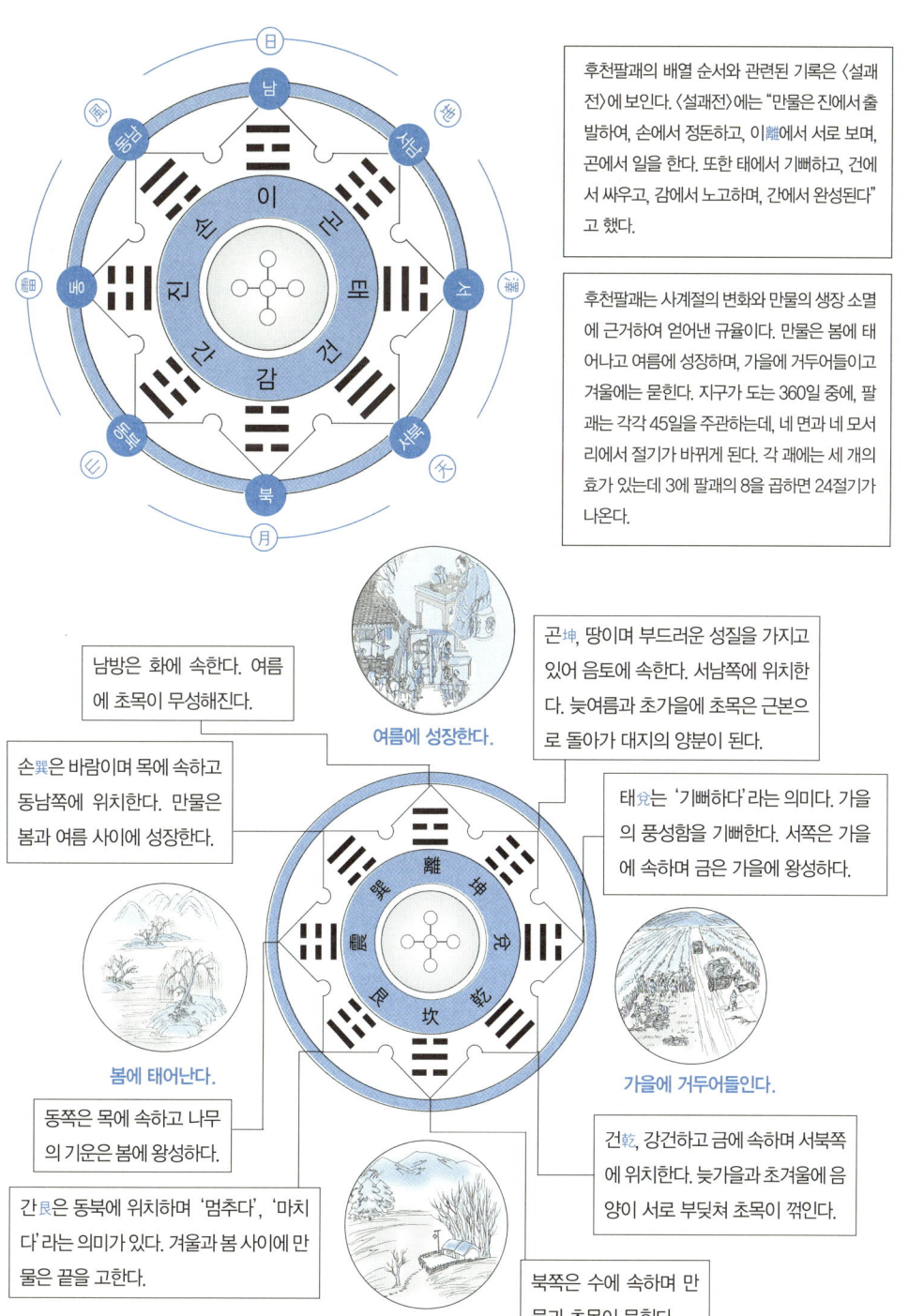

남방은 화에 속한다. 여름에 초목이 무성해진다.
여름에 성장한다.

손巽은 바람이며 목에 속하고 동남쪽에 위치한다. 만물은 봄과 여름 사이에 성장한다.

곤坤, 땅이며 부드러운 성질을 가지고 있어 음토에 속한다. 서남쪽에 위치한다. 늦여름과 초가을에 초목은 근본으로 돌아가 대지의 양분이 된다.

태兌는 '기뻐하다'라는 의미다. 가을의 풍성함을 기뻐한다. 서쪽은 가을에 속하며 금은 가을에 왕성하다.

봄에 태어난다.
동쪽은 목에 속하고 나무의 기운은 봄에 왕성하다.

가을에 거두어들인다.

간艮은 동북에 위치하며 '멈추다', '마치다'라는 의미가 있다. 겨울과 봄 사이에 만물은 끝을 고한다.

건乾, 강건하고 금에 속하며 서북쪽에 위치한다. 늦가을과 초겨울에 음양이 서로 부딪쳐 초목이 꺾인다.

겨울에 묻힌다.
북쪽은 수에 속하며 만물과 초목이 묻힌다.

기본 지식	육십사괘六十四卦
10	# 육십사괘는 역의 끝이 아니다

여덟 개의 단괘를 기본 요소로 하여 그것을 두 개씩 조합하면 육십사괘가 만들어진다. 육십사괘는 각각 여섯 개의 효로 이루어지는데 이것을 '별괘別卦' 혹은 '중괘重卦'라고 한다. 육십사괘 중에서 팔괘의 단괘單卦를 중복하여 만든 괘를 '순괘純卦'라고 하며, 그 괘명은 단괘의 명칭과 동일하다. 육십사괘는 역의 끝이 아니라 변화의 출발점이다.

    태극이 양의兩儀를 낳고, 양의가 사상四象을 낳으며, 사상이 팔괘를 낳는 것까지는 수학적으로 배수의 법칙이 적용되지만, 팔괘를 중첩하여 육십사괘를 얻는 것은 제곱의 법칙이 적용된다. 육십사괘는 역의 끝이 아니며 변화의 출발점이다. 육효로 구성된 육십사괘는 위아래에 각각 세 개의 효가 있는데, 위의 세 효를 '상괘上卦' 혹은 '외괘外卦'라 하고, 아래의 세 효를 '하괘下卦' 혹은 '내괘內卦'라 한다.

    육십사괘의 뒤에는 괘를 설명하는 '괘사卦辭'가 있고 이를 '단사彖辭'라고도 한다. '단彖'은 '이빨이 날카로운 짐승'이라는 뜻이 있어 '끊다', '판단하다'라는 의미로 쓰인다. 괘사는 각 괘에 대한 판단이다. '괘사'는 주 문왕이 지었다. 《사기》〈태사공자서太史公自序〉에서는 "서백西伯, 주 문왕이 왕이 되기 이전의 작위이 유리에 갇혀 있을 때, 《주역》을 만들었다"고 했다. 즉, 주 문왕이 상나라 주왕紂王에 의해 유리에 갇혀 있을 때, 육십사괘를 만들고 '괘사'를 지었다. 〈계사전〉의 괘에 대한 설명은 함축적이고 은유적인데, 이를 통해 당시 문왕의 위기감을 엿볼 수 있다.

    '괘사' 뒤에는 '효사爻辭'가 있는데 '효사'는 각 효의 의미를 설명한다. '효사' 역시 주 문왕이 지었다는 설이 있지만, 인용한 것들 중에 많은 부분이 문왕 이후의 사건들이어서, 문왕의 아들 주공이 지었다는 주장이 설득력을 얻고 있다.

    육십사괘 괘상의 배열 순서에 대해서는 현재까지 두 가지 설이 있다. 하나는 현재 통용되는 《역경》의 순서다. 여기에는 〈상경〉과 〈하경〉으로 나뉘며, 상경은 건괘, 곤괘 순으로 배열되어 있다. 또한 〈하경〉은 미제괘未濟卦에서 끝이 난다. 다른 하나는 창사長沙 마왕두이馬王堆 한나라 고분에서 출토된 백서帛書의 차례다. 백서에는 첫 괘가 건괘이고, 다음 괘는 비괘否卦이며, 익괘益卦에서 끝이 난다.

    '괘사'와 '효사'의 내용은 대체적으로 세 부류로 나눌 수 있다. 첫째는 자연 현상의 변화를 통하여 인사人事를 비유한 내용이고, 둘째는 인사의 득실을 논하는 내용이며, 셋째는 길흉을 판단하는 내용이다. 괘사와 효사를 통해 우리는 고대 사회의 생활상을 엿볼 수 있다.

육십사괘의 괘례 卦例

육십사괘의 각 괘는 괘 그림卦畵, 괘명, 괘사, 효 순서에 대한 칭호爻序號, 효사와 〈전〉에 속하는 단사, 대상사大象辭와 소상사小象辭로 구성되어 있다. 미제괘를 예로 들어 설명한다.

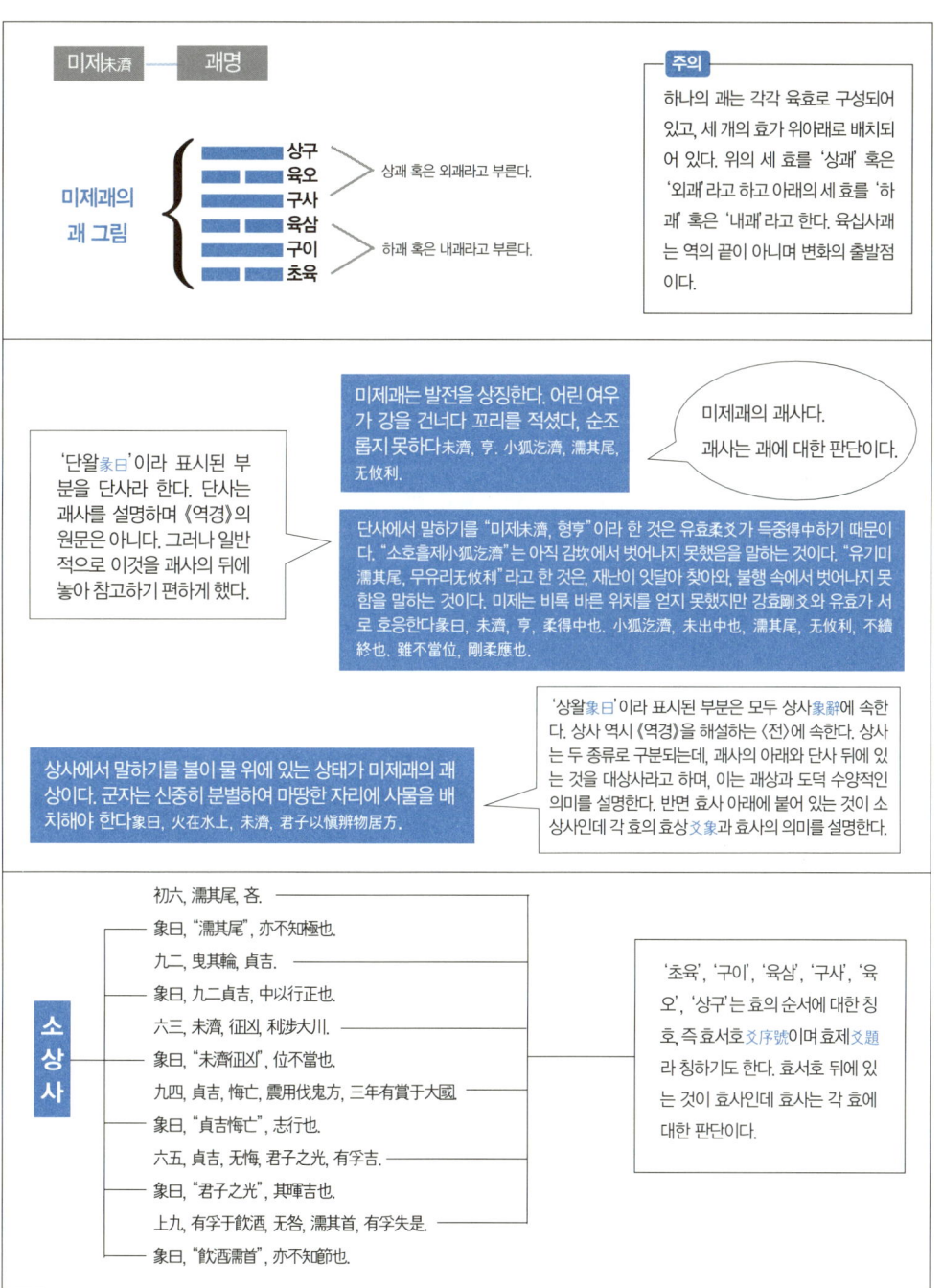

기본 지식	〈육십사괘 방원도方圓圖〉
11	# 우주의 시간과 공간을 나타낸다

> 역학 분야에서, 〈육십사괘 방원도〉는 매우 중요한 그림 중 하나이다. 소위 역학 연구라는 것은 이 〈방원도〉를 근거로 진행되며, 여기에는 우주, 시공, 인류, 문명, 만물이 모두 존재한다. 이 그림은 원형이 외부에 있고 정방형이 내부에 있는 형태로, 외적으로 원만하고 내적으로 반듯하다라는 의미가 있다. 또한 원형은 시간을 형상하고, 정방형은 공간을 의미한다.

복희씨의 〈육십사괘 방원도〉는 간략하게 〈방원도〉 혹은 〈선천도先天圖〉라고 부른다. 역학 분야에서 의意, 언言, 상象, 수數는 어느 하나도 빠트릴 수 없을 만큼 중요하다. 이에 대해 장황한 해설보다는 〈선천방원도先天方圓圖〉 하나면 설명이 충분하다. 〈선천방원도〉에는 음양의 생성과 변화의 이치가 담겨져 있으며, 그 원리가 공자의 〈계사전〉과도 부합된다.

〈원형도〉

〈방원도〉의 바깥쪽은 〈원형도圓形圖〉인데, 그 방위는 선천팔괘와 동일하다. 순괘純卦인 건은 위, 곤은 아래에 위치하며, 이離는 왼쪽에 감은 오른쪽에 위치하고 있다. 건일乾一·태이兌二·이삼離三·진사震四는 시계 반대 방향으로 움직이고, 손오巽五·감육坎六·간칠艮七·곤팔坤八은 시계 방향으로 움직여 자연스럽게 육십사괘가 팔궁八宮으로 나누어진다. 원의 좌측은 복復부터 건까지 모두 32괘이며, 112개의 양효, 80개의 음효가 있어, 양이 적었다가 많아지면서 '양기는 오르고 음기는 감소하는' 구도가 된다. 원의 우측은 구姤부터 곤까지 모두 32괘이며 112개의 음효와 80개의 양효가 있어, 음이 적었다가 많아지면서 '음기는 오르고 양기는 감소하는' 구도를 나타낸다. 이 외의 다른 괘들은 모두 복과 구의 두 괘에서 생겨난다. 또 "강한 것은 부드러움과 만나 복이 되고, 부드러움은 강함을 만나 구가 된다"라고 했기 때문에 괘상을 "다시 부모를 만나다"라고 칭했다. 소옹의 《황극경세서皇極經世書》〈관물외편觀物外篇〉에서는 "무극無極 이전에 음은 양을 포함하고 있는데, 상象이 생긴 이후에는 양에서 음이 갈라졌다. 음은 양의 어머니이고 양은 음의 아버지다. 그러므로 어머니가 큰아들을 임신하니 복괘가 되고, 아버지가 큰딸을 낳으니 구괘가 된다. 이 때문에 양은 복괘에서 시작하고 음은 구괘에서 시작한다"라고 했다. 주희는 "둥근 것이 움직여 하늘이 됐다"고 했는데, 역학 분야에서 그의 학설은 통용되고 있다. 〈원형도〉의 순서는 복희씨의 육십사괘 순서와 같다. 즉 건괘에서 시작해서 시계 반대 방향으로 한 바퀴를 돈다. 목·화·토·금·수의 오성五星은 순서대로 운행하여 춘하추동의 사계四季를 이루며, 십이지十二支와 24절기가 어우러져 한 폭의 완전한 천체운행도天體運行圖가 만들어진다.

옛사람들은 하늘은 움직이고 땅은 고요하여 천체가 시계 방향으로 돈다고 믿었다. 하지만 지구는 시계 반대 방향인 서에서 동으로 자전한다. 움직임의 방향은 서로 상반되지만 결과는 동일한데, 천체가 왼쪽으로 돈다는 것은 지구가 오른쪽으로 움직이는 것과 동일하기 때문이다.

〈육십사괘 원형도〉

복희씨의 〈육십사괘 방원도〉는 간략하게 〈방원도〉 혹은 〈선천도〉라고 부른다. 이 그림은 원형이 외부에 있고 정방형이 내부에 있는 형태로, 외적으로 원만하고 내적으로 반듯하다는 의미가 있다. 또한 원형은 시간을 형상하고 정방형은 공간을 의미한다.

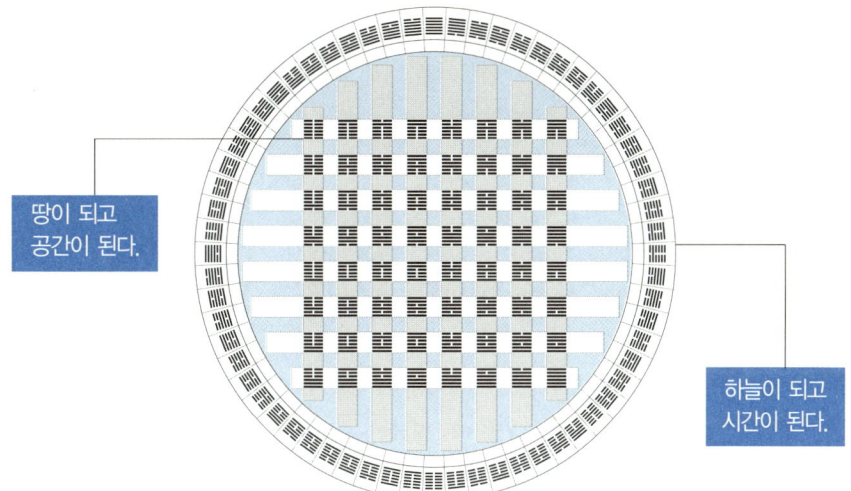

땅이 되고 공간이 된다.

하늘이 되고 시간이 된다.

〈방원도〉의 바깥쪽은 〈원형도〉인데, 그 방위는 선천팔괘와 동일하다. 순괘인 건은 위, 곤은 아래에 위치하며, 이☲는 왼쪽에 감은 오른쪽에 위치하고 있다. 건일, 태이, 이삼, 진사는 시계 반대 방향으로 움직이고, 손오, 감육, 간칠, 곤팔은 시계 방향으로 움직여 자연스럽게 육십사괘가 팔궁으로 나눠진다.

〈육십사괘 원형도〉

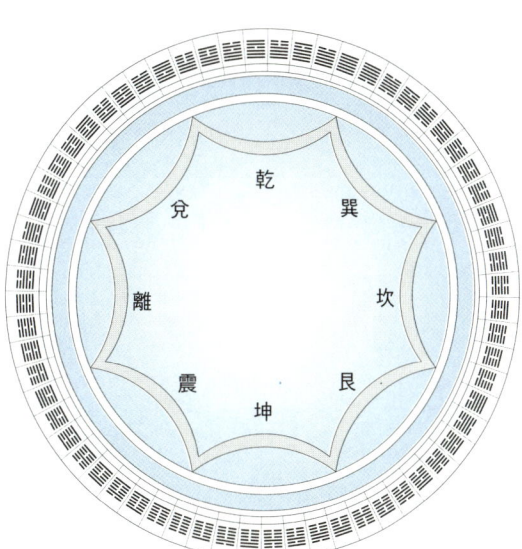

〈원형도〉의 괘의 순서는 복희씨의 육십사괘의 순서와 같다. 즉 건괘에서 시작해서 시계 반대 방향으로 한 바퀴를 돈다.

〈방형도〉

〈육십사괘 방원도〉의 안쪽에는 정방형의 〈방형도方形圖〉가 있다. 이를 자세히 보면 선천 육십사괘를 뒤집어놓은 그림임을 알 수 있다. 역학 연구자들은 이 그림을 〈설괘전〉의 "하늘과 땅이 자리를 정하다"는 내용을 설명하는 것이라고 말한다.

정방형 그림은 네 개의 층으로 되어 있다. 가운데 손巽·진震·항恒·익益괘가 맨 안쪽에 있다. 그 바깥쪽에는 감坎·이離·미제未濟·기제旣濟괘가 모서리에 배치되어 있으며 모두 12괘가 있다. 이것이 두 번째 층이다. 그 바깥쪽에 다시 간艮·태兌·함咸·손損이 모서리에 배치되어 있으며 모두 20괘가 있다. 마지막으로 가장 바깥쪽에 건乾·곤坤·태泰·비否가 모서리에 배치되어 모두 28괘가 있다. 이렇게 모두 네 개의 층으로 이루어져 있다.

그림의 서북쪽에서 남동쪽까지 사선을 그리면 선천팔괘의 순서대로 여덟 개의 순괘인 건·태·이·진·손·감·간·곤이 배열되는데, 이렇게 하여 육십사괘가 반으로 나누어진다. 각 층의 모서리에 놓인 두 괘는 서로 상반된다. 첫 번째 층의 진·손은 대립되어 "우레와 바람이 서로 부딪친다"고 표현했고, 두 번째 층에서 이·감은 대립되며 "물과 불이 서로 섞이지 않는다"고 했다. 또 세 번째 층에서 태·간은 대립되어 "산과 못이 서로 기운을 통한다"고 했고, 가장 바깥쪽에 있는 건·곤은 서로 대립되어 "하늘과 땅이 자리를 정했다"라고 표현했다. 이러한 이유로 이 그림을 고대 방위도로도 이해할 수 있다.

〈육십사괘 방원도〉에서 〈원형도〉는 하늘을 상징하고 〈방형도〉는 땅을 상징하는데 이는 "네모진 것은 고요하여 땅이 된다", "하늘은 둥글고 땅은 네모지다", "하늘은 움직이고 땅은 고요하다"는 말과 부합한다.

주희는 〈원형도〉의 "양은 남쪽에 위치하고 음은 북쪽에 위치한다"고 했고, 〈방형도〉의 "양은 북쪽에 위치하고 음은 남쪽에 위치하는데, 이 두 가지는 서로 대응한다"고 했다. 즉 천天과 지地, 음과 양이 그림 속에서 서로 대응하고 있음을 지적한 것이다. 〈방형도〉의 특징은 '안쪽은 정방형이고 바깥쪽은 원형'인데, 이는 유가儒家의 이상적인 경계인 '안으로는 성인의 도량을 닦고, 밖으로는 군왕의 정치를 함'을 나타낸다. 이것은 '안과 밖이 맑고 고요하며, 유有와 무無가 상생하며', '하지 않는 것처럼 보이지만 하지 않는 것이 없는' 도가道家의 이상적 경계와도 일치한다. 또한 '밝은 마음으로 성性을 발견하는' 불교의 교리와도 통한다.

옛날 주 문왕은 이러한 이치를 깨닫고 건괘를 '원형이정元亨利貞'의 사덕四德으로 표현했다.

〈육십사괘 방형도〉

〈육십사괘 방형도〉

〈육십사괘 방형도〉는 땅을 상징하며, 선천 육십사괘를 뒤집어놓은 그림이다. 이 그림은 네 개의 층으로 되어 있다. 가운데 손·진·항·익괘가 첫 번째 층이 된다. 그 바깥쪽에 감·이·미제·기제괘가 모서리에 배치되고 모두 12괘가 있는 이것이 두 번째 층이다. 그 바깥쪽에 다시 간·태·함·손이 모서리에 배치되고 모두 20괘가 있는 것이 세 번째 층이다. 마지막으로 네 번째 층에는 건·곤·태·비가 모서리에 배치되고 모두 28괘가 있다.

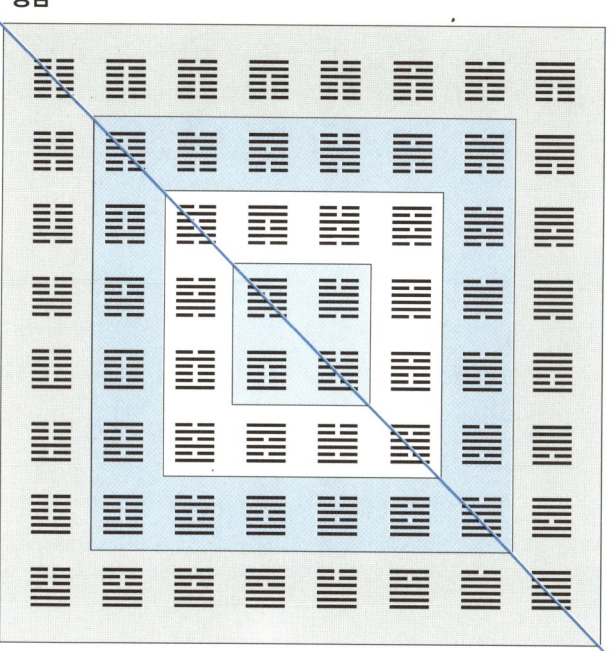

정방형의 그림을 서북쪽에서 남동쪽까지 사선으로 그리면 선천팔괘의 순서에 근거한 여덟 개의 순괘, 즉 건·태·이·진·손·감·간·곤이 배열된다. 이것을 통해 육십사괘가 반으로 나누어진다. 이 네 단계 속에서 대칭되는 모서리에 놓인 두 괘는 서로 상반된다. 가장 바깥쪽에 있는 건곤은 서로 대립되어 "하늘과 땅이 자리를 정하다"라고 표현했다.

선천팔괘의 방위는 건이 위에 위치하고 남쪽이 되며, 곤이 아래에 위치하고 북쪽이 됩니다. 그런데 이 정방형 그림은 왜 곤이 위에 있고 건이 아래에 있나요?

〈육십사괘 방형도〉의 설명에 따르면, 건양乾陽이 처음 생겨났기 때문에 양은 아래에 음은 위에 있는 것이란다. 아래 네 줄에 있는 32괘는 양괘陽卦에서 생겨났기 때문에 양이 되는 것이고, 위의 네 줄에 있는 32괘는 음괘陰卦에서 생겨났기 때문에 음이 되는 것이지. 음은 위에 있고 양은 아래에 있는데 이것은 '천지가 서로 교류하여 편안하다'는 의미를 지닌다. 이와 동시에 '하늘은 서북쪽이 부족하고, 땅은 동남쪽이 부족하다'는 지리적 환경을 의미한단다.

기본 지식 12

착종복잡 錯綜複雜
변괘의 여러 형태

착종복잡은 네 개의 괘명으로 오해하기 쉽지만, 이는 육십사괘 중 두 괘의 관계를 나타내는 말이다.

착괘錯卦는 '대괘對卦' 또는 '방통괘旁通卦'라고 하며 각 효의 음양이 반대되는 괘를 말한다. 종괘綜卦는 괘의 초효初爻부터 상효上爻까지의 위치를 거꾸로 배열한 것이다. 전체 구도를 보면 착괘는 원래의 괘와 정대칭이며 종괘는 반대칭이다. 복잡複雜은 교호괘交互卦다. 교괘交卦는 원래 괘의 삼·사·오효로 만들어진 괘이고, 호괘互卦는 원래 괘의 이·삼·사효로 만들어진 괘다. 호互를 하괘로 하고 교交를 상괘로 하면 새로운 육효가 만들어지는데 이것이 바로 교호괘다. 교호괘는 '타인에게 나의 모습이 있고, 내 안에 타인의 모습이 있음'을 의미한다. 원괘原卦의 착종복잡을 통해 문제를 다양한 각도에서 관찰하고 총체적으로 판단해야 함을 강조하고 있는 것이다.

착괘

착錯은 음양이 섞이는 것인데, 각 효의 음양을 반대로 하여 만들어지는 괘를 말한다. 입장과 목표가 동일해도 관점이 다르면 견해가 달라진다는 것이 착괘의 원리다. 천풍구괘天風姤卦를 예로 들면, 이 괘의 초는 음효이며 나머지 다섯 효는 모두 양효다. 여기서 각 효의 음양이 반대되는 효를 만들면, 초는 양효이고 나머지 다섯 효는 음효가 되는데, 이것이 복괘復卦다. 복괘의 괘상을 보면 외괘外卦는 곤괘이며 곤은 땅이다. 내괘內卦는 진괘이고 진은 천둥이다. 이것을 지뢰복괘地雷復卦라고 하며, 천풍구괘의 대착괘對錯卦가 지뢰복괘가 되는 것이다.

육십사괘는 각각의 괘마다 모두 대착對錯이 되는 괘가 있다. 그리하여《역경》을 통해 인생을 관찰하면, 사람의 일거일동一擧一動에는 모두 상대적이고 반대되는 형태가 있음을 알게 된다. 즉 성공이 있으면 실패가 있고, 찬성이 있으면 반대가 있다. 사람과 사물도 모두 그러하여 이 원칙에 벗어나지 않는다.

종괘

종괘는 '반괘反卦', '복괘覆卦'라고 하며, 하나의 괘를 거꾸로 뒤집어서 만든 괘를 말한다. 종괘는 역지사지의 마음으로 자신의 것만을 고집하지 말고 상대방을 고려하라는 의미가 있다. 다시 '구괘姤卦'를 예로 들어 설명하면, 구괘를 뒤집어놓으면 택천쾌괘澤天夬卦가 되는데 이것이 구괘의 '반괘'이며 '종괘'다. 종괘는 상대적인 것으로 육십사괘 중 건乾·곤坤·감坎·이離·대과大過·소과小過·이頤·중부中孚의 여덟 괘를 제외한 56괘에 모두 '종괘'가 있다. 건·곤·감·이는 천·

착종복잡의 착괘와 종괘

착종복잡은 네 개의 괘명이라고 오해하기 쉽지만 이는 육십사괘 중에서 두 괘의 관계를 나타내는 말이다.

착괘錯卦

착괘는 '대괘' 또는 '방통괘'라 하며 각 효의 음양을 반대로 하여 만들어지는 괘를 말한다.

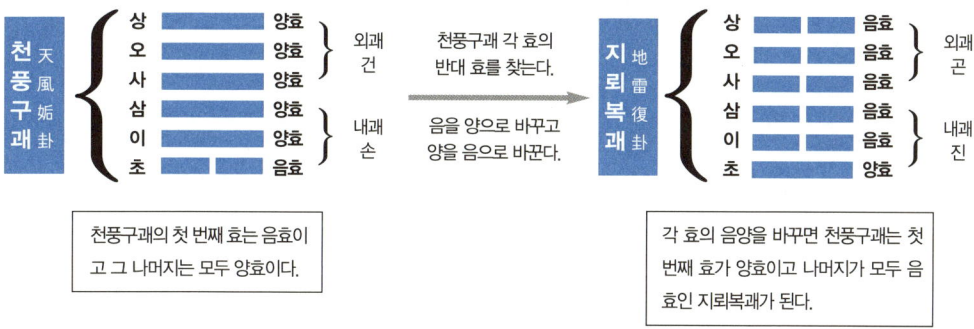

종괘綜卦

종괘는 '반괘' 또는 '복괘'라고 하며, 하나의 괘를 거꾸로 뒤집어서 만들어지는 괘를 말한다.

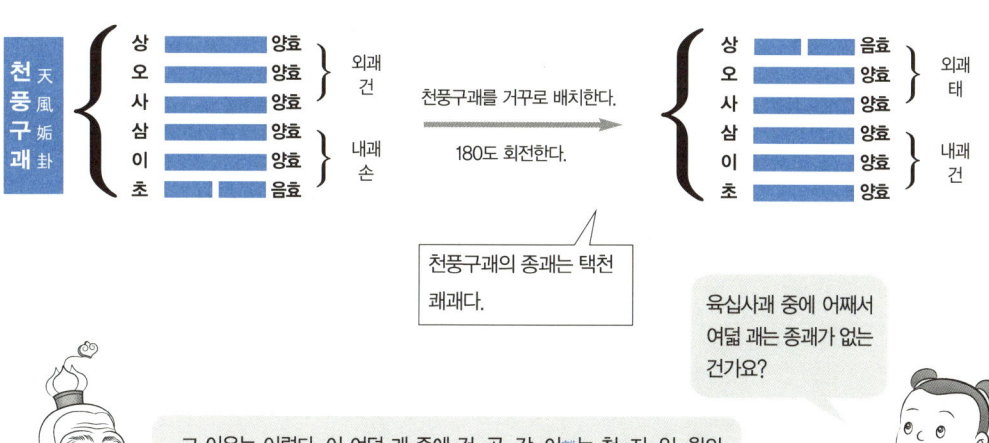

천풍구괘의 종괘는 택천쾌괘다.

그 이유는 이렇다. 이 여덟 괘 중에 건·곤·감·이離는 천·지·일·월의 자연 현상으로, 어느 각도에서 보더라도 늘 변하지 않는 절대적인 모습으로 존재한단다. 또한 대과·소과·이頤·중부는 비록 인사에 속하지만 변하지 않는 특성이 있어서 종괘가 없는 것이란다.

육십사괘 중에 어째서 여덟 괘는 종괘가 없는 건가요?

지·일·월의 자연 현상으로, 어느 각도에서 보더라도 늘 변하지 않는 절대적인 모습으로 존재한다. 또한 대과·소과·이頤·중부는 비록 인사人事에 속하지만 변하지 않는 특성이 있어서 종괘가 없는 것이다.

교호괘

《역경》의 복잡한 원리는 실제적으로 교호괘에서 비롯된 것이다.

'교호交互'란 무엇인가? 육효 중에서 이·삼·사효를 하나의 괘로 만들어 하괘로 삼고, 삼·사·오효를 하나의 괘로 만들어 상괘로 하여 이루어진 것을 옛사람들은 '교호괘'라고 불렀다.

예를 들어, 화뢰서합괘의 이효부터 사효까지를 떼어내어 하괘로 하면 호互가 되고, 삼효부터 오효까지를 떼어내어 상괘로 하면 교交가 된다. 이렇게 괘의 내부의 효를 근거로 새로운 괘가 생겨나게 된다.

괘의 상호 복잡한 관계는 세상의 모든 현상을 극단적 혹은 단편적으로 관찰하지 말라는 의미를 전해준다. 즉, 하나의 일은 정면, 반면, 측면 등 다양한 시각에서 관찰해야 한다. 그런데 이와 같이 다양하게 관찰한다 하더라도 완전할 수는 없다. 왜냐하면 내부에서도 변화가 생겨 또 다른 괘를 만들어내기 때문이다. 건괘乾卦과 곤괘坤卦를 제외한 62괘는 내부의 구도를 변화시켜 새로운 괘를 만들어낼 수 있다. 그렇게 원래의 괘 이외에 종괘가 만들어지고 또 착괘도 만들어져서 얼마든지 더 복잡한 관계를 형성할 수 있다.

화뢰서합괘火雷噬嗑卦를 예로 들어, 이·삼·사효를 조합하면 산을 상징하는 간괘艮卦가 되며 이것이 서합괘의 호괘互卦가 된다. 또한 삼·사·오효를 조합하면 물을 상징하는 감괘坎卦가 되는데 이것이 서합괘의 교괘交卦다. 여기에서 다시 서합괘의 교괘와 호괘를 중첩해 놓으면 수산건괘水山蹇卦가 만들어진다. 이렇게 하여 서합괘의 교호괘는 건괘蹇卦가 되는 것이다.

착종복잡의 교호괘

육효 중에 이·삼·사효를 하나의 괘로 만들어 하괘로 삼고, 삼·사·오효를 하나의 괘로 만들어 상괘로 하여 이루어진 것을 옛날 사람들은 '교호괘'라고 불렀다.

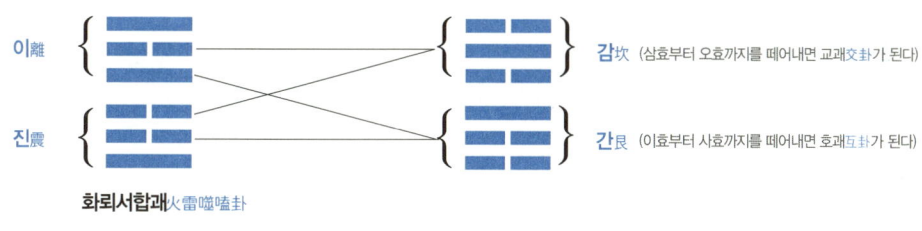

이離   감坎 (삼효부터 오효까지를 떼어내면 교괘交卦가 된다)
진震   간艮 (이효부터 사효까지를 떼어내면 호괘互卦가 된다)
화뢰서합괘火雷噬嗑卦

왜 교호괘가 복잡하다고 말하는 건가요?

교호괘 자체의 원리 때문에 그렇다. 하나의 현상을 다양한 관점으로 고찰해야 하며, 외적 현상뿐만 아니라 내적인 변화도 관찰해야 한다. 건과 곤 두 괘를 제외한 62괘는, 괘의 형태를 변화시켜 새로운 괘를 만들어낼 수 있다. 그렇게 원래의 괘 이외에 종괘와 착괘도 만들어지며, 이것을 근거로 또다시 더 많은 괘들을 만들어낼 수 있다.

 감괘坎卦는 물을 상징한다.

감坎
간艮
수산건괘

 간괘艮卦는 산을 상징한다.

화뢰서합괘火雷噬嗑卦의 교괘交卦인 감괘坎卦와 호괘互卦인 간괘艮卦를 중첩시키면 수산건괘水山蹇卦가 만들어진다. 즉 화뢰서합괘의 교호괘는 수산건괘다.

기본 지식	승승비응 承乘比應
13	**같은 성질은 밀어내고 다른 성질은 끌어들인다**

승승비응은 육효 중 두 효 사이의 관계를 나타내는데, 그 핵심은 같은 성질은 밀어내고 다른 성질은 끌어들인다는 것이다.

승承

승承은 윗사람을 '받들다'라는 의미다. 하효下爻가 상효上爻를 받드는 것을 '승'이라고 한다. 대부분 음효가 양효를 받드는 것을 말하며 유약한 사람이 강건한 사람을 받들거나, 어진 신하가 명철한 군주를 보좌함을 상징하기도 한다. 승에는 세 가지 형태가 있다. 첫째, 하나의 양효가 위에 있고 하나의 음효가 아래에 있는 경우로, 이때 아래의 음효는 위의 양효에 대해 '승'이라고 칭한다. 여괘旅卦를 예로 들어, 음효인 육오六五가 양효인 상구上九의 아래에 있어 육오가 상구를 받들고 있는데, 이것을 '오승상五承上'이라고 한다. 둘째, 위에 하나의 양효가 있고, 아래에 다수의 음효가 있는 경우인데, 이때 다수의 음효는 위의 양효에 대해 '승'이라고 칭한다. 겸괘謙卦를 예로 들어, 음효인 초육初六·육이六二는 모두 양효인 구삼九三의 아래에 있어 초육과 육이는 구삼에 대해 '승'이라 하며, 이것을 '초승삼初承三', '이승삼二承三'이라고 한다. 셋째, 어떤 경우에는 음양이 동일한 두 효를 '승'이라고도 한다.

승乘

승乘은 '무시하다'라는 의미가 있다. 상효가 하효를 무시하는 것을 '승'이라고 한다. 이때 대부분 음효가 양효를 무시하는데 이를 '승강乘剛'이라고 칭한다. 신하가 군주를 억압하거나 소인이 군자를 무시하는 것을 상징하여 길하지 않다. 그러나 양효가 음효의 위에 있는 것은 당연하다 여겨 승이라고 하지 않고 거據라고 한다. 승에는 두 가지 경우가 있다. 첫째는 하나의 음효가 위에, 하나의 양효가 아래에 있는 경우다. 이때, 음효는 아래의 양효에 대해 '승'이라고 칭한다. 둔괘屯卦를 예로 들면, 육이六二와 상육上六의 효사는 모두 "말을 타고 머뭇거리다"이다. 진震의 초효와 감坎의 오효는 모두 말馬을 의미하며, 육이六二가 초구初九를 승乘하고 상육上六이 구오九五를 승乘했기 때문에 '승마乘馬'라고 한 것이다. 이것을 '이승초二乘初', '상승오上乘五'라고 한다. 두 번째는, 다수의 음효가 하나의 양효 위에 있는 경우인데, 이때 음효는 양효에 대해 '승'이라고 한다. 진괘震卦를 예로 들어, 양효 초구 위에 육이와 육삼六三이 모두 음효다. 또 양효 구사九四 위에 육오와 상육이 모두 음효라서 '이승초', '삼승초三乘初', '오승초五乘初', '상승사上乘四'가 된다. 효의 위치에 따라 승강의 정도가 달라지는데 이二와 오五의 승강은 가깝고, 삼三과 상上의 승강은 멀다. 때문에 내괘의 승강은 그 정도가 심하지만 외괘는 약하다.

승승비응 (1)

승승비응은 육효 중의 두 효 사이의 관계를 나타내며, 그 핵심은 같은 성질은 밀어내고 다른 성질은 끌어들인다는 것이다.

'승承'이란 무엇인가?

윗사람을 '받들다'라는 의미다.

여괘旅卦 — 상구: 양효 / 육오: 음효
위에 하나의 양효가 있고, 아래에 하나의 음효가 있다. 이 음효는 위의 양효에 대해 '승承'이라고 한다.

겸괘謙卦 — 구삼: 양효 / 육이: 음효 / 초육: 음효
위에 하나의 양효가 있고 아래에 다수의 음효가 있다. 아래의 음효는 위의 양효에 대해 '승承'이라고 한다.

몽괘蒙卦 — 육사: 음효 / 육삼: 음효
어떤 경우 음양이 서로 동일한 두 효를 '승承'이라고 한다.

'승乘'이란 무엇인가?

무시하다라는 의미이다.

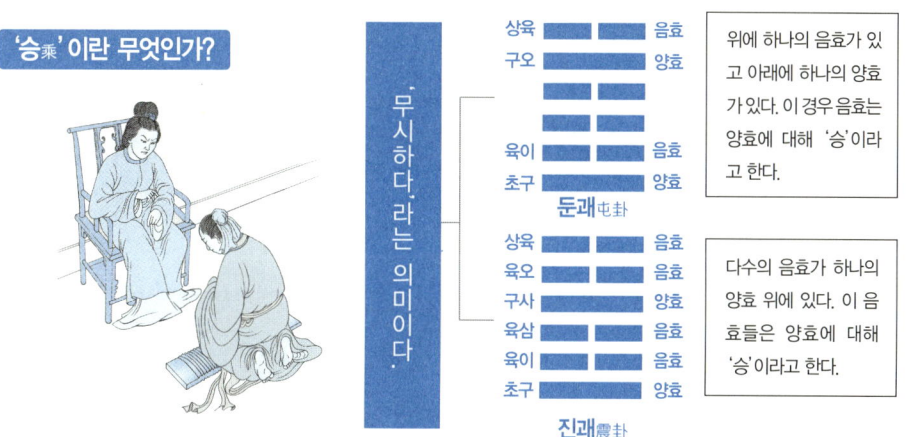

둔괘屯卦 — 상육: 음효 / 구오: 양효 / 육이: 음효 / 초구: 양효
위에 하나의 음효가 있고 아래에 하나의 양효가 있다. 이 경우 음효는 양효에 대해 '승'이라고 한다.

진괘震卦 — 상육: 음효 / 육오: 음효 / 구사: 양효 / 육삼: 음효 / 육이: 음효 / 초구: 양효
다수의 음효가 하나의 양효 위에 있다. 이 음효들은 양효에 대해 '승'이라고 한다.

주의

'승강'은 '승乘'인데 음효가 양효 위에 있는 것을 말하며, 신하가 군주를 억압하거나 소인이 군자를 무시하는 것을 상징하여 대부분 길하지 않다. 그러나 양효가 음효의 위에 있는 것은 당연하다 여겨 승이라고 하지 않고 거라고 한다. 이를 통해 《역경》이 음보다 양을 중시한다는 것을 알 수 있다.

비

비比는 '가까이하다', '친근하다'라는 의미가 있다. 육효 중에서 서로 인접한 두 효가 밀접한 관계에 있을 때 이것을 '비'라고 칭한다. 예를 들어 초효와 이효, 이효와 삼효, 삼효와 사효, 사효와 오효, 오효와 상효는 모두 '비'라고 칭할 수 있다.

여기서 주의해야 할 점은, 인접한 두 효 중에 하나는 양효이고 다른 하나는 음효일 때 '비'가 성립된다. 강剛과 강이 나란히 있고, 유柔와 유가 인접해 있으면 서로 필요한 형국이 아니기 때문에 '비'가 되지 않는다. 비괘比卦를 예로 들면, 육사六四는 음효이고 음의 자리에 있어 적합하니 위의 구오와 비의 관계다. 때문에 〈상전〉에서는 "현자가 외부에서 다가와 윗사람을 따른다"고 했다. 그러나 육삼六三의 상효와 하효는 모두 음효이며 모두 타당한 인물이 아니기 때문에 "가까이할 수 없는 사람과 가까이하다"라고 풀이했다. 중부괘中孚卦의 육삼은 "적을 만나다"이다. 육삼은 음이면서 양의 자리에 있으며, 위의 육사도 음이기 때문에 서로 친근하지 않다. 그래서 "적을 만나다"라고 한 것이다. 양이 양을 만나고, 음이 음을 만나면 모두 적敵이 된다.

응

응應은 상괘와 하괘가 서로 호응 관계에 있음을 나타낸다. 《역위·건착도》에서는 "3획 이하는 땅이 되고, 4획 이상은 하늘이 된다", "역易의 기氣는 아래에서부터 생겨난다. 때문에 땅 아래에서 기가 움직이면 하늘 아래에서 호응하고, 땅 안에서 움직이면 하늘 중간에서 호응하며, 땅 위에서 움직이면 하늘 위에서 호응한다"라고 했다. 즉, 초효初爻와 사효四爻, 이효二爻와 오효五爻, 삼효三爻와 상효上爻는 서로 상관관계가 있으며, 이러한 관계를 '응'이라고 한다.

'비'의 경우와 같이, '응'도 음양의 조화를 강조한다. 즉 같은 성질은 서로 밀어내고 다른 성질은 서로 감응하는데, 만약 유柔가 유와 호응하거나, 강剛이 강과 호응하면 서로 필요하지 않기 때문에 '응'이 될 수 없다. 기제괘既濟卦를 예로 들면, 초구初九는 육사六四에 호응하고, 육사六四는 구오九五에 호응하며, 구삼九三은 상육上六과 호응하여 모두 음과 양이 조화를 이룬다. 이와 반대로, 간괘艮卦의 초육과 육사, 육이와 육오, 구삼과 상구는 모두 유와 유가 호응하고 강과 강이 호응하여, '응함이 없음'이거나 '적이 응함'의 관계가 된다. 때문에 〈단전〉에서는 "위와 아래에서 적이 호응하니 더불어 하지 않는다"라고 했다.

일반적으로 괘는 강과 유의 두 효가 호응하지만, 하나의 효가 다수의 효와 호응하는 경우도 있다. 비괘의 경우 〈단전〉에서는 '상하가 응한다'라고 했다. 비괘의 구오는 강이고 그 나머지 다섯 효는 모두 유인데, 다섯의 유가 하나의 강에 호응하는 구도로 사방의 제후가 왕에게 복종하는 것을 상징한다.

• 승승비응 (2)

'비'란 무엇인가?

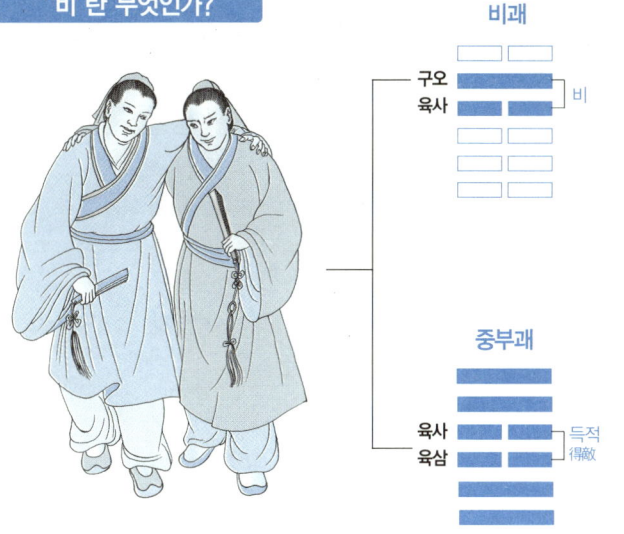

'가까이하다', '친근하다'라는 의미다.

비괘

구오 / 육사 — 비

육효 중에 인접한 두 효가 하나는 양효이고 다른 하나는 음효일 때 '비'가 성립된다.

중부괘

육사 / 육삼 — 득적 得敵

강과 강이 나란히 있고, 유와 유가 인접해 있으면 서로 필요하지 않기 때문에 비가 되지 않는다. 이러한 것을 '적을 얻음 得敵'이라고 한다.

'응'이란 무엇인가?

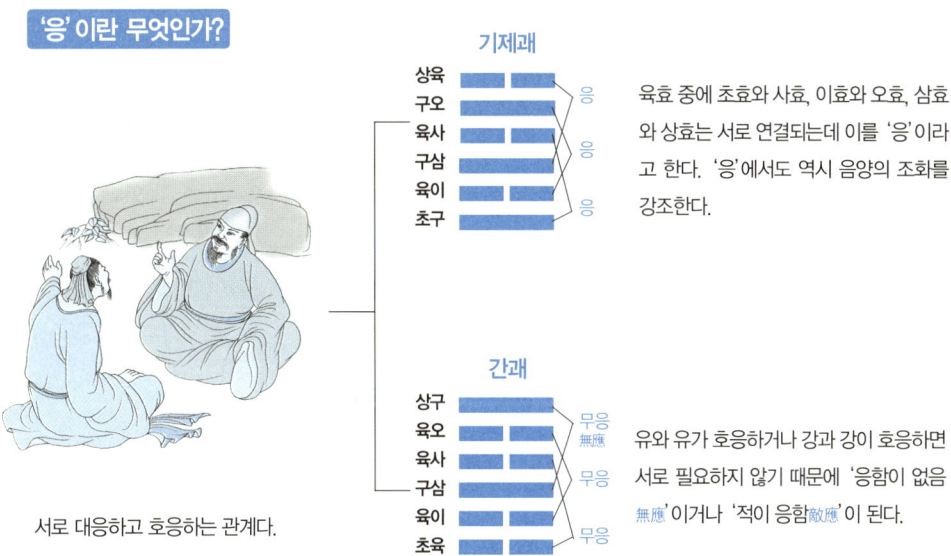

서로 대응하고 호응하는 관계다.

기제괘

상육 / 구오 / 육사 / 구삼 / 육이 / 초구 — 응 / 응 / 응

육효 중에 초효와 사효, 이효와 오효, 삼효와 상효는 서로 연결되는데 이를 '응'이라고 한다. '응'에서도 역시 음양의 조화를 강조한다.

간괘

상구 / 육오 / 육사 / 구삼 / 육이 / 초육 — 무응 無應 / 무응 / 무응

유와 유가 호응하거나 강과 강이 호응하면 서로 필요하지 않기 때문에 '응함이 없음 無應'이거나 '적이 응함 敵應'이 된다.

주의

일반적으로 괘는 강과 유의 두 효가 호응하지만, 어떤 경우 하나의 효가 다수의 효와 호응하는 경우도 있다. 비괘의 경우 구오는 강이고 그 나머지 다섯 효는 모두 유인데, 다섯의 유가 하나의 강에 호응하는 구도로 사방의 제후가 왕에게 복종하는 것을 상징한다.

| 기본 지식 | 중정中正과 당위當位
| 14 | # 효의 순서

'중中'은 내괘內卦의 이효二爻와 외괘外卦의 오효五爻를 가리킨다. 가운데에 있어 '중'이라 하고 또 '득중得中'이라고도 칭한다. 효의 순서가 홀수면 양에 속하고, 짝수면 음에 속한다. 그래서 양의 자리에는 양효가 와야 하고, 음의 자리에는 음효가 와야 한다. 이렇게 되는 경우를 '정正', '득정得正', '당위當位'라고 칭한다. 그러나 음효가 이효에 오고 양효가 오효에 오면, 이는 '중'이면서 '정'이기 때문에 이것을 '중정'이라고 한다. 중정은 《역경》에서 가장 좋은 것을 상징한다.

중은 중도中道를 지키며 행동이 치우치지 않음을 상징한다. 양효가 중위中位에 있으면 강중지덕剛中之德을 상징하고 음효가 중위에 있으면 유중지덕柔中之德을 상징한다.

정正은 정도正道를 따라 발전하고 규율에 부합함을 상징한다.

중과 정을 비교하면 중은 정보다 뛰어나다. 왜냐하면 괘에서 이효와 오효는 좋은 자리이고 더욱이 오효는 괘의 가장 좋은 자리, 즉 존위尊位이기 때문이다. 그래서 중은 정보다 뛰어나다.

옛날에 괘점을 칠 때, 이효와 오효가 '득중'이면 점괘는 길한 내용이 특히 많았다. 그래서 《주역절중周易折中》에서는 "정은 중보다 좋지 않다. 정은 반드시 중한 것은 아니지만, 중은 정하지 않은 바가 없다. 육효가 모두 당위當位하다고 반드시 길한 것은 아니지만, 중앙의 이효와 오효에는 길한 괘가 특별히 많다"라고 했다. 강유가 당위當位한 것이 반드시 좋은 것은 아니지만, '득중'이면 부당위不當位라고 해도 좋은 징조임을 설명한 것이다.

관괘觀卦를 예로 들면, 구오가 상괘의 중앙에 있고, 육이가 하괘의 중앙에 있다. 이는 군신이 각각 제자리를 얻어 중정지도中正之道를 지키고 있음을 상징한다. 때문에 〈단전〉에서는 "중정으로 천하를 관찰한다"라고 했다.

임괘臨卦의 경우, 구이九二는 하괘의 중앙에 있어 '강중剛中'이며 임금이 천하에 임하는 형상이다. 때문에 〈단전〉에서는 "강이 가운에 위치하고 상괘와 호응하니, 중정으로 크게 형통하다"라고 했다. 동인괘同人卦의 육이는 하괘의 가운데에 있어 '유중柔中'이며 신하가 정중지도正中之道를 얻은 것이다. 때문에 〈단전〉에서는 "유가 득위得位이고 득중得中이다"라고 했다.

이와 반대로, 양효가 음의 자리에 있고, 음효가 양의 자리에 있으면 '실정失正' 혹은 '부당위'가 된다. 실정의 효는 정도를 거스르고 규율을 위배함을 상징한다. 그러나 결코 절대적인 것은 없으며 일정한 정도에서 득정은 실정이 될 수도 있고, 실정도 득정으로 바뀔 수 있다.

중정과 당위

'중'은 이효와 오효 가운데에 있기 때문에 '중' 혹은 '득중'이라 칭한 것이다. 효의 순서가 홀수면 양에 속하고, 짝수면 음에 속한다. 그래서 양의 자리에는 양효가 와야 하고, 음의 자리에는 음효가 와야 한다. 이렇게 되는 경우를 '정', '득정', '당위'라고 칭한다. 이와 반대되는 경우는 '실정' 혹은 '부당위'가 된다.

'중'이란?

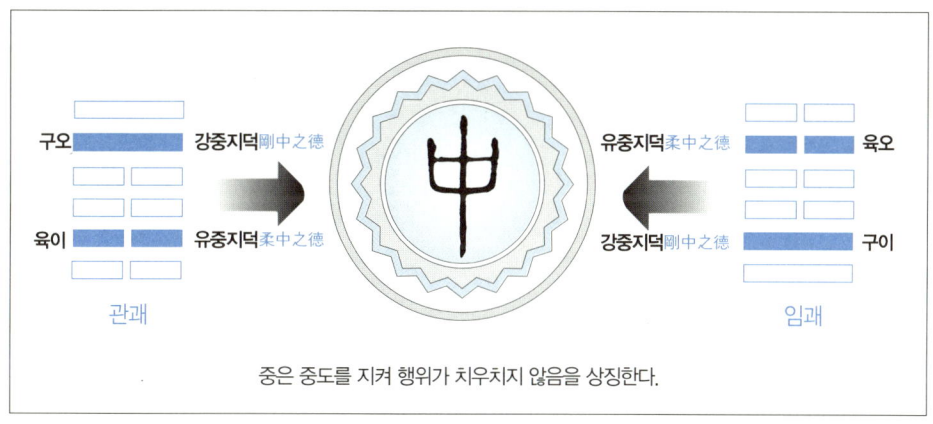

'정'이란?

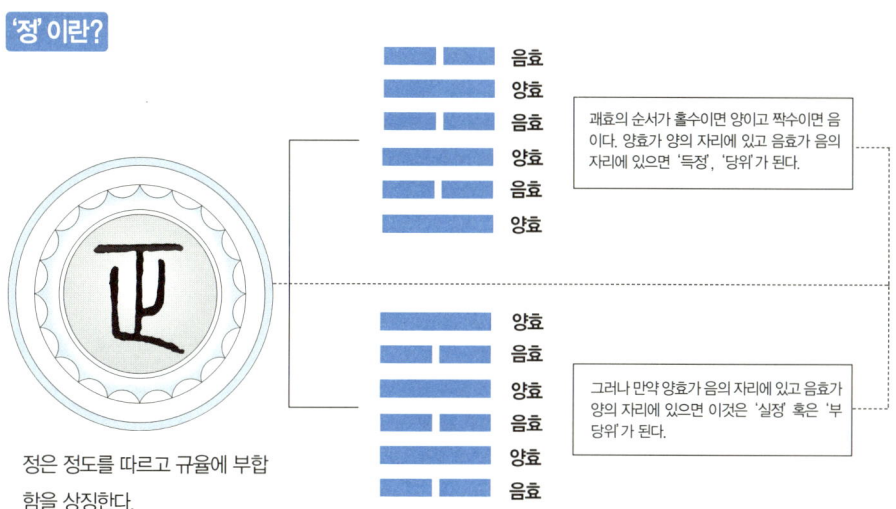

기본 지식	점술 용어
15	# 길한가, 흉한가?

《역경》의 점괘 중에 길흉吉凶은 좋고 나쁨을 평가하는 말이다. 길은 '길하다', '소득이 있다', '성공하다'라는 뜻이다. 반면 흉은 '험난하다', '잃는 것이 있다', '실패하다'라는 의미다.

《역경》의 괘사와 효사를 근거로 길흉을 9등급으로 나눌 수 있는데, 순서대로 배열하면 길吉, 형亨, 이利, 무구無咎, 회悔, 인吝, 여厲, 구咎, 흉凶이다.

'길'은 '길하다'는 말이다.

'형'은 '형통하다', '순조롭다'는 의미다.

'이'는 '이득이 있다', '적합하다'는 의미다.

길흉 사이에는 '무구'가 있다. '구'는 '잘못'을 의미하며, '무구'는 잘못이 없는 평탄한 상황을 의미한다.

'회'와 '인'은 작은 흠으로, 자그마한 실수와 재난을 나타낸다. 그러나 이 두 개의 진행 방향은 다르다. 주희는 어록語錄에서 "길과 흉은 양쪽 끝이며, 그 중간에 회와 인이 있다. 회는 흉에서부터 길로 향하고, 인은 길에서부터 흉으로 향한다"고 했다. '회'는 잘못을 저질렀으나 뉘우치기 때문에 '무구'로 발전한다. '회'와 '인'은 '근심'에 해당한다.

'인'은 수치스러운 것이다. 비록 흉은 아니지만 수치스러운 일이 재난으로 변할 수도 있기 때문에 재난에 해당한다.

'여'는 '위험'을 의미하지만 길흉이 아직 확정되지 않아 괘사와 효사의 지시대로 행하면 험난함이 평탄함으로 바뀔 수 있다. 그렇게 하지 않으면 여는 흉을 불러오게 되어 위험한 수준에 이른다.

'구'는 잘못을 저질러 책임을 져야 함을 의미한다. 비록 흉까지는 가지 않더라도 재난을 면할 수는 없어 재난의 수준에 해당한다.

'흉'은 '흉악하다', '험난하다'라는 의미로 가장 나쁜 결과를 말한다.

〈계사전〉에서는 "길과 흉은 성공과 실패의 상象이며, 뉘우침과 부끄러움悔吝은 근심과 걱정의 상이다. …… 뉘우침과 부끄러움은 작은 잘못이 있음을 말하며, 허물이 없는 것無咎은 과실을 보완한다는 말이다. …… 길흉의 판단은 괘사와 효사에 나타나고, 뉘우치며 걱정하게 됨은 작은 일에 달려 있으며, 행동에 허물이 없는 것은 뉘우쳐 반성하는 데 달려 있다"고 했다.

그러나 《역경》 괘사에서 말하는 길흉의 판단은 대부분 조건적인 상황이기 때문에 주위 상황을 면밀히 살펴보면 정확한 판단을 내릴 수 있다.

점술 용어 - 길·흉·회·인

《역경》의 점괘 중에 길흉은 좋고 나쁨을 평가하는 말이다. 《역경》의 괘사와 효사를 근거로 길흉을 9등급으로 나눌 수 있는데, 순서대로 배열하면 길, 형, 이, 무구, 회, 인, 여, 구, 흉이 된다.

주의
《역경》 괘사에서 말하는 길흉의 판단은 대부분 조건적인 상황이기 때문에 주위 상황을 면밀히 살펴보면 정확한 판단을 내릴 수 있다.

'길하다', '성공하다'는 의미다.

'형통하다', '순조롭다'는 의미다.

'흉악하다', '험난하다'는 의미로 가장 나쁜 결과를 말한다.

'이득이 있다', '적합하다'는 의미다.

잘못을 저질러 책임을 져야 함을 나타낸다. 아직 흉에 미치지는 못한다.

잘못이 없는 평탄한 상황을 의미한다.

'위험'을 의미한다. 하지만 길흉이 아직 확정되지 않았다. 위험한 상태에 해당한다.

작은 잘못을 저질렀으나 뉘우치고 받아들여 무구로 발전한다.

수치스러운 것이다. 비록 흉은 아니지만 수치스러운 일이 재난으로 변할 수 있다.

2장 · 기본지식

기본 지식 16

오행 五行

우주를 이루고 있는 다섯 가지 기본 성질

오행은 목·화·토·금·수를 가리킨다. 우주는 목·화·토·금·수로 이루어졌으며, 만물의 변화와 발전은 이 오행의 움직임과 상호 작용의 결과라고 옛사람들은 생각했다.

오행의 개념은 《서경書經》의 〈홍범洪範〉편에서 처음 나온다. "오행은 첫 번째가 수水, 두 번째가 화火, 세 번째가 목木, 네 번째가 금金, 다섯 번째가 토土다. 수는 적시며 아래로 향하고, 화는 태우며 위로 오른다. 목은 구부리거나 피고, 금은 변형하며, 토는 심고 거둔다." '구부리거나 핀다曲直'는 것은 나무가 성장하려는 성질을 말한 것이며, '태우며 오른다炎上'는 것은 불이 열을 발하며 위로 올라가는 성질을 설명한 것이다. '심고 거둔다爰稼穡'는 것은 흙의 키우고 기르는 특징을 설명한 것이며, '변형한다從革'는 것은 금의 쉽게 변하는 특징을 설명한 것이다. '적시며 아래로 향한다潤下'는 것은 물의 적시는 성질과 아래로 흐르는 성질을 설명한 것이다.

옛날 사람들은 오행에 상생상극의 법칙이 있다고 믿었다. 상생은 두 종류의 사물이 서로 도와 발전하는 관계를 말한다. 상극은 두 종류의 사물이 서로 견제하고 억제하는 것을 말한다.

오행상생

목생화木生火: 나무는 따뜻한 성질이 있어 불이 그 안에 존재한다. 나무를 때서 불을 피운다.
화생토火生土: 불이 나무를 태워 재로 변하면 흙이 된다.
토생금土生金: 쇠는 흙 속에 있다.
금생수金生水: 쇠는 습기가 많고 윤택하며, 녹아 액체로 변한다.
수생목水生木: 물이 촉촉하여 나무를 성장시킨다.

오행상극

목극토木剋土: 나무의 뿌리가 흙 속에 있어서 흙을 헤쳐놓는다.
토극수土剋水: 흙으로 물을 덮는다.
수극화水剋火: 물로 불을 끈다.
화극금火剋金: 불로 쇠를 녹인다.
금극목金剋木: 쇠로 만든 물질로 나무를 벤다.

음양처럼 오행의 상생상극은 결코 분리될 수 없다. 생生이 없다면 사물의 발전과 성장도 없고, 극剋이 없다면 사물의 발전과 변화 속에서 균형과 조화를 이룰 수 없다.

오행의 성질과 특징

오행은 목·화·토·금·수를 가리킨다. 우주는 목·화·토·금·수로 이루어졌으며, 만물의 변화와 발전은 이 오행의 움직임과 상호 작용의 결과라고 옛사람들은 생각했다.

쇠는 변화의 특징이 있다.

나무는 성장의 특징이 있다.

물은 적시는 성질과 아래로 흐르는 특징이 있다.

불은 열을 내고 위로 올라가는 성질이 있다.

흙은 키우고 기르는 특징이 있다.

오행의 상생과 상극

오행상생	오행 생극 生剋 관계도	오행상극
목생화 : 나무는 따뜻한 성질이 있어, 불이 그 안에 존재한다. 나무를 때서 불을 피운다. **화생토** : 불이 나무를 태워 재로 변하면 흙이 된다. **토생금** : 쇠는 흙 속에 있다. **금생수** : 쇠를 녹이면 액체가 된다. **수생목** : 물이 촉촉하여 나무를 성장시킨다.	木 土　金 水　火	**목극토** : 나무의 뿌리가 흙 속에 있어서 흙을 헤쳐놓는다. **토극수** : 흙으로 물을 덮는다. **수극화** : 물로 불을 끈다. **화극금** : 불로 쇠를 녹인다. **금극목** : 쇠로 만든 도구로 나무를 벤다.

음양처럼 오행의 상생상극은 결코 분리될 수 없다. 생 중에 극이 있고, 극 속에 생이 존재한다. 서로 상반되기도 하고 도와주기도 하면서 서로를 필요로 한다.

기본 지식	**천간**天干**과 지지**地支
17	# 역법의 계산 부호

간단히 '간지干支'라고 칭하는 '천간'과 '지지'는, 역법을 계산하는 기본 부호다. 이를 통해 자연과 사회의 상호 관계를 설명하며, 《역경》은 이를 근거로 미래의 일을 예측한다. 아울러 간지는 타 학문과의 교량적인 역할을 한다.

천간은 갑甲·을乙·병丙·정丁·무戊·기己·경庚·신辛·임壬·계癸로 모두 10개이며, 지지는 자子·축丑·인寅·묘卯·진辰·사巳·오午·미未·신申·유酉·술戌·해亥로 모두 12개다. 중국 전국 시대 말기의 자료를 토대로 편찬한 《세본世本》에는 "용성容成이 달력을 만들고, 대요大橈가 갑자甲子를 만들었다", "두 사람은 모두 황제黃帝의 신하인데, 황제 때부터 비로소 갑자를 사용해서 날짜를 기록했다. 갑자의 주기는 60일이다"라고 했다. 이를 보면 간지는 대요가 만들었음을 알 수 있다. 대요는 "전투 병기를 만들 때, 오행의 원리를 근거로 처음 갑을甲乙로 날짜를 기록하고 이를 간干이라고 칭했다. 또한 자축子丑으로 월을 기록하고 이를 지支라고 했다. 하늘에서 발생하는 일은 일日을 사용했고 땅에서 발생하는 일은 월月을 사용했는데, 음양이 다르기 때문에 간지의 명칭이 생겨난 것이다"라고 했다.

천간

갑·을·병·정·무·기·경·신·임·계의 천간 순서는, 만물의 탄생·성장·흥성·쇠락의 모든 과정을 의미한다. 천간의 원래 의미는 다음과 같다.

갑은 '갑옷鎧甲'이며 만물이 껍질을 깨고 나온다는 의미다.
을은 '밀치다軋'라는 뜻으로 만물이 성장한다는 의미다.
병은 '빛나다炳'라는 뜻으로 만물이 무성하다는 의미다.
정은 '건장하다壯'라는 뜻으로 튼튼하고 기운이 세진다는 의미다.
무는 '무성하다茂'라는 뜻으로 만물이 번창한다는 의미다.
기는 '일어나다起'라는 뜻으로 만물이 일어난다는 의미다.
경은 '바꾸다更'라는 뜻으로 만물이 교체된다는 의미다.
신은 '새롭다新'라는 뜻으로 만물이 새롭게 변모한다는 의미다.
임은 '잉태하다妊'라는 뜻으로 만물이 길러진다는 의미다.
계는 '헤아리다揆'라는 뜻으로 만물이 싹튼다는 의미다.

태양의 순환은 만물 생성에 직접적인 영향을 주기 때문에, 천간은 태양의 출몰과 연관이 있다. 갑·병·무·경·임을 양천간陽天干이라고 하고, 을·정·기·신·계는 음천간陰天干이라고 한다.

천간과 지지 (1)

간단히 '간지'라고 칭하는 '천간'과 '지지'는 역법을 계산하는 기본 부호다. 천간은 갑·을·병·정·무·기·경·신·임·계로 모두 10개이며, 지지는 자·축·인·묘·진·사·오·미·신·유·술·해로 모두 12개다.

천간

갑·을·병·정·무·기·경·신·임·계의 천간 순서는 만물의 탄생·성장·흥성·쇠락의 모든 과정을 의미한다.

갑 '갑옷'이며 만물이 껍질을 깨고 나온다는 의미다.

을 '밀치다'라는 뜻으로 만물이 성장한다는 의미다.

병 '빛나다'라는 뜻으로 만물이 무성하다는 의미다.

정 '건장하다'라는 뜻으로 튼튼하고 기운이 세진다는 의미다.

무 '무성하다'라는 뜻으로 만물이 번창한다는 의미다.

기 '일어나다'라는 뜻으로 만물이 일어난다는 의미다.

경 '바꾸다'라는 뜻으로 가을에 수확한 후 봄을 기다린다는 의미다.

신 '새롭다'라는 뜻으로 만물이 새롭게 과일을 낸다는 의미다.

임 '잉태하다'라는 뜻으로 음기가 모여들어 만물이 만들어지는 형상이다.

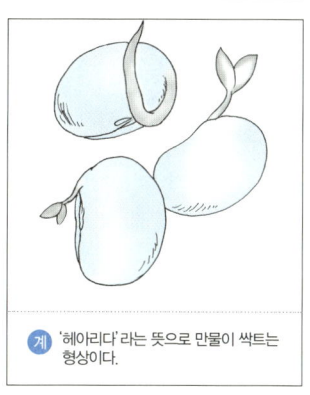
계 '헤아리다'라는 뜻으로 만물이 싹트는 형상이다.

2장 · 기본지식

지지

자·축·인·묘·진·사·오·미·신·유·술·해를 간략하게 '지지' 또는 십이지十二支라고 한다. 《이아爾雅》〈석천釋天〉에서는 "십이지는 자·축·인·묘·진·사·오·미·신·유·술·해다"라고 했다. 십이지의 순서는 사물의 발전과 변화의 과정을 나타낸다.

자는 '움트다蘖'라는 뜻으로 만물이 무성하다는 의미다.
축은 '묶다紐'의 뜻이다.
인은 '펼치다演'라는 뜻으로 만물이 성장하기 시작한다는 의미다.
묘는 '돌진하다冒'라는 뜻으로 만물이 흙 밖으로 나온다는 의미다.
진은 '펴다伸'는 뜻으로 만물이 펼치고 진작하는 것을 의미한다.
사는 '이미已'의 뜻으로 만물이 이미 성장했다는 의미다.
오는 '대등하다忤'의 뜻으로 만물이 전성기를 지나 음양이 교차하는 때가 왔음을 의미한다.
미는 '맛味'과 같고, 만물이 성장하여 맛을 지니고 있음을 의미한다.
신은 '몸身'과 같고, 만물이 처음 형체가 만들어짐을 의미한다.
유는 '열매秀'와 같고, 만물이 매우 성숙했음을 의미한다.
술은 '소멸하다滅'의 뜻으로, 만물이 소멸하여 흙으로 돌아감을 의미한다.
해는 '씨核'와 같고, 만물이 씨가 됨을 의미한다.
지지와 사물의 변화는 연관이 있다. 자·인·진·오·신·술은 양지陽支이고, 축·묘·사·미·유·해는 음지陰支다.

역법에서 천간과 지지를 배합하여 연도와 날짜를 표시하면 갑자甲子, 을축乙丑, 병인丙寅……등이 된다. 하나의 천간과 하나의 지지가 결합할 때, 양간陽干과 양지가 짝을 이루고, 음간陰干과 음지가 짝을 이루게 되어 모두 60개 조합이 만들어진다. 그리하여 60년 후(혹은 60일 후)에 다시 그 처음으로 돌아오는데 이것을 '육십갑자六十甲子'라고 한다.
중국 고대에는 육십갑자의 순환을 근거로 연월일시年月日時를 기록했다.

천간과 지지 (2)

지지

지지는 또 '십이지'라고 하며, 십이지의 순서는 사물의 발전과 변화의 과정을 나타낸다.

자 '움트다'라는 뜻으로 만물이 무성하다는 의미다.

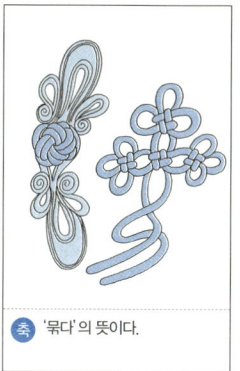
축 '묶다'의 뜻이다.

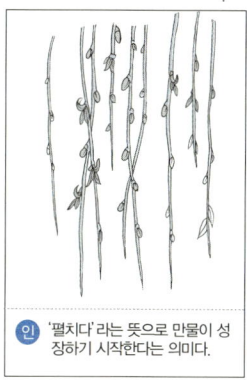
인 '펼치다'라는 뜻으로 만물이 성장하기 시작한다는 의미다.

묘 '돌진하다'라는 뜻으로 만물이 흙 밖으로 나온다는 의미다.

진 '펴는' 뜻으로 만물이 펼치고 진작하는 것을 의미한다.

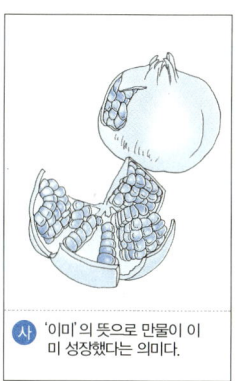
사 '이미'의 뜻으로 만물이 이미 성장했다는 의미다.

오 '대등하다'라는 뜻으로 만물이 왕성한 시기를 지나 음양이 교차하는 때가 왔음을 의미한다.

미 '맛'과 같고, 만물이 성장하여 맛을 지니고 있음을 의미한다.

신 '몸'과 같고, 만물이 처음 형체가 만들어짐을 의미한다.

유 '열매'와 같고, 만물이 매우 성숙했음을 의미한다.

술 '소멸하다'라는 뜻으로, 만물이 소멸하여 흙으로 돌아감을 의미한다.

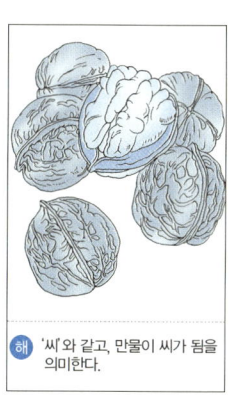
해 '씨'와 같고, 만물이 씨가 됨을 의미한다.

기본 지식	납갑納甲과 역수易數
18	**오행, 팔괘, 천간, 지지의 배합**

> 납갑은 역학 용어로 육효 괘에 천간과 지지, 오행과 방위를 결합한 것을 말한다. 즉, 건乾이 갑甲과 임壬을 받아들이고, 곤坤이 을乙과 계癸를 받아들이고, 간艮이 병丙을, 태兌가 정丁을, 감坎이 무戊를, 이離가 기己를, 진震이 경庚을, 손巽이 신辛을 받아들이는 것이다. 갑이 십간의 처음이기 때문에 납갑이라고 한 것이다.

'납갑'의 설은 한대에서 시작된다. 한대의 납갑은 경방京房과 우번虞翻 두 파로 나누어진다. 경방의 '납갑'은 대부분 점술에서 사용된다. 먼저 육십사괘를 팔궁으로 나누면 건·감·간·진·손·이·곤·태의 사양사음四陽四陰의 순괘純卦가 된다. 각 궁宮에는 하나의 괘가 있고, 그 옆에 일곱 개의 괘가 붙는데, 왼쪽에서부터 순서대로 본괘本卦, 일세一世, 이세二世, 삼세三世, 사세四世, 오세五世, 유혼遊魂, 귀혼歸魂이다. 궁에 있는 각각의 괘는 세효世爻와 응효應爻로 나누어지며, 그 내용이 《역위건착도》에 기록되어 있다. 즉 "역의 기氣는 아래에서부터 생겨난다. 때문에 땅 아래에서 기가 움직이면 하늘 아래에서 호응하고, 땅 안에서 움직이면 하늘 중간에서 호응하며, 땅 위에서 움직이면 하늘 위에서 호응한다. 초효와 사효, 이효와 오효, 삼효와 상효를 응應이라 한다"라고 했다. 본 궁괘宮卦에 속하는 오행을 근거로 괘효의 세世와 응을 정하고, 간지와 오행을 보고 '육친六親'을 정한다. '육친'은 '부모, 형제, 자식, 처, 남편' 등이다. 또 '육신六神'과 결합하는데, '육신'은 '청룡靑龍·백호白虎·주작朱雀·현무玄武·구진勾陳·등사螣蛇' 등이다.

우번의 '납갑'은 달이 차고 기우는 것을 근거로 10개의 천간을 팔괘에 결합했다. 우번은 '해와 달이 하늘에 매달려 팔괘의 상象을 이룬다'고 생각했다. 감과 이離가 해와 달을 상징하고, 중앙은 무기토戊己土라고 여겼다. 그 나머지 여덟 간干은 건이 갑·임을, 곤이 을·계를, 진이 경을, 손이 신을, 간艮이 병을, 태가 정을 받아들인다. 진괘는 초삼일의 초승달을 상징하고, 서쪽의 경의 자리에 나타나며 하나의 양이 막 생겨나는 형상이다. 태괘는 초팔일 상현달을 상징하고 남쪽 정의 자리에 해당하며, 진에 하나의 양이 더해지는 형상이다. 건의 효는 모두 양의 형상이며 15일의 보름달이 그것이다. 한 달을 6후候로 나누어 5일이 1후인데, 이 세 개의 괘상은 '보름달 전의 삼후望前三候'가 된다. 이는 양기가 오르고 음기가 쇠퇴하는 달의 형상이며, 이후에 달은 점점 기울어진다. 손괘는 16일, 즉 보름달에서 약간 기운 모습이며, 하나의 음이 점차 자라나는 형상이고 기운 달은 서쪽의 신의 자리에서 사라진다. 간艮은 다시 하나의 음을 더하여 23일의 하현이 되며 달은 남쪽 병의 자리에서 사라진다. 곤은 모두 음으로 30일, 달이 동북쪽 을의 자리에 숨어 있음을 나타낸다. 이때 달은 모두 검은색이다. 이 세 개의 괘상은 '보름달 이후의 삼후望後三候'이며 양기가 쇠퇴하고 음기가 살아나는 달을 형상한다. 괘에 오행과 간지를 배합하여 그들 사이의 생生, 극剋, 충冲, 합合 등의 관계를 형성하게 한 것이 납갑의 특징이다. 이는 중국의 점술 분야의 시초로 속칭 육효법六爻法이라 하며, 지금까지 전해지고 있다.

역학 용어 납갑

납갑은 역학 용어로 육효에 천간과 지지, 오행과 방위를 결합한 것을 말한다. 갑이 십간의 처음이기 때문에 납갑이라고 한다.

경방납갑

경방의 '납갑'은 대부분 점술에서 사용된다. 먼저 육십사괘를 팔궁으로 나누면 사양사음의 순괘가 된다. 각 궁에는 하나의 괘가 있고 그 옆에 일곱 개의 괘가 붙는데, 왼쪽에서부터 순서대로 본괘, 일세, 이세, 삼세, 사세, 오세, 유혼, 귀혼이 된다.

	本卦	一世	二世	三世	四世	五世	游魂	歸魂
乾宮	乾	姤	遯	否	觀	剝	晉	大有
震宮	震	豫	解	恒	升	井	大過	隨
坎宮	坎	節	屯	旣濟	革	豐	明夷	師
艮宮	艮	賁	大畜	損	睽	履	中孚	漸
坤宮	坤	復	臨	泰	大壯	夬	需	比
巽宮	巽	小畜	家人	益	无妄	噬嗑	頤	蠱
離宮	離	旅	鼎	未濟	蒙	渙	訟	同人
兌宮	兌	困	萃	咸	蹇	謙	小過	歸妹

'세'와 '응'은 상대적인 것이다. 일반적으로 세를 자신의 방향으로 보고, 응을 타인의 방향으로 인식한다. 세효와 응효는 상괘와 하괘에 떨어져 위치하는데, 세는 초효에 있고 응은 사효에 있다. 또 괘의 팔궁 위치를 근거로 괘의 세효를 결정하는데, 예를 들어 여덟 개의 순괘는 세가 상효에 있고 일세 괘의 세는 초효에 있다. 그러나 유혼괘는 세가 사효에 있고 귀혼괘는 세가 삼효에 있다.

궁에 속하는 모든 괘는 각각 세효와 응효로 구분되는데, 괘효의 세응과 받아들여지는 간지, 오행을 보고 '육친' 등을 정하여 점괘를 낸다. 이것이 경방납갑의 대략적인 내용이다.

우번납갑

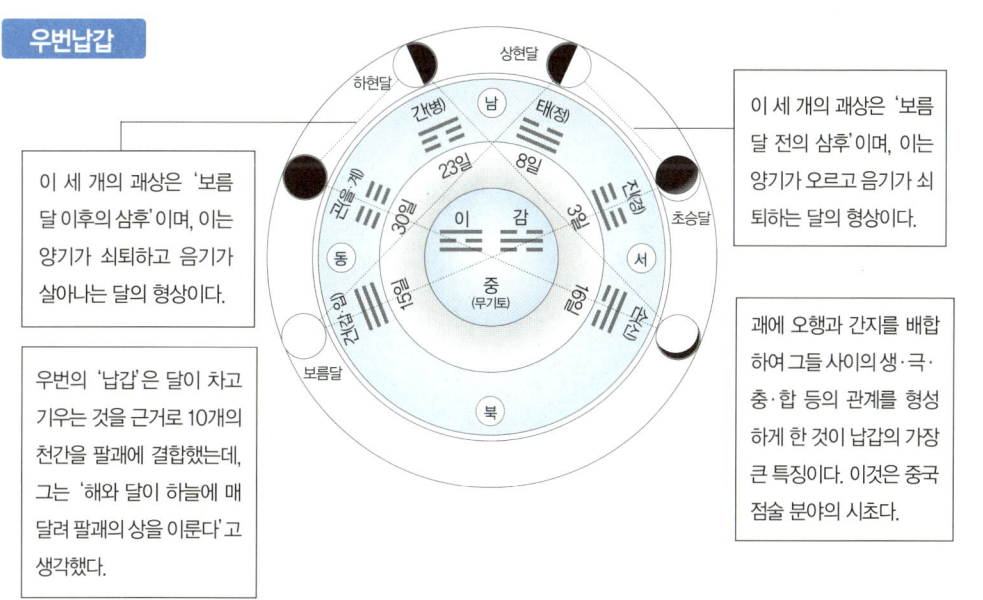

이 세 개의 괘상은 '보름달 이후의 삼후'이며, 이는 양기가 쇠퇴하고 음기가 살아나는 달의 형상이다.

우번의 '납갑'은 달이 차고 기우는 것을 근거로 10개의 천간을 팔괘에 결합했는데, 그는 '해와 달이 하늘에 매달려 팔괘의 상을 이룬다'고 생각했다.

이 세 개의 괘상은 '보름달 전의 삼후'이며, 이는 양기가 오르고 음기가 쇠퇴하는 달의 형상이다.

괘에 오행과 간지를 배합하여 그들 사이의 생·극·충·합 등의 관계를 형성하게 한 것이 납갑의 가장 큰 특징이다. 이것은 중국 점술 분야의 시초다.

이장의 도해圖解

의문이 생길 때만 점을 친다　97

설시포괘 – 천지의 수를 이용한 연산 과정(1)　99

설시포괘 – 천지의 수를 이용한 연산 과정(2)　101

설시포괘 – 천지의 수를 이용한 연산 과정(3)　103

동전으로 점치는 방법　105

숫자점복의 절차와 방법　107

시간기괘법의 절차와 방법　109

방위기괘법의 절차와 방법　111

측자기괘법의 절차와 방법(1)　113

측자기괘법의 절차와 방법(2)　115

3

점치는 방법

《역경》의 주된 내용은 상象, 수數, 이理, 점占인데 여기서 '점'은 '점치다'는 뜻이다. 점술은 《역경》의 가장 중요한 기능이다. 고대 중국에서는 《역경》을 이용하여 다양하게 점을 쳤는데, 그중 가장 일반적이고 오래된 것이 설시포괘, 금전괘, 매화역수기괘법 등이다.

점치는 방법	**점술의 원칙**
1	# 의문이 생길 때만 점을 친다

옛사람들은 "궁금하면 점을 치고 궁금하지 않으면 점을 치지 않는다"고 했는데, 이것이 《역경》의 기본적인 점술 원칙이다.

《역경》의 점술 방법을 설명하기 전에 점술 원칙을 먼저 이해해야 한다. 점술 원칙은 점괘의 '신통함'과 직접적인 관련이 있기 때문이다. 모든 점술 행위는 신통함이 핵심이다. 그러면 어떻게 해야 신통할 수 있을까? 그 핵심은 다음과 같다.

❶ 점을 치기 전날 저녁 일찍 잠자리에 들며 어떤 일도 하지 않는다. 그래야 다음 날 아침 머리가 맑아지고 체력이 왕성해진다.
❷ 화장실을 다녀온 후에는 손을 깨끗이 씻는다.
❸ 이틀이 교차하는 시간인 밤 11시 이후에는 점을 치지 않는다. 천지가 혼돈되고 정신도 지쳐 있기 때문이다.
❹ 장난삼아, 웃고 떠들며 점을 치지 않는다. 침실이나 화장실 등 부적합한 환경은 피한다.
❺ 마음이 안정되지 않거나 간절하지 않으면 점을 치지 않는다. 사악하고 추잡한 일, 사행성의 일, 음란한 일로 점을 치지 않는다.
❻ 하나의 일로 한 번의 점만 친다. 동일한 일로 오늘 점을 치고 내일 또 치지 않는다.
❼ 간절한 마음으로 점을 쳐야 하늘을 감동시켜 응답을 얻을 수 있다. 시험 삼아 점을 치지 않는다.
❽ 이미 마음으로 결정 내린 일, 스스로 판단할 수 있는 일은 점을 치지 않는다. 도박이나 무위도식을 위해 점을 치지 않는다.
❾ 깨끗하게 정돈된 책상에서 점을 치는 게 좋다. 종이에 내용을 간단히 쓰고 집중한다.
❿ 점괘는 객관적이어야 하며 마음의 평정이 필요하다. 소리나 잡음 등에 영향을 받지 않아야 한다.

옛날에는 점을 칠 때, 세 개의 향을 피우고 신에게 예를 올린 후, 잠시 눈을 감고 조용히 앉아 정신을 가다듬었다. 그리고 마음이 평정되기를 기다렸다가 다음과 같은 축원문을 읽었다.

"소생 아무개는 정성된 마음으로 복희씨, 문왕, 주공, 공자와 사당의 여러 신명들에게 공경히 청합니다. 소생 아무개는 한 가지 일을 결정하지 못하여 여러 신명에게 공손히 신통한 점괘를 청하오니 응답을 주소서. 흉한지 길한지 괘효를 통해 판별할 수 있기를 바랍니다."

다소 미신적이긴 하지만, 그 요지는 마음을 깨끗하게 하고 정성을 다하여 생각을 집중시키라는 것이다.

의문이 생길 때만 점을 친다

옛사람들은 "궁금하면 점을 치고 궁금하지 않으면 점을 치지 않는다"고 했는데, 이것이 바로《역경》의 기본적인 점술 원칙이다. 점술 원칙은 점괘의 '신통함'과 직접적인 관련이 있기 때문에 중요하다. 그러면 어떻게 해야 신통할 수 있을까? 그 핵심은 다음과 같다.

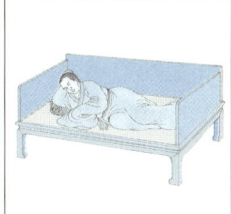

❶ 점을 치기 전날 저녁 일찍 잠자리에 들며 어떤 일도 하지 않는다.

❷ 화장실을 다녀온 후에는 손을 깨끗이 씻는다.

❸ 이틀이 교차하는 시간인 밤 11시 이후에는 점을 치지 않는다. 천지가 혼돈되고 정신도 지쳐 있기 때문이다.

❹ 장난삼아, 웃고 떠들며 점을 치지 않는다. 침실이나 화장실 등 부적합한 환경은 피한다.

❺ 마음이 안정되지 않거나 간절하지 않으면 점을 치지 않는다. 사악하고 추잡한 일, 사행성의 일, 음란한 일로 점을 치지 않는다.

❻ 하나의 일로 한 번의 점만 친다. 동일한 일로 오늘과 내일 점을 치지 않는다.

❼ 간절한 마음으로 점을 쳐야 하늘을 감동시켜 응답을 얻을 수 있다. 시험 삼아 점을 치지 않는다.

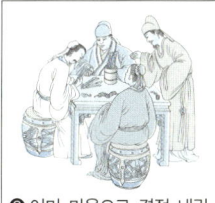

❽ 이미 마음으로 결정 내린 일, 스스로 판단할 수 있는 일은 점을 치지 않는다. 도박이나 무위도식을 위해 점을 치지 않는다.

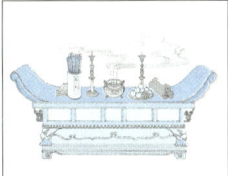

❾ 점을 치는 책상이나 깨끗하게 정돈된 책상에서 점을 친다. 종이에 내용을 간단히 쓰고 집중한다.

❿ 점괘는 객관적이어야 하며 마음의 평정이 필요하다. 소리나 잡음 등에 영향 받지 않는다.

옛날에는 점을 칠 때 세 개의 향을 피우고 신에게 예를 올린 후, 잠시 눈을 감고 조용히 앉아 정신을 가다듬었다. 그리고 마음이 평정되기를 기다렸다가 축원문을 읽었다. 미신적이긴 하지만 그 요지는 마음을 깨끗하게 하고 정성을 다하여 생각을 집중시키라는 것이다.

3장 · 점치는 방법

점치는 방법	가장 오래된 점술
2	# 설시포괘

《역경》의 점술 중 가장 오래된 것이 설시포괘법揲蓍布卦法이다. '시蓍'는 시초라는 식물로, 점을 칠 때 그 줄기를 사용한다. '설揲'은 '세다'라는 의미다. 이 방법은 시초의 수를 세고, 그것을 몇 개의 부류로 나누어 계산하여 괘상을 얻는 것이다.

〈계사전〉에서는 "수리數理를 터득하여 미래를 예견하는 것이 점이다"라고 했는데, 이는 설시揲蓍를 가리킨다. 〈계사전〉은 설시의 연산 과정과 의미를 다음과 같이 설명하고 있다.

"대연大衍의 수가 50이며 그것을 사용하는 것은 49다. 이것을 둘로 나누는데 이는 양의兩儀를 상징한다. 둘로 나눈 한쪽에서 하나를 뽑는데 이는 삼재三才를 상징한다. 또 네 개씩 계산하는 것은 사시四時를 형상하는 것이며, 네 개씩 계산한 나머지를 (왼손의 둘째와 셋째) 손가락에 끼우는 것은 윤달을 상징하는 것이다. 5년마다 윤달이 두 번 찾아오기 때문에 다시 왼손에 있는 것을 네 개씩 계산하여 나머지를 오른손 손가락(검지와 중지)에 끼운다. …… 그러므로 이런 방법을 네 번씩 하여 역易이 만들어지고, 이것을 18번 반복하여 괘卦가 만들어진다."

시초점을 칠 때 시초 50개(또는 55개)를 준비하는데, 대나무 가지 등으로 대신할 수 있다. 먼저 50개 중 하나를 뽑아(55개를 사용할 경우 여섯 개를 뽑는다) 한쪽으로 빼놓는다(이는 태극을 상징한다). 나머지 49개를 임의로 왼손, 오른손에 나누어 잡는다. 왼손의 시초는 '하늘'을 형상하고, 오른손의 시초는 '땅'을 형상한다. 이를 "양의를 상징한다"고 표현한 것이다. 그다음 오른손에서 시초 하나를 뽑아 왼손 새끼손가락에 끼는데, 이는 '사람'을 상징한다. 이것을 "한쪽에서 하나를 뽑는데 이는 삼재를 상징한다"고 표현한 것이다. 다시 네 개를 한 조로 하여, 오른손으로 왼손의 시초를 세고, 왼손으로 오른손의 시초를 센다. 이렇게 한 조씩 양쪽 손에 있는 시초를 나누어 센다. 이를 "네 개씩 계산하는 것은 사시를 형상하는 것"이라고 표현한 것이다. 네 개를 한 조로 하여 왼손과 오른손의 시초를 세는데 이는 사시, 춘하추동을 상징한다.

이렇게 셈하면 양손에 남는 숫자는 1·2·3·4 중 하나가 된다. 왼손에 남아 있는 시초를 왼손의 중지와 약지 사이에 끼우고, 오른손에 남아 있는 시초를 왼손 검지와 중지 사이에 끼운다. 이 나머지의 수는 윤달까지 며칠이 남았는지를 상징한다. 윤달의 주기는 대략 32개월인데 이것이 5년 동안에 발생하기 때문에 "5년마다 윤달이 두 번 찾아온다"라고 한 것이다.

이때 만약 왼손에 시초가 한 개 남아 있으면 오른손은 반드시 세 개가 되며, 왼손에 두 개면 오른손에는 두 개가, 왼손에 세 개면 오른손에는 한 개가, 왼손에 네 개면 오른손에는 반드시 네 개가 남게 된다. 이렇게 왼손 손가락 사이에 끼워둔 시초의 수(새끼손가락 사이에 끼워둔 시초 하나도 포함시킨다)는 다섯 개 아니면 아홉 개다. 즉 네 개씩 계산하고 남은 시초를 한곳에 빼놓고 왼손과 오른손에 있는 시초를 모두 더하면 44나 40이 된다. 이렇게 하여 시초 연산의 첫 단계가 완성되는데, 옛사람들은 이것을 '1변一變'이라고 했다.

설시포괘 – 천지의 수를 이용한 연산 과정 (1)

《역경》의 점술 중 가장 오래된 것이 '설시포괘법'이며 시초라는 식물의 줄기를 사용한다. 시초의 수를 세고, 그것을 몇 개의 부류로 나누어 계산해서 괘상을 얻는다. 〈계사전〉에서는 "수리를 터득하여 미래를 예견하는 것이 점"이라고 했는데, 이것이 설시다.

1 시초 50개나 55개를 준비하여 그중 하나를 뽑아 빼놓고 사용하지 않는다(55개를 사용할 경우 여섯 개를 뽑는다). 이는 태극을 상징한다.

2 49개의 시초를 임의로 왼손과 오른손에 나누어 잡는다. 왼손의 시초는 하늘을, 오른손의 시초는 땅을 형상한다. 이를 "양의를 형상한다"고 표현했다.

3 오른손에서 시초 하나를 뽑아 왼손 새끼손가락에 낀다. 이는 사람을 상징한다.

4 다시 네 개를 한 조로 하여, 오른손으로 왼손의 시초를 세고 왼손으로 오른손의 시초를 센다. 이는 사시, 춘하추동을 상징한다.

5 이렇게 셈한 이후에는 양손에 남아 있는 시초의 수가 1·2·3·4 중의 하나다.

6 왼손에 남아 있는 시초를 왼손의 중지와 약지 사이에 끼우고, 오른손에 남아 있는 시초를 왼손 검지와 중지 사이에 끼운다. 이 나머지의 수는 윤달까지 남은 일수를 상징한다. "5년마다 윤달이 두 번 찾아온다"고 했다.

7 최종적으로 왼손 손가락 사이에 끼워둔 시초의 수(새끼손가락 사이에 끼워둔 시초도 포함)는 다섯 개 아니면 아홉 개다. 남은 시초를 한곳에 빼놓고, 두 손에 남아 있는 수를 더하면 44나 40이 된다. 이렇게 되면 '1변'이 마무리된다.

시초

고대의 시초는 어떤 식물인가요?

중국 서북 지역에서 자라는 다년생초목이다. 매년 한 개의 줄기가 자라는데, 이 줄기를 사용해 계산한다.

이제 제2변 단계로 넘어간다. 양손에 있는 시초(40개나 혹은 44개)를 다시 합치고, 처음에 했던 것처럼 임의로 왼손과 오른손에 나누어 쥔다. 그리고 오른손의 시초에서 하나를 뽑아 왼손 새끼손가락 사이에 끼고, 오른손으로 왼손의 시초를 네 개씩 센 다음 다시 왼손으로 오른손의 시초를 센다. 이후의 순서는 모두 제1변과 동일하게 한다. 제2변이 마무리되었을 때, 왼손에 시초가 한 개 남아 있으면 오른손에는 반드시 두 개가 남고, 왼손에 두 개가 남으면 오른손에는 한 개가 남고, 왼손에 세 개면 오른손에는 네 개가 남는다. 왼손에 네 개가 남으면 오른손에는 반드시 세 개가 남는다. 제2변이 끝난 다음에 왼손 손가락에 있는 시초(2변을 시작할 때 뽑았던 하나의 시초도 포함시킨다)를 모두 더하면 그 수가 4나 8이 된다. 이를 제외한 나머지 수는 40이나 36, 또는 32가 된다. 여기까지가 연산의 제2단계인 제2변이다.

다음으로, 양손에 있는 시초(40이나 36 또는 32개)를 다시 합해 왼손과 오른손에 나누어 들고 오른손에서 시초 하나를 뽑아 왼손 새끼손가락에 끼운다. 오른손으로 왼손의 시초를 네 개씩 세고 다시 왼손으로 오른손의 시초를 센다. 양손에 있는 시초를 모두 네 개씩 세며, 나머지 순서는 1변, 2변과 동일하다. 이때, 왼손에 한 개가 남아 있으면 오른손에는 반드시 두 개가 남고, 왼손에 두 개가 남으면 오른손에는 한 개가 남는다. 왼손에 세 개면 오른손에는 네 개가, 왼손에 네 개면 오른손에는 반드시 세 개가 남는다. 손가락 사이에 끼여 있는 시초의 숫자(처음에 오른손에서 뽑아 왼손 새끼손가락에 끼웠던 것도 포함)는 4나 8이 된다. 이렇게 제3변이 마무리된다.

제3변이 끝난 후, 남아 있는 시초 수는 ① 36개 ② 32개 ③ 28개 ④ 24개의 네 종류 중 하나다. 이것을 각각 4로 나누면(사상의 의미를 갖는다), '일효─爻'가 마침내 정해진다.

36 ÷ 4 = 9(노양老陽의 수, ○로 표시)
32 ÷ 4 = 8(소음少陰의 수, --로 표시)
28 ÷ 4 = 7(소양少陽의 수, ─로 표시)
24 ÷ 4 = 6(노음老陰의 수, ×로 표시)

노양은 반드시 소음으로 변하고, 노음은 반드시 소양으로 변하는데 이것이 "노老는 변하지만 소少는 변하지 않는다"라는 것이다. 《역경》에서 노양인 9는 양효를 나타내고, 노음인 6은 음효를 나타낸다. 이렇게 3변을 거치면 비로소 하나의 효를 얻을 수 있는데, 육효를 다 만들기 위해서는 18변을 거쳐야 한다. 이처럼 3변을 통해 나머지 수를 구하고, 그것을 4로 나누어 소음, 소양, 노음, 노양을 산출하는 방법을 과설법過揲法이라고 하며, 한나라와 당唐나라, 그리고 송나라의 일부 사람들이 사용했다.

설시포괘 – 천지의 수를 이용한 연산 과정 (2)

8 다시 40개 또는 44개의 시초를 합쳐 왼손과 오른손에 나누어 쥔다.

9 제1변과 동일하게 오른손의 시초에서 하나를 뽑아 왼손 새끼손가락 사이에 끼우고 오른손으로 왼손의 시초를 네 개씩 세고 왼손으로 오른손의 시초를 센다. 그다음의 순서는 모두 제1변과 동일하다.

10 제2변이 끝난 다음, 왼손 손가락에 있는 시초(손가락 사이에 끼워놓은 하나도 포함)를 모두 더하면 4나 8이 된다. 이를 제외한 수는 40이나 36 또는 32가 된다. 이를 '2변'이라 한다.

11 40이나 36 또는 32개 시초를 다시 합한다. 왼손과 오른손에 나누어 들고 오른손에서 시초 하나를 뽑아 왼손 새끼손가락에 끼우고, 1변, 2변의 방법과 동일하게 셈한다. 셈이 끝난 후 손가락 사이에 끼여 있는 시초의 숫자는 4나 8이 되는데 이렇게 제3변이 마무리된다.

12 제3변이 끝난 후 손가락 사이에 남아 있는 시초를 빼놓으면, 양손에 남은 시초의 수는 36개, 32개, 28개, 24개 중 하나에 해당한다. 이를 각각 4로 나누면(사상의 의미), '일효'가 마침내 정해진다.

3변을 거친 후에 양효와 음효가 결정된다

수	7	8	9	6
속성	소양 (변하지 않는 효)	소음 (변하지 않는 효)	노양 (변하는 효)	노음 (변하는 효)
기호	▬▬▬	▬ ▬	○	×

이렇게 3변을 거치면 비로소 하나의 효를 얻을 수 있는데, 육효를 다 만들기 위해서는 18변을 거쳐야 한다. 이처럼 3변을 통해 나머지 수를 구하고, 그것을 4로 나누어 소음, 소양, 노음, 노양을 산출하는 방법을 과설법이라 한다. 한나라와 당나라, 그리고 송나라의 일부 사람들이 사용했다.

주희는 이러한 방법에 다른 의견을 제시하며 '괘륵법卦扐法'을 만들었다. 이는 왼손 손가락 사이에 끼워둔 시초의 숫자를 근거로 음양노소陰陽老少의 수를 정하는 방법이다. 제1변 이후 왼손 손가락 사이에 있는 시초의 총수는 5나 9가 된다. 제2변과 제3변 이후 손에 끼고 있는 시초의 수는 4나 8이다. 이렇게 3변을 마치면 손가락에 남은 숫자는 다음의 네 가지 중 하나다.

5 — 홀수(다섯 개 중에는 네 개가 한 묶음 있다)
4 — 홀수(네 개 중에는 네 개가 한 묶음 있다)
8 — 짝수(여덟 개 중에는 네 개가 두 묶음 있다)
9 — 짝수(아홉 개 중에는 네 개가 두 묶음 있다)

이 방법은 시초의 나머지 수를 4(사시를 상징한다)로 나눠 그 묶으로 짝수와 홀수를 정하고, 다시 짝수와 홀수를 근거로 음양노소를 정하게 된다. 예를 들어 3변을 거치는 동안, 왼손 손가락에 끼우고 있는 시초의 수가 홀수이면 이 효는 노양이 된다. 왼손 손가락에 끼우고 있는 시초의 수가 모두 짝수이면 이 효는 노음이 된다. 3변을 거치는 동안, 시초의 수가 한 번은 홀수, 두 번은 짝수이면 소양이며, 한 번은 짝수, 두 번은 홀수이면 소음이 된다. 이 방법으로 18변을 거치닻 육효가 만들어진다.

사실, 괘륵법과 과설법의 산출 결과는 동일하다. 과설법을 사용하든 괘륵법을 사용하든 얻는 것은 노양의 수다.

예를 들어 과설법을 사용하여 산출된 수가 36이고, 그것을 4로 나누면 묶이 9가 되며 9는 노양의 수다. 괘륵법을 사용하여 제1변에서 얻은 시초의 나머지 수는 5이며, 5를 4로 나누면 묶이 1이 되기 때문에 홀수가 된다. 제2변에서 시초의 나머지 수가 4이면, 이는 자연히 홀수가 된다. 제3변에서는 단지 4만을 얻을 수 있어 홀수가 된다. 3변이 모두 홀수이기 때문에 이는 노양의 수다. 그러나 세 개의 홀수의 합은 13(제1변에서 시초의 나머지 수는 5, 제2변, 제3변은 각각 4가 되기 때문에 그 합은 13이다)이며 49에서 13을 제하면 36이 된다.

그 나머지의 노음, 소음, 소양의 수를 구하는 방법도 모두 이 원리와 동일하다.

설시포괘 – 천지의 수를 이용한 연산 과정 (3)

음효와 양효를 결정하는 또 다른 방법

설시포괘법에는 과설법 외에도 괘륵법이 있다. 이것은 주희가 만들었는데, 왼손 손가락 사이에 끼워둔 시초의 숫자를 토대로 음양노소의 수를 정하는 방법이다. 제1변 이후 왼손 손가락 사이에 있는 시초의 총수는 5나 9가 되며, 제2변과 제3변 이후에는 4나 8이 된다. 이렇게 3변을 거치면서 얻게 되는 숫자는 다음 네 가지 중 하나다.

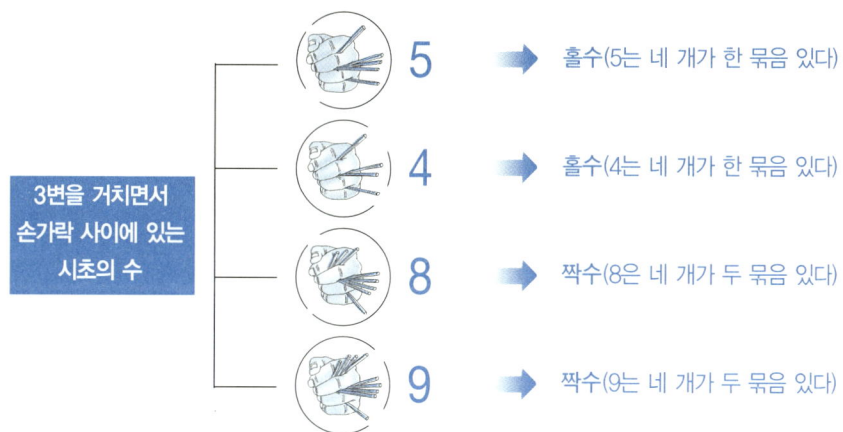

이 방법은 시초의 나머지 수를 4(사시를 상징)로 나누어 그 몫으로 짝수와 홀수를 정하고, 다시 짝수와 홀수를 근거로 음양노소를 정한다. 그런 다음 18변을 거쳐 육효를 산출해낸다.

손가락 사이에 남은 수	모두 홀수	모두 짝수	홀수 한 번, 짝수 두 번	짝수 한 번, 홀수 두 번
속성	노양 (변하는 효)	노음 (변하는 효)	소양 (변하지 않는 효)	소음 (변하지 않는 효)
기호	○	×	▬ ▬	▬ ▬

괘륵법과 과설법의 산출 결과는 동일하다. 괘륵법과 과설법 모두 노양의 수를 얻게 된다.

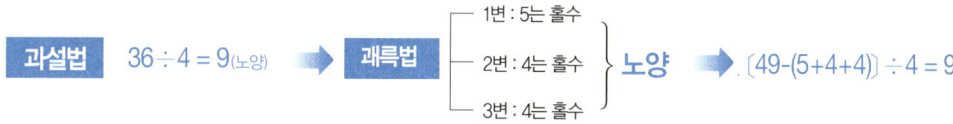

그 나머지의 노음, 소음, 소양의 수를 구하는 방법도 모두 이 원리와 동일하다.

점치는 방법 3

가장 간단한 점술
금전괘

시초점은 18단계를 거쳐야 하기 때문에, 번거로울 뿐만 아니라 방법을 익히기도 어렵다. 그래서 후대인들은 보다 간략한 방법을 연구하여 동전을 사용하는 '금전괘金錢卦'를 만들었다. 동전으로 시초를 대신하는 방법은 전국 시대 초나라 귀곡자鬼谷子가 만들었다고 전해진다.

금전괘를 치려면 똑같은 동전 세 개가 있어야 한다.

동전 세 개를 용기에 넣는다. 이때 용기는 전통적으로 거북의 등 껍데기나 대나무로 만든 것을 사용한다(용기 없이 직접 동전을 손에 쥐고 할 수도 있다).

동전을 흔들기 전에, 정신을 집중하거나 묻고 싶은 내용을 말로 표현한다.

동전을 흔들다가 책상 위로 자연스럽게 흩뿌리듯 던진다.

동전을 던지기 전에 먼저 음양을 결정한다. 어떤 면을 음이나 양으로 정하든 상관없지만, 음양이 일단 정해지면 바꾸지 않는다.

이때 동전 세 개를 던지면, 다음과 같은 네 가지 상황이 발생한다.

첫째, 세 개가 모두 양인 경우. 이는 노양이며 ○으로 표시한다.
둘째, 세 개가 모두 음인 경우. 이는 노음이며, ×으로 표시한다.
셋째, 한 개는 음, 두 개는 양인 경우. 이는 소양이며 ─로 표시한다.
넷째, 두 개는 음, 한 개는 양인 경우. 이는 소음이며 --로 표시한다.

던진 동전의 결과가 어디에 속하는지 확인하고 그 결과를 기록한다. 동일한 방법으로 다섯 차례를 더 반복하여 육효를 얻는다.

육효는 아래에서부터 위로 기입하며, 처음 얻는 결과가 초효가 되고, 마지막에 얻은 결과가 상효가 된다. 노양은 양이 극極에 달해 음으로 변하는 것이며, 노음은 음이 극에 달해 양으로 변하는 것이다.

동전으로 점치는 방법

시초점은 18단계를 거쳐야 하기 때문에, 번거로울 뿐만 아니라 방법을 익히기도 어렵다. 후대인들은 보다 간략한 방법을 연구하여 동전을 사용하는 금전괘를 만들었다.

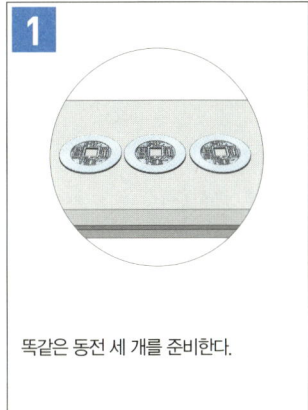

1 똑같은 동전 세 개를 준비한다.

2 동전을 거북의 등 껍데기나 대나무로 만든 용기에 넣는다.

3 직접 동전을 손에 쥐고 할 수도 있다.

4 동전을 흔들기 전, 정신을 집중하거나 묻고 싶은 내용을 말로 표현한다.

5 동전을 흔들다가 책상 위로 자연스럽게 흩뿌리듯 던진다.

동일한 방법으로 다섯 차례를 더 반복하여, 그 결과를 아래에서부터 위로 기록하면 육효가 된다. 처음의 결과가 초효가 되고, 마지막 결과가 상효가 된다. 노양은 양이 극에 달해 음으로 변한 것이며, 노음은 음이 극에 달해 양으로 변한 것이다.

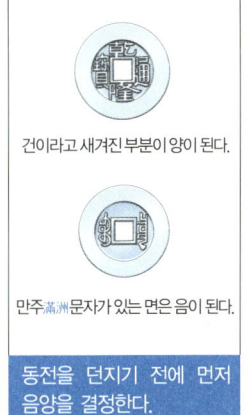

건이라고 새겨진 부분이 양이 된다.

만주滿洲문자가 있는 면은 음이 된다.

동전을 던지기 전에 먼저 음양을 결정한다.

이때 동전 세 개를 던지면, 오른쪽과 같은 네 가지 상황이 발생한다.

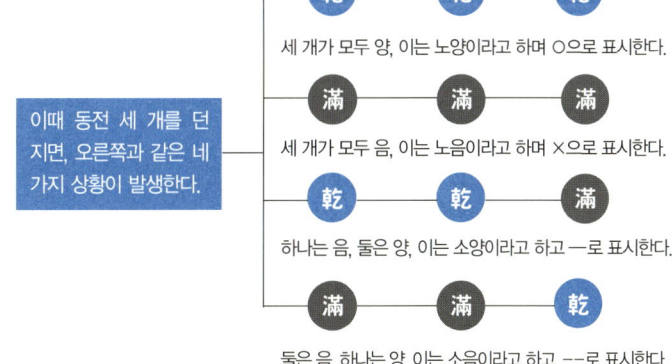

세 개가 모두 양, 이는 노양이라고 하며 ○으로 표시한다.

세 개가 모두 음, 이는 노음이라고 하며 ×으로 표시한다.

하나는 음, 둘은 양, 이는 소양이라고 하고 ─로 표시한다.

둘은 음, 하나는 양, 이는 소음이라고 하고 --로 표시한다.

점치는 방법	매화역수梅花易數 (1)
4	# 숫자점복법

매화역수는 매화심역梅花心易이라고도 한다. 북송北宋의 소옹이 매화를 감상하다가 참새가 매화 가지에서 지저귀는 소리를 듣고, 역易의 원리로 괘를 만든 데서 유래했다. 매화역수는 선천팔괘인 건일乾一, 태이兌二, 이삼離三, 진사震四, 손오巽五, 감육坎六, 간칠艮七, 곤팔坤八을 사용한다. 이 방법은 시간과 장소에 제한이 없고, 괘를 얻는 방법도 매우 다양하다. 여기에서는 먼저 매화역수 중에서 숫자점복법數字占卜法을 소개한다.

숫자로 하는 점술법은, 한 자릿수와 두 자리 이상의 수로 나뉜다. 한 자릿수로 점을 칠 때에는, 시간時辰을 더해야 하괘를 얻을 수 있다. 두 자리 이상의 수는 일반적으로 두 부류로 나누어, 각각 8로 나눈 나머지를 상괘와 하괘로 한다. 단위가 홀수일 경우에, 단위가 적은 편을 상괘로 하고 단위가 많은 쪽을 하괘로 한다.

❶ 한 자릿수 : 해당 숫자가 상괘가 된다. 여기에 당시의 시간을 더하면 하괘가 된다. 두 수를 더하고, 그것을 6으로 나누어 그 나머지로 동효動爻(음양이 바뀌는 효)를 얻는다.

❷ 두 자릿수 : 둘째 자리 수가 상괘가 되고, 첫째 자리 수는 하괘가 된다. 둘째 자리 수와 첫째 자리 수의 합을 6으로 나누어 동효를 얻는다.

❸ 세 자릿수 : 셋째 자리 수는 상괘가 되고, 둘째 자리 수는 하괘가 된다. 첫째 자리 수를 6으로 나누어 동효를 구한다.

❹ 네 자릿수 이상 : 단위가 홀수일 때는 앞뒤를 반으로 나누어 수가 적은 쪽의 합이 상괘가 되고, 수가 많은 쪽의 합이 하괘가 된다. 이것을 모두 더한 수를 6으로 나누어 동효를 구한다. 자리가 짝수일 때는, 앞뒤를 반으로 나누어 앞쪽의 수를 더하여 상괘를 구하고, 뒤쪽의 수를 더하여 하괘를 구하며, 모두 더한 수로 동효를 구한다.

❺ 특수한 숫자는 다음과 같이 처리한다. 예를 들어 910은 9를 상괘로 하고 10을 하괘로 하며, 9+10=19이기 때문에 19로 동효를 구한다. 103의 경우, 10이 상괘와 하괘가 되고(상괘와 하괘가 동일함), 3을 사용하여 동효를 구한다.

일상생활에서 접하는 숫자를 이용해서 점을 칠 수도 있다. 트럼프 한 장을 임의로 뽑아 상괘로 하고, 그 수를 8로 나눈다. 숫자가 8 미만인 경우는 그 원래의 수를 취하고, 8 이상인 경우는 그 나머지의 수를 사용한다. 그다음 또 한 장을 뽑아 하괘를 정하는데, 그 방법은 진과 동일하다. 두 수를 더하여 6으로 나누고 그 나머지를 동효로 삼는다. 예를 들어 전화번호가 8523697이라면, 모두 일곱 자리이기 때문에 앞의 세 자리를 더해 상괘로 하고, 뒤의 네 자리를 더해 하괘로 한다. 상괘인 15를 8로 나누면 7이 남는데, 이것은 간괘艮卦다. 또 하괘인 25를 8로 나누면 1이 남는데, 이것은 건괘乾卦다. 이렇게 하면 득산천대축괘得山天大畜卦를 얻는다.

숫자점복의 절차와 방법

'매화역수'는 '매화심역'이라고도 한다. 북송의 소옹이 매화를 감상하다가 참새가 매화 가지 위에서 지저귀는 소리를 듣고, 역의 원리로 괘를 만든 데서 유래했다. 매화역수 중에서 먼저 숫자점복법을 소개한다.

숫자로 하는 점술법은, 한 자릿수와 두 자리 이상의 숫자로 나뉜다. 한 자릿수로 점을 칠 때에는, 시간을 더해야 하괘를 얻을 수 있다. 두 자리 이상의 수는 일반적으로 두 부류로 나누어, 각각 8로 나눈 나머지를 상괘와 하괘로 한다. 단위가 홀수일 경우에, 단위가 적은 편을 상괘로 하고 단위가 많은 쪽을 하괘로 한다.

숫자점복법의 다섯 가지 경우

❶ 한 자릿수
해당 숫자가 상괘가 된다. 여기에 당시의 시간을 더하면 하괘가 된다. 두 수를 더하고, 그것을 6으로 나누어 그 나머지로 동효를 얻는다.

❷ 두 자릿수
첫째 자리 수가 상괘가 되고, 둘째 자리 수는 하괘가 된다. 두 수를 더하고, 그것을 6으로 나누어 동효를 얻는다.

❸ 세 자릿수
셋째 자리 수는 상괘가 되고, 둘째 자리 수는 하괘가 된다. 첫째 자리 수를 6으로 나누어 동효를 구한다.

❹ 네 자릿수 이상
단위가 홀수일 때, 앞뒤를 반으로 나누어 수가 적은 쪽의 합이 상괘가 되고, 수가 많은 쪽의 합이 하괘가 된다. 이것을 모두 더한 수를 6으로 나누어 동효를 구한다. 단위가 짝수일 때는, 앞뒤를 반으로 나누어 앞쪽의 수를 더하여 상괘를 구하고, 뒤쪽의 수를 더하여 하괘를 구하며, 모두 더한 수로 동효를 구한다.

❺ 특수한 수
예를 들어 910은 9+10으로 변환하고 9를 상괘로, 10을 하괘로 하며, 9+10=19이기 때문에 19로 동효를 구한다. 103의 경우, 10이 상괘와 하괘가 되고(상괘와 하괘가 동일), 3을 사용하여 동효를 구한다.

트럼프, 전화번호, 자동차 번호, 책 페이지 등과 같이 일상생활에서 접하는 숫자를 이용하여 점을 칠 수도 있다.

점치는 방법	매화역수 (2)
5	# 시간기괘법

시간기괘법時間起卦法은 매화역수기괘법梅花易數起卦法의 일종이다. 글자대로 해석하면 우연히 발생한 사건의 연월일시를 근거로 하는 점술법이다.

시간기괘법의 구체적인 순서와 방법은 다음과 같다.

❶ 우연히 발생한 사건의 연월일시를 기록한다(전통 명리학命理學에서는 모두 음력으로 계산한다).

❷ 연지年支를 숫자로 환산한다(그해의 지지地支를 찾아 숫자로 환산하면 된다. 예를 들어 말午의 해에 점을 친다면 말은 7이고, 돼지亥 해에 점을 친다면 돼지는 12이다. 그 나머지는 이것을 근거로 계산한다). 다시 월수月數와 일수日數를 더하고 그것을 8로 나눈다. 여기에서 남는 수가 상괘가 된다. 만약 둘을 더한 수가 8을 넘지 않으면, 그 수가 상괘가 된다.

❸ 연월일의 수를 모두 더하고 거기에 다시 시간의 수(시간의 수를 구하는 방법은 연수年數를 구하는 방법과 동일하다. 예를 들어 진시辰時는 5이고, 술시戌時는 11이다)를 더한다. 이 수를 8로 나누고, 남는 수가 하괘가 된다.

❹ 다시 연월일시의 수를 모두 더하고, 이것을 6으로 나누어 남는 수가 동효가 된다. 이렇게 하면 본괘本卦와 변괘變卦(점술을 통해 얻은 괘가 본괘이며, 동효로 인해 음양이 바뀐 이후의 괘를 변괘라고 한다)를 얻을 수 있다.

❺ 호괘互卦를 구하는 방법 : 본괘의 삼효·사효·오효가 호괘의 상괘가 되고, 이효·삼효·사효가 호괘의 하괘가 된다.

❻ 금전괘를 치면 동효가 없거나, 하나 이상일 수 있다. 그러나 매화역수기괘법은 고정적으로 하나의 동효만 있게 되므로, 상괘나 하괘에 한 번만 나타나며 상괘와 하괘에 동시에 나타날 수 없다. 전통적인 역수易數 계산 방법에 근거하면 동효가 없는 괘가 체괘體卦가 되고, 동효가 있는 괘가 용괘用卦가 된다. 체괘는 주체를 의미하고 용괘는 상대방 혹은 대응을 의미한다.

시간기괘법은 절차가 매우 간편한 것이 장점이지만 괘를 판별할 때는 축적된 경험이 필요하다.

시간기괘법의 절차와 방법

시간기괘법은 매화역수기괘법의 일종이다. 글자대로 해석하면 우연히 발생한 사건의 연월일시를 근거로 하는 점술법이다.

구체적인 점술의 절차

우연히 발생한 사건의 연월일시를 기록한다(전통 명리학에서는 모두 음력으로 계산).

연지를 숫자로 환산한다(그해의 지지를 찾아 숫자로 환산). 다시 월수와 일수를 더하고 그것을 8로 나눈다. 여기에서 남는 수가 상괘가 된다(만약 둘을 더한 수가 8을 넘지 않으면, 그 수가 상괘).

연월일의 수를 모두 더하고 거기에 다시 시간의 수(연수를 구하는 방법과 동일. 예를 들어 진시는 5, 술시는 11이다)를 더한다. 이 수를 8로 나누고 남는 수가 하괘가 된다.

다시 연월일시의 수를 모두 더한다. 그리고 그것을 6으로 나누어 남는 수가 동효가 된다. 이렇게 하면 본괘와 변괘를 얻을 수 있다.

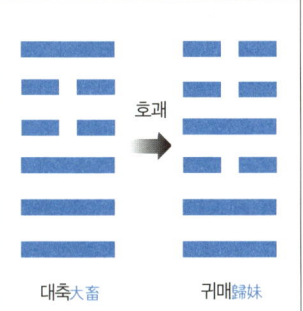

호괘를 구하는 방법 : 본괘의 삼효·사효·오효가 호괘의 상괘가 되고, 이효·삼효·사효가 호괘의 하괘가 된다.

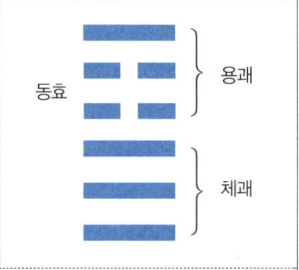

매화역수기괘법은 고정적으로 하나의 동효만 있게 되므로, 시간기괘법 중의 동효는 상괘나 하괘에 한 번만 나타난다. 일반적으로 동효가 없는 괘가 체괘가 되고 동효가 있는 괘가 용괘가 된다.

시간기괘법은 절차가 매우 간편한 것이 장점이지만 괘를 판별할 때는 축적된 경험이 필요하다.

점치는 방법	매화역수 (3)
6	# 방위기괘법

방위기괘법方位起卦法도 매화역수기괘법에 속한다. 이것은 사람이나 사물의 방위를 근거로 하는 점술법이다.

사람이나 사물의 방위를 근거로 점을 치는 것을, 소옹은 '단법후천기괘端法後天起卦'라고 칭하였다. 그는 점술법을 다음과 같이 설명했다. "사물을 상괘로 하고 방위를 하괘로 하여, 사물의 수와 방위의 수를 더하고 거기에 시간의 수를 더해 동효를 구한다."

예를 들어, 동쪽에서 왔으면 진괘震卦와 연결되는데 이는 진震이 동쪽에 있기 때문이다. 이것을 근거로 하면, 이離는 남쪽, 태兌는 서쪽, 감坎은 북쪽, 건乾은 서북쪽, 간艮은 동북쪽, 곤坤은 서남쪽, 손巽은 동남쪽과 연결된다. 여기에서 사용하는 방위는 후천팔괘에 근거한다.

매화역수의 '노인유우색점老人有憂色占' 괘를 예로 들어본다. 때는 을축일乙丑日의 묘시卯時, 즉 아침 5시에서 7시 사이에 소옹이 길을 걷다가 노인 한 명이 근심스러운 얼굴을 하고 손방巽方, 동남쪽에서 오는 것을 보았다. 그에게 "무슨 일로 근심하십니까?" 하고 물었더니 그 노인은 "아무 근심 없습니다"라고 했다. 소옹은 이상하다 여기고 점을 쳐보았다. 노인은 건괘의 괘상이라 건괘를 상괘로 했고, 동남쪽에서 왔으니 손괘를 하괘로 했다. 건은 하늘天이고 손은 바람風이라 천풍구괘天風姤卦를 얻었다. 건괘의 수는 1이고 손괘의 수는 5다. 거기에 묘시의 수인 4를 더하여 10을 얻었다. 10을 6으로 나누어 4가 남아, 사효가 동효가 된다. 《역경》의 천풍구괘 효사는 "꾸러미에 물고기가 없으니 흉한 일이 일어난다"라고 했으니 효사가 길하지 않았다. 괘상을 살펴보면, 천풍구괘의 손괘는 목木을 몸으로 하고 건괘는 금극목金剋木이며, 호괘 중에 두 개의 건괘가 있어서 모두 금극목의 형상이다. 또한 체괘에서도 생동하는 기운이 없으며, 게다가 점을 치는 대상인 노인이 길을 걷고 있었기 때문에, 점괘의 효력이 매우 빠르게 진행된다. 점을 쳐서 얻어진 10을 반으로 나누면 5가 되어, 소옹은 노인에게 "커다란 재난이 있을 수 있으니 5일간 조심하셔야 합니다"라고 했다. 과연 5일째 되는 날, 그 노인은 혼례식에 참석했다가 목에 생선뼈가 걸려 죽었다.

방위기괘법을 사용해서 점을 칠 때는, 그 사람의 상태가 동動인지 정靜인지에 따라 점괘의 효력이 빠르게 나타나는지 느리게 나타나는지가 결정된다. 걷고 있는 사람은 효력이 나타나는 시간이 짧다. 때문에 얻어진 수를 2로 나누어 나온 수를 효력이 드러나는 시기로 본다. 앉아 있는 사람은 효력이 드러나는 시간이 늦어, 얻어진 수에 2를 곱한 결과를 효력이 드러나는 시기로 본다. 또 서 있는 사람은 효력이 드러나는 시간이 빠르지도 늦지도 않아, 얻어진 수를 그대로 효력이 드러나는 시기로 본다. 이 방법은 융통성 있게 변통할 수 있다.

방위기괘법의 절차와 방법

방위기괘법도 매화역수기괘법에 속한다. 이것은 사람이나 사물의 방위를 근거로 하는 점술법으로, 소옹은 다음과 같이 설명했다. "사물을 상괘로 하고 방위를 하괘로 하여, 사물의 수와 방위의 수를 더하고 거기에 시간의 수를 더해 동효를 구한다."

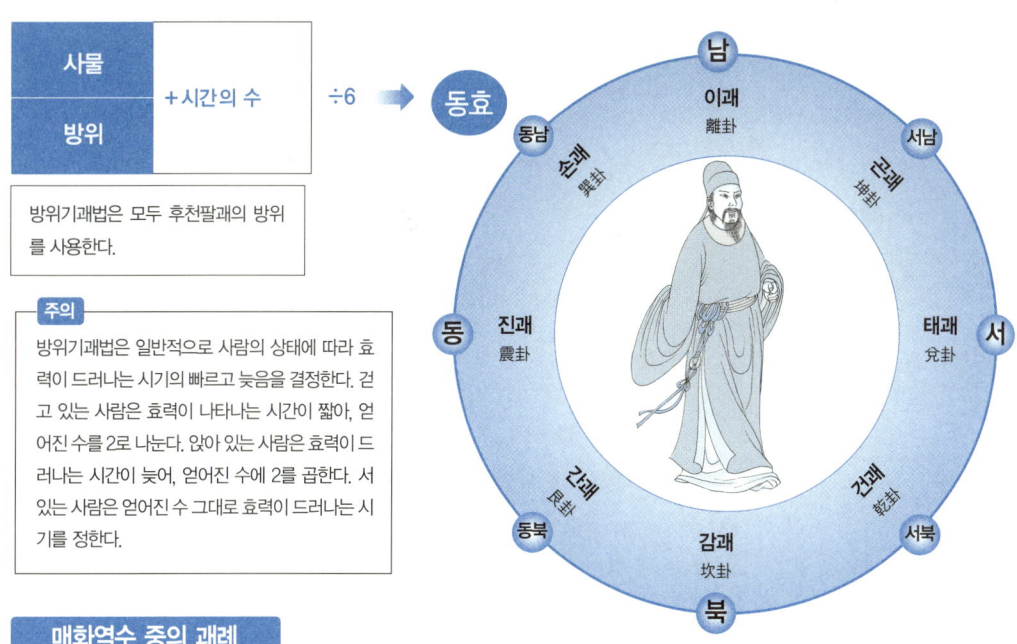

방위기괘법은 모두 후천팔괘의 방위를 사용한다.

주의

방위기괘법은 일반적으로 사람의 상태에 따라 효력이 드러나는 시기의 빠르고 늦음을 결정한다. 걷고 있는 사람은 효력이 나타나는 시간이 짧아, 얻어진 수를 2로 나눈다. 앉아 있는 사람은 효력이 드러나는 시간이 늦어, 얻어진 수에 2를 곱한다. 서 있는 사람은 얻어진 수 그대로 효력이 드러나는 시기를 정한다.

매화역수 중의 괘례

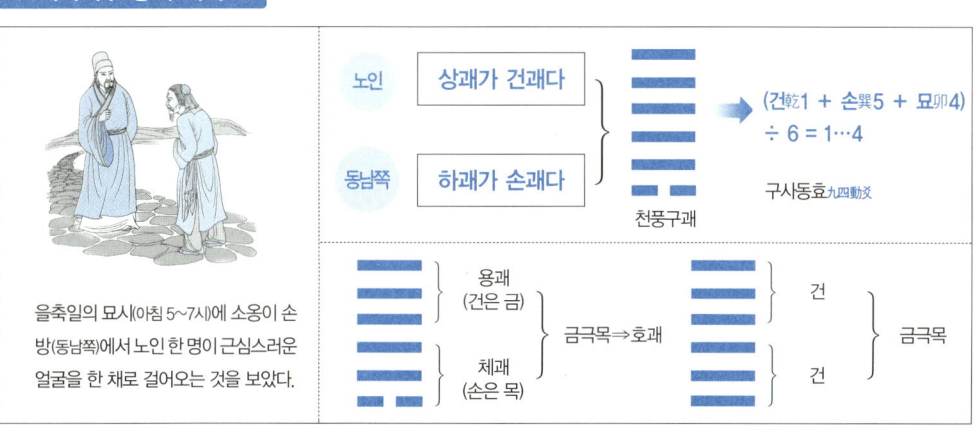

을축일의 묘시(아침 5~7시)에 소옹이 손방(동남쪽)에서 노인 한 명이 근심스러운 얼굴을 한 채로 걸어오는 것을 보았다.

노인의 경우, 건이 상괘가 되고 동남쪽을 가리키는 손이 하괘가 되어 '천풍구괘'를 얻었다. 건의 숫자 1과 손의 숫자 5, 그리고 묘시가 4이기 때문에 이를 모두 더하면 10이 된다. 이것을 다시 6으로 나누어 4가 남았다. 따라서 구사가 동효가 되는데, 그 효사는 "꾸러미에 물고기가 없으니 흉한 일이 일어난다"였다. 손은 목을 몸으로 하고 건괘는 금극목이며, 호괘 중에 두 개의 건괘가 있어서 모두 금극목의 형상이다. 노인은 길을 걷고 있었으니 점을 쳐 얻어진 10을 반으로 나누면 5가 된다. 과연 5일째 되는 날, 그 노인은 혼례식에 참석했다가 목에 생선 뼈가 걸려 죽었다.

점치는 방법	매화역수(4)
7	# 측자기괘법

매화역수기괘법의 가장 큰 특징은 숫자만 있으면 점술이 가능하다는 점이다. 이 때문에 한자漢字를 사용해서도 점을 칠 수 있으며, 한 글자, 두 글자 심지어 여러 글자라도 모두 점을 칠 수 있다. 측자기괘법測字起卦法은 이렇게 글자를 가지고 하는 점술법이다.

한 글자로 치는 일자점—字占

한자는 편방偏旁이 있는 합체자合體字(둘 이상의 글자가 합쳐져 만들어진 한자)와 둘로 나눌 수 없는 독체자獨體字(더 이상 분리되지 않는 한자)로 구분된다. 때문에 측자기괘법을 사용하려면 먼저 독체자인지 합체자인지를 판단해야 한다. 독체자라면 그 총획을 반으로 나누어 상괘와 하괘를 구한다. 총획이 홀수이면 반으로 나누어 필획이 적은 수가 상괘가 되고 필획이 많은 수가 하괘가 된다. 편방이 있는 합체자인 경우는 대체적으로 좌우형左右型, 상하형上下型, 내외형內外型의 세 가지로 구분한다.

❶ 좌우형 글자 : '판判', '탑搭', '반伴'은 좌변의 '반半', '수手', '인人'의 필획이 상괘가 되고, 우변의 필획이 하괘가 된다. 또 좌우의 수를 더한 총수를 6으로 나눈 나머지 수가 동효가 된다.

❷ 상하형 글자 : '뢰雷', '사些', '기奇'는 위 글자인 '우雨', '차此', '대大'의 필획이 상괘가 되고, 아래 글자의 필획이 하괘가 된다. 또 위아래의 수를 더한 총수를 6으로 나눈 나머지 수가 동효가 된다.

❸ 내외형 글자 : '국國', '인因', '문問'은 바깥쪽의 '위口', '위口', '문門'의 필획이 상괘가 되고, 안쪽 글자의 필획이 하괘가 된다. 이 두 수를 더한 총수를 6으로 나눈 나머지 수가 동효가 된다.

두 글자로 치는 이자점二字占

첫 글자의 필획을 8로 나눈 나머지 수가 상괘가 되고, 둘째 글자의 필획을 8로 나눈 나머지 수가 하괘가 된다. 이 두 글자의 총획을 6으로 나눈 나머지가 동효가 된다. 예를 들어 '발재發財, 돈을 벌다'로 재물의 운財運을 점친다면, '발發'은 12획이며 8로 나누면 4가 남아, 진목震木이 상괘가 된다. '재財' 자는 10획이며 8로 나누면 2가 남아 태금兌金이 하괘가 된다. 이렇게 하면 본괘인 뇌택귀매雷澤歸妹를 얻게 된다. '발재' 두 글자의 총획은 22이며 이를 6으로 나누면 4가 남으니 사효가 동효가 되어, 변괘인 지택림地澤臨을 얻게 된다. 또한 위의 호괘는 감수坎水이며, 아래의 호괘는 이화離火가 된다.

측자기괘법의 절차와 방법(1)

매화역수기괘법의 가장 큰 특징은 숫자만 있으면 점술이 가능하다는 점이다. 이 때문에 한자 漢字를 사용해서도 점을 칠 수 있다. 한 글자, 두 글자 심지어 여러 글자라도 모두 점을 칠 수 있다.

한 글자로 치는 일자점 一字占

측자기괘법에서는 한자가 편방이 있는 합체자인지, 둘로 나눌 수 없는 독체자인지를 먼저 판단해야 한다.

독체자: 필획의 총획이 짝수면 반으로 나누어 상괘와 하괘를 구하고, 홀수이면 필획이 적은 수로 상괘를, 많은 수로 하괘를 구한다.

합체자
- **좌우형**: 좌변의 필획이 상괘, 우변의 필획이 하괘가 된다. 좌우 수를 더한 총수를 6으로 나눈 나머지 수가 동효가 된다.
- **상하형**: 위 글자의 필획이 상괘, 아래 글자의 필획이 하괘가 된다. 위 아래 수를 더한 총수를 6으로 나눈 나머지 수가 동효가 된다.
- **내외형**: 바깥쪽 글자의 필획이 상괘, 안쪽 글자의 필획이 하괘가 된다. 이 둘을 더한 총수를 6으로 나눈 나머지 수가 동효가 된다.

두 글자로 치는 이자점 二字占

첫째 글자의 필획을 8로 나눈 나머지 수가 상괘가 되고, 둘째 글자의 필획을 8로 나눈 나머지 수가 하괘가 된다. 이 두 글자의 총획을 합하여 다시 6으로 나눈 나머지가 동효가 된다.

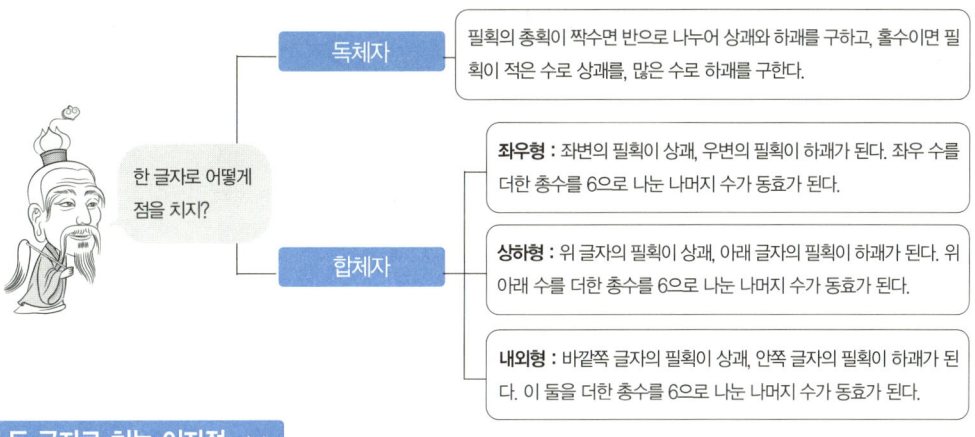

발재 → 發財 → 12÷8 = 1…4 (진震이 상괘가 된다)
10÷8 = 1…2 (태兌가 하괘가 된다)
→ (12+10)÷6 = 3…4
구사동효

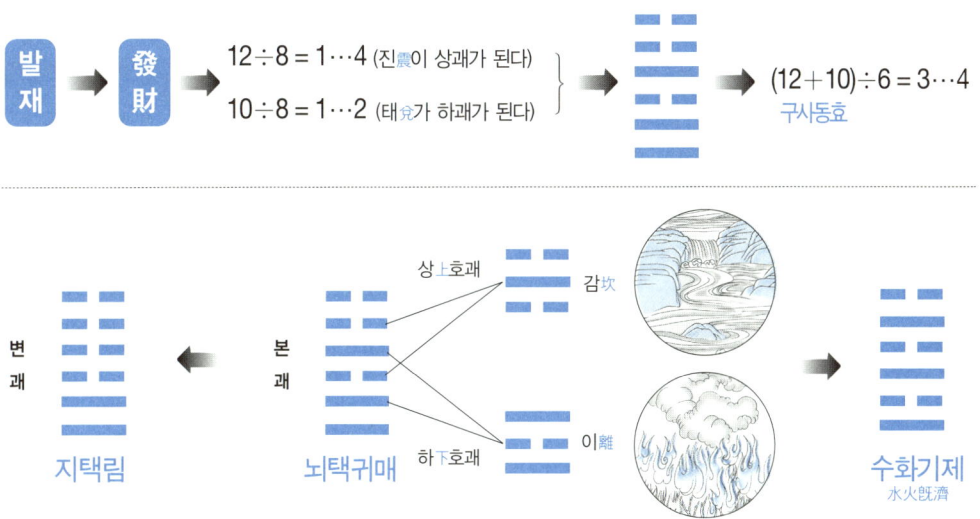

변괘 ← 본괘 상上호괘 감坎
지택림 뇌택귀매 하下호괘 이離 수화기제 水火旣濟

이름으로 치는 성명점姓名占

일반적으로 성姓의 획수를 8로 나눈 나머지가 상괘가 되고, 이름名의 총획을 8로 나눈 나머지가 하괘가 된다. 여기에 다시 성과 명의 총획을 6으로 나눈 나머지가 동효가 된다. 이름이 '강소해江小海'일 경우, '강江'은 7획이며 8을 넘지 않기 때문에, 7이 상괘가 되어 간艮이 상괘다. 이름인 '소해小海'의 총수는 14획이고, 이것을 8로 나누면 6이 남아 감坎이 하괘가 된다. 성명의 총수는 21이며, 이것을 6으로 나누면 3이 남아 삼효가 동효가 된다. 이렇게 하여 본괘는 산수몽山水蒙이며, 변괘는 산풍고山風蠱가 된다. 또한 위의 호괘는 곤지坤地이며 아래의 호괘는 진뢰震雷이다.

여기에서 주의해야 할 것은 성명지괘姓名起卦는 조금 특수해서 반드시 원래의 한자 획수를 근거해야 한다. 예를 들어 ① '청淸', '하河', '강江' 등의 글자는 수水를 근거로 부수를 4획으로 계산하며, ② '창搶', '제提', '착捉' 등은 수手를 근거로 부수를 4획으로 계산하며, ③ '정情', '회懷', '억憶' 등도 심心을 근거로 부수를 4획으로 계산해야 한다.

여러 글자로 치는 점술

❶ 네 글자로 치는 사자점四字占 : 네 글자四字는 사상四象을 의미한다. 두 글자씩 나누어 상괘와 하괘를 구하고 네 글자를 모두 더한 후 6으로 나눈 나머지로 동효를 구한다.

❷ 다섯 글자로 치는 오자점五字占 : 앞의 두 글자로 상괘를 구하고, 뒤의 세 글자로 하괘를 구하며, 다섯 글자의 수를 모두 더한 총수를 6으로 나누어 동효를 구한다.

❸ 여섯 글자로 치는 육자점六字占 : 세 글자씩 나누어 상괘와 하괘를 구한다. 여섯 글자의 수를 모두 더한 총수를 6으로 나누어 동효를 구한다.

❹ 일곱 글자로 치는 칠자점七字占 : 앞의 세 글자로 상괘를 구하고, 뒤의 네 글자로 하괘를 구한다. 일곱 글자의 수를 모두 더한 총수를 6으로 나누어 동효를 구한다.

❺ 여덟 글자로 치는 팔자점八字占 : 네 글자씩 나누어 상괘와 하괘를 구한다. 여덟 글자의 수를 모두 더한 총수를 6으로 나누어 동효를 구한다.

❻ 아홉 글자로 치는 구자점九字占 : 앞의 네 글자로 상괘를 구하고, 뒤의 다섯 글자로 하괘를 구한다. 아홉 글자의 수를 모두 더한 총수를 6으로 나누어 동효를 구한다.

❼ 열 글자로 치는 십자점十字占 : 다섯 글자씩 나누어 상괘와 하괘를 구한다. 열 글자의 수를 모두 더한 총수를 6으로 나누어 동효를 구한다.

❽ 열한 글자로 치는 십일자점十一字占 : 11자 이상부터 100자까지는, 모두 반으로 나누어 점을 친다. 글자의 수가 홀수일 경우, 글자가 적은 쪽으로 상괘를 구하고, 글자가 많은 쪽으로 하괘를 구한다. 양쪽 글자의 총수를 6으로 나눈 나머지로 동효를 구한다.

측자기괘법의 절차와 방법 (2)

이름으로 치는 성명점

성의 획수를 8로 나눈 나머지가 상괘가 되고, 이름의 총획을 8로 나눈 나머지가 하괘가 된다. 여기에 다시 성명의 총획을 6으로 나눈 나머지가 동효가 된다.

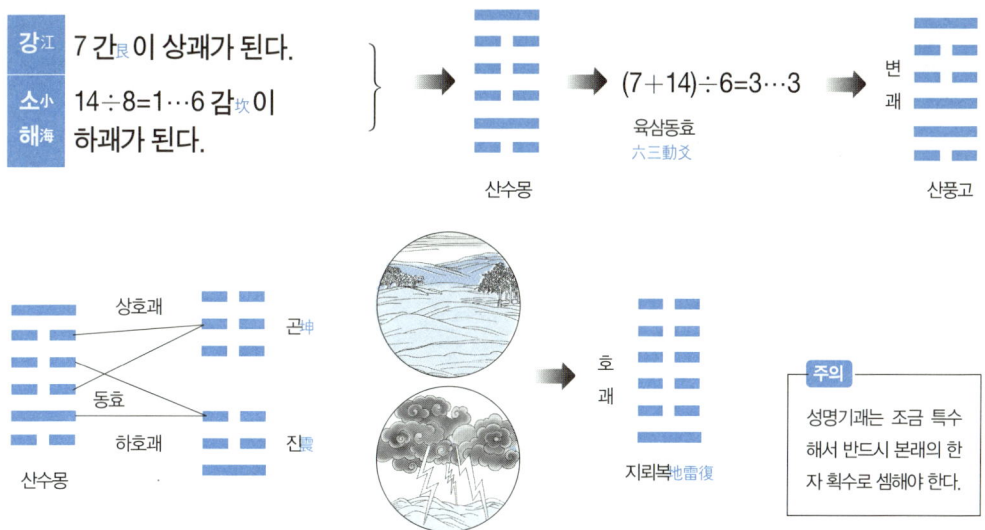

여러 글자로 치는 점

네 글자로 치는 사자점	다섯 글자로 치는 오자점	여섯 글자로 치는 육자점	일곱 글자로 치는 칠자점
두 글자씩 나누어 상괘와 하괘를 구하고 네 글자를 모두 더한 후 6으로 나눈 나머지로 동효를 구한다.	앞의 두 글자로 상괘를, 뒤의 세 글자로 하괘를 구하며, 다섯 글자의 수를 모두 더한 총수를 6으로 나누어 동효를 구한다.	세 글자씩 나누어 상괘와 하괘를 구한다. 여섯 글자의 수를 모두 더한 총수를 6으로 나누어 동효를 구한다.	앞의 세 글자로 상괘를, 뒤의 네 글자로 하괘를 구한다. 일곱 글자의 수를 모두 더한 총수를 6으로 나누어 동효를 구한다.

여덟 글자로 치는 팔자점	아홉 글자로 치는 구자점	열 글자로 치는 십자점	열한 글자로 치는 십일자점
네 글자씩 나누어 상괘와 하괘를 구한다. 여덟 글자의 수를 모두 더한 총수를 6으로 나누어 동효를 구한다.	앞의 네 글자로 상괘를, 뒤의 다섯 글자에서 하괘를 구한다. 아홉 글자의 수를 모두 더한 총수를 6으로 나누어 동효를 구한다.	다섯글자씩 나누어 상괘와 하괘를 구한다. 열 글자의 수를 모두 더한 총수를 6으로 나누어 동효를 구한다.	11자 이상부터 100자까지는, 모두 반으로 나누어 점을 친다. 글자의 수가 홀수일 경우, 글자가 적은 쪽을 근거로 상괘를 구하고, 글자가 많은 쪽을 근거로 하괘를 구한다. 양쪽 글자의 총수를 6으로 나눈 나머지로 동효를 구한다.

이장의 도해 圖解

만물 탄생의 근본 119
바르고 유순하다, 만물을 포용한다 121
사물이 만들어졌다, 근본을 튼튼히 해야 한다 123
가린 것을 제치고 지혜를 열다, 치우치지 않는 온화한 방법을 취해야 한다 125
이치에 따라 때를 기다린다 127
중용의 도를 지켜야 다툼에서 벗어난다 129
병기는 흉한 기물이라 용병에 신중해야 한다 131
올바른 지도자가 있어 화목하게 지낸다 133
조금씩 쌓아두는 이상적인 방법 135
실천과 실행 137
하늘과 땅이 교합하니 만물이 형통하다 139
천지가 가로막혀 성장이 어렵다 141
만민이 공평한 화합의 경지 143
수확이 풍성하다 145
한결같이 겸손을 유지한다 147
기쁘고 화락한 모습 149
따르고 어울린다 151
편안함이 오래되면 폐단이 생긴다 153
이끌어주고 다스린다 155
덕행을 베풀어 백성에게 추앙받는다 157
장애가 되는 요소를 제거한다 159
인간에게는 장식이 필요하다 161
소인이 득세하니 군자가 고달프다 163
회복하는 시기 165
가식이 없는 것이 하늘과 인간의 이치다 167
역량을 축적하여 크게 발전한다 169
키우고 기르는 방법 171
위대한 행동으로 이상을 실현하다 173
수많은 고난을 이겨내다 175
의탁할 것이 있어야 안전하다 177
자연스러운 감정의 교류 179

사람에게는 항구함이 중요하다 181
물러나는 것은 정당한 방법이다 183
발전의 최고 단계 185
발전과 승진 187
난국을 인식하고 능력을 숨긴다 189
가정이 편안하고 천하가 안정된다 191
만남과 헤어짐, 같음과 다름 193
고난을 이겨내는 방법 195
고난이 사라진다 197
떼어줄 때는 손실을 최소화해야 한다 199
정성껏 남을 돕는다 201
과감하게 제재한다 203
뜻밖의 만남 205
한곳에 모이니 풍족하다 207
승진과 상승 209
이러지도 저러지도 못하는 상황 211
현명한 사람을 등용한다 213
개혁을 단행한다 215
권력과 통치 217
진동하니 경계하라 219
멈추는 특성 221
천천히 나아간다 223
결혼은 번영의 근원 225
백성들을 풍족하게 한다 227
불안정한 상태 229
겸손해야 받아들여진다 231
즐거움을 찾는 건 인지상정이다 233
흩어질 징조가 보인다 235
스스로 절제하다 237
정성을 다하여 만물이 감동한다 239
조금 지나치다 241
완벽한 곳에 위기가 있다 243
성공의 가장자리 245

4

육십사괘

《역경》의 핵심은 육십사괘이며, 그 안에는 길吉, 흉凶, 회悔, 인吝이 모두 들어 있다. 하지만 세상에 절대적인 것은 없으며, 시간과 장소에 따라 변화가 발생하여, 길이 흉으로 혹은 흉이 길로 바뀔 수 있다. 이러한 의미에서 육십사괘는 역의 끝이 아니라 새로운 시작이다.

육십사괘	건괘乾卦
1	# 양이며 강하다, # 만물이 처음 생겨났다

건乾은 천天을 상징하며 굳세고 강하다. 때문에 건은 강건剛健의 의미가 있다.

괘의 의미

건괘는 순양純陽의 특징이 있다. 양기陽氣로 자연 만물을 만들기 때문에 형통亨通과 화합의 의미가 있다.

효의 의미

'初九'는 건乾의 처음에 위치하여, 신분이 낮고 힘도 미약하다. 힘을 기르고 능력을 쌓으면서 때를 기다려야 한다. 맹목적인 행동은 삼가야 한다. '九二'는 땅地의 중앙에 위치하며(이효二爻는 삼재三才 중의 지도地道에 속한다) '양강陽剛'이 점차 증가하여 두각을 드러낸다. 위대한 인물을 만나면 이롭다. '九三'은 몇 개의 陽剛이 겹쳐 있으며 '不中이다. 위로는 하늘九五에 도달하지 못하고 아래로 땅九二에 서지 못한다. 때문에 늘 노력하고 조심해야만 화를 면할 수 있다. '九四'는 몇 개의 陽剛이 겹쳐 있고 不中이며 不正이다. 그 위치가 하늘에 속하지 않고, 땅에 속하지 않으며, 사람九三에게도 속하지 않는다. 용 한 마리가 깊은 연못에서 뛰어오르는 것과 같다. 상황을 면밀히 관찰하고 기회가 왔을 때 행동하면 재난을 면한다. '九五'는 陽剛이며 '得中'이고 '得正'이다. 본 괘의 '卦主'다. 거대한 용이 하늘로 날아올라 아름다움을 드러내는 형상이다. 성인의 덕이 온 세상에 가득하여 만물이 우러러보는 것과 같다. '上九'는 여섯 양효의 맨 위에 위치하며, '양이 극에 달하면 음으로 변한다陽極生陰'는 특징이 있다. 거대한 용이 하늘 끝까지 날아가 좌절하고 후회하게 된다. 움직임에 신중해야 한다. '용구用九'는 한 무리의 거대한 용들이 출현했지만, 아무도 우두머리가 되려 하지 않아서 길吉하다. 사람은 늘 겸손하고 삼가야 한다. 강하고 지위가 높을 수록 자세를 낮춰야 한다.

괘에 대한 설명

'陽剛'과 '剛健'은 우주 만물의 근원으로 쉼 없이 운행하고 변화한다. 또한 자연을 통제하고 주관한다. 사람들은 '천'의 剛健을 본받아 인의仁義를 베풀고 예를 지키며 올바르게 행동해야 한다. 이 괘는 陽剛의 발생부터 소멸까지의 변화 규율을 보여주고 있다. 자신의 위치를 파악하여 겸손하고 삼가야 한다.

만물 탄생의 근본

건은 《역경》 육십사괘의 처음이며 하늘을 상징한다. 양이며 강하고 굳세다. 양기로 만물을 만들었기 때문에 형통과 화합의 의미가 있다.

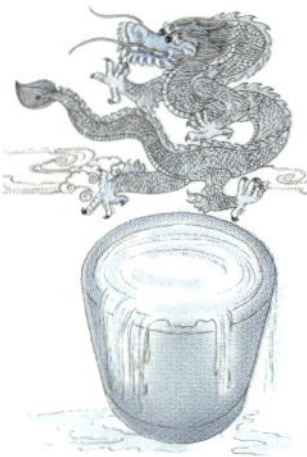

'상구'는 양이 극에 도달하면 음으로 변하듯이, 용이 하늘 끝까지 날아가니 좌절하고 후회하게 된다. 움직임에 신중해야 한다.

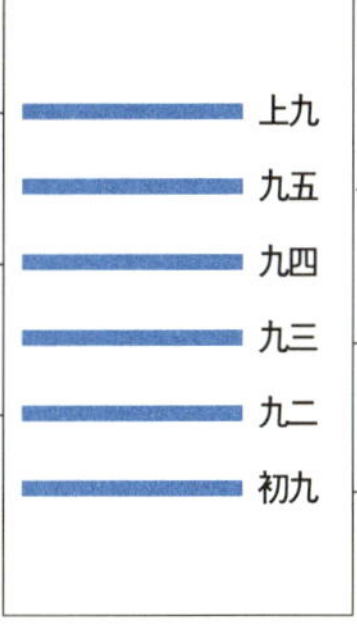

'구오'는 양강이며 득중이고 득정이다. 구오는 본 괘의 괘주이다. 거대한 용이 하늘 위로 날아오른 것처럼, 성인의 덕이 세상에 가득하여 만물이 우러러본다.

'구사'는 용 한 마리가 깊은 연못에서 뛰어오르는 것과 같다. 상황을 면밀히 관찰하고 기회가 왔을 때 행동하면 재난이 생기지 않는다.

'구삼'은 양강이 득정이나 부중이다. 늘 노력하고 경계해야 화를 면할 수 있다.

'구이'는 땅의 중앙에 위치하며, 양강이 점차 증가하여 두각을 드러낸다. 위대한 인물을 만나면 이롭다.

'초구'는 건의 처음에 위치하여, 신분이 낮고 힘도 미약하다. 힘을 기르고 능력을 쌓으면서 때를 기다려야 한다. "물에 잠긴 용은 드러내지 말아야 한다潛龍勿用."

주의

'용구'는 건괘에서 단독으로 존재하는 판단어判斷語다. 모든 효가 '노양'이면 반드시 음으로 변하는데, 이때 초효부터 변화가 시작된다. 각 효의 변화를 관찰하고 적절하게 운용하며 변화에 끌려다니지 않아야 구九를 부릴 수 있다. 한 무리의 거대한 용들이 출현했지만, 아무도 우두머리가 되려 하지 않아 평등하고 화합하니 크게 길하다.

인의를 베풀고 예를 지키며 올바르게 행동해야 한다. 자신의 위치를 파악하여 겸손하고 삼가며, 지위가 높을수록 자세를 낮춰야 한다.

| 육십사괘 | 곤괘 坤卦
| 2 |

부드럽지만 강하다, 후덕하여 포용한다

곤坤은 땅이며 유순柔順함이 특징이다. 또한 후덕厚德하여 만물을 포용한다.

괘의 의미

곤坤은 땅을 형상하며 순順의 의미가 있다. 암말처럼 정절을 지켜 천天과 짝을 이룬다면 형통할 수 있다. 땅은 하늘을 받들고, 음은 양을 주인으로 모신다. 곤의 특징은 '柔順함'과 '겸손함居後'이다. 윗자리를 다투면 반드시 실패하고, 정절을 지키며 주인을 따르면 반드시 이롭다. 과정이 올바르면 도움을 얻고 과정이 잘못되면 도움을 잃는다. 순리대로 하고 정도를 지키면 길하다.

효의 의미

'初六'은 여섯 음효 중 가장 아래에 위치한다. 음기가 처음 응결되어 쌓이는데, 이것으로 겨울이 다가옴을 예측할 수 있다. 미세한 징조로 앞날을 예견할 수 있다. '六二'는 柔順하며 得中이고 得正이다. 곤덕坤德이 많아 정직하고 단정하여 쉽게 성공한다. '六三'은 失正이라 어려움이 많다. 신하의 직분을 충실히 수행하면 성공하지 못해도 좋은 결과를 맺는다. '六四'는 不中하여 이로운 위치는 아니다. 하지만 得正이기 때문에 겸손하고 신중한 형상이다. 삼가고 언행을 조심하면 칭송을 받지는 못해도 재난은 피할 수 있다. '六五'는 본 괘의 卦主이며 柔爻가 得中이다. 尊位에 있지만 겸손하기 때문에 매우 길하다. '上六'은 곤의 정점에 위치하여 음기가 매우 왕성하다. 음이 극에 달하면 양으로 바뀌는데, 이때 두 기氣가 어우러지는 것이 마치 두 마리 용이 들판에서 청황색靑黃色 피를 흘리며 싸우는 것과 같다. 음이 극에 도달하여 매우 위태롭다. '용육用六'은 육효가 모두 음인 경우를 지칭한다. 음이 극에 달하면 양으로 변하기 때문에, 유하면서도 강하다. 오랫동안 정절을 지켜야 이롭다.

본 괘에 대한 설명

지地는 순정純正과 柔順함, 진중鎭重과 겸손謙遜의 특징이 있다. 부드러움柔을 잘 활용하면 흉凶을 길吉로 바꿀 수 있다. '음'과 '양'은 서로 대립하면서 도움을 준다. 음은 순종적이고 부차적인 역할을 한다. 하늘은 만물을 만들고 땅은 생명을 완성한다. 양과 음은 비록 주종 관계이지만, 한 쌍을 이루어야 만물 발전의 원천이 된다.

• 바르고 유순하다, 만물을 포용한다

암말처럼 정절을 지켜 천과 짝을 이룬다면, 만물을 만들어 형통할 수 있다. 곤의 특징은 '유순함'과 '겸손함'이다. 윗자리를 다투면 반드시 실패하고, 주인을 따르면 반드시 이롭다.

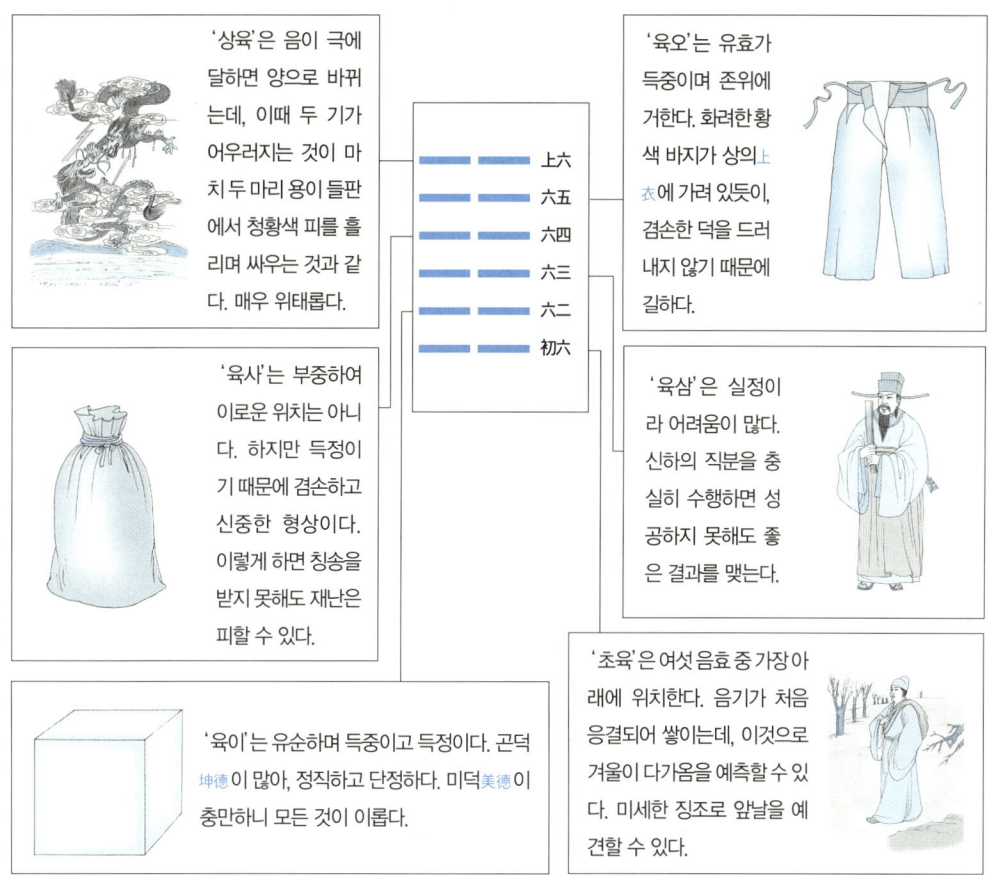

'상육'은 음이 극에 달하면 양으로 바뀌는데, 이때 두 기가 어우러지는 것이 마치 두 마리 용이 들판에서 청황색 피를 흘리며 싸우는 것과 같다. 매우 위태롭다.

上六
六五
六四
六三
六二
初六

'육오'는 유효가 득중이며 존위에 거한다. 화려한 황색 바지가 상의上衣에 가려 있듯이, 겸손한 덕을 드러내지 않기 때문에 길하다.

'육사'는 부중하여 이로운 위치는 아니다. 하지만 득정이기 때문에 겸손하고 신중한 형상이다. 이렇게 하면 칭송을 받지 못해도 재난은 피할 수 있다.

'육삼'은 실정이라 어려움이 많다. 신하의 직분을 충실히 수행하면 성공하지 못해도 좋은 결과를 맺는다.

'육이'는 유순하며 득중이고 득정이다. 곤덕坤德이 많아, 정직하고 단정하다. 미덕美德이 충만하니 모든 것이 이롭다.

'초육'은 여섯 음효 중 가장 아래에 위치한다. 음기가 처음 응결되어 쌓이는데, 이것으로 겨울이 다가옴을 예측할 수 있다. 미세한 징조로 앞날을 예견할 수 있다.

주의

건괘의 '용구'처럼, 곤괘에도 '용육'이 있는데, 이는 육효가 모두 양효로 변함을 나타낸다. 이는 곤괘 육효의 변화 법칙을 잘 활용하여 변화에 구속되지 말라는 의미다. 그러나 '용구'는 양강을 잘 활용하기 위한 것이지만, '용육'은 음유陰柔를 활용하여 천에 순종하는 역할을 강조한다. 때문에 곤괘 '용육'은 정절을 지켜야 이롭다.

'지地'는 순정과 유순함, 진중함과 겸손의 특징이 있다. 부드러움을 잘 활용하면 흉을 길로 바꿀 수 있다. '음'과 '양'은 서로 대립하면서 도움을 준다. 음양의 관계 속에서 음은 순종적이고 부차적인 역할을 한다. 때문에 '천'은 만물을 만들고 '지'는 생명을 완성한다. 양과 음은 비록 주종 관계이지만, 한 쌍을 이루어야 만물 발전의 원천이 된다.

육십사괘 3

둔괘 屯卦

창조의 처음 단계, 어려움이 가득하다

둔괘는 진震이 하괘이고 감坎이 상괘다. 둔屯은 사물이 처음 탄생함을 상징한다. 씨앗이 흙을 뚫고 싹을 낼 때 어려움이 많다. 이 때문에 '어렵다'라는 의미가 있다.

괘의 의미

사물이 처음 만들어졌을 때는 근본이 튼튼해야 하므로 정도를 지켜야 한다. 이때는 어려움이 많아 경거망동해서는 안 된다. 또한 이 시기는 왕이 큰 공을 세우는 때이기도 하다. 신념을 가지고 진취적으로 행동하며, 먼저 기존의 것들을 정비한 후에 발전을 도모해야 한다. 무사안일에 빠지면 안 된다.

효의 의미

'初九'는 본 괘의 卦主다. 세 개의 음효가 위에 있어서 움직이면 문제가 생겨 앞으로 나갈 수 없다. 망설이고 지체하는 형상이다. 그러나 得正이며 마음과 행실이 단정하다. 또 陽剛이며 크게 민심을 얻기 때문에 군자君子의 형상도 가지고 있다. 나라를 세우고 관작官爵을 얻는 것도 가능하니, 우선 안정을 추구한 후에 발전을 도모해야 한다. 정도正道를 지키며 드러나지 않는 것이 이롭다. '六二'는 陰柔이고 得中이며 得正이다. 위로 九五와 호응한다. 九五가 말을 타고 오지만, 六三과 六四에 막혀 혼사가 성립되기 어렵다. 정도를 지키며 때를 기다리는 것이 이롭다. '六三'은 失正이며 不中하여 급하게 내달린다. 안내자 없이 무작정 숲으로 들어가는 것과 같아 아무 소득이 없다. 군자는 이러한 상황이 닥치면 바로 중지하는 것이 좋다. '六四'는 得正이다. 공경公卿처럼 존귀하여 윗사람이 아랫사람을 찾고 강剛으로 유柔를 구하는 형국이다. '어려움屯難'을 타파하는 데 이롭고 앞날이 길하다. '九五'는 陽剛이며 得中이고 得正이다. 尊位에 거하며 하괘의 六二와 호응한다. 때문에 처음의 어려움을 극복하고 아랫사람에게 은혜를 베푼다. 비천하고 유약한 자가 정도를 지키고 때를 만나면 반드시 길하다. 높은 자리에 있는 자는 행동을 조심하여 재앙을 피해야 한다. '上六'은 어려움의 정점에 위치한다. 처음의 어려움을 타개하고 새로운 단계로 접어들었으나 변화에 어두워 여전히 '어려움'에 사로잡혀 있다. 하지만 어려움이 극에 달하면 해결책이 생기므로, 상심은 오래가지 않을 것이다.

괘에 대한 설명

처음에는 고난이 많지만, 발전의 법칙을 이해한다면 미래가 밝을 것이다. 신념을 가지고 널리 의견을 수렴하며 적합한 방법으로 실행해야 한다. 또한 차근히 일을 진행해야 한다.

• 사물이 만들어졌다, 근본을 튼튼히 해야 한다

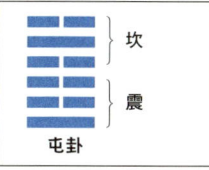

둔은 사물이 처음 탄생함을 상징한다. 씨앗이 흙을 뚫고 싹을 낼 때 어려움이 많기 때문에 '어렵다'는 의미가 있다. 사물이 처음 만들어졌을 때는 근본이 튼튼해야 하며 함부로 행동해서는 안 된다. 하지만 이 시기는 왕이 큰 공을 세우는 때이기도 하다. 때문에 신념을 가지고 진취적으로 행동해야 한다. 무사안일에 빠지면 안 된다.

'초구'는 움직이면 문제가 생긴다. 정도를 지키며 드러나지 않는 것이 이롭다.

'육이'는 음유이고 득중이며 득정이다. 구오가 말을 타고 구혼하러 오지만 가로막는 것이 있다. 10년 동안 기다리면 좋은 인연을 만날 수 있다.

'육삼'은 실정이며 부중이다. 안내자 없이 무작정 숲으로 들어가는 것과 같다. 아무 소득이 없다. 이러한 상황이 닥치면 바로 중지하는 것이 좋다. 계속 진행한다면 반드시 재난을 당한다.

'육사'는 득중이며 초구와 호응한다. 윗사람이 아랫사람을 찾고 강함이 유함을 구하는 형국이다. '어려움'을 타파하는 데 이롭다. 앞날이 길하다.

'구오'는 득중이고 득정이다. 존위에 거하며 아랫사람에게 은혜를 베풀면 처음의 고난을 극복할 수 있다.

'상육'은 어려움이 극에 달해 해결의 실마리가 보이지만 변화에 어두워 여전히 '어려움'에 사로잡혀 슬픔이 일어나고 눈물이 흐른다. 하지만 상심은 오래가지 않을 것이다.

시작은 고난이 많지만, 발전의 법칙을 이해한다면 미래가 밝을 것이다. 일을 처음 시작할 때는, 신념을 가지고 널리 의견을 수렴하며 적합한 방법을 선택해서 실행해야 한다. 또한 급하게 이루려고 하지 말고 차근차근 일을 진행해야 한다.

육십사괘 4

몽괘 蒙卦

가린 것을 제치고 지혜를 열다, 스승을 따르고 학자를 공경한다

몽蒙은 감坎이 하괘이고 간艮이 상괘다. 간은 산이고 감은 샘이며, 산 아래에서 샘물이 나온다는 의미다. 샘물이 산에서 흐르는 것은 어리석음이 사라지는 것과 같다. 몽은 어리석음이며 무지몽매함이다.

괘의 의미

발전의 처음 단계는 어둡고 어리석음이 있다. 이때 일깨워주면 형통할 수 있기 때문에 교육에 힘써야 한다. 배울 때는 스승과 학자를 존경해야 하며, 순수하고 간절한 마음이 필요하다.

효의 의미

'初六'은 어리석기 때문에 교육이 필요하다. 교육을 할 때는 모범을 세워야 인품이 바르게 되고 과오를 면할 수 있다. 학생은 배움에만 전념해야 하며, 빨리 출세하기를 바란다면 훗날 고난이 닥쳐 후회하게 된다. '九二'는 본 괘의 卦主이고 陽剛하며 得中이다. 여러 음에게 추대되니, 스승이 여러 학생들을 가르치면서 포용하는 것과 같다. 길하다. 또 六五와 호응하는데, 九二는 양이며 남편에 해당하고, 六五는 음이며 부인에 해당한다. 남편이 포용할 수 있으니 부인을 얻어 길하다. 九二는 剛健하고 굳건하며 포용할 수도 있어 가정이 흥하게 된다. '六三'은 陰柔이며 失正이고, 陽剛인 九二를 무시한다. 돈 많은 남자를 보면 자신의 본분을 망각한다. 이런 여자를 얻으면 좋은 결과가 있을 수 없다. '六四'는 得正이지만 스승인 九二와 멀리 떨어져 있어 무지함으로 인해 후회한다. '六五'는 陰柔이며 得中이고 尊位에 거한다. 위의 上九와 가깝고 스승인 九二와 호응한다. 어린아이가 겸손하게 가르침을 구하는 것과 같아 길하다. '上九'는 不中이다. 陽剛이 극에 달하여, 스승이 높은 자리에서 엄하게 아이들을 가르치는 것과 같다. 사람을 가르칠 때는 적당히 엄격해야 하지만, 지나치게 통제해서는 안 된다. 가르치고 인도하는 것은 순서대로 차근차근 해야 한다.

괘에 대한 설명

본 괘는 계몽과 교육을 강조하고, 스승과 학자를 존경해야 한다고 주장한다. 교육하여 일깨워주는 과정은 기나긴 여정이다. 스승은 학생들을 포용하고 차별이 없어야 한다. 굳건한 신념을 가지고 시종일관 치우치지 않으며 온화하게 교육해야 한다.

→ 가린 것을 제치고 지혜를 열다. 치우치지 않는 온화한 방법을 취해야 한다

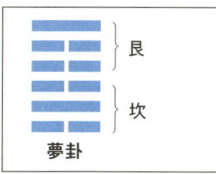

간은 산이고 감은 샘이며, 산 아래에서 샘물이 나온다는 의미. 샘물이 산에서 흐르는 것은 어리석음이 사라지는 것과 같다. 또한 산 아래에는 험난한 곳이 많다. 험난한 곳을 만나면 나아가지 못하고 멈추기 때문에 어리석고 밝지 못하게 된다. 발전의 처음 단계는 어둡고 어리석음이 있다. 이때, 교육에 힘써야 한다.

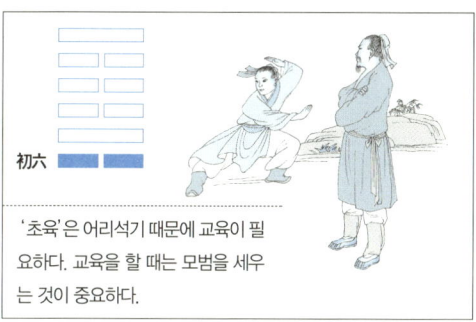

'초육'은 어리석기 때문에 교육이 필요하다. 교육을 할 때는 모범을 세우는 것이 중요하다.

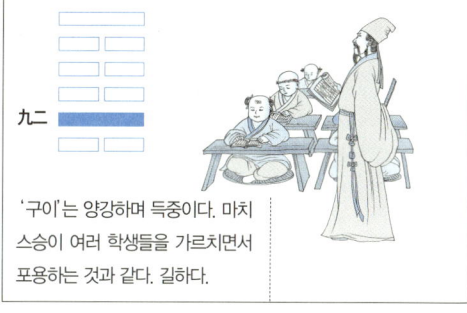

'구이'는 양강하며 득중이다. 마치 스승이 여러 학생들을 가르치면서 포용하는 것과 같다. 길하다.

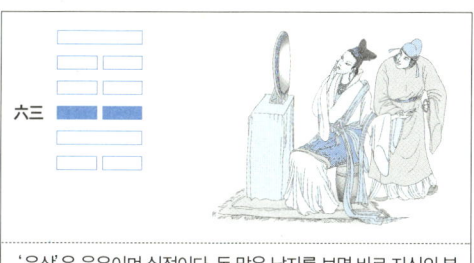

'육삼'은 음유이며 실정이다. 돈 많은 남자를 보면 바로 자신의 본분을 망각한다. 이런 여자를 얻으면 좋은 결과가 있을 수 없다.

'육사'는 득정이지만 스승인 구이와 멀리 떨어져 있어 무지함으로 인해 후회한다.

'육오'는 음유이며 득중이고 존위에 거한다. 위의 상구와 가까이하고, 하괘에 있는 스승 구이와 호응한다. 어린아이가 겸손하게 가르침을 구하는 것과 같아 길하다.

'상구'는 부중이다. 양강이 극에 달하여 스승이 엄하게 아이들을 가르치는 것과 같다. 가르칠 때 지나치게 통제하거나 무섭게 해서는 안 된다.

본 괘에서는 계몽과 교육을 강조하고, 스승과 학자를 존경해야 한다고 주장한다. 교육하여 일깨워주는 과정은 기나긴 여정이다. 이때 끊임없이 일깨우고 적절히 지도하며, 단계에 맞춰 차근차근 교육해야 한다. 또한 스승은 학생들을 포용하고 차별이 없어야 한다. 굳건한 신념을 가지고 시종일관 치우치지 않으며 온화하게 교육해야 한다.

육십사괘

5 수괘 需卦

인내하고 기다리며 정도를 지킨다

수괘는 건乾이 하괘이며 감坎이 상괘다. 건은 하늘이고 감은 구름이다. 구름이 하늘에 모여 때를 기다렸다가 비로 내리는 것을 수需라고 한다. 그래서 수는 기다림을 상징한다.

괘의 의미

사물이 성장할 때는 인내하며 기다려야 한다. 정성된 마음으로 정도를 따르면 반드시 역경을 극복하고 형통하게 된다.

효의 의미

'初九'는 험난함에서 멀리 떨어져 있어, 마치 교외에서 기다리고 있는 것과 같다. 신분은 낮고 신체는 건강하니 경거망동하지 않으면 재난은 없을 것이다. '九二'는 失正이다. 비록 험난함에는 도달하지 않았지만, 물이 모래에서 흩어지듯 말로 상처를 받을 수 있다. 그러나 陽剛이 가운데에 위치하여, 조용히 기다리는 형상이 있기 때문에 길하다. '九三'은 험난함에 직면하여 마치 흙탕물에 빠진 것과 같다. 陽剛이며 得正이기 때문에, 억세고 조급하여 재난을 초래할 수 있다. 삼가고 조심해야만 피해를 면할 수 있다. '六四'는 상괘인 감坎의 하단에 위치한다. 상처를 입고 피를 흘리며 기다리는 모습이다. 그러나 陰柔이며 得正이고 하괘의 初九와 호응하기 때문에 기회를 틈타 역경에서 벗어날 수 있다. '九五'는 본 괘의 卦主다. 得中이고 得正이며 尊位에 거한다. 시기가 무르익기를 기다리면 좋은 기회가 찾아온다. 마치 음식을 차려놓고 기다리는 것과 같다. 하지만 순정純正해야 길하다. '上六'은 더 이상 기다리지 못하고 서두르다 함정에 빠졌다. 그러나 九三과 호응하여 수가 정점에 도달할 때, 九三이 初九, 九二와 함께 역경을 이겨내고 上六을 돕는다. 九三, 初九, 九二를 진심으로 대한다면 곤경에서 벗어나 길하게 된다.

괘에 대한 설명

때를 기다리는 방법을 설명하고 있다. 사람은 자신이 원하는 것을 적극적으로 찾아 나서야 하지만, 한편으로 때를 기다릴 줄도 알아야 한다. 모든 일은 순리에 맞게 때를 기다려야 하며, 함부로 행동하지 말아야 한다. 기다림을 이해한다면 역경을 만나도 이겨낼 수 있다. 기다림의 관건은 삼가고 조심하는 것이다.

이치에 따라 때를 기다린다

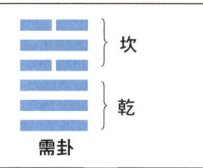

건은 하늘이고 감은 구름이다. 구름이 하늘에 모여 때를 기다렸다가 비로 내리는 것을 '수'라고 한다. 그래서 수는 기다림을 상징한다.

'초구'는 험난함에서 멀리 떨어져 있어, 마치 교외에서 기다리고 있는 것과 같다. 경거망동하지 않으면 재난은 없을 것이다.

'구이'는 실정이다. 비록 험난함에 도달하지는 않았지만, 물이 모래에서 흩어지듯 말로 상처를 받는다. 그러나 조용히 기다리는 형상이 있기 때문에 길하다.

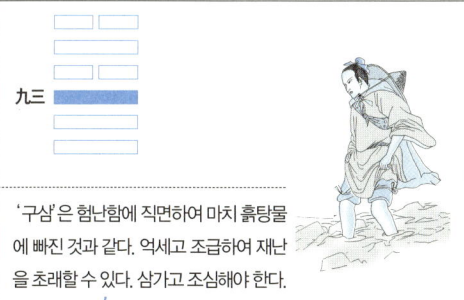

'구삼'은 험난함에 직면하여 마치 흙탕물에 빠진 것과 같다. 억세고 조급하여 재난을 초래할 수 있다. 삼가고 조심해야 한다.

'육사'는 감의 하단에 위치한다. 상처를 입고 피를 흘리며 기다리는 모습이다. 그러나 음유이며 득중이고 하괘의 초구와 호응하기 때문에 기회를 틈타 역경에서 벗어날 수 있다.

'구오'는 득중이고 득정이다. 시기가 무르익기를 기다리면 좋은 기회가 찾아온다. 마치 음식을 차려놓고 기다리는 것과 같다. 하지만 순정해야 길하다.

'상육'은 더 이상 기다리지 못하고 서두르다가 함정에 빠졌다. 그러나 구삼과 호응하기 때문에 구삼, 초구, 구이를 진심으로 대하면 곤경에서 벗어날 수 있다.

모든 일은 순리에 맞게 때를 기다려야 하며, 함부로 행동하지 말아야 한다. 기다림을 이해한다면 역경을 만나도 이겨낼 수 있다. 어떤 일이든 간절한 마음으로 기다린다면 좋은 결과를 얻을 수 있다. 그러나 때가 되지 않은 일은 성사되기 힘들다. 기다림의 관건은 삼가고 조심하는 것이다.

육십사괘 6 송괘訟卦

소송을 멈추고 다툼을 그쳐라, 중립을 지키고 치우치지 마라

송괘는 감坎이 하괘이고 건乾이 상괘로, 수괘需卦와 상반된다. 건은 하늘이며 감은 물이다. 하늘은 서쪽으로 돌고 물은 동쪽으로 흐르니 서로 등지고 가는 것이다. 사람들이 서로 불화하여 분쟁이 있는 것과 같다. 송訟은 '논쟁하다', '소송하다'라는 의미이며 '다툼'을 상징한다.

괘의 의미

화합하지 못할 때 소송이 일어난다. 논쟁을 할 때는 신중해야 하며 중립을 지켜야 길하다. 끝까지 다툰다면 위험하다. 소송이 일어나면 덕망 있고 능력 있는 사람을 찾아가 판결을 부탁해야 한다. 위험을 무릅쓰지 말아야 한다.

효의 의미

'初六'은 九四와 호응한다. 九四는 승부욕이 강해 말로 初六에 상처를 준다. 그러나 初六은 유연하게 물러나, 분쟁에 휘말리지 않으므로 길하다. '九二'와 九五는 모두 양이기 때문에 서로 호응하지 않고 다툰다. 九二는 하下고 九五는 상上이니 다투는 것은 이롭지 않다. 그러나 九二는 陽剛이며 得中이라 중도를 지키고 송사訟事를 판단할 수 있다. 이롭지 않을 때는 재빠르게 피하기 때문에 재난을 면할 수 있다. '六三'은 陰柔이며 失正이라 이기려 하지 말아야 한다. 조상이 물려준 사업과 덕망을 보존하며 정도를 지켜야 길하다. 上九와 호응하여 군왕을 보좌할 수는 있으나 특별한 성공을 거두지는 못한다. '九四'는 陽剛으로 억센 성격이 있어 소송할 수 있다. 初六과 호응하여 서로 침범하여 다툰다. 그러나 옳고 그름을 판단하여 물러날 수 있다. 또 九四는 양이지만 음의 자리에 있어 剛柔를 겸비하기 때문에 물러나는 형상이 있다. 순리에 따르고 안분지족하면 길하게 된다. '九五'는 본 괘의 卦主다. 陽剛으로 得中이고 得正이며 尊位에 거한다. 군자가 소송을 맡아 옳고 그름을 판단하는 형상이다. 다툼에 대해 공정한 판단을 내리니 크게 길하고 이롭다. '上九'는 소송이 끊이지 않는다. 소송에 이겨 재물을 얻어도 하루에도 몇 번이고 회수하게 된다. "소송은 끝까지 가지 말아야 하며, 봉록을 다투지 말아야 한다訟不可極, 祿不可爭"는 말을 명심해야 한다.

괘에 대한 설명

일을 하다 보면 불가피하게 소송이 발생하게 된다. 이때, 소송을 멈춰 분쟁을 피하라는 것이 핵심이다. 먼저 사리를 파악하고 절차를 준수하여 다툼을 예방해야 한다. 다툼이 생기면 중립을 지켜야 길하다.

중용의 도를 지켜야 다툼에서 벗어난다

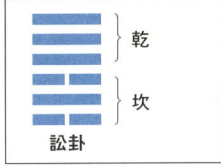

건은 하늘이며 감은 물이다. 하늘은 서쪽으로 돌고 물은 동쪽으로 흐르니 서로 등지고 가는 것이다. 사람들이 서로 불화하여 분쟁이 있는 것과 같다. 송은 '논쟁하다', '소송하다'라는 의미이며 '다툼'을 상징한다. 화합하지 못할 때 소송이 일어난다. 이럴 때는 반드시 후덕하고 능력 있는 사람을 찾아가 판결을 부탁해야 한다. 이기려고 위험을 무릅쓰지 말아야 한다.

'초육'은 상괘의 구사와 호응한다. 구사는 승부욕이 강해 말로 초육에 상처를 준다. 그러나 초육은 유연하게 물러날 수 있어 길하다.

'구이'와 구오는 모두 양이기 때문에 호응하지 않고 다툰다. 상하가 다투는 것은 이롭지 않다. 구이는 양강이며 가운데 위치하여, 이롭지 않을 때는 재빠르게 피하기 때문에 재난을 면할 수 있다.

'육삼'은 음유이며 실정이라서 조상이 물려준 사업을 보존하며 정도를 지켜야 길하다. 상구와 호응하여 군왕을 보좌할 수는 있으나 특별한 성공을 거두지는 못한다.

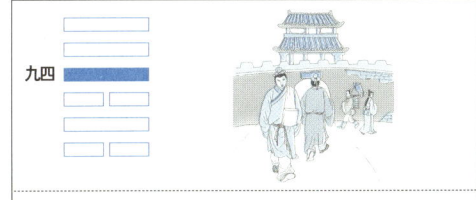

'구사'는 양강으로 억센 성격이 있어 소송할 수 있다. 초육과 호응하여 서로 침범하여 다툰다. 그러나 옳고 그름을 판단하여 물러날 수 있다. 안분지족하니 결국 길하게 된다.

'구오'는 양강으로 득중이고 득정이다. 군자가 소송을 맡아 옳고 그름을 판단하는 형상이다. 다툼에 대해 공정한 판단을 내리니 크게 길하고 이롭다.

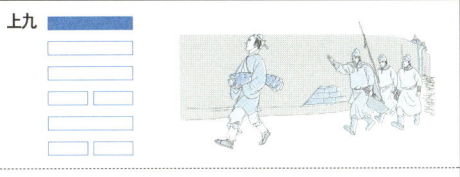

'상구'는 소송이 끊이지 않는다. 설사 소송에 이겨 많은 재물을 얻어도, 하루 에도 몇 번이고 회수하게 된다. "소송은 끝까지 가지 말아야 하며, 봉록을 다투지 말아야 한다"는 말을 명심해야 한다.

일을 하다 보면 불가피하게 소송이 발생하게 된다. 모든 일은 먼저 사리를 파악하고 절차를 준수하여 다툼을 예방해야 한다. 다툼이 생기면 중립을 지켜야 하며, 위험을 무릅쓰고 끝까지 가면 위험하다. 모든 일은 '처음'을 신중히 하고 '근본'을 다스리며 늘 만족하고 기뻐해야 한다. 끝까지 승부에 집착한다면 좋은 결과를 얻지 못한다.

육십사괘	사괘 師卦
7	# 병력을 통솔하니 기강을 엄정히 하라

사괘는 감坎이 하괘이며 곤坤이 상괘다. 곤은 땅이고 감은 물이니 땅에 물이 있는 것이다. 땅에 물보다 많은 것은 없다. 사師라는 것은 병사가 많다는 말이다.

괘의 의미

용병술의 전제조건은 '올바름正'이다. '올바름'을 행하는 군대만이 천하를 정벌하고 백성을 복종시킬 수 있다. 신중하고 노련한 장수를 뽑아 병사를 통솔하게 하면 길하다.

효의 의미

'初六'은 失正이다. 많은 병사가 처음 출전하는 형상이니, 반드시 규율을 엄하게 해야 한다. 그렇지 않을 경우 흉하다. 규율이 엄하지 않으면 잠시 승리한다 해도 그것이 재난이 된다. '九二'는 본 괘의 卦主다. 陽剛이며 得中이다. 상하의 음이 모두 순順하여, 군대가 통솔되는 형상이다. 많은 병사를 통솔할 때, 중도를 지키고 치우치지 않으니 길하다. 또한 군왕인 六五와 호응하여, 총애를 받고 중책을 맡는다. '六三'은 不中이고 不正이며, 상괘에 호응하는 양효가 없고, 아래의 陽剛을 무시하고 있다. 통솔력도 없고 고집불통이어서, 전진해도 호응을 얻지 못하고 퇴각해도 지키지 못한다. 이런 용병술은 위태롭다. '六四'는 하괘에 호응하는 것이 없어 움직일 수 없다. 그러나 柔順하여 得正이니, 불리할 경우 빨리 안전한 곳으로 물러나서 때를 기다렸다가 전진한다. 이렇게 하면 재난이 발생하지 않는다. '六五'는 得中하고 군왕의 자리에 있지만, 본래 유柔하여 무력을 남용하지 않는다. 공격해 올 때만 반격하기 때문에 특별한 재난이 없다. 六五는 친히 병력을 통솔할 수 없어 타인에게 맡긴다. 비록 강하고 올바른 사람에게 통솔을 맡긴다 해도 소인들을 뒤따르게 하면 반드시 대패한다. '上六'은 귀환하여 승리를 아뢴다. 군왕은 상으로 보답한다. 큰 공을 세우면 제후로 봉하고, 그다음 공을 세우면 대부가 된다. 소인에게는 중책을 맡길 수 없다.

괘에 대한 설명

군자는 널리 백성을 포용하고 많은 사람을 모아야 한다. 또한 백성이 군대의 근본임을 깨닫고 용병用兵에 신중해야 한다. 지휘권은 반드시 한 사람에게 일임一任하며, 재덕才德을 겸비한 사람을 장수로 선발해야 한다. 병사를 통솔할 때는 반드시 중도를 지키고 치우치지 않아야 길하다.

병기는 흉한 기물이라 용병에 신중해야 한다

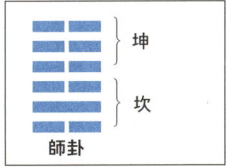

곤은 땅이고 간은 물이니 땅에 물이 있는 것이다. 땅에 물보다 많은 것은 없다. 사라는 것은 병사가 많다는 말이다. '올바름'을 행하는 군대만이 천하를 정벌하고 백성을 복종시킬 수 있다. 용병술의 관건은 장수를 선발하는 데 있다. 신중하고 노련한 장수를 뽑아 병사를 통솔하게 하면 길하다.

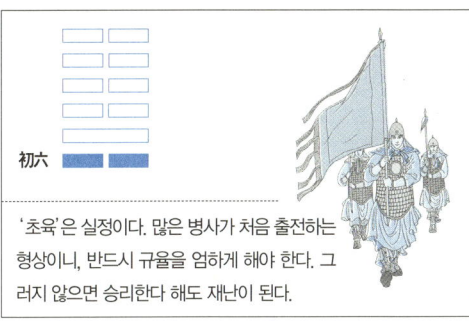

'초육'은 실정이다. 많은 병사가 처음 출전하는 형상이니, 반드시 규율을 엄하게 해야 한다. 그러지 않으면 승리한다 해도 재난이 된다.

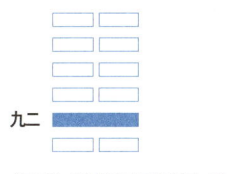

'구이'는 양강이며 득중이다. 중도를 지키고 치우치지 않으니 길하다. 군왕인 육오와 호응하여, 육오의 총애를 받아 중책을 맡는다.

'육삼'은 부중이고 부정이다. 통솔력도 없고 고집불통이어서, 전진해도 호응을 얻지 못하고 퇴각해도 지키지 못한다. 이런 용병술은 당연히 위태롭다.

'육사'는 하괘에 호응하는 것이 없다. 그러나 육사는 유순하여 득정이니, 불리할 경우 빨리 안전한 곳으로 물러나서 때를 기다렸다가 전진한다. 이렇게 하면 재난이 발생하지 않는다.

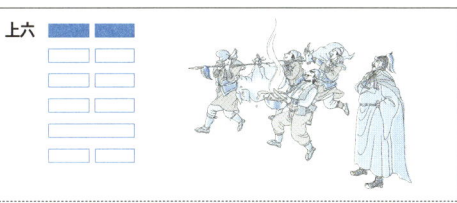

'육오'는 군왕의 자리에 있지만, 본래 유하여 적이 공격해 올 때만 반격한다. 비록 강하고 올바른 사람에게 통솔을 맡긴다 해도 소인들을 뒤따르게 하면 반드시 대패한다. 설사 동기가 순정하다 해도 위태로움을 면할 수 없다.

'상육'은 귀환하여 승리를 아뢴다. 군왕은 상으로 보답한다. 큰 공을 세우면 제후로 봉하고, 그다음 공을 세우면 대부가 된다. 소인에게는 중책을 맡길 수 없다.

군자는 널리 백성을 포용하고 많은 사람을 모아야 한다. 또한 백성이 군대의 근본임을 깨닫고 용병에 신중해야 한다. 지휘권은 반드시 한 사람에게 일임하며 재덕을 겸비한 사람을 장수로 선발해야 한다. 병사를 통솔할 때는 반드시 중도를 지키고 치우치지 않아야 길하다. 용병술의 원칙은 규율을 엄격하게 하는 것이다. 병기는 원래 흉한 기물이라 본 괘는 흉(凶)이 많고 길(吉)이 적다.

육십사괘	비괘比卦
8	# 서로 아끼고 돕는다, 사욕 없이 공평하다

비괘와 사괘師卦는 서로 종괘綜卦의 관계다. 비괘는 곤坤이 하괘이며 감坎이 상괘다. 곤은 땅이며 감은 물이니 땅 위에 물이 있다는 말이다. 물은 땅 위에서 모이고 땅은 물 때문에 부드럽고 윤택하게 되니, 물과 땅은 서로 친밀한 관계다. 비比라는 것은 '돕다', '친밀하다'라는 뜻이다.

괘의 의미

상하 관계가 친밀하여 서로 도우면 길하다. 그러나 친밀하게 지내는 대상을 선택하는 것이 중요하다. 정도正道를 지키면서 후덕한 사람을 선택해야 한다. 또한 적절한 방법으로 가까이해야 하며, 가까이할 만한 사람이 나타나면 망설이지 말고 다가가야 한다.

효의 의미

'初六'은 음효가 양의 자리에 있고 失正이기 때문에 재난이 있다. 그러나 군왕인 九五를 진심으로 의지하고 가까이하면 재난을 면할 수 있다. 初六은 본래 九五와 멀리 떨어져 있다. 그러나 군왕인 九五는 충만한 믿음으로 널리 사람들을 맞이하고 응대한다. 때문에 사람들이 먼 지역에서도 찾아와 의탁한다. 이처럼 윗사람과 아랫사람이 친밀하니 길하다. '六二'는 柔順하고 得中이며 得正이다. 九五와 호응한다. 친근함이 내면에서 우러난다. 이는 친밀함의 정도正道이기 때문에 반드시 길하다. '六三'은 不中이고 失正이다. 가까이 있는 六二와 六四도 모두 음효라서, 같은 성질이기 때문에 배척한다. 마치 올바르지 못한 사람들과 가까이하는 것 같아 위태롭다. '六四'는 柔順하고 得中이다. 위에 陽剛 九五를 받들고 있다. 이는 군주를 가까이에서 모시는 것이며, 정도이기 때문에 길하다. '九五'는 본 괘의 卦主다. 단지 九五만이 양효인데, 尊位에 거하며 剛健하다. 또한 得中이고 得正이다. 개인적인 사욕 없이 여러 음陰과 친밀하게 지낸다. 군왕이 널리 포용하고 사사롭지 않아, 백성이 두려워하는 마음을 거두고 군왕 주위에 모인다. 길하다. '上六'은 가장 높은 자리에 있지만, 지도자의 자격이 없어 부하들이 추대하지 않는다. 위태롭다.

괘에 대한 설명

사람은 함께 어울려 서로 돕고 의지하며 살아야 한다. 이때 친근하게 지내는 동기가 순수하고 진심에서 우러나와야 한다. 사욕 없이 서로 존중하고 의지하며 좋은 친구가 되어야 한다. 악인을 멀리하고 현자를 가까이해야 하며, 남을 포용하는 사람이어야 한다.

올바른 지도자가 있어 화목하게 지낸다

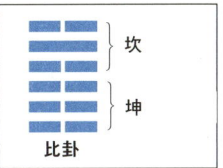

곤은 땅이며 감은 물이니 땅 위에 물이 있다는 말이다. 물은 땅 위에서 모이고, 땅은 물 때문에 부드럽고 윤택하게 되니, 물과 땅은 서로 친밀한 관계다. '비'라는 것은 '돕다', '친밀하다'라는 뜻이다. 상하 관계가 친밀하여 서로 도우면 길하게 된다. 이때 정도를 지키고 후덕한 사람을 선택해야 한다.

'초육'은 비괘의 처음에 위치하며 실정이기 때문에 재난이 있다. 그러나 군왕인 구오를 진심으로 의지하고 가까이하면 재난을 면할 수 있다.

'육이'는 유순하고 득중이며 득정이다. 구오와 호응한다. 친근함이 내면에서 우러난다. 이는 친밀함의 정도이기 때문에 반드시 길하다.

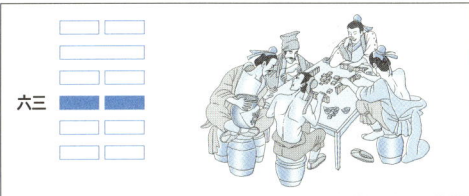

'육삼'은 부중이고 실정이다. 가까이 있는 육이와 육사도 모두 음효라서, 같은 성질이기 때문에 배척한다. 마치 올바르지 못한 사람들과 가까이하는 것 같아 위태롭다.

'육사'는 유순하고 득정이다. 위에 양강 구오를 받들고 있다. 이는 군주를 가까이에서 모시는 것이다. 정도이기 때문에 길하다.

'구오'는 존위에 거하며 개인적인 사욕 없이 여러 음과 친밀하게 지낸다. 백성이 두려워하는 마음을 거두고 군왕 주위에 모인다. 길하다.

'상육'은 가장 높은 자리에 있지만, 지도자의 자격이 없어 부하들이 추대하지 않는다. 위태롭다.

사람은 함께 어울려 서로 돕고 의지하며 살아야 한다. 이때 친근하게 지내는 동기가 순수해야 하며, 진심에서 우러나와야 한다. 친근하게 지낼 때는, 사욕 없이 서로 존중하고 의지하며 좋은 친구가 되어야 한다. 친근함의 상대를 찾을 때는, 악인을 멀리하고 현자를 가까이해야 하며, 남을 포용하는 사람이어야 한다.

| 육십사괘 9 | 소축괘 小畜卦

역량을 쌓아 도움을 얻어낸다

소축괘는 건乾이 하괘이며 손巽이 상괘다. 건은 하늘이고 손은 바람이다. 하늘 위에서 바람이 불지만 쌓인 것이 적어 비가 내리지 않는다. 축畜은 '쌓다'는 의미가 있다. 소小는 음이며 정도가 낮음을 의미한다. 따라서 소축은 조금 모여 있음을 상징한다.

괘의 의미

작은 것이 큰 것을 기르고, 아랫사람이 윗사람을 돕는 경우가 있다. 이런 경우 강대한 자가 이로워 일이 순조롭게 된다. 음기가 서쪽에서 올라와 모여 있지만, 매우 미약하여 비를 내리기에 부족하다. 이것이 소축의 의미다.

효의 의미

'初九'는 소축의 처음에 위치하며 得正이다. 六四와 호응하여 음의 도움을 받지만 역량이 부족하여 장해가 된다. 결국 전진하지 않고 원래 陽剛의 도道로 되돌아온다. 이렇게 하면 착오는 없어 길하다. '九二'는 陽剛이며 得中이다. 위로 오르려 하지만 六四가 가로막고 있고 초구가 잡고 있다. 剛健하며 중도를 지켜 다시 되돌아와서 가운데 자리를 지킨다. 이렇게 되면 길하다. '九三'은 억세고 조급하다. 六四와 친근하여 도움을 받지만, 六四가 九三을 무시하고 통제하니 결국 둘은 충돌하여 반목하게 된다. '六四'는 본 괘의 卦主다. 하나뿐인 음효 六四가 여러 양효를 기르고 있어 걱정이 있다. 그러나 六四는 柔順하고 得正하여 九五를 받들고 있다. 九五는 아랫사람에게 정성을 베푼다. 이에 六四가 걱정과 두려움을 없앨 수 있다면 과오가 발생하지 않는다. '九五'는 陽剛이며 得中이고 得正이다. 또 尊位에 거한다. 정성껏 여러 양효를 보살피며 六四를 신임한다. 자신도 풍요롭고 六四도 풍요롭게 한다. '上九'는 기르는 것이 정점에 도달하여 다시 되돌아온다. 때문에 가득 찬 구름이 비가 되어 내린다. 양의 기운이 음에 막혀 쌓이는데, 이는 부인이 남편을 억누르는 것이다. 화합하려 해도 위태롭다.

괘에 대한 설명

본 괘는 '작은 것이 큰 것을 기르고小畜大 음이 양을 쌓는陰畜陽' 이치를 설명한다. 아랫사람이 윗사람을 돕는 경우가 있는데, 이런 경우 강대한 자가 이로워 일이 순조롭게 된다. 그러나 일정한 한도 내에서만 도울 수 있다. 음이 양을 돕지만 통제하지 않고, 신하가 임금을 돕지만 누累를 끼치지 않는 것이 이상적인 방법이다. 역량이 부족하고 시기가 무르익지 않았을 때는 최대한 절제하면서 역경을 이겨내야 한다.

조금씩 쌓아두는 이상적인 방법

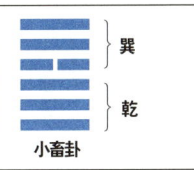

건은 하늘이고 손은 바람이다. 하늘 위에 바람이 불지만 쌓인 것이 적어 비가 내리지 않는다. 축은 '쌓다'는 의미가 있다. 소축은 조금 모여 있음을 상징한다. 작은 것이 큰 것을 기르고 아랫사람이 윗사람을 돕기 때문에 강대한 자에게 이롭다. 그러나 음기가 서쪽에서 올라와 모여 있지만, 매우 미약하여 비를 내리기에 부족하다. 이것이 소축의 의미다.

'초구'는 육사와 호응하여 음의 도움을 받지만 역량이 부족하여 장해가 된다. 전진하지 않고 원래 자리로 되돌아온다.

'구이'는 양강이며 득중이다. 위로 오르려 했지만 육사가 가로막고 초구가 잡고 있다. 구이는 강건하며 중도를 지켜 다시 되돌아온다. 이렇게 되면 길하다.

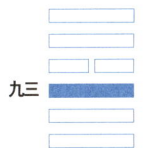

'구삼'은 억세고 조급하다. 육사와 친근하지만 육사가 구삼을 무시하고 통제하여 결국 둘은 충돌하여 반목하게 된다.

'육사'는 하나뿐인 음효이다. 육사가 여러 양효를 기르고 있어 걱정이 있다. 그러나 유순하고 득정이며, 구오를 받들고 있기 때문에 걱정이 없어지고 과오가 발생하지 않는다.

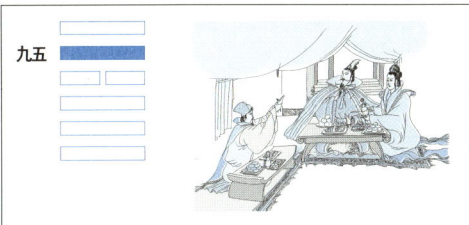

'구오'는 양강이며 득중이고 득정이다. 또 존위에 거한다. 정성으로 여러 양효를 보살피며 육사를 신임한다.

'상구'는 기르는 것이 정점에 도달하여 다시 되돌아온다. 때문에 가득 찬 구름이 비가 되어 내린다. 양의 기운이 음에 막혀 쌓이는데, 이는 부인이 남편을 억누르는 것이다. 화합하려 해도 위태롭다.

'작은 것이 큰 것을 기르고 음이 양을 쌓'는 경우가 있다. 이런 경우 강대한 자가 이로워 일이 순조롭게 된다. 그러나 작은 것은 일정한 한도 내에서만 도울 수 있다. 음이 양을 돕지만 통제하지 않고, 신하가 임금을 도우면서 누를 끼치지 않는 것이 이상적인 방법이다. 역량이 부족하고 시기가 무르익지 않았을 때는 최대한 절제하면서 역경을 이겨내야 한다.

육십사괘 10	이괘履卦

겸손하며 신중하고 예의에 맞게 행동하라

이괘는 태兌가 하괘이며 건乾이 상괘다. 건은 하늘이고 태는 연못이다. 하늘이 위에 있고 연못이 아래에 있어 상하가 이치에 맞는다. 또한 건은 강건하고 태는 화락하여, 화락함이 강건함과 조화를 이루는 형상이다. 이履는 '예의'이며 '신중함'을 상징한다.

괘의 의미

신중하면서도 예의에 맞게 일을 처리한다면, 특별한 문제가 없이 순조롭게 될 것이다.

효의 의미

'初九'는 상괘와 호응하는 것이 없다. 존귀한 九五와 멀리 떨어져 있어 잡념이 없다. 순박하고 선량하며 행동이 단정하다. 또한 신중하면서도 예의에 맞게 행동하니, 착오를 범하지 않는다. '九二'는 陽剛이며 得中이다. 마음이 편안한 은거자隱居者와 같다. 순수한 마음을 가지고 있으며, 출세에 연연하지 않아 세속의 걱정이 없으니 길하다. '六三'은 不中이며 不正이다. 유하지만 의지가 강하여, 예의에 벗어나 함부로 행동한다. 마치 눈이 먼 사람이 억지로 보려 하고, 다리가 아픈 사람이 억지로 걸어가다가 호랑이 꼬리를 밟는 형국이다. 이렇게 되면 극도로 위태롭다. 용감하기만 하고 지략이 없는 사람이 군주를 위해 애쓰는 것과 같다. 자신의 역량에 맞게 행동해야 한다. '九四'는 不中이며 不正이다. 군주와 가까워 호랑이의 꼬리를 밟을 수 있다. 그러나 陽剛이 음의 자리에 있어 겸손하고 조심하는 형상이다. 조심스럽게 호랑이 뒤를 걸어가면 길하게 된다. '九五'는 陽剛이며 得中이며 得正이다. 또 尊位에 거하여 행동이 과감하다. 하지만 강자가 높은 위치에 있어, 자신의 생각대로 마음껏 행동하고 정도에 벗어나니 앞날이 위태롭다. 반드시 예의에 맞게 행동해야 한다. 그래도 위태로움을 벗어나기는 쉽지 않다. '上九'는 강하면서도 유하고 냉철하다. 전체를 살피고 득실을 고려하여 몸을 돌려 六三과 호응하면 크게 길하다.

본 괘에 대한 설명

본 괘는 실천과 책임을 강조한다. 호랑이 꼬리를 밟아 물리게 된다는 말은, 위험한 상황이니 조심해야 한다는 뜻이다. 겸손하고 신중해야 하며, 예의에 맞게 행동하고 불필요한 마찰은 피해야 한다. 이렇게 한다면, 비록 위험이 닥쳐도 큰 피해는 보지 않을 것이다. 이는 통치자에 대한 권고의 의미가 들어 있다. 통치자는 자신의 역량에 맞게 일을 진행해야 하며, 제멋대로 하거나 호기를 부려 무모하게 행동하지 말아야 한다.

실천과 실행

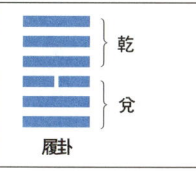

건은 하늘이고 태는 연못이다. 하늘이 위에 있고 연못이 아래에 있어 상하가 이치에 맞는다. 또한 건은 강건하고 태는 화락하여, 화락함이 강건함과 조화를 이루는 형상이다. 이履는 '예의'이며 '신중함'을 상징한다. 신중하면서도 예의에 맞게 일을 처리한다면, 특별한 문제가 없이 순조롭게 될 것이다.

'초구'는 이履의 처음에 위치하며, 구오와 멀리 떨어져 있어 잡념이 없다. 순박하고 선량하며 신중하면서도 예의에 맞게 행동하니, 착오를 범하지 않는다.

'구이'는 양강이며 득중이다. 마음이 편안한 은거자와 같다. 순수한 마음을 갖고 있으며, 출세에 연연하지 않아 세속의 걱정이 없으니 당연히 길하다.

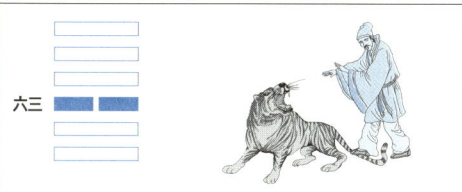

'육삼'은 부중이며 부정이다. 예의에 벗어나 함부로 행동한다. 호랑이 꼬리를 밟는 형국이니 매우 위험하다. 자신의 역량에 맞게 일을 해야 한다.

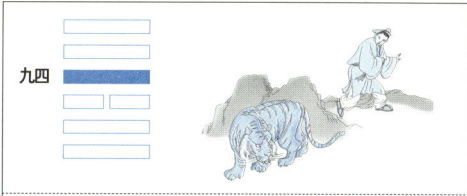

'구사'는 부중이며 부정이다. 군주와 가까워 호랑이의 꼬리를 밟을 수 있다. 그러나 음의 자리에 거하여 조심스럽게 호랑이의 뒤를 걸어간다면 길하게 된다.

'구오'는 득중이며 득정이다. 행동이 과감하다. 하지만 강자가 높은 위치에 있어, 자신의 생각대로 마음껏 행동하고 정도에 벗어나니 앞날이 위태롭다. 때문에 반드시 예의에 맞게 행동해야 한다.

'상구'는 이履의 마지막에 위치하여, 강하면서도 유하다. 냉정하게 득실을 고찰하여, 몸을 돌려 육삼과 호응하면 크게 길하다.

본 괘는 실천과 책임을 강조한다. 호랑이 꼬리를 밟아 물리게 된다는 말은, 위험한 상황이니 조심해야 한다는 것이다. 일을 할 때에는 겸손하고 신중해야 하며, 예의에 맞게 행동하고 불필요한 마찰은 피해야 한다. 이렇게 한다면, 비록 위험이 닥쳐도 큰 피해는 보지 않을 것이다. 일을 할 때는 자신의 역량에 맞게 일을 진행해야 하며, 호기를 부려 무모하게 행동하지 말아야 한다.

육십사괘

11

태괘泰卦

음양이 교합하여 편안하고 형통하다

태괘는 건乾이 하괘이고 곤坤이 상괘다. 건은 하늘이며 곤은 땅이다. 하늘의 기운이 땅으로 내려오고 땅의 기운은 하늘로 올라가 음양이 교합하여 만물이 형통하다. 태泰는 '통하다通', '편안하다'라는 의미다.

괘의 의미

태괘는 음효가 바깥쪽에 있고 양효가 안쪽에 있다. 사물이 형통할 때 음은 사라지고 양이 왕성하다.

효의 의미

'初九'는 陽剛으로 六四와 호응하며 九二와 九三은 모두 상괘와 호응한다. 양효 세 개가 모두 위로 오르려 하니 하나의 양효가 움직이면 세 개가 한꺼번에 움직인다. 이처럼 적극적이니 순탄하고 길하다. '九二'는 본 괘의 卦主다. 陽剛이고 得中이며 군주 六五와 호응한다. 도량이 넓은 선비가 널리 현자를 받아들이는 형상이다. 관대하고 공정한 사람이 후덕한 군주를 보필하니 다스림이 순탄하다. '九三'은 陽剛이며 得正이고 上六과 호응한다. 상괘와 하괘의 중간에 위치하기 때문에 순탄함이 끊기지 않도록 해야 한다. 때문에 미래를 대비하고 정도를 지켜야 한다. '六四'는 올라갔다가 떨어지는 위치이기 때문에 무턱대고 뛰어들지 말아야 한다. 그러나 陰柔이고 得正이며 상괘의 처음에 위치이므로 하괘의 初九와 호응한다. 상하가 서로 잘 어울리고, 또 六五와 上六의 신임을 얻어 약속한 듯이 함께 행동한다. 편안해도 미래를 준비하면서 경솔하게 행동하지 말아야 한다. '六五'는 陰柔이며 得中하고 尊位에 거한다. 九二와 호응하여 상하가 형통하다. 이는 제왕이 귀한 딸을 현자에게 시집보내는 형상이라, 복을 얻으며 크게 길하게 된다. '上六'은 태괘의 마지막에 위치한다. 태가 극에 달하면 반드시 쇠퇴하듯이, 성벽이 도랑으로 무너져 내린다. 이때 계속 전쟁할 수 없으며, 스스로 단속하고 폐단을 바로잡아야 한다. 정도를 지킨다고 해도 굴욕을 당할 수 있다.

괘에 대한 설명

하늘과 땅의 위치가 뒤바뀌어 하늘은 아래에 있고 땅은 위에 있다. 형태가 뒤바뀌면서 기가 교류한다는 것은, 우주를 구성하는 두 개의 기氣가 어우러져 소통하고 하늘과 땅이 형통하다는 의미다. 대립되는 두 사물이 교류하고 조화를 이루면 자연히 형통하게 된다. 편안함 속에서도 미래를 대비해야 '태'가 '비否'로 바뀌지 않는다.

하늘과 땅이 교합하니 만물이 형통하다

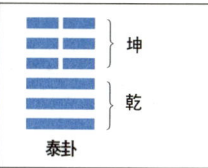

건은 하늘이며 곤은 땅이다. 하늘의 기운이 땅으로 내려오고 땅의 기운은 하늘로 올라가 음양이 교합하여 만물이 형통하다. 태는 '통하다', '편안하다'라는 의미다. 사물이 형통할 때 음은 사라지고 양이 왕성하다. 때문에 이 괘는 길하고 순탄하다.

'초구'는 양강이 아래에 위치하며 상괘의 육사와 호응한다. 구이와 구삼은 모두 상괘와 호응하며 양효 하나가 움직이면 세 개가 한꺼번에 움직인다. 이처럼 적극적이니 순탄하고 길하다.

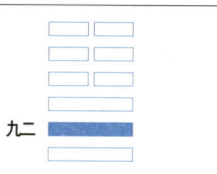

'구이'는 육오와 호응한다. 도량이 넓은 선비가 현자를 받아들이는 형상이다. 사욕 없는 사람이, 후덕한 군주를 보필하니 순탄하다.

'구삼'은 상괘와 하괘의 중간에 위치하기 때문에 순탄함이 끊기지 않도록 해야 한다. 미래를 대비하고 정도를 지켜야 한다.

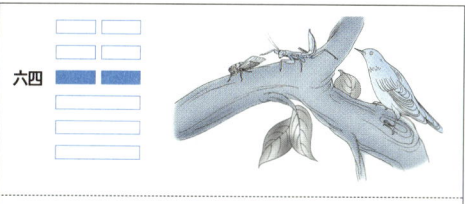

'육사'는 무턱대고 뛰어들지 말아야 한다. 음유이며 득정이고 하괘의 초구와 호응한다. 육오와 상육의 신임을 얻어 함께 행동한다. 편안해도 미래를 준비하면서 경솔하게 행동하지 말아야 한다.

'육오'는 음유이며 득중하고 하괘의 구이와 호응하여 상하가 형통한다. 이는 제왕이 귀한 딸을 현자에게 시집보내는 형상이라 크게 길하다.

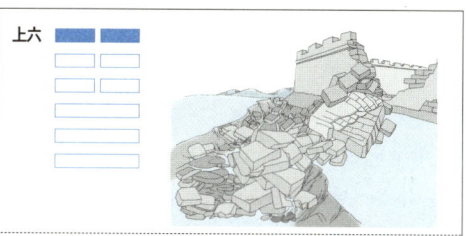

'상육'은 태가 극에 달하면 반드시 되돌아오듯이, 성벽이 도랑으로 무너져 내린다. 계속 전쟁할 수 없으며, 스스로 단속하고 폐단을 바로잡아야 한다.

하늘과 땅의 위치가 뒤바뀌어 하늘은 아래에 있고 땅은 위에 있다. 형태가 뒤바뀌면서 기氣가 교류한다는 것은, 우주를 구성하는 두 개의 기가 어우러져 소통하고 하늘과 땅이 형통하다는 의미다. 대립되는 두 사물이 교류하고 조화를 이루면 자연히 형통하게 된다. 형통하게 되었을 때, 편안해도 미래를 대비해야 '태'가 '비'로 바뀌지 않는다.

육십사괘	비괘 否卦

12

음양이 불화하여 막히고 닫혔다

비괘는 곤坤이 하괘이며 건乾이 상괘다. 천기天氣가 올라가고 지기地氣는 가라앉는다. 천지의 음양이 서로 교류하지 않아 만물의 탄생과 성장이 순조롭지 않다. 비否라는 것은 '닫히다', '막혀 있다'라는 의미다.

괘의 의미

비괘는 양효가 바깥쪽에 있고 음효가 안쪽에 있다. 양은 왕성하여 밖으로 향하고, 음은 쇠락하여 안으로 들어온다. 꽉 막힌 사회에서는 서로 소통할 수 없어 발전하지 못한다. 이는 소인小人이 득세하여 군자를 배척하는 형상이다.

효의 의미

'初六'은 陰柔가 아래에 위치한다. 소인들이 풀뿌리처럼 얼기설기 뒤섞여 있지만, 그들의 추악한 면모는 아직 드러나지 않았다. 정도를 지키면서 단결하면 길하다. 군주를 보필하려면 환란을 미연에 방지해야 한다. '六二'는 得中이고 得正이다. 대인大人인 九五와 호응한다. 막혀 있을 때 대인을 받들면 잠시 길하다. 이때 대인은 소인을 부정하고 그들과 어울리지 않아야 순조롭다. '六三'은 不中이고 不正이며 上九와 호응한다. 일이 막혀 있어 순조롭지 않을 때, 아첨하며 멋대로 비리를 행하니 굴욕을 당하게 된다. '九四'는 건의 처음에 위치한다. 막혀 있던 것이 한 고비 지나 이제 막 서광이 보이기 시작한다. 특별한 재난은 없다. 九四는 陽剛으로 음의 자리에 있다. 제거하고 차단하는 능력이 있으나 의연함과 과단성이 부족하다. 이때 만약 九五·上九와 함께 뜻과 힘을 모으면 복을 얻을 수 있다. '九五'는 得中이며 得正이고, 尊位에 거한다. 막혀 있던 것이 뚫려 길하게 된다. 그러나 늘 조심해야 큰 탈이 없다. '上九'는 비의 정점에 있다. 막힌 것이 사라지고 천하가 형통하게 된다. 비가 극함에 이르면 반드시 형통하게 된다.

괘에 대한 설명

'비'와 '태泰'는 서로 반대가 된다. 하늘은 위에 있고 땅은 아래에 있는 것이 비의 괘상이며, 이는 매우 정상적인 상태처럼 보인다. 그러나 양기가 올라가 내려오지 않고 음기는 가라앉아 상승하지 않아, 음양이 교류하지 않는다. 이렇게 되면 만물의 탄생과 성장이 순탄하지 않게 된다. 태가 극에 달하면 비가 찾아오고 비가 극에 달하면 태가 온다. 이는 사람의 힘으로 되돌릴 수 없다. 때문에 이를 흔쾌히 받아들이며 스스로 조심해야 한다.

천지가 가로막혀 성장이 어렵다

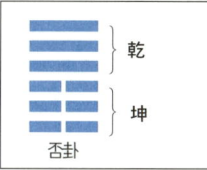
否卦

천기가 올라가고 지기는 가라앉는다. 천지의 음양이 서로 교류하지 않아 만물의 탄생과 성장이 순조롭지 않다. '비'라는 것은 '닫히다', '막혀 있다'라는 의미다. 꽉 막힌 사회에서는 서로 소통할 수 없어 발전하지 못한다. 이는 소인이 득세하여 군자를 배척하는 형상이다.

'초육'은 음유가 아래에 위치한다. 소인들이 풀뿌리처럼 얼기설기 뒤섞여 있지만, 추악한 면모가 아직 다 드러나지 않았다. 정도를 지키면 길하다. 군주를 보필하려면 환란을 미연에 방지해야 한다.

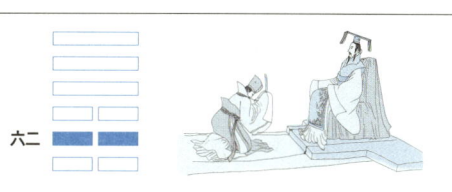

'육이'는 득중이고 득정이다. 또 상괘의 대인 구오와 호응하여 잠시 길하다. 이때 대인은 소인을 부정하고 그들과 어울리지 않아야 순조롭다.

'육삼'은 부중이고 부정이며 상괘의 상구와 호응한다. 일이 막혀 있어 순조롭지 않을 때, 아첨하며 멋대로 비리를 행하니 굴욕을 당하게 된다.

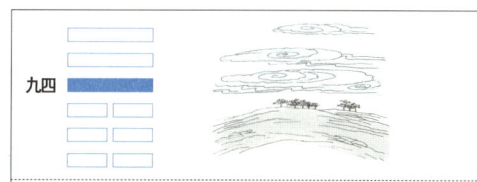

'구사'는 건괘의 처음에 위치한다. 막혀 있던 것이 한고비 지나 이제 막 서광이 보이기 시작한다. 구사는 제거하고 차단하는 능력이 있으나 의연함과 과단성이 부족하다. 구오·상구와 뜻과 힘을 모으면 복을 얻을 수 있다.

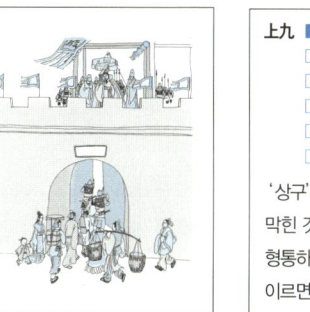

'구오'는 득중이며 득정이고, 존위에 거한다. 막혀 있던 것이 뚫려 길하게 된다. 그러나 늘 조심해야 큰 탈이 없다.

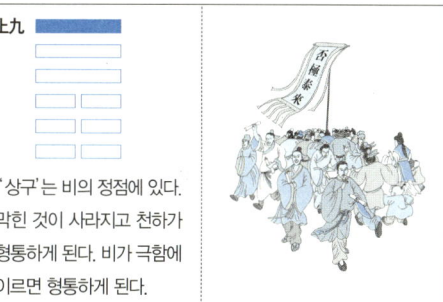

'상구'는 비의 정점에 있다. 막힌 것이 사라지고 천하가 형통하게 된다. 비가 극함에 이르면 형통하게 된다.

하늘은 위에 있고 땅은 아래에 있는 것이 비의 괘상이다. 이는 매우 정상적인 상태처럼 보인다. 그러나 음양이 교류하지 않아 만물의 탄생과 성장이 순탄하지 않게 된다. 이는 임금과 신하가 불화하고 천하가 갈라져 통일되지 못한 것에 비유되며, 대립되는 두 사물이 합일되지 않음을 나타낸다. 태가 극에 달하면 비가 찾아오고 비가 극에 달하면 태가 온다. 이는 사람의 힘으로 되돌릴 수 없다. 때문에 이를 흔쾌히 받아들이며 스스로 조심해야 한다.

| 육십사괘 | 동인괘同人卦 |

13 세계가 하나 되고 천하가 공평하다

동인괘는 이離가 하괘이고 건乾이 상괘다. 이離는 불火이며 건은 하늘이다. 불빛이 위로 올라 하늘과 연결된다는 의미다. '동인同人'이란 '사람과 화합하다'라는 뜻이다. 하나 있는 음효가 중정中正이고 나머지 다섯 양효가 서로 화합하기 때문에, '화합하다'라는 의미를 갖는다.

괘의 의미

六二와 九五는 호응한다. 六二는 柔順하고 中正이며, 九五는 剛健하고 中正이다. 때문에 이 두 효를 '동인'이라 칭하며, 남들과 화목하게 지냄을 의미한다. 하지만 공평하고 투명해야만 일이 순탄하며, 대화합을 이룰 수 있다.

효의 의미

'初九'는 상괘와 호응하는 것이 없다. 집 주위에서만 사람들과 어울리기 때문에 특별한 허물은 없다. '六二'는 본 괘의 卦主다. 得中이며 得正이고 九五와 호응한다. 그러나 친족끼리의 화목이기 때문에 그 범위가 매우 좁다. 특별한 허물은 없지만 칭찬할 만한 것도 없다. '九三'은 강하고 不中이며 상괘와 호응하는 것이 없다. 六二를 억누르며 九五와 다툰다. 하지만 九五는 剛健하여 九三이 힘으로 대적할 수 없다. 이는 숲 속에 군대를 매복시키고 산 위에서 九五를 감시하는 것과 같다. 신중하고 조심하여 3년 동안 군대를 출병하지 못한다. '九四'는 비록 강하지만 不中이고 不正이며 호응하는 것도 없다. 六二와 화합하려 하지만 九三이 막고 있다. 하지만 九四는 양이면서 음의 자리에 위치하여 물러나는 형상이다. 잘못을 바로잡는다면 길할 수 있다. '九五'는 陽剛이며 得中이고 得正이다. 또한 尊位에 거한다. 六二와 한마음으로 호응하지만 九三·九四와 적대적이기 때문에 순탄하지 않다. 어쩔 수 없이 막강한 군대를 써서 九三·九四를 무너뜨린 후에 六二와 만나게 된다. '上九'는 혼자 황량한 들판에 있어 어울리는 사람이 없다. 분쟁에서 멀리 떨어져 유유자적할 수 있기 때문에 특별한 허물은 없다.

괘에 대한 설명

이 괘는 화합을 강조하고 공평한 세상을 염원하지만 화합이 쉽지 않다는 것을 보여준다. 특히 九三과 九四의 비유를 통해 화합의 과정 속에 일어나는 '통일同'과 '분쟁爭'의 대립을 보여준다. 화합의 과정 중에 문제가 발생하면, 과감하게 문제를 제거해야 하며, 소아小我를 버리고 대아大我를 완성해야 한다.

만민이 공평한 화합의 경지

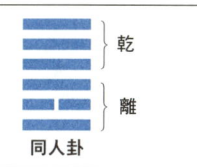

이離는 불이며 건은 하늘이다. 불빛이 위로 올라 하늘과 연결된다는 의미이다. 이것은 하늘과 불이 서로 화합한다는 말이며, '동인'이란 '사람과 화합하다'라는 뜻이다. 천하가 공평하다는 것은 화목하고 화평하다는 의미다. 대화합을 이루기 위해서는 공평하고 투명해야만 한다.

'초구'는 동인괘의 처음에 위치하며 상괘와 호응하는 것이 없다. 집 주위에서만 사람들과 어울리기 때문에 특별한 허물은 없다.

'육이'는 득중이며 득정이고 구오와 호응한다. 그러나 친족끼리만 화목하다. 특별한 허물은 없지만 칭찬할 만한 것도 없다.

'구삼'은 강하고 부중이며 상괘와 호응하는 것이 없다. 숲속에 군대를 매복시키고 산 위에서 구오를 감시하는 것과 같다.

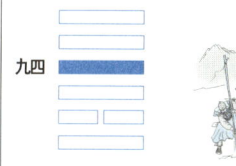

'구사'는 부중이고 부정이며 호응하는 것도 없다. 양이면서 음의 자리에 위치하여 물러나는 형상이다. 잘못을 바로잡는다면 길할 수 있다.

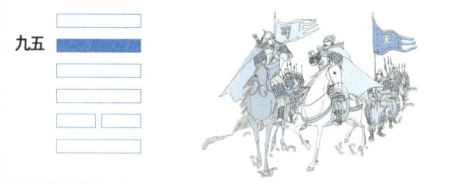

'구오'는 득중이고 득정이다. 육이와 한마음으로 호응하지만 구삼·구사와 적대적이기 때문에 순탄하지 않다. 어쩔 수 없이 막강한 군대를 써서 구삼·구사를 무너뜨린 후에 육이와 만나게 된다.

'상구'는 혼자 황량한 들판에 있어 어울리는 사람이 없다. 분쟁에서 멀리 떨어져 유유자적할 수 있기 때문에 특별한 허물은 없다.

이 괘는 화합을 강조하고 공평한 세상을 염원한다. 타인과 화합할 때는 공평하고 투명해야 한다. 또한 도의를 지키며 상대방의 개성도 인정해야 한다. 화합의 과정 중에 문제가 발생하면, 과감하게 문제를 제거하고 소아를 버리고 대아를 완성해야 한다. 사악한 무리와 화합해서는 안 될 것이며, 무리에서 이탈하여 혼자만의 고결함을 추구해서도 안 된다.

| 육십사괘 | 대유괘 大有卦

14
번창하여 풍부하다,
가득하나 넘치지 않는다

대유괘는 건乾이 하괘이며 이離가 상괘다. 이離는 불이고 건은 하늘이며, 불꽃이 하늘에 있는 모습이다. 태양이 비춰 오곡이 풍성하고 수확이 많음을 의미한다. 때문에 대유大有는 '풍성한 수확'을 상징한다. 하나 있는 음효가 존위에 거하고, 나머지 다섯 양효의 응대를 받기 때문에 '대유'가 된 것이다.

괘의 의미

건乾은 剛健하고 이離는 밝다. 六五는 尊位에 거하며 하늘과 호응한다. 한 해 수확이 많아 사람들이 풍요롭기 때문에 형통하다.

효의 의미

'初九'는 九四와 호응하지 않고, 九三과도 교류하지 않는다. 그래서 화禍를 초래하지 않기 때문에 특별한 재난은 없다. 또 初九는 신분이 낮으며 어려움에 처해 있다. 이러한 상황을 인식하고 조심해야 재난을 면할 수 있다. '九二'는 陽剛이며 得中이고 六五와 호응한다. 임금에게 신임을 얻어, 중임을 맡고 먼 길을 가는 형상이다. 앞날에 특별한 잘못이나 재난은 없다. '九三'은 공후公侯의 형상이며 강하고 得中이다. 六五는 임금으로 겸손하게 현자를 받아들이기 때문에 九三은 천자天子에게 예를 행한다. 그러나 덕을 쌓지 않고 정도를 지키지 않으면 이런 일을 행할 수 없다. '九四'는 임금인 六五와 가까이 있어 풍성한 수확이 있다. 또한 九四는 양효가 음의 자리에 있어, 풍부함이 지나치지 않으며 겸손히 六五를 받드는 형상이다. 九四는 겸손하며 풍부함이 과하지 않으니 특별한 재난은 없다. '六五'는 본 괘의 卦主다. 부드러운 모습으로 군주의 자리에 있다. 진심으로 여러 양효와 교유하니 크게 인심을 얻어 풍요로워진다. 위엄이 저절로 드러나니 편안하고 길하다. '上九'는 陽剛이다. 강하면서 유하고 현자를 존중하며 신의를 지킨다. 때문에 하늘이 도와 크게 길하게 된다.

괘에 대한 설명

본 괘의 괘명이 '풍성한 수확大有'이지만 가득 차면서도 넘치지 않는다. 명철한 임금과 충직한 신하가 민의民意에 순응하여 객관적으로 일을 처리해야만 풍성한 수확을 거둘 수 있다. 또한 일을 적절하게 처리해야 풍성함을 오래도록 유지할 수 있다.

• 수확이 풍성하다

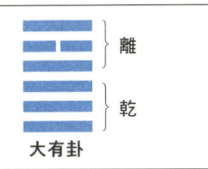

이 離는 불이고 건은 하늘이며, 불꽃이 하늘에 있는 모습이다. 태양이 비춰 오곡이 풍성하고 수확이 많음을 의미한다. 때문에 대유는 '풍성한 수확'을 상징한다. 또한 하나 있는 음효가 존위에 거하고, 나머지 다섯 양효의 응대를 받기 때문에 '대유'가 된 것이다.

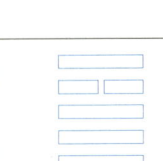

'초구'는 특별한 재난은 없다. 그러나 신분은 낮고 어려움에 처해 있다. 상황을 인식하고 조심해야 재난을 면할 수 있다.

'구이'는 득중이며 상괘의 육오와 호응한다. 임금에게 신임을 얻어, 중임을 맡고 먼 길을 가는 형상이다. 앞날에 특별한 잘못이나 재난은 없다.

'구삼'은 하괘의 맨 위에 위치하여 공후의 형상이다. 강하고 득중이며 천자에게 예를 행한다. 그러나 덕을 쌓고 정도를 지켜야 한다.

'구사'는 임금 육오와 가까이 있어 풍성한 수확이 있다. 또한 양효가 음의 자리에 있어, 겸손히 육오를 받드는 형상이다. 특별한 재난은 없다.

'상구'는 양강이 가장 위에 위치한다. 강하면서 유하고 현자를 존중하며 신의를 지킨다. 때문에 하늘이 도와 크게 길하게 된다.

'육오'는 부드러운 모습으로 군주의 자리에 있다. 진심으로 여러 양효와 교유하니 크게 인심을 얻어 풍요로워진다. 편안하고 길하다.

본 괘의 괘명이 '풍성한 수확'이지만 가득 차면서도 넘치지 않는다. 명철한 임금과 충직한 신하가 민의에 순응하여 객관적으로 일을 처리해야만 풍성한 수확을 거둘 수 있다. 또한 풍성한 수확이 있을 때, 일을 적절하게 처리해야 풍성함을 오래도록 유지할 수 있다.

육십사괘	겸괘 謙卦
15	**몸을 낮추고 남을 먼저 생각한다**

겸괘는 간艮이 하괘이며 곤坤이 상괘다. 간은 '산山'과 '멈춤止'을 상징하고, 곤은 '땅地'과 '순응順'을 상징한다. 산은 땅에 있으며 높고 크다. 산이 땅 아래에 있어, 자신은 높으면서도 몸을 낮추기 때문에 겸손을 의미한다.

괘의 의미

사람과 사물을 겸손하게 대하기 때문에 하는 일들이 모두 순조롭다. 그러나 군자만이 늘 한결같이 겸손할 수 있다.

효의 의미

'初六'은 가장 아래에 위치하여 겸손하면서 또 겸손하다. 이런 겸손이 있기 때문에 역경을 극복할 수 있다. 길하다. '六二'는 得中이며 得正이다. 겸손하다는 소문이 퍼졌다. 정도를 지키니 반드시 길하다. '九三'은 유일한 양효다. 得中이 아니기 때문에 근면하고 겸손해야만 길할 수 있다. '六四'는 柔順하며 得正이다. 윗사람이나 아랫사람에게 모두 한결같이 겸손하기 때문에 길하지 않은 일이 없다. '六五'는 본 괘의 卦主다. 柔爻가 得中이며, 尊位에 거한다. 덕으로 남들을 복종시키는 형상이다. 자신은 원래 부유하지 않으나 겸손하기 때문에 주위의 추대를 받는다. 겸손한 통치자는 부득이한 상황에서만 무력을 사용하기 때문에 길하다. '上六'은 겸괘의 정점에 위치한다. 겸손하다는 소문이 멀리 퍼져 군대를 일으켜 정벌하는 것이 이롭다. 그러나 陰柔이며 지위가 없어 다른 나라를 정벌할 힘이 없다. 단지 자신의 영토에서만 반역한 제후들을 토벌할 수 있다.

괘에 대한 설명

육십사괘 중 완전히 길하거나 흉한 괘는 없는데, 오직 겸괘만 육효가 모두 길하다. 겸손을 얼마나 중시했는지 알 수 있다. "가득 차면 덜어내게 되고, 겸손하면 채우게 되는 것이 사람의 도다滿招損, 謙受益, 人之道也"라고 했듯이, 본 괘는 겸손의 미덕을 강조한다. 겸손하면 크게는 천하를 다스릴 수 있고, 작게는 자신의 몸을 보존할 수 있다. 그러나 '겸손謙'과 '교만驕'은 공존한다. 모든 사람들이 겸손하기를 바란다면 '교만'을 없애야 한다. 윗사람에게는 겸손하지만 비천하지 않고, 아랫사람에게는 노력을 강조하지만 결과를 묻지 않는 것이 겸손의 핵심이다.

한결같이 겸손을 유지한다

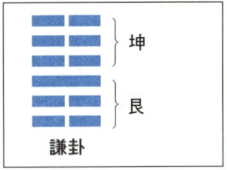

간은 '산'과 '멈춤'을 상징하고, 곤은 '땅'과 '순응'을 상징한다. 산은 높고 크지만 땅 아래에 있어, 높으면서도 몸을 낮추기 때문에 겸손을 의미한다. 자신을 낮추면서도 숭고함을 지키고, 몸을 굽혀 낮추고 남을 먼저 생각하기 때문에 겸괘는 겸손함을 상징한다. 이처럼 사람과 사물을 겸손하게 대하기 때문에 하는 일이 모두 순조롭다. 그러나 군자만이 늘 한결같이 겸손할 수 있다.

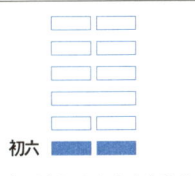

'초육'은 가장 아래에 위치하여 겸손하고 또 겸손하다. 이런 겸손 때문에 역경을 극복할 수 있다. 길하다.

'육이'는 득중이며 득정이다. 겸손하다는 소문이 퍼졌다. 정도를 지키니 반드시 길하다.

'구삼'은 괘에 있는 유일한 양 효다. 득중이 아니기 때문에 근면하고 겸손해야만 길할 수 있다.

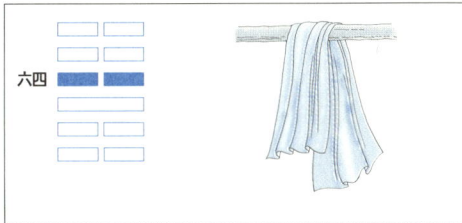

'육사'는 유순하며 득정이다. 윗사람이나 아랫사람에게 모두 한결같이 겸손하기 때문에 길하지 않은 일이 없다.

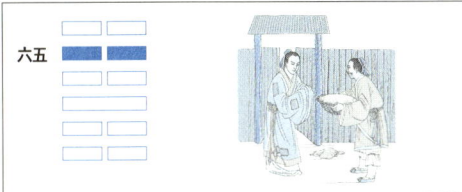

'육오'는 유효가 득중이다. 자신은 원래 부유하지 않으나 겸손하기 때문에 주위의 추대를 받는다. 이처럼 겸손한 통치자는 부득이한 상황에서만 무력을 사용하기 때문에 길하다.

'상육'은 겸손하다는 소문이 멀리 퍼져 군대를 일으켜 정벌하는 것이 이롭다. 그러나 음유이며 지위가 없어 단지 자신의 영토에서만 반역한 제후들을 토벌할 수 있다.

육십사괘 중 완전히 길吉하거나 흉凶한 괘는 없는데, 오직 겸괘만 육효가 모두 길하다. 이를 보면 겸손을 얼마나 중시했는지 알 수 있다. 겸손하면 크게는 천하를 다스릴 수 있고, 국토를 지킬 수 있으며 작게는 자신의 몸을 보존할 수 있다. 그러나 '겸손'과 '교만'은 공존한다. 모든 사람들이 겸손하기를 바란다면 '교만'을 없애야 한다.

육십사괘	예괘 豫卦
16	# 즐겁고 화락하다, 위기를 대비한다

예괘는 곤坤이 하괘이고 진震이 상괘다. 진은 천둥이고 곤은 땅이다. 천둥이 땅에서 친다는 의미이며, 이는 봄을 알리는 것이다. 만물이 싹을 틔우고 봄기운이 완연하니 기쁘고 즐겁다는 뜻이다. 때문에 예豫는 '유쾌', '기쁨'을 상징한다.

괘의 의미

천둥이 땅에서 친다는 것은 봄을 알리는 것이다. 봄기운이 완연하여 대지가 들썩이고, 기쁨과 즐거움이 가득 찬다. 이때는 공을 세우거나 병사를 일으켜 전쟁을 하기에 이롭다.

효의 의미

'初六'은 음효가 양의 자리에 있어 失正이고, 상괘의 九四와 호응한다. 기쁨이 지나치며 성공을 자랑하는 형상이다. 기쁨이 극에 달하면 슬픔이 생기기 때문에 위태롭게 된다. '六二'는 陰柔이고 得中이며 得正이다. 돌처럼 강직하여 윗사람에게 아부하지 않고 아랫사람을 무시하지 않는다. 기쁨이 지나치면 슬픔이 생김을 깨닫고, 균형을 유지하며 정도를 지킨다. 길하다. '六三'은 陰柔이며 失正이고 상괘의 九四를 받든다. 윗사람에게 아부하는 형상이라 후회하게 된다. 빨리 잘못을 깨닫지 않으면 후회막급할 것이다. '九四'는 본 괘의 卦主다. 또한 하나밖에 없는 양효다. 위아래에 있는 음효들과 서로 호응하며 함께 어울린다. 이 때문에 더욱 군왕인 六五의 신임을 받아 크게 얻는 것이 있다. 의심하지 말고 믿고 의지해야 함께 모일 수 있다. '六五'는 음효이며 得中이고 尊位에 거하여 기쁨에 처해 있다. 그러나 음효인 六五가 양효인 九四를 무시하니 환난을 피하기 어렵다. 균형을 유지하며 정도를 지켜야 멸망을 피해갈 수 있다. '上六'은 음의 마지막에 위치하며 환락에 빠져 흐리멍텅한 형상이다. 기쁨이 극에 달해 슬픔이 생긴다. 일찍 잘못을 바로잡는다면 특별한 재난은 없을 것이다.

괘에 대한 설명

六二를 제외하고 모두 길하지 않다. 비록 괘명은 '예'이지만 모두 기쁨과 즐거움을 의미하는 것은 아니다. 사람은 쉽게 쾌락에 빠지기 때문에, 즐거움 중에서도 미래의 위기를 대비해야 한다. 즐거움은 절제가 필요하며 적당할 때 그쳐야 한다. 성공과 기쁨을 자랑하지 말고, 즐거움과 안락함에 빠져 있지 않아야 한다. 시기에 맞게 대처하여 기쁨이 지나쳐 슬픔이 찾아오지 않도록 해야 한다.

• 기쁘고 화락한 모습

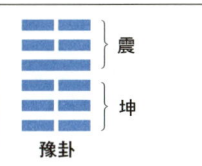

진은 천둥이고 곤은 땅이다. 천둥이 땅에서 생기니 이는 봄을 알리는 신호다. 대지가 진동하고 만물이 흙을 뚫고 나오며 봄기운이 완연하니 기쁘고 즐겁다. 때문에 예는 '유쾌', '기쁨'을 상징한다. 이때는 공을 세우거나 병사를 일으켜 전쟁을 하기에 이롭다.

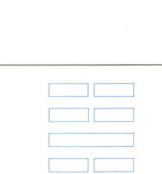

'초육'은 기쁨이 지나치며 성공을 자랑하는 형상이다. 기쁨이 극에 달하면 슬픔이 생긴다. 위태롭다.

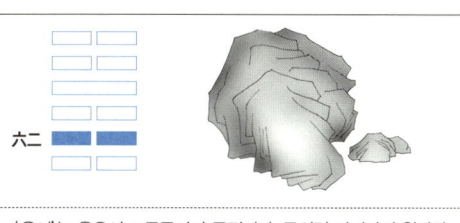

'육이'는 음유이고 득중이며 득정이다. 돌처럼 강직하여 윗사람에게 아부하지 않고 아랫사람을 무시하지 않는다. 또한 사리 판단이 빨라 길하다.

'육삼'은 음유이며 실정이다. 윗사람에게 아부하는 형상이라 후회하게 된다. 빨리 잘못을 깨닫지 않으면 후회막급할 것이다.

'구사'는 본 괘에 하나밖에 없는 양효이다. 하지만 위아래에 있는 음효들과 호응하며 함께 어울리기 때문에 더욱 군왕인 육오의 신임을 받는다. 의심하지 말고 믿고 의지해야 함께 모일 수 있다.

'육오'는 득중이며 기쁨에 처해 있다. 그러나 양효인 구사를 무시하니 환난을 피하기 어렵다. 균형을 유지하며 정도를 지켜야 멸망을 피해갈 수 있다.

'상육'은 환락에 빠져 흐리멍텅한 형상이다. 기쁨이 극에 달해 슬픔이 생긴다. 일찍 잘못을 바로잡는다면 특별한 재난은 없을 것이다.

비록 괘명은 '예'이지만 모두 기쁨과 즐거움을 의미하는 것은 아니다. 사람은 쉽게 쾌락에 빠지기 때문에, 즐거움 중에서도 미래의 위기를 대비해야 한다. 즐거움은 절제가 필요하며 적당할 때 그쳐야 한다. 성공과 기쁨을 자랑하지 말고, 즐거움과 안락함에 빠져 있지 말아야 한다. 시기에 맞게 대처하여 기쁨이 지나쳐 슬픔이 찾아오지 않도록 해야 한다.

육십사괘 17 수괘 隨卦

사람들을 따르고 자연에 순응한다

수괘는 진震이 하괘이며 태兌가 상괘다. 진은 '움직임'이고 태는 '즐거움'이다. 사람을 덕으로 감동시키고 말로 기쁘게 하니, 사람들이 모두 즐거워 따르게 된다. 수隨는 '따르다'라는 말이다. 또한 진은 천둥이고 태는 연못이다. 천둥이 연못에 치면, 천둥에 따라 연못이 움직이기 때문에 '따르다'라는 의미가 있다.

괘의 의미

겸허하게 남을 따른다면 남들도 나를 따를 것이다. 이렇게 서로가 서로를 따르면 모든 것이 순탄하기 때문에 재난이 생기지 않는다.

효의 의미

'初九'는 본 괘의 卦主다. 아래에 위치하여 정도를 지키지만 九四와는 호응하지 않는다. 치우치거나 얽매이지 않고 올바르게 행동한다. 시대에 맞춰 사고방식을 변화하기 때문에 길하다. 이렇게 사람들과 교유하면 성공한다. '六二'는 得中이고 得正이며, 九五와 호응한다. 陰柔의 성격 때문에 주관이 약하여 初九에 복종한다. 작은 일 때문에 큰일을 그르친다. '六三'은 호응하는 것이 없으며 九四를 받든다. 初九를 버리고 九四에 의지하니, 구하는 것을 반드시 얻는다. 그러나 쓸데없이 이것저것 탐하지 말고, 편안히 지내며 정도를 지켜야 한다. '九四'는 失正이다. 임금인 九五와 가까이 있어 함부로 남을 부린다. 정도를 지키고 공평하게 일을 처리한다면 특별한 재난은 없을 것이다. '九五'는 陽剛이며 得中이고 得正이며 尊位에 거한다. 정성을 다해 선을 행하면 길할 수 있다. '上六'은 본 괘의 정점에 위치한다. 남들이 자신을 추종하는 것을 원치 않으나, 九五가 한사코 뒤따르고 의지한다. 이런 행동은 정성에서 우러나오는 것으로, 정성이 지극하면 하늘이 감동한다. 가치 있는 일을 실행하면 환경이 자연스럽게 움직여줄 것이다.

괘에 대한 설명

자신의 의견만 주장하지 말고, 남의 의견도 맞추며 순리대로 행동하는 것이 좋다. 신임이 가는 사람과 관계를 맺고, 정도에 어긋나지 않게 따라야 한다. 능력에 맞지 않는 위치에 있으면 명분이 서지 않는다. 이런 상태에서 사람들이 따르게 되면 위험하다. 어떤 일이든 진실한 마음으로 따른다면 흉했던 것이 길한 것으로 변할 것이다.

● 따르고 어울린다

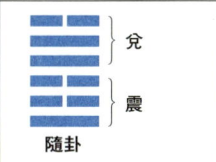

진은 '움직임'이고 태는 '즐거움'이다. 사람을 덕으로 감동시키고 말로 기쁘게 하니, 사람들이 모두 즐거워 따르게 된다. 수는 '따르다'라는 말이다. 또한 진은 천둥이고 태는 연못이다. 천둥이 연못에 치면, 천둥에 따라 연못이 움직이기 때문에 '따르다'라는 의미가 있다. 겸허하게 남을 따른다면 남들도 나를 따를 것이다. 이렇게 서로가 서로를 따르면 모든 것이 순탄하기 때문에 재난은 생기지 않는다.

'초구'는 정도를 지키지만 구사와는 호응하지 않는다. 시대에 맞춰 사고방식을 변화하며 정도를 지킨다. 남들과의 사귐이 이롭다.

'육이'는 득중이고 득정이며, 본래 구오와 호응한다. 다만 음유의 성격 때문에 주관이 약하여 초구에 복종한다. 작은 일 때문에 큰 일을 그르친다.

'육삼'은 호응하는 것이 없으며 구사를 받든다. 구하는 것을 반드시 얻는다. 그러나 쓸데없이 이것저것 탐하지 말고 정도를 지켜야 한다.

'구사'는 실정이다. 임금인 구오와 가까이 있어 함부로 남을 부린다. 정도를 지키고 공평하게 일을 처리한다면 특별한 재난은 없을 것이다.

'구오'는 양강이며 득중이고 득정이다. 또한 존위에 거한다. 정성을 다해 선을 행하면 길할 수 있다.

'상육'은 본 괘의 정점에 위치한다. 남들이 자신을 추종하는 것을 원치 않으나 구오가 한사코 뒤따르고 의지한다. 이런 행동은 정성에서 우러나오는 것으로 정성이 지극하면 하늘이 감동한다.

자신의 의견만 주장하지 말고, 남의 의견도 맞추며 순리대로 행동해야 한다. 가치가 있고 신임이 가는 사람과 관계를 맺고, 정도에 어긋나지 않게 따라야 한다. 능력에 맞지 않는 위치에 있으면 명분이 서지 않게 되고, 이런 상태에서 사람들이 따르게 되면 매우 위험해진다. 어떤 일이든 진실한 마음으로 따른다면 흉했던 것이 길한 것으로 변할 것이다.

| 육십사괘 | 고괘 蠱卦 |

18 폐단을 고치고 난관을 다스린다, 시종일관 신중하라

고괘는 손巽이 하괘이며 간艮이 상괘다. 간은 산이고 손은 바람이다. 산 아래에 바람이 불다가 산에 막혀 되돌아온다. 이렇게 되면 만물이 흩어져 사고가 발생한다. 고蠱는 '일事'이며 '미혹惑'이다. 사물이 혼란스러우면 결국 피해가 생기기 때문에 잘 다스려야 한다. 때문에 고는 '폐단'을 바로잡다', '개혁하다'라는 의미가 있다.

괘의 의미

문제가 생기면 바로잡아야 형통하다. 개혁할 때는 먼저 상황을 충분히 고찰하고 폐단을 찾아내야 한다. 그런 다음 발생 가능한 상황을 예측하고 대책을 세워야 한다. 이렇게 해야 폐단을 근본적으로 바로잡을 수 있으며 순조롭게 개혁할 수 있다.

효의 의미

'初六'은 유柔가 낮은 자리에 위치하지만 조상의 업을 계승하고 잘못을 바로잡으려 한다. 개혁의 과정 중에 장애가 있겠지만 분발하고 노력하면 폐단을 바로잡아 길하게 된다. '九二'는 양효가 음의 자리에 위치한다. 강하면서도 유하기 때문에 강함과 유함을 적절하게 활용하면 폐단을 바로잡을 수 있다. '九三'은 상괘와 호응하지 않는다. 조상의 폐단을 개혁하다 다소 후회하게 된다. 그러나 陽剛이며 得正이기 때문에 특별한 재난은 생기지 않는다. '六四'는 陰柔라서 유약하니 지난날의 폐단을 즉각 개혁하지 못한다. 이처럼 폐단을 키우게 되면 반드시 후회하게 된다. '六五'는 본 괘의 卦主다. 陰柔이며 得中이다. 尊位에 거하며 九二와 호응하고 上九를 받든다. 현자를 등용하여 폐단을 바로잡아 칭송을 받는다. '上九'는 왕후王侯가 되지 않고, 초연히 세속을 떠나 은거자처럼 고아하게 살아간다.

괘에 대한 설명

소식蘇軾은 "편안함이 오래되면 폐단이 생긴다"고 했다. 흥성이 극에 달하면 쇠퇴하고, 즐거움이 정점에 도달하면 슬픔이 생긴다. 안락함에 빠지면 태평성세가 난세로 바뀐다. 난세가 되면 사회의 폐단을 바로잡아야 한다. 개혁은 처음과 끝이 신중해야 한다. 개혁 중에는 장애가 있더라도 핵심을 장악하여 끝까지 관철해야 한다. 이때 반드시 현명한 사람을 등용하여 폐단을 바로잡아야 한다.

편안함이 오래되면 폐단이 생긴다

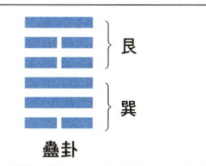

간은 산이고 손은 바람이다. 산 아래에 바람이 불다가 산에 막혀 되돌아온다. 이렇게 되면 만물이 흩어져 사고가 발생하게 된다. 고는 '일'이며 '미혹'이다. 사물이 혼란스러우면 잘 다스려야 한다. 때문에 고는 '폐단을 바로잡다', '개혁하다'라는 의미가 있다. 개혁할 때에는 상황을 충분히 고찰한 후, 발생 가능한 상황을 예측하고 대책을 세워야 한다. 이렇게 해야 순조롭게 개혁할 수 있다.

'초육'은 유가 낮은 자리에 위치하지만 조상의 업을 계승하고 잘못을 바로잡으려 한다. 장애가 있겠지만 길하게 된다.

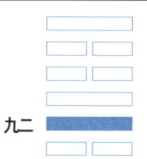

'구이'는 강하면서도 유하기 때문에 강함과 유함을 적절하게 활용하면 폐단을 바로잡을 수 있다.

'구삼'은 상괘와 호응하지 않는다. 폐단을 개혁하다 다소 후회하게 된다. 그러나 특별한 재난은 생기지 않는다.

'육사'는 음유라서 유약하니 지난날의 폐단을 즉각 개혁하지 못한다. 이처럼 폐단을 키우게 되면 반드시 후회하게 된다.

'육오'는 본 괘의 괘주다. 음유이며 득중이다. 존위에 거하며 구이와 호응하고 상구를 받든다. 현자를 등용하여 폐단을 바로잡아 칭송을 받는다.

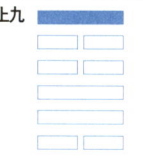

'상구'는 왕후가 되지 않고 초연히 세속을 떠나 은거자처럼 고아하게 살아간다.

"편안함이 오래되면 폐단이 생긴다"라는 말처럼, 흥성이 극에 달하면 쇠퇴하고 즐거움이 정점에 도달하면 슬픔이 생긴다. 안락함에 빠지면 태평성세가 난세로 바뀐다. 난세가 되면 사회의 폐단을 바로잡아야 한다. 개혁 중에 장애가 생기더라도, 핵심을 장악하여 끝까지 관철해야 한다. 이때 반드시 현명한 사람을 등용하여 폐단을 바로잡아야 한다.

육십사괘	임괘臨卦
19	# 천하를 관찰하고 인정과 형벌로 다스린다

임괘는 태兌가 하괘下卦이며 곤坤이 상괘다. 태는 연못이고 곤은 땅이니, 연못 위에 땅이 있다는 말이다. 원래 연못은 낮고 땅은 높은데, 이 괘는 높은 것이 낮은 것에 다가가는 형상이다. 때문에 '임하다臨', '살피다監', '보다視'라는 뜻이 있으며, '감시'와 '감찰'의 의미도 있다.

괘의 의미
덕으로 다가가 사람과 일을 살피니 형통하다. 그러나 '임臨'이 극에 달하면 쇠락한다.

효의 의미
'初九'는 陽剛이며 得正이고, 六四와 호응한다. 후덕하여 사람과 일을 살필 수 있지만, 괘의 아래에 위치하므로 크게 쓰이는 것은 적합하지 않다. 정도를 지켜야 길할 수 있다. '九二'는 본괘의 卦主다. 得中이며 상괘의 六五와 호응한다. 후덕하고 위엄도 있어 백성에게 다가가 살펴보면 길하다. '六三'은 不中이며 失正이고 호응하는 것도 없다. 백성들에게 다가가 달콤한 언변으로 속이니 좋은 결과를 맺지 못한다. 자신의 잘못을 깨달아 삼가고 신중하면 재난은 면할 수 있다. '六四'는 陰柔이며 得正이고, 初九와 호응하며 아랫사람과 친근하다. 자기 자신이 올바를 뿐만 아니라, 현명한 初九도 적절히 활용한다. 또한 매우 친절하게 백성을 이끌기 때문에 특별한 재난이 생기지 않는다. '六五'는 柔爻가 得中이다. 尊位에 거하며 九二와 호응한다. 자신은 움직이지 않고, 모든 일을 현명한 자에게 일임하여 지혜롭게 다가가 살핀다. 이는 위대한 군주에게 가장 적합한 통치 방법이다. 길하다. '上六'은 원래 길하지 않지만, 행동이 바르고 성격은 부드러우며 후덕하다. 체계적으로 통치하기 때문에 길하다.

괘에 대한 설명
본 괘는 윗사람이 아랫사람을 부리고, 존귀한 사람이 비천한 사람을 다스리며, 군주가 백성을 통치하는 것을 말한다. 지도자는 인품으로 백성을 감화시키고 위엄으로 규율을 유지하며, 인정仁政과 형벌을 적절히 사용하며 이끌어야 한다. 억압하거나 속이지 말며, 거리를 두고 대하지 말아야 한다. 법령만을 강조하고 이끌어주지 않거나, 이끌기만 하고 법령을 알려주지 않는 것은 모두 옳지 않다. 충분히 법령을 설명하고, 법령의 기초 위에 이끌어줘야 한다. 이렇게 하면 진심으로 복종할 수 있다.

• 이끌어주고 다스린다

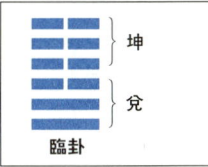

태는 연못이고 곤은 땅이니, 연못 위에 땅이 있다는 말이다. 원래 연못은 낮고 땅은 높은데, 이 괘는 높은 것이 낮은 것에 다가가는 형상이다. 때문에 '임하다', '살피다', '보다'는 뜻이 있으며, '감시'와 '감찰'의 의미도 있다. 덕으로 다가가 사람과 일을 살피니 반드시 형통하다. 그러나 '임'이 극에 달하면 쇠락한다.

'초구'는 후덕하여 사람과 일을 살필 수 있지만, 괘의 아래에 위치하므로 크게 쓰이는 것은 적합하지 않다.

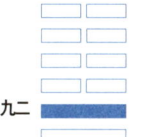

'구이'는 득중이며 상괘의 육오와 호응한다. 후덕하고 위엄도 있어, 백성에게 다가가 살펴보면 길하다.

'육삼'은 부중이며 실정이다. 백성에게 다가가 달콤한 언변으로 속인다. 잘못을 깨달아 삼가고 신중하면 재난을 면할 수 있다.

'육사'는 음유이며 득정이다. 현명한 초구를 적절히 활용하며 매우 친절하게 백성을 이끌기 때문에 특별한 재난이 생기지 않는다.

'육오'는 존위에 거하며 하괘의 구이와 호응한다. 자신은 움직이지 않고, 모든 일을 현명한 자에게 일임하여 지혜롭게 다가가 살핀다. 이는 위대한 군주에게 가장 적합한 통치 방법이다. 길하다.

'상육'은 정점에 위치한다. 원래는 길하지 않지만, 행동이 바르고 성격은 부드러우며 후덕하다. 체계적으로 통치하기 때문에 길하다.

통치자는 덕을 베풀고 뛰어난 제도로 백성을 이끌며, 공평한 방식으로 백성을 보호해야 한다. 그러나 '관찰함臨'이 극에 달하면 반드시 위험하게 된다. 아랫사람도 강미剛美의 덕으로 윗사람에게 보답해야만, 위아래가 하나로 어울릴 수 있다.

| 육십사괘 **20** | **관괘** 觀卦
진실하고 엄정하다, 공경하고 흠모한다

관괘는 곤坤이 하괘이며 손巽이 상괘다. 곤은 땅이고 손은 바람이다. 바람이 땅 위에 불어 만물이 널리 그 영향을 받는 것이 '관觀'이다. 관은 '우러러보다' 혹은 '전시하다'라는 의미가 있다.

괘의 의미

높은 사람이 덕행을 베풀어, 백성이 교화된다는 의미다. 아랫사람은 뛰어난 덕행을 보면 흠모하고 공경하며 저절로 복종하게 된다.

효의 의미

'初六'은 陰柔가 아래에 위치하며, 올바른 군주인 九五와 멀리 떨어져 있다. 이는 아이처럼 식견이 좁은 것을 형상한다. 일반 백성이라면 특별한 허물은 없겠지만, 교화를 책임지는 군자라면 치욕을 당한다. '六二'는 得中이고 得正이며 九五와 호응한다. 하지만 陰柔가 하괘에 위치하여, 전체적으로 보지 못하고 문틈으로만 세상을 관찰한다. 문밖을 나서지 않는 옛날 부녀자의 모습이다. '六三'은 上九와 호응하며 임금인 九五에게 점점 다가간다. 하지만 陰柔이며 失正이라 지위가 매우 불안하다. 안팎으로 갈고 닦으며, 시기와 흐름을 살핀 후 나아갈 방향을 결정해야 한다. '六四'는 柔順이며 得正이고 九五와 가깝다. 국가의 교화됨을 관찰하고 훌륭한 교화를 받아들인다. 군왕의 귀한 손님이 된다. '九五'는 본 괘의 卦主다. 陽剛이며 得中이고 得正이다. 성덕이 있어 천하 사람들이 우러러본다. 오늘의 일은 과거의 결과이자 미래의 근원이다. 끊임없이 반성하면서 자신을 완성해야 한다. 이것은 지도자가 갖추어야 할 품행이다. '上九'는 陽剛으로 마지막에 위치한다. 외형만 높고 실제 권력은 없지만, 사람들은 여전히 그를 우러러본다. 군자의 덕이 있어야만 재난이 발생하지 않는다.

괘에 대한 설명

훌륭한 사람을 우러러보면서 자연스럽게 감화된다. 지도자의 일거일동은 시시각각 사람들의 주목을 받기 때문에, 지도자는 함부로 행동할 수 없다. 미덕으로 아랫사람을 교화하며, 풍속을 관찰하고 잘못은 바로잡아야 한다. 무지하거나 치우쳐서는 안 되며 자만해서도 안 될 것이다. 주관을 가지고 원칙을 지키며, 면밀히 연구하여 사물의 이치를 파악해야 한다. "수재는 문을 나서지 않아도 천하의 일을 안다秀才不出門, 能知天下事"는 말만 믿고, 편협한 시야로 사물을 관찰해서는 안 된다.

• 덕행을 베풀어 백성에게 추앙받는다

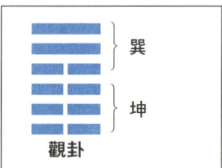

곤은 땅이고 손은 바람이다. 바람이 땅 위에 불어 만물이 널리 그 영향을 받는 것이 '관'이다. 관은 '우러러보다' 혹은 '전시하다'라는 의미다. 높은 사람이 덕행을 베풀어, 백성이 교화된다는 의미다. 아랫사람은 뛰어난 덕행을 보면 흠모하고 공경하며 저절로 복종하게 된다.

'초육'은 음유가 아래에 위치하며, 아이처럼 식견이 좁은 것을 형상한다. 일반 백성이라면 특별한 허물은 없겠지만 교화를 책임지는 군자라면 치욕을 당한다.

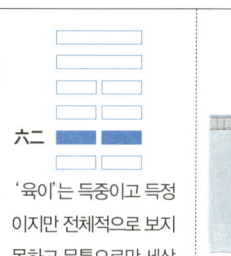

'육이'는 득중이고 득정이지만 전체적으로 보지 못하고 문틈으로만 세상을 관찰한다.

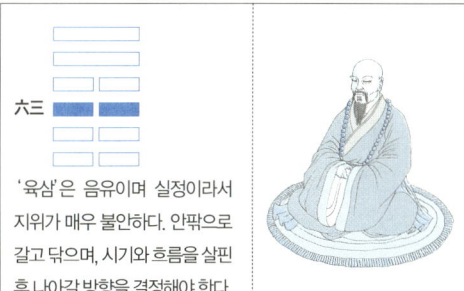

'육삼'은 음유이며 실정이라서 지위가 매우 불안하다. 안팎으로 갈고 닦으며, 시기와 흐름을 살핀 후 나아갈 방향을 결정해야 한다.

'육사'는 유순이며 득정이고 구오와 가깝다. 국가의 교화됨을 관찰하고 훌륭한 교화를 받아들인다. 군왕의 귀한 손님이 된다.

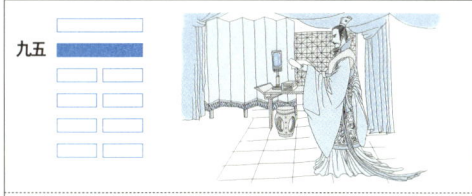

'구오'는 득중이고 득정이다. 성덕이 있어 천하 사람들이 우러러본다. 때문에 끊임없이 반성하면서 자신을 완성해야 한다. 이것은 지도자가 갖추어야 할 품행이다.

'상구'는 비록 외형만 높고 실제 권력은 없지만, 사람들은 여전히 그를 우러러본다. 군자의 덕이 있어야만 재난이 발생하지 않는다.

훌륭한 사람을 우러러보면서 자연스럽게 감화된다. 지도자의 일거일동은 시시각각 사람들의 주목을 받기 때문에, 지도자는 함부로 행동할 수 없다. 미덕으로 아랫사람을 교화하며, 풍속을 관찰하고 잘못을 바로잡아야 한다. 무지하거나 치우쳐서는 안 되며 자만해서도 안 될 것이다. 주관을 가지고 원칙을 지키며, 면밀히 연구하여 사물의 이치를 파악해야 한다. 편협한 시야로 사물을 관찰해서는 안 된다.

| 육십사괘 21 | ### 서합괘 噬嗑卦
작은 처벌로 큰 죄를 예방한다, 정치가 순조롭고 사람이 화합한다 |

서합괘는 진震이 하괘이며 이離가 상괘다. 진은 천둥이고, 이離는 번개다. 천둥이 치면 두렵고 번개가 치면 밝아진다. 천둥과 번개가 함께 치듯, 형벌을 가할 때는 두려움과 밝음을 함께 사용해야 한다. 서噬는 '깨물다'라는 뜻이며 합嗑은 '합하다合'라는 뜻이다. '서합'은 '물다'라는 뜻이 있으며, '형벌'을 상징한다. 위아래에 양효가 입술의 모양을 하고 있고 중간의 양효는 혀의 모양이며, 이효, 삼효, 오효는 이빨과 비슷하다. 입안에 음식을 씹고 있는 모습과 같다.

괘의 의미

입안에 음식을 씹고 있는 듯한 모습이다. 무엇이 가로막고 있을 때는, 물건을 씹듯이 제거해야 형통하다.

효의 의미

'初九'는 작은 잘못이 있어 가벼운 처벌을 받은 것과 같다. 때맞게 개과천선한다면 재난이 없을 것이다. '六二'는 柔順하며 得中이고 得正이기 때문에, 형벌을 집행하는 것이 순조롭다. 그러나 初九를 무시하다가 코를 다치게 된다. 재난은 크지 않다. '六三'은 陰柔이며 失正이다. 형벌을 받은 자가 불복하여 원망을 품는다. 마치 말린 고기를 먹고 식중독이 걸린 것과 같다. 형벌을 집행하는 것이 순조롭지 않다. 그러나 이는 작은 장애일 뿐 커다란 재난은 없다. '九四'는 不中이며 失正이다. 마치 말린 고기를 먹다가 화살촉같이 딱딱한 물건을 씹은 것과 같다. 형벌을 집행하는 것이 순조롭지 않다. 그러나 성격이 강건하고 순직純直하여 역경 속에서도 정도를 지키기 때문에 길하다. '六五'는 陰柔이며 失正이다. 마치 말린 고기를 먹다가 황금 덩어리를 씹은 것과 같다. 형벌을 집행하는 것이 순조롭지 않다. 그러나 得中이며 陽剛이고, 또 尊位에 거하여 성격이 강건하다. 정도를 지킨다면 위기를 예방할 수 있어 큰 재난은 없을 것이다. '上九'는 괘의 가장 윗자리에 위치한다. 지은 죄가 무거워 칼을 쓰고 귀가 잘리는 형벌을 받게 된다.

괘에 대한 설명

본 괘는 음식을 씹는 비유를 통해 형법 집행에 대해 설명한다. 법치는 정치의 근본이며, 이를 통해 질서를 지킨다. 그런데 어쩔 수 없이 형벌을 집행하여 죄를 미리 차단해야 할 경우가 있다. 형벌을 집행할 때는 법에 부합해야 하며, 인덕仁德과 함께 사용해야 한다. 또한 명확하게 문제를 파악하고 과감하게 집행해야 한다.

• 장애가 되는 요소를 제거한다

진은 천둥이고, 이離는 번개다. 천둥이 치면 두렵고 번개가 치면 밝아진다. 천둥과 번개가 함께 치듯, 형벌을 가할 때는 두려움과 밝음을 함께 사용해야 한다. 서는 '깨물다'라는 뜻이며 합은 '합하다'라는 뜻이다. 때문에 '서합'은 '물다'라는 뜻이 있으며, '형벌'을 상징한다. 이 괘는 입안에 음식을 씹고 있는 듯한 모습이다. 무엇이 가로막고 있을 때는, 물건을 씹듯이 제거해야 형통하다.

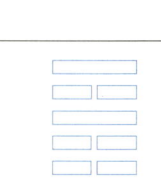

'초구'는 괘의 처음에 위치한다. 작은 잘못이 있어 가벼운 처벌을 받은 것과 같다. 때에 맞게 개과천선한다면 재난이 없을 것이다.

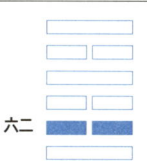

'육이'는 유순이며 득중이고 득정이기 때문에, 형벌을 집행하는 것이 순조롭다. 그러나 초구를 무시하다가 코를 다치게 된다. 재난은 크지 않다.

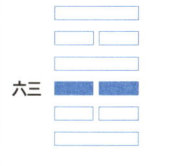

'육삼'은 실정이며 형벌을 받은 자가 불복하여 원망을 품는다. 마치 말린 고기를 먹고 식중독이 걸린 것과 같다. 그러나 이는 작은 장애일 뿐 커다란 재난은 없다.

'구사'는 부중이며 실정이다. 말린 고기를 먹다가 화살촉같이 딱딱한 물건을 씹은 것과 같다. 그러나 역경 속에서도 정도를 지키기 때문에 길하다.

'육오'는 음유이며 실정이다. 마치 말린 고기를 먹다가 황금 덩어리를 씹은 것과 같다. 형벌을 집행하는 것이 순조롭지 않다. 그러나 성격이 강건하여 정도를 지킨다면 위기를 예방할 수 있어 큰 재난은 없을 것이다.

'상구'는 괘의 가장 윗자리에 위치한다. 지은 죄가 무거워 칼을 쓰고 귀가 잘리는 형벌을 받게 된다.

법치는 정치의 근본이며, 이를 통해 장애를 제거하고 질서를 지킨다. 그런데 어쩔 수 없이 형벌을 집행하여 죄를 미리 차단할 경우가 있다. 형벌을 집행할 때는 법에 부합해야 하며, 인덕과 함께 사용해야 한다. 또한 명확하게 문제를 파악하고 과감하게 집행해야 한다. 작은 잘못을 처벌하면서 큰 죄를 예방해야, 정치가 순조롭고 사람이 화합하게 된다.

육십사괘 22 | 비괘賁卦
꾸미고 장식함이 분수에 맞다

비괘는 이離가 하괘이고 간艮이 상괘다. 이離는 불이고 간은 산이니, 산 아래에 불이 있는 모습이다. 산 아래에 화염이 불타 산이 화려하게 빛나는 것이 비賁다. 비는 조개껍데기의 광택이며, '꾸미다'라는 뜻이 있다.

괘의 의미
꼭 필요한 장식을 하면 형통하다. 작고 약한 사물은 장식을 해야 아름다움이 잘 드러난다.

효의 의미
'初九'는 아래의 낮은 자리에 위치하여, 화려하게 꾸미지 않고 스스로 만족한다. 마차를 보내도 타지 않고 걸어가려 한다. '六二'는 得中이며 得正이고, 六五와 호응하지 않는다. 九三과 上九 역시 서로 호응하지 않고, 오직 六二만이 九三을 받든다. 성질이 다른 것이 서로 끌어들여 함께 행동하니 흥하게 된다. 수염이 턱을 장식하면서 턱과 함께 움직이듯이 서로 도우면서 함께 드러난다. '九三'은 양효가 두 음효 사이에 위치한다. 이 때문에 장식이 화려하고 매끄럽다. 그러나 흉한 일이 많아 외적인 치장으로 내적인 근심을 잊을 수 없다. 항상 정도를 지켜야 길하다. '六四'는 陰柔가 得正이며 初九와 호응하여 서로 꾸며준다. 그러나 九三이 중간에서 가로막아 장애가 생긴다. 六四는 짝과 만나기 위하여 백마를 타고 달려간다. 그러나 六四는 걱정이 많아 初九가 도둑이라고 의심한다. 初九는 도둑이 아니며, 六四의 가장 좋은 배필이다. '六五'는 尊位에 거하며, 陰柔이고 得中이다. 치장이 화려하지 않고 소박하다. 비록 하괘와 호응하지 않지만 중도를 지키며 上九를 받든다. 이 때문에 부족함이 있어도 길하다. '上九'는 장식이 극에 달해 다시 질박하게 바뀌었다. 질박하고 단정하므로 특별한 재난이 없다.

괘에 대한 설명
모든 사물은 어느 정도의 장식이 필요하다. 때문에 사람들은 멋진 환경과 잘생긴 배우자와 유행하는 옷을 좋아한다. 일도 열심히 해야 하지만 드러내고 알리는 일도 필요하다. 드러내기 위해서는 먼저 일을 충실히 해야 한다. 치장하는 것은 지나치지 않고 적당해야 하며, 치장과 더불어 내용을 충실히 해야 한다. 사물이 적절하게 장식되면 더 아름답고 형통할 수 있다. 화려함보다는 고상함을 추구하고, 치장에 미혹되거나 거짓으로 포장하지 말아야 한다. 충실한 내용이 바로 최고의 장식임을 이해해야 한다.

인간에게는 장식이 필요하다

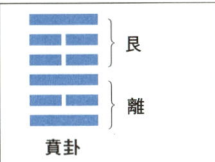

이離는 불이고 간은 산이니 산 아래에 불이 있는 모습이다. 산 아래에 화염이 불타 산이 화려하게 빛나는 것이 비다. 비는 조개껍데기의 광택이며, '꾸미다'라는 뜻에서 파생됐다. 때문에 비는 '꾸밈'을 상징한다. 꼭 필요한 시기에 장식을 한다면 형통하다. 특히 작고 약한 사물은 장식을 해야 아름다움이 더 잘 드러난다.

'초구'는 아래의 낮은 자리에 위치하여, 화려하게 꾸미지 않고 스스로 만족한다. 마차를 보내도 타지 않고 걸어가려 한다.

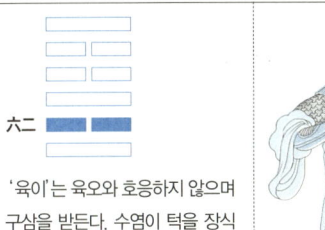

'육이'는 육오와 호응하지 않으며 구삼을 받든다. 수염이 턱을 장식하면서 턱과 함께 움직이듯이 서로 도우면서 함께 드러난다.

'구삼'은 양효가 두 음효 사이에 위치한다. 이 때문에 장식이 화려하고 매끄럽다. 그러나 흉한 일이 많아 항상 정도를 지켜야 길할 수 있다.

'육사'는 득정이며 하괘의 초구와 호응한다. 육사는 짝과 만나기 위하여 백마를 타고 달려가지만, 원래 의심이 많아 초구가 도둑이라고 의심한다. 초구는 도둑이 아니며, 육사의 가장 좋은 배필이다.

'육오'는 음유가 득중이며, 치장이 화려하지 않고 소박하다. 중도를 지키며 상구를 받들기 때문에, 비록 부족함이 있어도 길하다.

'상구'는 장식이 극에 달해 다시 질박하게 바뀌었다. 질박하고 단정하기 때문에 특별한 재난이 없다.

모든 사물은 어느 정도의 장식이 필요하다. 사물이 적절하게 장식되면 더 아름답고 형통할 수 있다. 화려함보다는 고상함을 추구하고, 치장에 미혹되거나 거짓으로 포장하지 말아야 한다. 꾸밈은 모두 공허하다는 것을 깨닫고, 충실한 내용이 바로 최고의 장식임을 이해해야 한다.

| 육십사괘 | 박괘剝卦 |

23 소인이 득세한다, 신중하고 인내하라

박괘는 곤坤이 하괘이며 간艮이 상괘다. 곤은 땅이고 간은 산이다. 침식으로 산이 땅으로 무너져 내린다. 박剝은 '벗겨져 떨어지다'는 뜻이며 '침식하다'는 의미도 있다. 음효 다섯 개와 양효 하나로 되어 있어 소인이 득세하는 형상이다. 만물이 시들기 때문에 '박'이라고 한다.

괘의 의미

아래 있는 다섯 개의 음효는 이제 막 생겨났고, 위에 있는 하나의 양효는 곧 사라지려 한다. 음이 성盛하고 양이 쇠衰하며 소인은 건장하고 군자는 병들었다. 순종하려다가 행동을 멈추고 서 있는 형상이다. 이럴 때는 순종하고 인내하며 행동을 취하지 않는 것이 좋다.

효의 의미

'初六'은 失正이고 호응하는 것이 없다. 무너져 내리는 것이 아래에서부터 시작하여, 침대 다리까지 다가와 근본이 손상을 입는다. 위태롭다. '六二'는 음효가 得中이며 得正이다. 상괘에 호응하는 것이 없다. 아래에서부터 무너져 내리는 것이 점점 위로 올라와 침대 가장자리에 다가왔다. 사악함이 정직함을 잠식하여 위험이 배가 된다. '六三'은 음효가 양의 자리에 위치한다. 무너져 내리는 상황에서, 소인들과 어울리지 않고 오직 陽剛한 上九와 호응하며 군자의 행동을 지지한다. '양을 지니고 때를 기다리기含陽待復' 때문에 특별한 재난은 없다. '六四'는 음효가 상괘의 처음에 위치하여 호응하는 것이 없다. 이미 침대 위까지 무너져 내려 사람이 그것을 피부로 느낄 수 있으니 위험하다. '六五'는 陰柔이며 得中이고 尊位에 거한다. 上九를 받들고 호응한다. 무너져 내릴 때, 여러 음을 거느리고 上九를 받들어 '박'의 국면을 벗어나려 한다. 황후가 여러 후비后妃들을 거느리고 들어가, 군왕의 총애를 받는 것과 같다. 선을 행하면 이롭다. '上九'는 성격이 강직하다. 다른 효들이 모두 무너져 음효가 될 때 혼자 남아 양을 지킨다. 풍성한 과일이 아직 수확되지 않은 모습이다. 재덕才德이 있는 군자가 上九에 거한다면 길하다. 그러나 음흉한 소인이 上九를 차지한다면 흉하다.

괘에 대한 설명

부패에 대응하는 방법을 설명한다. 소인이 득세하면 군자를 박해한다. 비록 소인과 떨어져서 어울리지 않는다고 해도 역량을 발휘하지 못한다. 오직 소인이 반성하거나 훌륭한 지도자가 나타나기만을 바랄 뿐이다. 이때 군자는 세태에 순응하여 조심하고 인내하며 자신을 보호해야 한다. 극에 달하면 반드시 반전된다는 희망을 가져야 한다.

소인이 득세하니 군자가 고달프다

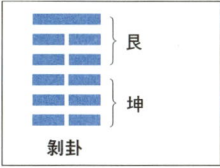

곤은 땅이고 간은 산이다. 자연의 침식으로 산이 땅으로 무너져 내리는 것이 '박'이다. 박은 '벗겨져 떨어지다'는 뜻으로 '침식하다'는 의미도 있다. 음효 다섯 개와 양효 하나로 되어 있어 소인이 득세하는 형상이다. 만물이 시들기 때문에 박이라 한다. 음이 성하고 양이 쇠하며, 소인은 건장하고 군자는 병들었다. 이럴 때는 순종하고 인내해야 하며 어떠한 행동도 취하지 않는 것이 좋다.

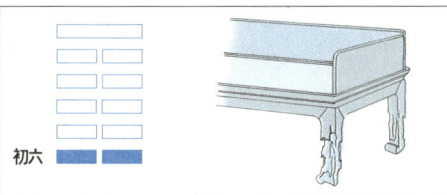

'초육'은 가장 낮은 자리에 위치한다. 또한 실정이고 호응하는 것이 없다. 무너져 내리는 것이 아래에서부터 시작하여, 침대 다리까지 다가와 근본이 손상을 입는다. 위태롭다.

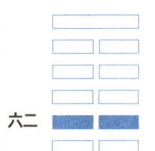
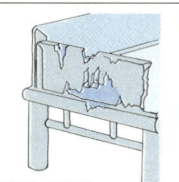

'육이'는 음효가 득중이며 득정이다. 상괘에 호응하는 것이 없다. 아래에서부터 무너져 내리는 것이 점점 위로 올라와 이미 침대 가장자리에 다가왔다. 사악함이 정직함을 잠식하여 위험이 배가 된다.

'육삼'은 소인들과 어울리지 않고 오직 양강한 상구와 호응하며 군자의 행동을 지지한다. 특별한 재난이 없다.

'육사'는 음효가 상괘의 처음에 위치하여 호응하는 것이 없다. 이미 침대 위까지 무너져 내려 사람이 그것을 피부로 느낄 수 있으니 위험하다.

'육오'는 음유가 득중이다. 여러 음을 거느리고 상구를 받든다. 마치 황후가 여러 후비들을 거느리고 들어가 군왕의 총애를 받는 것과 같다. 선을 행하면 이롭다.

'상구'는 강직하다. 풍성한 과일이 아직 수확되지 않은 모습이다. 재덕이 있는 군자가 상구에 거한다면 길하다. 그러나 음흉한 소인이 상구를 차지하면 흉하게 된다.

사물의 발전이 극에 달하면 반드시 반전한다. 줄곧 외형에만 치중하다가 허영이 정점에 도달하면 암흑의 시대를 맞게 된다. 소인이 득세하면 군자를 박해한다. 비록 소인과 떨어져서 어울리지 않는다고 해도 역량을 발휘하지 못한다. 오직 소인이 반성하거나 훌륭한 지도자가 나타나기만을 바랄 뿐이다. 이때 군자는 세태에 순응하여 조심하고 인내하며 자신을 보호해야 한다. 끊임없이 무너져 내린다 해도 실망하지 말고, 그것이 극에 달하면 반드시 반전된다는 희망을 가져야 한다.

육십사괘	복괘復卦
24	# 바른 기운이 다시 오니 # 해야 할 일을 한다

복괘는 진震이 하괘이고 곤坤이 상괘다. 진은 천둥이며 움직이고, 곤은 땅이며 순종한다. 천둥이 땅속에서 움직이고 위에서 이것을 받아들이니, 양기가 자연히 위로 오른다. 이 때문에 '회복'과 '복귀'를 상징한다. 또한 앞의 박괘는 다수의 음효가 양효를 무너뜨리는 것인데, 이 괘에서는 양효 하나가 아래로 내려와 양기가 다시 생겨나는 형상이기 때문에 복復이라고 한다.

괘의 의미

복괘는 陽剛인 初九가 다시 만들어져 생기를 되찾기 때문에 형통하다. 양기가 내부에서 생겨나 외부로 퍼지는데, 이를 가로막는 것이 없다. 또한 여러 음효가 양효를 받아들이며 기뻐한다. 陽剛의 기운이 퍼지기 때문에 적극적으로 행동하는 것이 이롭다.

효의 의미

'初九'는 본 괘의 卦主다. 하나의 양효가 여러 음효의 아래에 위치하여 '회복'의 시작이 된다. 때문에 치우친 행동이 곧 정도로 바뀔 것이다. 자연스럽게 근심과 후회가 사라지며 크게 길하고 이롭게 된다. '六二'는 柔順하며 得中이고 得正이다. 初九와 친근하며 인자仁者를 가까이하고 현자에게 겸손한 것으로, 좋은 것이 되돌아오는 형상이다. 길하다. '六三'은 不中이고 失正이며 호응하는 것이 없다. 위아래가 모두 음이라서 되돌아오는 것이 매우 힘들다. 그러나 음효가 양의 자리에 위치하여, 성실하고도 신중하게 '회복'을 진행한다. 위험해도 재난은 발생하지 않는다. '六四'는 다섯 음의 가운데에 위치하고, 得正이며 初九와도 호응한다. 길흉을 따지지 않고 정도만을 행한다. '六五'는 陰柔가 尊位에 거한다. 온화하고 성실하게 선을 행한다. 失正이며 호응하는 것이 없어도, 정도를 지키기 때문에 후회할 일을 피할 수 있다. '上六'은 위로는 받드는 것이 없고 아래로도 호응하는 것이 없다. 初九와 반목하다가, 길을 잃고 돌아오지 않는다. 화재나 인재人災가 발생할 수 있다. 전쟁을 일으키면 대패하고 국가를 다스리면 혼란이 생겨 임금이 불행하며, 10년 동안 흥하지 못한다.

괘에 대한 설명

무너져 내리는 것이 정점에 도달하면, 반드시 좋은 시절이 되돌아와 형통하게 된다. 이때 철저히 계획하여 잘못을 근절하고 그릇된 일이나 행동을 답습하지 않아야 한다.

• 회복하는 시기

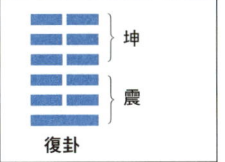

진은 천둥이며 움직이고, 곤은 땅이며 순종한다. 천둥이 땅속에서 움직이고 위에서 이것을 받아들이니, 양기가 자연히 위로 오른다. 이 때문에 복괘는 '회복'과 '복귀'를 상징한다. 앞의 박괘는 다수의 음효가 양효를 무너뜨리는 것인데, 이 괘에서는 양효 하나가 아래로 내려와 양기가 다시 생겨나는 형상이기 때문에 복(復)이라 한다. 양강의 기운이 퍼지기 때문에 적극적으로 행동하는 것이 이롭다.

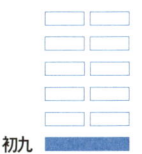

'초구'는 하나의 양효가 여러 음효의 아래에 위치하여 '회복'의 시작이 된다. 때문에 치우친 행동이 곧 정도로 바뀔 것이다. 근심과 후회가 사라지며 크게 길하고 이롭게 된다.

'육이'는 유순하며 득중이고 득정이다. 인자를 가까이하고 현자에게 겸손하다. 좋은 것이 되돌아오는 형상이다.

'육삼'은 근심에 찬 얼굴로 되돌아오는 형상이지만, 성실하고도 신중하게 '회복'을 진행한다. 재난은 발생하지 않는다.

'육사'는 득정이며 초구와도 호응한다. 길흉을 따지지 않고 오직 정도만을 행한다.

'육오'는 존위에 거하며 온화하고 성실하다. 실정이며 호응하는 것이 없어도, 정도를 지키기 때문에 후회할 일을 피할 수 있다.

'상육'은 초구와 반목하다가 화재나 인재를 만나게 된다. 전쟁을 일으키면 대패한다. 국가를 다스리면 혼란이 생겨 임금이 불행하며, 10년 동안 흥하지 못한다.

무너져 내리는 것이 정점에 도달하면, 반드시 좋은 시절이 되돌아와 형통하게 된다. 이때 철저히 계획하여 잘못을 근절하고 그릇된 일이나 행동을 답습하지 않아야 한다. 정기가 회복되는 때, 정의와 성패가 아직 결정되지 않았으므로 인의지사(仁義之士)는 원칙대로 의연히 할 일을 해야 한다.

육십사괘	무망괘 无妄卦
25	# 정도에 부합하여 마음이 편안하다

무망괘는 진震이 하괘이고 건乾이 상괘다. 건은 하늘이며 진은 천둥이다. 온 세상에 천둥이 쳐 만물이 함부로 행동하지 못하는 것을 '무망无妄'이라고 한다. '무망'은 함부로 행동하지 않음을 의미한다.

괘의 의미

함부로 행동하지 않을 때, 정도에 부합하여 형통하게 된다. 만약 동기가 불순하고 정도에 맞지 않으면 재난이 생기게 된다.

효의 의미

'初九'는 양효가 괘의 처음에 위치하며, 陰柔인 六二의 아래에 놓여 있다. 겸손하고 함부로 하지 않기 때문에 앞날이 길하다. '六二'는 得中이고 得正이며, 상괘의 九五와 호응한다. 사심이 없으며 함부로 행동하지 않는다. 또한 터무니없이 바라지 않으며 자연에 순응한다. 이렇게 하면 발전하는 데 이롭다. '六三'은 음효가 하괘의 윗자리에 있으며 失正이라서 조급하다. 비록 함부로 행동하지는 않지만 뜻밖의 재난을 불러올 수 있다. '九四'는 失正이며 호응하는 것이 없어 원래 재난이 있다. 그러나 강하면서 유하며 양효가 음의 자리에 있어, 겸손하여 함부로 행동하지 않는다. 때문에 특별한 재난은 없다. '九五'는 본 괘의 卦主다. 陽剛이며 得中이고 得正이다. 또 尊位에 거한다. 卦主이기 때문에 아래 사람들이 함부로 행동하지 않는다. 뜻밖의 병이 걸렸을 때 허둥지둥 약을 쓰지 않아도 저절로 낫는다. '上九'는 괘의 정점에 위치하여, 무망에서 망妄으로 전환하는 형세다. 때문에 앞으로 나아가지 않아야 한다. 만약 위세를 부려 함부로 행동하면 해만 입고 이득이 없다.

괘에 대한 설명

모든 것이 정상을 회복하여 진실 되고 거짓이 없는 시기가 도래했다. 이때, 가식이 없고 진실 되게 행동하는 것이 유리하다. 하지만 반드시 좋은 결과만을 가져오는 것은 아니다. 사람은 강직하고 바르며 사욕이 없어야 한다. 또한 사치스러운 생각을 버리고 득실을 따지지 않으며 해야 할 일은 해야 한다. 이렇게 하면 마음의 편안함을 얻을 수 있다.

가식이 없는 것이 하늘과 인간의 이치다

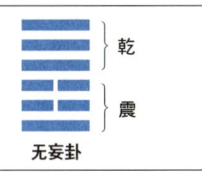

건은 하늘이며 진은 천둥이다. 온 세상에 천둥이 쳐 만물이 함부로 행동하지 못하는 것을 '무망'이라고 한다. '무망'은 함부로 행동하지 않음을 의미한다. 함부로 행동하지 않을 때, 정도에 부합하여 형통하게 된다. 만약 동기가 불순하고 정도에 맞지 않으면 재난이 생기게 된다.

'초구'는 음유인 육이 아래에 놓여 있다. 겸손하고 함부로 하지 않기 때문에 앞날이 길하다.

'육이'는 득중이고 득정이다. 사심이 없으며 함부로 행동하지 않는다. 또한 자연에 순응한다. 이렇게 하면 발전하는 데 이롭다.

'육삼'은 음효가 하괘의 윗자리에 있으며 실정이라서 조급하다. 비록 함부로 행동하지는 않지만 뜻밖의 재난을 불러올 수 있다.

'구사'는 실정이며 원래 재난이 있다. 그러나 강하면서 유하고, 겸손하여 함부로 행동하지 않는다. 때문에 특별한 재난은 없다.

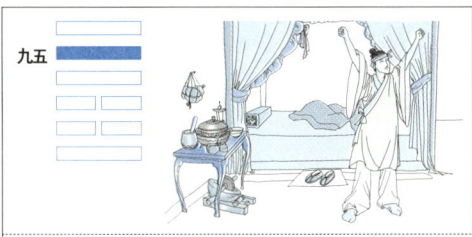

'구오'는 양강이며 득중이고 득정이다. 괘주이기 때문에 뜻밖의 병이 걸렸을 때 허둥지둥 약을 쓰지 않아도 저절로 낫는다.

'상구'는 괘의 정점에 위치하여, 무망에서 망으로 전환하는 형세다. 때문에 위세를 부려 함부로 행동하면 해만 입고 이득이 없다.

모든 것이 정상을 회복하여 진실 되고 거짓이 없는 시기가 도래했다. 이때, 가식이 없고 진실 되게 행동하는 것이 유리하다. 하지만 반드시 좋은 결과만을 가져오는 것은 아니다. 사람은 강직하고 바르며 사욕이 없어야 한다. 또한 사치스러운 생각을 버리고 득실을 따지지 않으며 해야 할 일은 해야 한다. 이렇게 하면 마음의 편안함을 얻을 수 있다.

육십사괘 26

대축괘 大畜卦

부유하고 강하다, 멈춰야 할 때 멈춘다

대축괘는 건乾이 하괘이고 간艮이 상괘다. 건은 하늘이며 간은 산이다. 하늘이 산속에 있다는 말로, 산이 하늘을 감싸고 있다는 의미다. 축畜은 '쌓다蓄'와 통하며, '모으다', '멈추다'라는 의미가 있다. 때문에 대축은 '많이 모으는 것'을 의미한다.

괘의 의미

정도를 지키지 않는 사람은 예의를 갖추거나 검손하기 힘들다. 이 괘는 六五의 陰柔가 得中이기 때문에 정도를 지키는 것이 이롭다. 집에 있는 것보다 밖에서 생계를 찾는 것이 길하다. 六五는 하괘인 건괘乾卦와 호응하여 천리에 순응하니 난관을 극복하는 데 유리하다.

효의 의미

'初九'는 괘의 처음에 위치한다. 음덕陰德이 비천하며 또 六四에 막혀 있다. 이때 출세에 급급하면 위험하다. 잠시 멈춰 덕을 쌓는 것이 유리하다. '九二'는 陽剛이고 得中이며, 상괘의 六五와 호응한다. 六五가 가로막고 있음을 알고, 멈춰서 전진하지 않으면 과실은 없을 것이다. '九三'은 剛正하고 剛健하다. 또한 陽剛인 上九와 뜻이 맞아 재능을 펼칠 수 있다. 그러나 자신의 강함을 자만하지 말고, 미래의 환난을 대비하면서 정도를 지켜야 이롭다. '六四'는 陰柔이며 得正이다. 뿔이 없는 소의 머리에 횡목을 올린 것처럼 初九를 가로막는다. 근심을 미연에 방지하니 크게 길하다. '六五'는 본 괘의 卦主다. 柔爻가 得中이고 尊位에 거하며, 상괘의 九二와 호응한다. 부드러움으로 강함을 제압하는 것이 마치 수퇘지를 거세하여 성격을 온순하게 하는 것과 같다. 이렇게 하면 수퇘지가 날카로운 이빨이 있어도 사람을 해치지 않는다. 길하다. '上九'는 괘의 정점에 위치한다. 剛健한 하괘를 더 이상 저지하지 못하고, 막혔던 것이 사라지고 소통하게 된다. 그러니 순조롭고 형통하다.

괘에 대한 설명

역량이 모이면 커다란 공적을 세우게 되지만 많이 쌓아놓으면 장애가 되기도 한다. 발전이 있으면 후퇴가 있기 마련이다. 부강하면 쉽게 자만에 빠져 경거망동하게 된다. 때문에 냉정하고 신중하게 상황을 파악하고, 적당할 때 멈춰야 한다. 비약적으로 발전할 때에 제지하면 더 위험하다. 이런 경우에는 정도를 지키고 계획을 세워 효과적인 방법으로 실행해야 한다.

역량을 축적하여 크게 발전한다

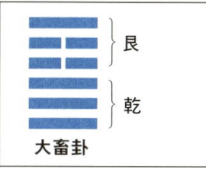
大畜卦

건은 하늘이며 간은 산이다. 하늘이 산속에 있다는 말로, 산이 하늘을 감싸고 있다는 의미다. 축은 '쌓다'와 통하며, '모으다', '멈추다'의 의미가 있다. 대축은 '많이 모으는 것'을 의미한다. 집에 있는 것보다 밖에서 생계를 찾는 것이 길하다. 난관을 극복하는 데 유리하다.

初九

'초구'는 괘의 처음에 위치한다. 음덕이 비천하여 출세에 급급하면 위험하다. 잠시 멈춰 덕을 쌓는 것이 유리하다.

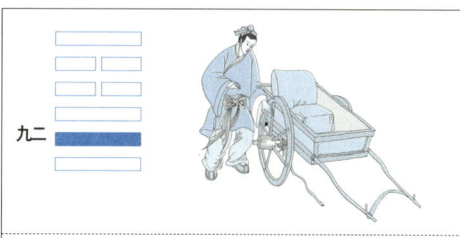
九二

'구이'는 양강이고 득중이며, 상괘의 육오와 호응한다. 형세를 파악하고 멈춰 전진하지 않으면 과실은 없을 것이다.

九三

'구삼'은 강정하고 매우 강건하다. 그러나 자신의 강함을 자만하지 말고, 미래의 환난을 대비하면서 정도를 지켜야 이롭다.

六四

'육사'는 득정이다. 뿔이 없는 소의 머리에 횡목을 올린 것처럼 초구를 가로막는다. 근심을 미연에 방지하니 크게 길하다.

六五

'육오'는 유효가 득중이고 존위에 거한다. 부드러움으로 강함을 제압하는 것이 마치 수퇘지를 거세하여 성격을 온순하게 하는 것과 같다. 이렇게 하면 수퇘지가 날카로운 이빨이 있어도 사람을 해치지 않는다. 길하다.

上九

'상구'는 강건한 하괘를 더 이상 저지하지 못하고, 막혔던 것이 사라지고 소통하게 된다. 그러니 순조롭고 형통하다.

역량이 모이면 커다란 공적을 세우게 되지만 많이 쌓아놓으면 장애가 되기도 한다. 발전이 있으면 후퇴가 있기 마련이다. 부강하면 쉽게 자만에 빠져 경거망동하게 된다. 때문에 냉정하고 신중하게 상황을 파악하고, 적당할 때 멈춰야 한다. 비약적으로 발전할 때에 제지하면 더 위험하다. 이런 경우에는 정도를 지키고 계획을 세워 효과적인 방법으로 실행해야 한다.

육십사괘 27

이괘 頤卦

윗사람이 백성을 기르지만, 백성에게 도움을 받을 때도 있다

이괘는 진震이 하괘이며 간艮이 상괘다. 진은 천둥이며 간은 산이다. 산 아래에 천둥이 치는 모습이다. 산은 위에서 멈춰 있고 천둥은 아래에서 움직인다. 아래는 움직이고 위는 멈춰 있으니 마치 입으로 음식을 씹는 것과 같다. 그래서 '턱 이頤'라고 칭했다. '씹는다'는 것은 '양분을 공급하다養'는 뜻이기 때문에, 이頤는 '기르다'는 의미도 있다.

괘의 의미
사물이 길러지는 방식을 고찰하여, 이를 근거로 정도를 지키며 스스로를 길러야 한다.

효의 의미
'初九'는 陽剛이며 아래에 위치하여, 자신을 기를 능력이 있다. 그러나 소인인 六四와 호응하여 탐욕이 생긴다. 이는 마치 본인은 陽剛이 가득한데도, 비어 있는 음허陰虛가 길러주기를 바라는 것과 같다. 기르는 방법이 잘못되어 위험하다. '六二'는 柔順하여 스스로 자신을 기르지 못해 初九가 길러주기를 바란다. 이것은 이치에 벗어나는 행동이다. 또 上九가 길러주기를 바라지만, 上九는 지위가 너무 높아 六二와 호응하지 않는다. 앞날이 위험하다. '六三'은 음효가 양의 자리에 위치하여 不中이며 失正이다. 목적을 위해 수단 방법을 가리지 않아 정도에서 벗어난다. 설사 기르는 목적이 정당해도 흉하게 된다. '六四'는 위에 있으면서 아래에 있는 初九가 길러주기를 바란다. 자신을 기르고 남을 키우는 것을 백성에게 의지한다. 비록 거꾸로 아랫사람이 윗사람을 길러주지만 길하다. '六五'는 陰柔가 得中이며 尊位에 있기 때문에 백성을 길러야 한다. 그러나 失正이며 호응하는 것이 없어 천하를 기를 수 없다. 오직 陽剛한 上九의 현명함에 의지해야 한다. 정도를 지켜야 하며, 위험을 무릅쓰고 모험하지 않으면 길하다. '上九'는 본 괘의 卦主다. 陽剛이 충만하여 신하가 임금보다 현명하고, 임금이 그에게 의지하여 천하를 기르는 형상이다. 신중하게 행동하고 여러 위험 요소들을 제거하면 길하다.

괘에 대한 설명
기르는 것은 스스로 책임져야 하며, 남에게 의지하거나 남을 부러워하지 말아야 한다. 윗사람들은 마땅히 지혜를 발휘하여 백성을 길러야 하지만, 백성에게 도움을 받을 수도 있다. 이때 윗사람은 위엄을 갖추되 사납지 않으며 공정하고 엄격해야 한다.

키우고 기르는 방법

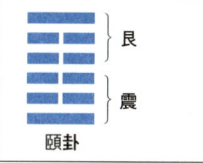

진은 천둥이며, 간은 산이다. 산 아래에 천둥이 치는 모습이다. 산은 위에서 움직이지 않고 천둥은 아래에서 움직인다. 아래는 움직이고 위는 멈춰 있으니 마치 입으로 음식을 씹는 것과 같다. 그래서 '턱 이頤'라고 했다. '씹는다'는 것은 '양분을 공급하다'라는 뜻으로, 이頤는 '기르다'라는 의미도 있다. 사물이 어떻게 길러지는지 관찰하고, 정도를 지키면서 자력갱생自力更生하여 자신을 키워야 한다.

'초구'는 양강이며 아래에 위치하여, 소인인 육사와 호응한다. 기르는 방법이 잘못되어 위험하다.

'육이'는 본래 득중이고 득정이다. 그러나 스스로 자신을 기르지 못해 아래의 초구가 길러주기를 바란다. 이것은 이치에 벗어나는 행동이다. 앞날이 위험하다.

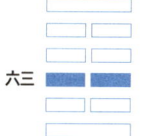

'육삼'은 부중이며 실정이다. 목적을 위해 수단 방법을 가리지 않는다. 10년 동안 어느 누구도 길러주지 않는다.

'육사'는 득정이며 초구와 호응한다. 위에 있는 자가 아랫사람이 길러주기를 바란다. 자신을 기르고 남을 키우는 것을 백성에게 의지하지만 길하다.

'육오'는 음유가 득중이며 존위에 있지만, 음유가 실정이기 때문에 천하를 기르기에 부족하다. 오직 상구의 현명함에 의지해야 한다.

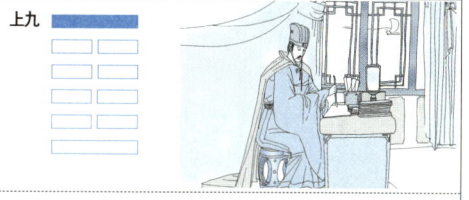

'상구'는 괘의 정점에 위치한다. 양강이 충만하여 임금이 현명한 신하에게 의지하여 천하를 기르는 형상이다. 지위는 높고 직책은 막중하니 신중하게 행동한다면 길하다.

물질을 쌓아 풍부해진 다음에야 천하를 기를 수 있다. 기르는 것은 스스로 책임져야 하며, 남에게 의지하거나 또 남을 부러워하지 말아야 한다. 윗사람들은 마땅히 지혜를 발휘하여 백성을 길러야 하지만, 어쩔 수 없을 경우에 백성에게 도움을 받을 수도 있다. 그러나 이때 아랫사람들에게 무시당할 수 있기 때문에 윗사람은 위엄을 갖추되 사납지 않으며 공정하고 엄격해야 한다.

| 육십사괘 | 대과괘 大過卦 |

28 강유를 조절하여 균형을 잡는다

대과괘는 손巽이 하괘이며 태兌가 상괘다. 손은 나무고 태는 연못이다. 연못은 나무를 윤택하게 한다. 그러나 연못이 나무 위에 있으니 홍수로 나무가 잠긴 형상이다. 윤택함의 정도가 지나치다. 과過는 '넘는다超', '과실' 등의 의미가 있다.

괘의 의미

네 개의 양효는 지나치게 강하며 두 개의 음효는 허약하다. 건물의 기둥이 매우 심하게 구부러진 것과 같다. 그러나 九二와 九五가 得中이고, 손이 하괘이며 태가 상괘이기 때문에, '중용', '순종'이 있으며 남을 즐겁게 한다. 남의 도움을 받을 수 있어서 형통하다.

효의 의미

'初六'은 陰柔가 아래에 위치하고 失正이다. 지나치게 성대하기 때문에 경계하고 신중해야 과오가 발생하지 않는다. '九二'는 陽剛이고 失正이다. 이는 말라버린 버드나무나 늙은 남자와 같다. 그렇지만 양효가 음의 자리에 있어 길하다. 初六은 음효가 양의 자리에 있고, 九二는 양효가 음의 자리에 있어서, 剛柔를 겸비하고 있다. 말라버린 버드나무에서 새싹이 나고, 늙은 남자가 젊은 부인을 얻는 것과 같다. '九三'은 본 괘의 卦主다. 得正이며 상괘와 호응한다. 剛爻가 강한 자리에 있어 지나치게 강하다. 집의 기둥이 구부려져 무너질 위험이 있는 것과 같다. '九四'는 양효가 음의 자리에 있어 剛柔를 겸비하고 있다. 집의 기둥을 다시 바로잡는 것과 같다. 그러나 아래로 내려가 初六과 호응하면, 지나치게 온화해서 굴욕을 당한다. '九五'는 剛健하고 得中이며 得正이고 尊位에 거한다. 힘써 上六과 가까이 지내지만 上六은 쇠락의 정점에 위치한 음효다. 九五와 음양의 차이가 너무 커서 성공하기 힘들다. 늙어서 말라버린 버드나무에 꽃이 피고 나이 많은 여자가 젊은 남자에게 시집가는 것과 같다. 칭송할 만한 것이 아니다. '上六'은 음효가 괘의 정점에 위치한다. 陽剛인 九五와 친밀하며 양의 도움을 받아 음을 구하려 하지만 능력이 부족해 결국 흉하게 된다. 불굴의 정신을 발휘하고 의연히 행동하면 질책받을 일은 없다.

괘에 대한 설명

부조화의 근본적인 해결책은 剛柔를 적절하게 조절하여 균형을 잡는 것이다. '살신성인 殺身成仁'으로 커다란 허물과 잘못들을 바로잡아야 한다. 다만 지나치게 자신하지 말고 신중해야 하며, 사악함을 포용하거나 그것에 연루되지 말아야 한다. 그 수단이 마땅히 정당해야 영광을 얻을 수 있다.

• 위대한 행동으로 이상을 실현하다

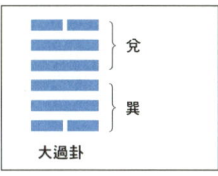

손은 나무고 태는 연못이다. 연못은 나무를 윤택하게 한다. 그러나 연못이 나무 위에 있으니 홍수로 나무가 잠긴 형상이다. 윤택함의 정도가 지나치다. 과는 '넘는다', '과실' 등의 의미가 있다. 손이 하괘이며 태가 상괘이기 때문에, '중용', '순종'이 있으며 남을 즐겁게 한다. 남의 도움을 받을 수 있어서 형통하다.

'초육'은 음유가 아래에 위치한다. 지나치게 성대하기 때문에 경계하고 신중해야 과오가 발생하지 않는다.

'구이'는 양강이고 실정이다. 양효가 음의 자리에 있어 길하다. 말라버린 버드나무에 새싹이 나고, 늙은 남자가 젊은 부인을 얻는 것과 같이 이롭다.

'구삼'은 득정이며 상괘와 호응한다. 강효가 강한 자리에 있어 지나치게 강하다. 이는 집의 기둥이 구부러져 무너질 위험이 있는 것과 같다.

'구사'는 양효가 음의 자리에 있다. 이는 집의 기둥을 다시 평평하게 바로잡는 것과 같아서 길하다. 그러나 아래로 내려가 초육과 호응하면, 지나치게 온화해 굴욕을 당하게 된다.

'구오'는 힘써 상육과 가까이 지내지만 성공하기 힘들다. 이는 마치 말라버린 버드나무에 꽃이 피고 나이 많은 여자가 젊은 남자에게 시집가는 것과 같다. 칭송할 만한 것이 아니다.

'상육'은 양강인 구오와 친밀하지만 능력이 부족해 결국 흉하게 된다. 그러나 홀로 불굴의 정신을 발휘하고 의연히 행동한다.

인류 사회와 자연계에는 여러 가지 부조화 현상이 나타난다. 그리고 이로 인해 고통을 당하기도 한다. 부조화의 근본적인 해결책은 강유를 적절하게 조절하여 균형을 잡는 것이다. '살신성인'으로 커다란 잘못과 허물들을 바로잡아야 한다. 그러나 특별한 방법을 택하면 위험이 따르게 마련이니, 모든 역량을 모아야 한다. 다만 지나치게 자신하지 말고 신중해야 한다. 비록 특별한 행동이지만 그 수단은 마땅히 정당해야 영광을 얻을 수 있다.

육십사괘	감괘坎卦
29	# 함께 배를 타고 난관을 극복하다

감坎은 물이며 빠지는 특성이 있다. 상괘와 하괘가 모두 감이니, 물 위에 또 물이 있는 형국이다. 이는 '빠지고 또 빠진다'는 의미로 '험난함'을 상징한다.

괘의 의미

어려움에 처하면 마음이 진실해지고 도량이 넓어진다. 험난함에 처했을 때 의연하면 숭고해지지만, 위축되어 물러나면 도리어 활로가 사라진다.

효의 의미

'初六'은 위험의 아래에 위치한다. 陰柔가 失正이며 상괘에 호응하는 것이 없다. 함정의 가장 깊은 곳에 빠져 몸을 빼낼 수 없다. 흉하다. '九二'는 失正이다. 그러나 陽剛이 得中이며 위아래의 두 음효와 친근하다. 때문에 위험에서 벗어날 방법을 모색하면 목적에 도달한다. '六三'은 본 괘의 卦主다. 음효가 양의 자리에 위치하여 失正이고 호응하는 것이 없다. 전진해도 위험하고 후퇴해도 편안하지 못하다. 함정의 깊은 곳에 떨어져 재능을 펼칠 수 없다. '六四'는 柔順이고 得正이다. 상괘와 호응하는 것이 없어 오직 九五만을 받든다. 위험에 처해 있지만 군신이 서로 도우며, 창문으로 소략한 음식을 군왕에게 전달한다. 이렇게 하면 난관에서 벗어나게 되니 커다란 재난은 없을 것이다. '九五'는 得中이고 得正이며 尊位에 거한다. 또 하괘의 六四와 친근하다. 함정 옆의 작은 흙더미를 가지고 함정을 메운다. 비록 깊은 함정을 바로 메우지는 못하지만, 결국에는 다 메우고 탈출하게 된다. 재난은 발생하지 않을 것이다. '上六'은 유柔가 험난함의 정점에 위치하며, 호응하는 것이 없다. 이는 마치 새끼줄로 꽁꽁 묶어 가시덤불에 던져놓은 것과 같으니, 3년 동안 걸어 나올 수 없다. 흉하다.

괘에 대한 설명

지나치게 왕성하면 위험이 닥친다. 역경 속에서도 지혜를 발휘하여 역경에서 벗어나려 할 때, 진실한 마음과 숭고한 정신이 드러나게 된다. 위험에 빠졌을 때는 너무 급하게 서두르지 말고, 조금씩 위험에서 벗어나야 한다. 또 깊은 함정에 빠질수록 더욱 조심하고, 일단 자신의 목숨을 보존하여 기회를 기다려야 한다. 위험에 빠졌을 때, 상하의 모든 사람이 단결하여 방법을 모색해야만 역경을 이겨낼 수 있다.

• 수많은 고난을 이겨내다

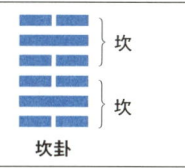

감은 물이며 빠지는 특성이 있다. 상괘와 하괘가 모두 감이니, 물 위에 또 물이 있는 형국이다. 이는 즉 '빠지고 또 빠진다'는 의미로 '험난함'을 상징한다. 상황이 험난할수록 의연하면 숭고해지지만, 위축되어 물러나면 도리어 활로가 사라진다.

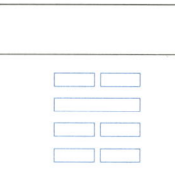

'초육'은 위험의 아래에 위치한다. 육유가 실정이기 때문에, 함정의 가장 깊은 곳에 빠져 몸을 빼낼 수 없다. 흉하다.

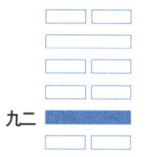

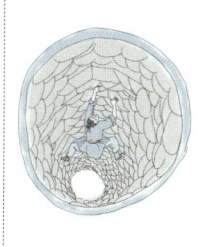

'구이'는 실정이다. 그러나 양강이 득중이며 위아래의 두 음효와 친근하다. 때문에 위험에서 벗어날 방법을 모색하면 목적에 도달한다.

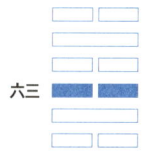

'육삼'은 음효가 양의 자리에 위치하여 실정이고 호응하는 것이 없다. 전진해도 위험하고 후퇴해도 편안하지 못하다.

'육사'는 유순이고 득정이며, 오직 구오만을 받든다. 위험에 처한 상황에서, 창문으로 소략한 음식을 군왕에게 전달한다. 이렇게 하면 난관에서 벗어나게 되니 커다란 재난은 없을 것이다.

'구오'는 득중이고 득정이며 하괘의 육사와 친근하다. 함정 옆의 작은 흙더미를 가지고 함정을 메운다. 결국에는 다 메우고 탈출하여, 재난이 발생하지 않을 것이다.

'상육'은 유효가 험난함의 정점에 위치하며, 호응하는 것이 없다. 이는 마치 새끼줄로 꽁꽁 묶어 가시덤불에 던져놓은 것과 같으니, 3년 동안 걸어 나올 수 없다. 흉하다.

지나치게 왕성하면 위험이 닥친다. 역경 속에서도 지혜를 발휘하여 역경에서 벗어나려 할 때, 진실한 마음과 숭고한 정신이 드러나게 된다. 위험에 빠졌을 때는 너무 급하게 서두르지 말고, 조금씩 위험에서 벗어나야 한다. 또 깊은 함정에 빠질수록 더욱 조심하고, 일단 자신의 목숨을 보존하여 기회를 기다려야 한다. 위험에 빠졌을 때, 상하의 모든 사람이 단결하여 방법을 모색해야만 역경을 이겨낼 수 있다.

| 육십사괘 30 | 이괘離卦

의지할 것이 있다, 유순하며 중용을 지키다

이離는 해日이며 빛을 의미한다. 상괘와 하괘가 모두 이離이기 때문에 빛이 연이어 하늘로 올라가는 형상이다. 이離는 해가 하늘에 붙어 있는 모양이다. 이離는 여麗이며 '붙어 있음'을 상징한다. 붙어 있다는 말은 원래 떨어져 있었다는 것이다. 때문에 '결합하다'라는 의미가 있다.

괘의 의미

세상의 모든 사물들은 반드시 다른 사물에 의지해야만 존재할 수 있다. 그러나 의지하는 대상이 바르고 柔順해야 형통하다.

효의 의미

'初九'는 陽剛이다. 총명함을 상징한다. 그러나 성공에 급급하여 시작 단계에서 좌충우돌한다. 위험에 빠질 가능성이 있다. 하지만 아래에 위치하여 겸손하고 신중하기 때문에 재난을 면할 수 있다. '六二'는 得中이고 得正이며 본 괘의 卦主다. 柔順하고 올바른 모습으로 사물에 의탁하고 있다. 크게 길하다. '九三'은 하괘의 마지막에 위치한다. 해가 지는 모습으로, 석양이 지면 양이 정점에 도달하여 곧 쇠하게 된다. 사람이 늙는 모습과 비슷하다. 젊음이 있으면 늙음이 오는 것이 인생의 진리다. 노년이 되면 이런 진리를 이해하고 늙음을 기꺼이 받아들여야 한다. 늙음을 한탄하면 흉하다. '九四'는 陽剛이 失正하여 호응하는 것도 없고 받드는 것도 없다. 출세에 급급하여 六五에 의탁하고 있는데, 서두르면 도달하지 못한다. 아침에 무지개가 잠깐 동쪽 하늘에 나타난 것과 같다. 무지개는 하늘에 붙어 있을 수가 없어, 나타났다가 이내 흔적도 없이 사라진다. '六五'는 음효가 양의 자리에 위치하며 陽剛인 九四를 무시한다. 六五는 九四의 핍박을 받고 상처를 입어 눈물을 흘린다. 그러나 六五는 尊位에 거하여 많은 도움을 얻는다. 때문에 처음에는 상처를 입지만 나중에 길하게 된다. '上九'는 양이 정점에 위치하여, 많은 이들이 다가와 의탁한다. 세세한 부분까지 파악하고 있으며 또 과감하게 행동하기 때문에, 군대를 일으켜 악인을 처단해도 책망을 듣지 않는다.

괘에 대한 설명

의탁하는 대상이 柔順하고 정도를 지켜야 형통하다. 지위에 관계없이 모든 사람들은 자신이 사는 시대와 사회 속에서 의탁하며 살아간다. 때문에 사회 안에서 의탁하는 자와 도움을 주는 자 사이에 복잡한 관계를 형성한다. 위로 오르려 한다면, 오르기 위해 잡을 것이 필요하다. 이때 정도를 지키는 것이 관건이다. 잡고 올라갈 대상을 신중하게 선택해야만 화를 면할 수 있다.

의탁할 것이 있어야 안전하다

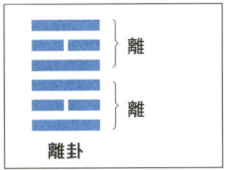

이離는 해이며 빛을 의미한다. 상괘와 하괘가 모두 이離이기 때문에 빛이 연이어 하늘로 올라가는 형상이다. 이離는 해가 하늘에 붙어 있는 모양이다. 이離는 여麗이며 '붙어 있음'을 상징한다. 의지하는 대상이 바르고 유순해야 형통하다.

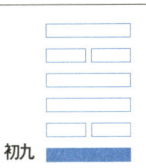

初九
'초구'는 양강이며 총명하다. 성공에 급급하여 위험에 빠질 수 있지만 겸손하고 신중하기 때문에 재난을 면할 수 있다.

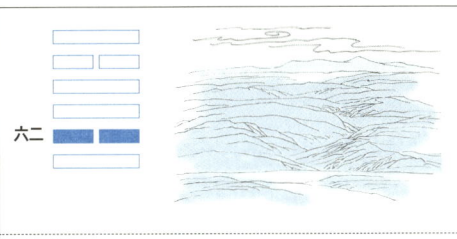

六二
'육이'는 득중이고 득정이다. 유순하고 올바른 모습으로 사물에 의탁하고 있다. 크게 길하다.

九三
'구삼'은 하괘의 마지막에 위치한다. 사람이 늙는 것과 비슷하다. 노년이 되면 진리를 이해하고 늙음을 기꺼이 받아들여야 한다.

九四
'구사'는 양강이 실정이다. 서두르면 도달하지 못한다. 아침에 무지개가 나타났다가 이내 흔적도 없이 사라지는 것과 같다.

六五
'육오'는 음효가 양의 자리에 위치한다. 구사의 핍박을 받고 상처를 입어 눈물을 흘린다. 그러나 존위에 거하여 많은 도움을 얻는다. 나중에 길하다.

上九
'상구'는 정점에 위치한다. 세세한 부분까지 파악하고 있으며 또 과감하게 행동하기 때문에, 군대를 일으켜 악인을 처단해도 책망을 듣지 않는다.

의탁하는 대상이 유순하고 정도를 지켜야 형통하다. 지위에 관계없이 모든 사람들은 자신이 사는 시대와 사회 속에서 의탁하며 살아간다. 때문에 사회 안에서 의탁하는 자와 도움을 주는 자 사이에 복잡한 관계를 형성하게 된다. 이처럼 인류 사회에서 인간은 어쩔 수 없이 타인과 관계를 맺고 살아야 한다. 위로 오르려 한다면, 오르기 위해 잡을 것이 필요하다. 이때 정도를 지키는 것이 관건이다. 잡고 올라갈 대상을 신중하게 선택해야만 화를 면할 수 있다.

| 육십사괘 **31** | **함괘**咸卦
의견을 나누며 교분을 쌓는다

함괘는 간艮이 하괘이며 태兌가 상괘다. 간은 산이며 태는 연못이니 산 위에 연못이 있다는 말이다. 연못은 아래로 흐르며 사물을 적시는데, 산이 아래에 있기 때문에 연못의 혜택을 받는다. 산이 연못을 느끼는 것이 함咸이다. 함은 '감'이며 '교감하다', '감응하다'라는 말이다. 또한 간은 젊은 남자剛를 가리키고 태는 젊은 여자柔를 지칭한다. 젊은 남자가 젊은 여자에게 공손하게 대하니 강함과 부드러움이 교감한다는 의미다.

괘의 의미

서로 감응하면 형통하고 정도를 지켜면 이롭다. 남녀가 교감하여 부부가 되니 길하다.

효의 의미

'初六'은 九四와 호응한다. 감정이 아직 미약하여 앞으로 발전하기는 힘들다. 감정이 발목까지만 다다른 것 같아 길흉이 아직 드러나지 않는다. '六二'는 得中이고 得正이며 九五와 호응하기 때문에 원래 재난이 없다. 그러나 九三과 九四가 모두 양효인데, 六二는 오직 九五와 호응하기 때문에 九三과 九四가 질투한다. 그러므로 움직이면 흉하고 자리를 지키면 길하다. '九三'은 재난이 많은 위치에 있어 양이 왕성하고 성격이 조급하다. 上六과 호응하며, 아래의 두 음효를 밟고 있다. 딴마음을 품고 있어 교분을 맺는 데 전념하지 않는 형상이다. 이 때문에 훗날 후회하게 된다. '九四'는 본 괘의 卦主이며 失正이다. 그러나 양효가 음의 자리에 위치하여 겸손의 형상이 있다. 또한 初六과 진심으로 호응한다. 만약 정도를 지킨다면, 길하게 되고 후회할 일이 사라진다. 친구가 서로 뜻이 통하여 마음을 털어놓게 된다. '九五'는 得中이고 得正이며 尊位에 거한다. 그러나 양효인 九三과 九四가 가로막고 있어 六二와 교분을 쌓는 데 전념하지 못한다. 후회할 일은 생기지 않는다. '上六'은 교감의 최고점에 도달하여 반전하는 형국이다. 말로만 감동을 주니 그 감정이 깊지 않다. 길한지 흉한지는 판단하기 어렵다.

괘에 대한 설명

본 괘는 남녀의 교감에 대해서 설명한다. 교감을 할 때는 순수한 동기와 겸손한 태도, 그리고 자연스러운 감정이 있어야 한다. 그러나 소인들처럼 듣기 좋은 말로 사람의 환심을 사는 행위는 피해야 한다. 사람들은 서로 다른 영역에서 서로 다른 방식으로 교류한다. 군자는 겸허한 마음으로 널리 사람들을 받아들여 교화해야 한다. 괴팍하고 차가운 태도는 인간관계 형성에 장애가 된다. 이렇게 하면 큰일을 성취할 수 없다.

자연스러운 감정의 교류

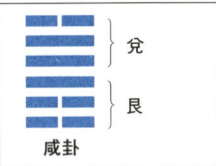

간은 산이며 태는 연못이니 산 위에 연못이 있다는 말이다. 연못은 아래로 흐르며 사물을 적시는데, 산이 연못을 느끼는 것이 함이다.

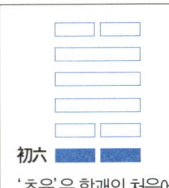

'초육'은 함괘의 처음에 위치하며, 감정이 아직 미약하다. 감정이 발목까지만 다다른 것 같아 길흉이 아직 드러나지 않는다.

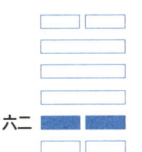

'육이'는 득중이고 득정이며 구오와 호응한다. 감정이 종아리까지 다다른 형국이다. 움직이면 흉하고 자리를 지키면 길하다.

'구삼'은 재난이 많은 자리에 있다. 교분을 맺는 데 전념하지 않는 형상이다. 이 때문에 훗날 후회하게 된다.

'구사'는 실정이다. 그러나 양효가 음의 자리에 위치하여 겸손의 형상이 있다. 서로 뜻이 통하여 마음을 털어놓게 된다.

'구오'는 득중이고 득정이며 존위에 거한다. 그러나 육이와 교분을 쌓는 데 전념하지 못한다. 후회할 일은 생기지 않는다.

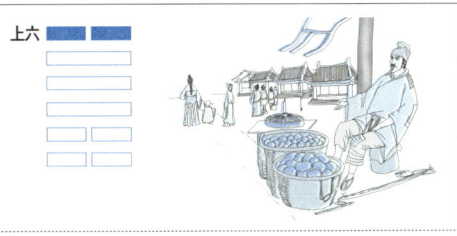

'상육'은 교감의 최고점에 도달하여 반전하는 형국이다. 말로만 감동을 주니 그 감정이 깊지 않다. 길한지 흉한지는 판단하기 어렵다.

교감을 할 때는 순수한 동기와 겸손한 태도, 그리고 자연스러운 감정이 있어야 한다. 그러나 소인들처럼 듣기 좋은 말로 사람의 환심을 사는 행위는 피해야 한다. 군자는 겸허한 마음으로 널리 사람들을 받아들여 교화해야 한다. 괴팍하고 차가운 태도는 인간관계 형성에 장애가 된다. 이렇게 하면 큰일을 성취할 수 없다.

| 육십사괘 | 항괘 恒卦

32 항상 변함없이 의지하고 돕는다

항괘는 손巽이 하괘이며 진震이 상괘다. 손은 바람이며 부드럽고 순하다. 진은 천둥이며 강건하고 굳세다. 천둥이 치면 바람이 분다. 천둥과 바람은 서로 도우며, 그 관계가 변하지 않는다. 이것이 바로 '항恒'이며 '항'은 '항구함'을 상징한다. 본 괘는 진괘의 강건함이 위에 있고, 손괘의 부드러움이 아래에 위치한다. 이를 통해 존비尊卑의 순서는 영원히 변치 않음을 설명한다.

괘의 의미

항구함이 있어야 성공할 수 있다. 그러나 먼저 순수함을 지녀야 한다. 천지의 도가 순수하기 때문에 항구한 것처럼, 정도를 지킬 때만이 항구할 수 있다는 말이다.

효의 의미

'初六'은 상괘의 九四와 호응하며, 절실하게 항구함을 찾는다. 그러나 음효가 양의 자리에 있어 失正이며, 중간에 九二와 九三이 가로막고 있다. 이때, 무턱대고 억지로 행하려고 하니, 비록 동기가 순수하다 해도 위험이 닥쳐 이득이 없다. '九二'는 비록 失正이지만 항괘의 중앙에 위치하여 후회할 일이 사라진다. '九三'은 得正이고 上六과 호응하지만, 지나치게 剛健하고 균형을 유지하지 못한다. 때문에 미덕을 오래 간직하지 못하고 굴욕을 당하게 된다. 비록 동기가 순수하다 해도 굴욕을 면하기 힘들다. '九四'는 陽剛이 失正이며 不中하다. 적합하지 않은 자리에 있기 때문에 힘만 들고 얻는 것은 없다. '六五'는 본 괘의 卦主다. 陰柔가 得中이며 尊位에 거한다. 하괘의 剛中한 九二와 호응한다. 부인婦人의 유순함과 복종의 미덕이 있으며 일부종사一夫從死의 형상이 있다. 이것은 부인의 정도이기 때문에 부인은 길하지만 남자는 흉하다. '上六'은 상괘의 마지막에 위치하며, 항이 정점에 도달하여 반전한다. 이 움직임이 수시로 변하기 때문에 흉하다.

괘에 대한 설명

항구함은 성공의 근원이다. 항구함의 핵심은 중용을 지키는 것이다. 즉 剛健할 때는 剛健하고 부드러울 때는 부드러우며, 늘 항구함을 유지하면서도 상황에 맞게 변통해야 한다. 또한 진리라고 해도 억지로 남에게 강요하지 말아야 한다. 그러지 않으면 의도와 결과가 달라져 도리어 이치에 위배된다. 항구함은 부부간에 지켜야 할 도리일 뿐만 아니라, 인간이 삶의 원칙으로 지켜야 할 덕목이다.

• 사람에게는 항구함이 중요하다

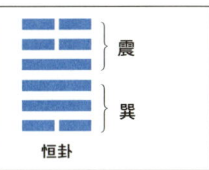

손은 바람이며 진은 천둥이다. 천둥이 치면 바람이 분다. 천둥과 바람은 서로 도우며, 그 관계가 변하지 않는다. 이것이 바로 '항'이며 '항'은 '항구함'을 상징한다. 또한 진괘의 강건함이 위에 있고, 손괘의 부드러움이 아래에 위치하듯 존비의 순서는 영원히 변치 않는다. 항구함이 있어야 성공할 수 있지만 먼저 순수함을 지녀야 이롭다.

'초육'은 상괘의 구사와 호응하며 절실하게 항구함을 찾는다. 그러나 실정이기 때문에 동기가 순수하다 해도 위험이 닥쳐 이득이 없다.

'구이'는 비록 실정이지만 항괘의 중앙에 위치하여 후회할 일이 사라진다.

'구삼'은 득정이지만 지나치게 강건하고 균형을 유지하지 못하기 때문에 미덕을 오래 간직할 수 없다. 굴욕을 면하기 힘들다.

'구사'는 양강이 실정이며 부중하다. 적합하지 않은 자리에 있기 때문에 힘만 들고 얻는 것은 없다.

'육오'는 본 괘의 괘주다. 음유가 득중이며 존위에 거한다. 하괘의 강중剛中한 구이와 호응한다. 부인의 유순함과 복종의 미덕이 있으며 일부종사의 형상이 있다. 부인은 길하지만 남자는 흉하다.

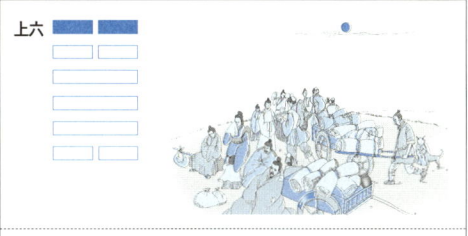

'상육'은 상괘의 마지막에 위치하며, 항이 정점에 도달하여 반전한다. 이 움직임이 수시로 변하기 때문에 흉하다.

항구함은 성공의 근원이다. 항구함의 핵심은 중용을 지키는 것이다. 즉 강건할 때는 강건하고 부드러울 때는 부드러우며, 늘 항구함을 유지하면서도 상황에 맞게 변통해야 한다. 또한 진리라고 해도 억지로 남에게 강요하지 말아야 한다. 그러지 않으면 의도와 결과가 달라져서 도리어 이치에 위배된다.

육십사괘 33	둔괘 遯卦

잠시 물러나 발전을 모색한다

둔괘는 간艮이 하괘이고 건乾이 상괘다. 간은 산이고 건은 하늘이니 하늘 아래에 산이 있는 것이다. 하늘은 군자에 비유되며 산은 소인에 비유된다. 소인의 세력이 점점 커지는 것은, 산이 하늘을 침범하는 모습과 같다. 이때 하늘이 산과 멀리 떨어져 있듯이 군자는 물러나 피한다. '둔遯'은 '둔遁'이라고도 쓰고, '자취를 감추고 피하다', '은퇴하다'라는 의미를 갖는다.

괘의 의미

물러나 피할 때, 음은 점점 성장하고 양은 조금씩 쇠약해진다. 때문에 군자가 물러나야 순조롭고 형통하다. 한편 유약한 자는 정도를 지켜야 한다. 이때 함부로 행동하여 陽剛을 해치지 않아야 길하다.

효의 의미

'初六'은 겸손히 괘의 아래에 위치하며 失正이다. 뒤늦게 물러나서 행렬의 뒤에 처져 있다. 위험하니 앞으로 나가지 않는 것이 좋다. '六二'는 柔順하며 得中이고 得正이다. 또한 존귀한 九五와 호응한다. 세상을 구하는 데 뜻이 있어 남들을 따라 물러나지 않는다. '九三'은 하괘의 마지막에 위치하며 호응하는 것이 없다. 그러나 六二와 친근하고 마음이 그에게 묶여 있어 초연할 수 없다. 중병에 걸린 사람이 물어나야 할 때 주저하며 결정하지 못하는 것과 같다. 위험하다. '九四'는 하괘의 初六과 호응한다. 물러날 때는 자신의 것을 버리고 과감히 물러나야 한다. 군자는 이렇게 할 수 있기 때문에 길하다. '九五'는 得中이고 得正이며 尊位에 거한다. 또한 六二와 호응한다. 물러나지 않아도 되는 상황이지만, 징조를 보고 앞날을 예견하여 때맞춰 물러난다. 정도를 지키기 때문에 길하다. '上九'는 상괘의 정점에 위치하며, 하괘에 호응하는 것이 없다. 또한 위에서 가로막는 것도 없어 걱정하거나 연연하는 것이 없다. 때문에 먼 곳으로 물러나 유유자적하며 편안한 시간을 보낸다.

괘에 대한 설명

장애가 생기면 잠시 물러나 발전을 모색해야 한다. 발전이 지속된다 하더라도 상황이 요동쳐 소인이 득세하면 군자가 물러나는 때가 있다. 물러나 있는 시간은 인내의 시간이며 반격의 때를 기다리는 시간이다. 때문에 물러남은 결코 소극적인 도피가 아니다. 물러날 때는 적극적인 대항이 아무 이득이 없다는 것을 먼저 인정해야 한다. 또한 신념을 가지고 의연히 정도를 지켜야 한다. 물러날 때는 망설이거나 연연하지 말고 과감하게 자신의 것을 포기해야 한다. 세속에서 물러나 때가 오기를 기다려야 한다.

물러나는 것은 정당한 방법이다

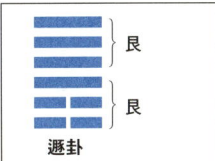

간은 산이고 건은 하늘이니 하늘 아래에 산이 있는 것이다. 하늘은 군자에 비유되며 산은 소인에 비유된다. 소인의 세력이 점점 커질 때, 하늘이 산과 멀리 떨어져 있듯이 군자는 물러나 피한다. '둔遯'은 '둔遁'으로 쓰기도 하며, '피하다'는 의미를 갖는다. 물러나 피할 때, 음은 점점 성장하고 양은 조금씩 쇠약해진다. 때문에 군자는 물러나야 순조롭고 형통하다. 한편 유약한 자는 정도를 지켜야 한다. 이때 함부로 행동하여 양강을 해치지 않아야 길하다.

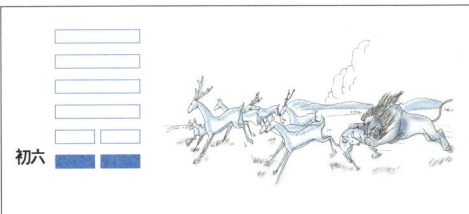

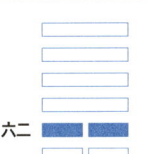

'초육'은 괘의 아래에 위치하며 실정이다. 뒤늦게 물러나서 행렬의 뒤에 처져 있다. 위험하니 앞으로 나가지 않는 것이 좋다.

'육이'는 유순이며 득중이고 득정이다. 또한 구오와 호응한다. 세상을 구하는 데 뜻이 있어, 남들을 따라 물러나지 않는다.

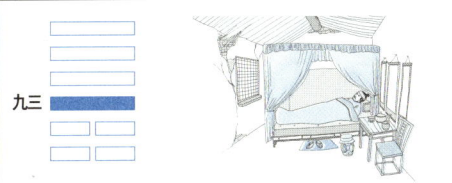

'구삼'은 육이와 친근하여 마음이 그에게 묶여 있어 초연할 수 없다. 중병에 걸린 사람이 물러나야 할 때 주저하며 결정하지 못하는 것과 같다. 위험하다.

'구사'는 하괘의 초육과 호응한다. 물러날 때는 자신의 것을 버리고 과감히 물러나야 한다. 군자는 이렇게 할 수 있어 길하다.

'구오'는 득중이고 득정이며 존위에 거한다. 물러나지 않아도 되는 상황이지만, 징조를 보고 앞날을 예견하여 때맞춰 물러난다. 정도를 지키기 때문에 길하다.

'상구'는 하괘에 호응하는 것이 없고 가로막는 것도 없어 걱정하거나 연연하는 것이 없다. 먼 곳으로 물러나 유유자적하며 편안한 시간을 보낸다.

장애가 생기면 잠시 물러나 발전을 모색해야 한다. 물러나 있는 시간은 인내의 시간이며, 반격의 때를 기다리는 시간이다. 때문에 물러남은 결코 소극적인 도피가 아니다. 물러날 때는 적극적인 대항이 아무 이득이 없다는 것을 먼저 인정해야 한다. 또한 신념을 가지고 의연히 정도를 지켜야 한다. 물러날 때는 망설이거나 연연하지 말고 과감하게 자신의 것을 포기해야 한다. 세속에서 물러나 때가 오기를 기다려야 한다.

육십사괘 **34**

대장괘 大壯卦

권력이 커지니 신중하게 지켜라

대장괘는 건乾이 하괘이며 진震이 상괘다. 건은 하늘이며 강건한 특성이 있고, 진은 천둥이며 움직이는 특성이 있다. 천둥이 쳐서 하늘에 울려 퍼지는 것이 '대장大將'이다. 장將은 '강성하다'는 의미가 있다. 본 괘는 건의 강건함과 진의 움직임이 결합되어 있다. 양기가 위로 올라가 크게 움직이기 때문에 강성하게 된다.

괘의 의미

군자가 강성하면 당연히 형통하다. 그러나 권세가 막강할수록 순수함을 지켜야 한다. 그러지 않으면 난폭할 수 있다.

효의 의미

'初九'는 陽剛이 강성함의 처음에 위치한다. 강성하려고 하지만 아직 명성을 얻지 못하여, 그 기운이 발목까지만 다다른 형상이다. 앞으로 나아가면 위험하다. 그러나 陽剛이고 得正이기 때문에, 성실하게 스스로를 지키며 역경을 이겨낸다. '九二'는 失正이다. 강성한 시기가 왔다. 그러나 양효가 음의 자리에 위치하여, 剛健하면서도 겸손하며 정도를 지킨다. 길하다. '九三'은 하괘인 건乾의 마지막에 위치한다. 상괘와 호응하며 매우 剛健하다. 소인은 세력을 믿고 함부로 행동하여 위험을 초래한다. 그러나 군자는 강성함을 함부로 남용하지 않고 정도를 지킨다. '九四'는 失正이며 호응하는 것이 없어, 본래 후회할 일이 생긴다. 그러나 네 개의 양효가 가장 왕성한 상황이며, 九四는 양효이면서 음의 자리에 있어(陽剛이 지나치게 강하기 때문에, 대장괘에서만 양이 음의 자리에 있는 것을 길하다고 여긴다) 겸손하고 정도를 지키는 형상이 있다. 때문에 길하며 후회할 일이 사라진다. '六五'는 失正이다. 강성함의 기운이 이미 사라졌다. 논에서 양羊을 잃어버린 것과 같아 더 이상 앞으로 나아가지 않는다. 그러나 후회할 일은 없다. '上六'은 대장괘의 마지막에 위치한다. 상괘인 진의 정점에 도달하여 성공하려는 마음이 절박하다. 그러나 몸은 연약하며 진퇴양난에 빠져 이득이 없다. 그래도 호응하는 것이 있기 때문에, 정절貞節을 지키고 스스로 단속하면 길할 수 있다.

괘에 대한 설명

강성强盛은 발전의 최고 단계다. 그러나 강성함은 반드시 정도의 기초 위에서 이루어져야 한다. 그때가 되면 힘만 믿고 과시하지 말아야 하며, 겸손히 물러나 정도를 지켜야 한다. 강성함을 오랫동안 유지할 수 없기 때문에, 쇠퇴하기 시작하면 적극적인 행동을 삼가야 한다. 만약 이미 쇠퇴하기 시작했다면, 빨리 그 상황을 깨닫고 역경 속에서 자신을 보호할 방법을 찾아야 한다.

발전의 최고 단계

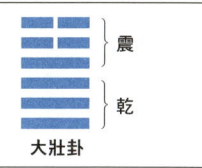

건은 하늘이며 진은 천둥이다. 천둥이 쳐서 하늘에 울려 퍼지는 것이 '대장'이다. 장은 '강성하다'라는 의미가 있다. 본 괘는 건의 강건함과 진의 움직임이 결합되어 있다. 양기가 위로 올라가 크게 움직이기 때문에 강성하게 된다. 군자가 강성하면 당연히 형통하다. 그러나 권세가 막강할수록 순수함을 지켜야 한다.

'초구'는 강성하려고 하지만 명성을 얻지 못하여, 강성함의 기운이 발목까지만 다다랐다. 성실하게 스스로를 지키며 역경을 이겨내야 한다.

'구이'는 실정이지만 양효가 음의 자리에 위치하여, 강건하면서도 겸손하며 정도를 지킨다. 길하다.

'구삼'은 상괘와 호응하며 매우 강건하다. 소인은 세력을 믿고 함부로 행동하여 위험을 초래한다. 그러나 군자는 강성함을 함부로 남용하지 않고 정도를 지킨다.

'구사'는 실정이며 호응하는 것이 없어, 본래 후회할 일이 생긴다. 그러나 양효가 음의 자리에 있어 겸손하고 정도를 지켜 길하다.

'육오'는 실정이다. 강성함의 기운이 이미 사라졌다. 논에서 양을 잃어버린 것과 같아 더 이상 앞으로 나아가지 않는다. 그러나 후회할 일은 없다.

'상육'은 성공하려는 마음이 절박하다. 그러나 몸은 연약하고 진퇴양난에 빠져 이득이 없다. 그래도 정절을 지키고 스스로 단속하면 길할 수 있다.

강성은 발전의 최고 단계다. 그러나 강성함은 반드시 정도의 기초 위에서 이루어져야 한다. 그때가 되면 힘만 믿고 과시하지 말아야 하며, 겸손히 물러나 정도를 지켜야 한다. 강성함을 오랫동안 유지할 수 없기 때문에, 쇠퇴하기 시작하면 적극적인 행동을 삼가야 한다. 만약 이미 쇠퇴하기 시작했다면, 빨리 그 상황을 깨닫고 역경 속에서 자신을 보호할 방법을 찾아야 한다.

육십사괘 35	진괘晉卦

명군에 힘입어 단번에 출세하다

진괘는 곤坤이 하괘이며 이離가 상괘다. 곤은 땅이고 이離는 해日이며 빛光이다. 해가 땅 위로 올라온다는 의미이며, 햇빛이 땅 위에 비쳐 만물이 의지하는 모양이다. 이것은 신하가 천자를 의지하여 출세하는 것과 같다. 진晉은 '진進'이며 '발전하다', '전진하다'라는 의미다.

괘의 의미

빛이 땅에 비친다는 것은 만물이 해를 의지하여 성장함을 의미한다. 이는 신하가 명군明君을 따르고 의지하여, 관직을 얻고 상을 받는 것이다. 길한 징조가 많다.

효의 의미

'初六'은 진괘의 처음에 위치한다. 陰柔가 아래에 위치하며 失正이다. 음효인 六二와 六三이 가로막고 있어, '나아감晉'의 과정에서 처음으로 좌절을 겪는다. 그러나 때를 기다린다면 역경이 사라지고 九四와 호응하니 결국 재난은 없을 것이다. '六二'는 두 음효 사이에 위치하며 상괘와 호응하지 않는다. '나아감'의 과정이 평탄치 못하여 전진하려 하지만 근심만 생긴다. 그러나 柔順이고 得中이며 得正이다. 또한 중용의 덕이 있어 정도를 지키면 길하다. 이는 마치 할머니로부터 많은 복을 받는 것과 같다. '六三'은 不中이며 失正이기 때문에 후회할 일이 있다. 하괘의 마지막에 위치하며, 아래의 두 음효도 모두 상승 욕구가 있다. 남들에게 믿음을 얻어 기반을 다지며, 상괘의 上九와 호응하기 때문에 후회하는 일은 사라질 것이다. '九四'는 陽剛이며 失正이고 不中이다. 나아가는 능력이 없어 위험에 빠진다. 이는 들쥐처럼 탐욕이 가득 찬 사람이 높은 자리로 승진한 것과 같다. 비록 행위가 정당하다 해도 앞날은 위험하다. '六五'는 음효가 양의 자리에 있어 失正이기 때문에 후회할 일이 생긴다. 그러나 柔順한 성격으로 尊位에 거하며 명철한 성품도 있다. 적합한 사람에게 일을 위임하니, 아랫사람이 복종하여 후회할 일이 사라진다. 또한 일의 득실을 따지지 않아 앞날이 길하다. '上九'는 상괘 이離의 정점에 위치하여, 빛이 곧 사라지려고 한다. 발전이 충돌과 모순으로 바뀌어, 군대를 출동시켜 이웃 국가를 정벌하는 것이 유리하다. 이는 위험하기는 하지만 길할 수 있다. 하지만 무력을 사용하면 결국 후회할 일이 생기게 된다. 비록 무력 사용이 정당하다 하더라도 굴욕을 면하기 힘들다.

괘에 대한 설명

발전하려면 반드시 동기가 순수해야 한다. 성공의 비결은 바로 자신에게서 찾을 수 있다. 많은 사람의 신뢰와 지지는 발전의 전제조건이다. 요행을 바라거나 탐욕을 부리지 말고 반드시 철저히 계획하고 신중하게 실행해야 한다. 잘못이 발생하면 바로 수정해야 하며, 만약 수정하지 않으면 실패를 면한다 해도 굴욕을 당할 것이다.

발전과 승진

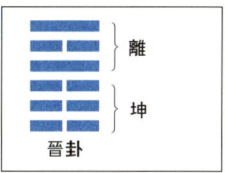

곤은 땅이고 이離는 해이며 빛이다. 해가 땅 위로 올라온다는 의미이며, 햇빛이 땅 위에 비쳐 만물이 의지하는 모양이다. 이것은 신하가 천자를 의지하여 출세하는 것과 같다. 진晉은 '진進'이며 '발전하다', '전진하다'라는 의미다. 길한 징조가 많다.

'초육'은 '나아감'의 과정에서 처음으로 좌절을 겪는다. 그러나 때를 기다린다면 역경이 사라지고 구사와 호응하니 결국 재난은 없을 것이다.

'육이'는 전진하려 하지만 근심만 생긴다. 그러나 중용의 덕이 있어 정도를 지키면 길하다. 마치 할머니로부터 많은 복을 받는 것과 같다.

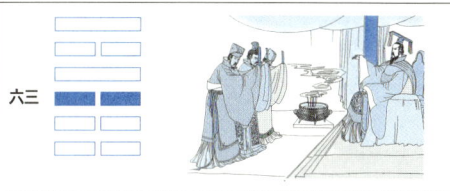

'육삼'은 부중이며 실정이기 때문에 후회할 일이 있다. 그러나 아래의 두 음효도 모두 상승 욕구가 있다. 남들에게 믿음을 얻고 상구와 호응하기 때문에 후회하는 일은 사라질 것이다.

'구사'는 양강이며 부중이다. 들쥐처럼 탐욕이 가득 찬 사람이 높은 자리로 승진한 것과 같다. 앞날이 위험하다.

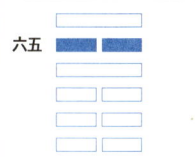 

'육오'는 실정이기 때문에 후회할 일이 생긴다. 그러나 적합한 사람에게 일을 위임하니, 아랫사람이 복종하여 후회할 일이 사라진다. 앞날이 길하다.

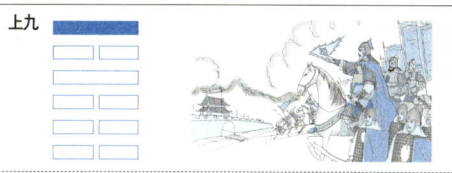

'상구'는 발전이 충돌과 모순으로 바뀐다. 군대를 출동시켜 이웃 국가를 정벌하는 것이 유리하다. 이는 위험하기는 하지만 길할 수 있다. 하지만 무력을 사용하면 결국 후회할 일이 생기게 된다. 비록 무력 사용이 정당하다 하더라도 굴욕을 면하기 힘들다.

발전하려면 반드시 동기가 순수해야 한다. 성공의 비결은 바로 자신에게서 찾을 수 있다. 많은 사람의 신뢰와 지지는 발전의 전제조건이다. 요행을 바라거나 탐욕을 부리지 말고 반드시 철저히 계획하고 신중하게 실행해야 한다. 잘못이 발생하면 바로 수정해야 하며, 만약 수정하지 않으면 실패는 면한다 해도 굴욕을 당할 것이다.

육십사괘 36

명이괘 明夷卦

겉을 부드럽게 하고 재능을 감춘다

명이괘는 이離가 하괘이고 곤坤이 상괘다. 이離는 해와 빛을 의미하며, 곤은 땅을 나타낸다. 해가 져서 빛이 땅으로 사라지는 것이 '명이明夷'다. 이夷는 '상처 입다傷'라는 의미다. '명이'는 빛이 손상을 입었음을 상징한다. 우매한 임금이 위에 있고 명철한 신하가 아래에 있어, 신하의 현명함이 드러나지 않는 것이 '명이'다. 또한 '천하가 모두 어둡다'라는 뜻도 있다.

괘의 의미

빛이 가려지면 현자의 명철함은 손상을 입어 어려움에 처하게 된다. 오직 어려운 상황임을 깨닫고 정도를 지키며 참고 인내해야 한다. 또한 재능을 감추고 자신을 보호해야 한다.

효의 의미

'初九'는 陽剛이 처음에 위치하여, 일찌감치 재난을 피하기 위해 자신을 감추고 드러내지 않는다. 그러나 시대를 파악하는 것이 너무 빨라 사람들에게 이해받지 못한다. 주인의 질책을 받을 수 있다. '六二'는 柔順이며 得中이고 得正이다. 명이의 상황이 도래하여 뜻을 펼치기 어렵다. 왼쪽 다리에 상처를 내고 물러나서, 자신의 능력을 감춘다. 좋은 말을 타고 빠르게 내달려 위험한 곳에서 벗어난다. 길하다. '九三'은 陽剛이며 得正이다. 우매한 임금인 上六을 없애려는 뜻이 있어 광명의 빛이 비친다. 그러나 천하가 오랫동안 어두웠기 때문에, 빛을 회복하는 일은 신중해야 한다. 정도를 지키고 때를 기다려야 한다. '六四'는 어두움에 휩싸여 있지만 柔順이며 得正이고 初九와 호응한다. 암울한 상황임을 깨닫고 문을 나서 멀리 숨는다. '六五'는 柔順이며 得中이고, 우매한 임금인 上六에 가장 가까이 있다. 기자箕子가 했던 것처럼 고의로 자신의 몸에 상처를 입혀 재난을 피한다. 재능을 숨기고 정도를 지키면 어두움에 매몰되지 않는다. '上六'은 우매한 임금의 형상이다. 빛을 내지 못할 뿐만 아니라 도리어 어두움을 몰고 온다. 다른 다섯 효의 빛까지도 세력을 잃게 만든다. 정의에 위배되기 때문에 반드시 실패를 초래한다.

괘에 대한 설명

'명이'는 천하가 어두운 상황을 말한다. 이때 명철함을 숨기고 정도를 지키는 군자의 모습이 부각된다. 환난 속에서도 정도를 지키고 때를 기다려야 광명을 맞이할 수 있다. 군자는 어려운 국면을 인식하고 행위를 단속하며 위험에서 벗어나 자신을 보호해야 한다. 이렇게 하면 피해를 막고 시간을 벌기 때문에 역량이 모여 다시 일어날 수 있다. 사악한 세력은 오래가지 않아 사라지며 정의가 반드시 세력을 펼칠 것이다. 정의에 위배되는 행위는 반드시 실패하게 된다.

난국을 인식하고 능력을 숨긴다

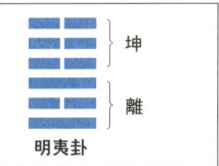

이 離는 해와 빛을 의미하며, 곤은 땅을 나타낸다. 해가 져서 빛이 땅으로 사라지는 것이 '명이'다. 이 夷는 '상처 입다'라는 의미다. '명이'는 빛이 손상을 입었음을 상징한다. 우매한 임금이 명철한 신하 위에 있어, 신하의 현명함이 드러나지 않는다. 또한 '천하가 모두 어둡다'라는 뜻도 있다. 빛이 가려지면 현자의 명철함은 손상을 입어 어려움에 처하게 된다. 오직 어려운 상황임을 깨닫고 정도를 지키며 참고 인내해야 한다. 또한 재능을 감추고 자신을 보호해야 한다.

'초구'는 일찌감치 재난을 피하기 위해 자신을 감추고 드러내지 않는다. 시대를 파악하는 것이 너무 빨라 이해받지 못한다.

'육이'는 유순이며 득중이고 득정이다. 자신의 뜻을 펼치기 어렵다. 이때 왼쪽 다리에 상처를 내고 물러나, 좋은 말을 타고 빠르게 내달려 위험한 곳에서 벗어난다. 길하다.

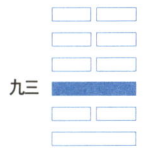

'구삼'은 양강이며 득정이다. 우매한 임금인 상육을 없애려는 뜻이 있다. 그러나 천하가 오랫동안 어두웠기 때문에 신중해야 한다.

'육사'는 어두움에 휩싸여 있지만 유순하며 득정이고, 하괘인 초구와 호응한다. 암울한 상황임을 깨닫고 문을 나서 멀리 숨는다.

'육오'는 유순하며 득중이고, 우매한 임금인 상육에 가장 가까이 있다. 마치 기자가 했던 것처럼 고의로 자신의 몸에 상처를 입혀 재난을 피한다. 어두움에 매몰되지 않는다.

'상육'은 우매한 임금의 형상이다. 빛을 내지 못할 뿐만 아니라 도리어 어두움을 몰고 와서 밝은 세력을 땅에 떨어뜨린다. 반드시 실패를 초래한다.

사악한 무리가 득세하면 빛이 가려진다. 이런 상황에서는 부드러운 자세를 취하며, 재능을 감추고 드러내지 않아야 재난을 이겨낼 수 있다. 군자는 어려운 국면을 인식하고 행위를 단속하며 위험에서 벗어나 자신을 보호해야 한다. 이렇게 하면 피해를 막고 시간을 벌기 때문에 역량이 모여 다시 일어날 수 있다. 그러나 급하게 서두르지 말아야 한다. 가장 위험한 곳은 가장 안전한 곳이 될 수 있으며, 가장 힘든 기간은 성공을 이룰 수 있는 좋은 시기다. 정의에 위배되는 행위는 반드시 실패하게 된다.

육십사괘 37	**가인괘**家人卦

아끼고 사랑하며 본분을 지킨다

가인괘는 이離가 하괘이며 손巽이 상괘다. 이離는 불이며 손은 바람이다. 안은 불이고 밖에은 바람이니, 바람이 불 속에서 나오는 모양이다. 이는 마치 집안일이 외부에 영향을 주는 것과 같은데, 이것을 '가인家人'이라 한다. 가家는 사람이 사는 곳이기 때문에 가인은 '한집안 식구'를 상징하며 '가정'의 의미가 있다.

괘의 의미
집안일은 주로 여자가 맡아 하기 때문에 여자가 올바르게 집안을 다스려야 한다.

효의 의미
'初九'는 陽剛이다. 이제 막 가정이 만들어졌다. 철저하게 사악함을 방지해야만 집안을 지킬 수 있다. 이렇게 하면 후회할 일이 생기지 않는다. '六二'는 柔順이고 得中이며 得正이다. 陽剛한 九五와 호응하며 부인이 남편을 따르는 형상이다. 집에서 식사를 만드는 일만 주관한다. 하는 일이 마땅하기 때문에 길하다. '九三'은 하괘의 윗자리에 위치하여 陽剛이 매우 성하다. 너무 엄하게 집안을 다스리니 사람들이 원망하는 형상이다. 이때 후회할 일이 생기고 위험한 일이 발생하지만, 정도를 지키기 때문에 길하다. 만약 엄하지 않고 관대하여 아녀자들을 희희낙락하게 내버려둔다면 나중에 굴욕을 당하게 된다. '六四'는 柔順이며 得正이다. 하괘의 초구와 호응하고, 상괘의 九五를 받든다. 陽剛을 얻어 더욱 부유해지고 크게 길하게 된다. '九五'는 得中이고 得正이다. 陽剛이며 尊位에 거하고, 하괘의 六二와 호응한다. 집안일에 밝아 걱정할 것이 없다. 길하다. '上九'는 陽剛이며 가인괘의 마지막에 위치한다. 한 집안의 가장 높은 지위에 있으며, 성실한 마음으로 위엄 있게 집안을 다스린다. 말보다는 행동으로 실천하니 결국 길하게 된다.

괘에 대한 설명
가인괘는 집안을 다스리는 이치를 설명한다. 즉 남자는 陽剛하여 바깥일을 주관하고, 여자는 柔順하여 집안일을 다스린다. 부자, 형제, 부부가 각자의 직분에서 최선을 다하면 집안이 올바르게 다스려진다. 군자는 집안에서 언행이 일치해야 하며 일관되게 행동해야 한다. 가정의 주체는 주부이기 때문에, 주부는 柔順하고 겸손하며 올바른 품성을 갖추어야 한다. 집을 다스릴 때, 감정에 치우쳐 지나치게 관대하기보다는 차라리 엄한 것이 더 낫다. 각각의 구성원들이 자신의 직분에 최선을 다하고 서로 돕고 의지해야 집안이 화목하고 번창할 수 있다. 집안을 다스리는 기본 원칙은 성실이며 자신이 모범을 보여야 한다.

• **가정이 편안하고 천하가 안정된다**

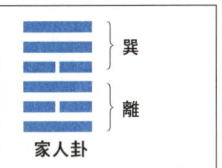

이離는 불이며 손은 바람이다. 안은 불이고 밖은 바람이니, 바람이 불 속에서 나오는 모양이다. 이는 마치 집안일이 외부에 영향을 주는 것과 같은데, 이것을 '가인'이라 한다. 가인은 '한집안 식구'를 상징하며 '가정'의 의미가 있다. 집안일은 주로 여자가 맡아 하기 때문에 여자가 올바르게 집안을 다스려야 한다.

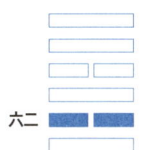

'초구'는 양강이다. 이제 막 가정이 만들어졌다. 철저하게 사악함을 방지해야만 집안을 지킬 수 있다. 이렇게 하면 후회할 일은 생기지 않는다.

'육이'는 유순으로 득중이며 득정이다. 부인이 남편을 따르는 형상이다. 집에서 식사를 만드는 일만 주관한다. 하는 일이 마땅하여 길하다.

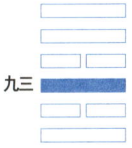

'구삼'은 양강이 매우 성하다. 너무 엄하게 집안을 다스리니 사람들이 원망하는 형상이다. 하지만 정도를 지키기 때문에 길하다.

'육사'는 유순이며 득정이다. 하괘의 초구와 호응하고, 상괘의 구오를 받든다. 양강을 얻어 더욱 부유해지고 크게 길하게 된다.

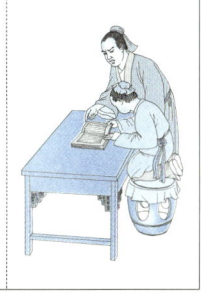

'구오'는 득중이고 득정이다. 양강이며 존위에 거하고, 하괘의 육이와 호응한다. 집안일에 밝아 걱정할 것이 없다. 길하다.

'상구'는 한 집안의 가장 높은 지위에 있으며, 성실한 마음으로 위엄 있게 집안을 다스린다. 말보다는 행동으로 실천하니 결국 길하게 된다.

남자는 양강하여 바깥일을 주관하고, 여자는 유순하여 집안일을 다스린다. 부자, 형제, 부부가 각자의 직분에서 최선을 다하면 집안이 올바르게 다스려진다. 군자는 집안에서 언행이 일치해야 하며, 일관되게 행동해야 한다. 가정의 주체는 주부이기 때문에, 주부는 유순하고 겸손하며 올바른 품성을 갖추어야 한다. 집을 다스릴 때, 감정에 치우쳐 지나치게 관대하기보다는 차라리 엄한 것이 더 낫다.

| 육십사괘 | 규괘睽卦 |

38 적절한 방법으로 동질성을 찾는다

규괘는 태兌가 하괘이고 이離가 상괘다. 태는 연못이고 이離는 불이며, 위에 불이 있고 아래 연못이 있는 형상이다. 화염이 위로 오르고 연못은 아래로 흘러 두 물질이 등을 돌리는 것이 '규'다. '규睽'는 '어그러짐乘'이며 서로 등을 돌려 조화롭지 못한 것이다. 또한 태는 젊은 여자를 상징하고 이離는 중년 여성을 상징한다. 두 여자가 함께 살다가 각자 시집을 가면 마음과 행동이 달라진다. 이 때문에 다르다는 의미가 있다.

괘의 의미

사물의 형태는 서로 다르지만 본질적으로 같은 점이 있다. 하늘은 높고 땅은 낮지만 만물을 낳고 기르는 역할은 같다. 남자와 여자는 서로 다르지만, 교류하며 소통할 수 있다. 부드러운 방법으로 합일점을 찾는다면, 떨어졌던 것이 다시 만나고 충돌이 사라지게 된다.

효의 의미

'初九'는 陽剛이 아래에 위치한다. 신분이 낮고 호응하는 것도 없어서 원래 후회할 일이 있다. 그러나 헤어졌던 것이 다시 만나니 걱정했던 일은 생기지 않는다. '九二'는 失正이므로 본래 재난이 생긴다. 그러나 양효가 음의 자리에 있어 겸손하게 세태를 따른다. 또 得中이며 六五와 호응한다. 약속하지 않아도 만나며, 헤어졌던 것이 결합한다. 재난은 발생하지 않는다. '六三'은 陰柔이며 失正이다. 오직 上九만을 흠모하지만 九二와 九四가 가로막고 있어 힘들다. 하지만 결국에는 上九가 六三을 의심하지 않으니 서로 만나 기뻐한다. '九四'는 본 괘의 卦主다. 양효가 음의 자리에 있어 失正이며, 호응하는 것이 없다. 그러나 억지로 감정을 교류하지 않고, 혼자 떨어져 있는 初九와 어울린다. 위태롭긴 해도 재난은 발생하지 않는다. '六五'는 失正이기 때문에 본래 후회함이 있다. 그러나 柔順한 성품으로 尊位에 거하며 九二와 호응한다. 또한 九二 역시 화순和順한 성품으로 六五와 만나기를 고대한다. 큰 재난은 없다. '上九'는 양효가 정점에 위치한다. 六三의 상황을 이해하지 못하고 제멋대로 추측한다. 나중에 六三이 악하지 않다는 사실이 밝혀져 배우자가 된다. 훗날 반드시 길하게 된다.

괘에 대한 설명

본 괘는 대립과 통일이라는 철학적인 특색을 가지고 있고, 서로 다른 사물의 소통과 합일에 대해 설명한다. 사물은 서로 이질적인 성향이 존재하지만 동질성도 있기 때문에 어울릴 수 있다. 단지 시기적절해야 하며 효과적인 방법을 모색해야 한다. 이질적인 상황은 동질성을 회복하고 충돌이 사라져 화해하게 된다. 작은 문제가 발생하면, 그것을 완전히 해결하여 큰 문제로 확대되지 않도록 해야 한다.

• 만남과 헤어짐, 같음과 다름

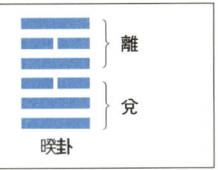

태는 연못이고 이<small>離</small>는 불이다. 화염이 위로 오르고 연못은 아래로 흘러 두 물질이 등을 돌리는 것이 '규'다. '규'는 '어그러짐'이며 서로 등을 돌려 조화롭지 못한 것이다. 사물의 형태는 서로 다르지만 본질적으로 같은 점이 있다. 부드러운 방법으로 합일점을 찾는다면, 떨어졌던 것이 다시 만나고 충돌이 사라지게 된다.

  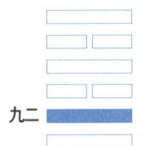 

'초구'는 신분이 낮고 호응하는 것도 없어서 원래 후회할 일이 있다. 그러나 헤어졌던 것이 다시 만나니 걱정됐던 일은 생기지 않는다.

'구이'는 실정이다. 그러나 겸손하게 세태를 따르며 육오와 호응한다. 약속하지 않아도 만나며, 헤어졌던 것이 결합한다.

'육삼'은 음유이며 실정이다. 그러나 오직 상구만을 흠모하니, 상구가 육삼을 의심하는 것이 사라져, 서로 만나 기뻐한다.

'구사'는 실정이며, 혼자 떨어져 있는 초구와 어울린다. 위태롭긴 하지만 재난은 발생하지 않는다.

 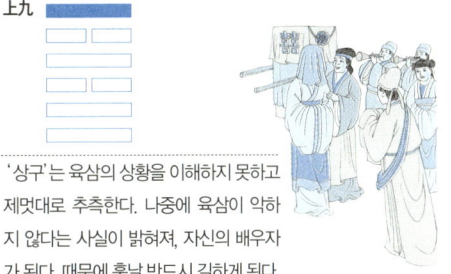

'육오'는 실정이지만, 유순한 성품으로 존위에 거하며 구이와 호응한다. 구이 역시 화순한 성품으로 육오와 만나기를 고대한다. 때문에 앞날에 커다란 재난은 없다.

'상구'는 육삼의 상황을 이해하지 못하고 제멋대로 추측한다. 나중에 육삼이 악하지 않다는 사실이 밝혀져, 자신의 배우자가 된다. 때문에 훗날 반드시 길하게 된다.

사물은 서로 이질적인 성향이 존재하지만 동질성도 있기 때문에 어울릴 수 있다. 단지 시기적절해야 하며 효과적인 방법을 모색해야 한다. 이질적인 상황은 동질성을 회복하고 화해하게 된다. 도망간 말은 쫓으면 쫓을수록 멀리 도망간다. 이치를 모르는 이들은 이에 격분하는데, 격분할수록 더 도망간다. 쫓아가지 말고 되돌아오기를 기다리며 편안한 얼굴로 대하면 스스로 돌아오게 된다. 이처럼 작은 문제를 크게 만들지 말아야 한다.

4장 · 육십사괘 193

| 육십사괘 | 건괘蹇卦 |

39 난관에 직면한다, 나아가지 말고 멈춰 선다

건괘는 간艮이 하괘이고 감坎이 상괘다. 간은 산이고 감은 물로, 산 위에 물이 있다는 말이다. 산길은 원래 험난한데 물이 산 위에 쌓여 있어, 그 길이 더욱 험난한 것이 '건蹇'이다. '건'은 '절뚝거리다跛', '걸음이 불편하다'는 뜻으로, '어렵다'라는 의미도 있다.

괘의 의미

건은 곤경의 의미다. 곤경을 극복하기 위해서는 위대한 인물의 도움이 필요하다. 곤경에 처해 있을 때는 정도를 지켜야 곤경에서 벗어날 수 있다.

효의 의미

'初六'은 처음에 위치하여, 陰柔이며 失正이고 상괘에서 호응하는 것이 없다. 때문에 억지로 전진하면 곤경에 처하게 된다. 상황을 파악하고 물러나서 때를 기다려야 한다. '六二'는 得中이고 得正이며, 상괘의 九五와 호응한다. 이는 왕공과 대신들이 사욕을 버리고, 힘을 모아 곤경에서 벗어나려는 것과 같다. '九三'은 陽剛이며 得正이다. 곤경이 바로 앞에 와 있으며, 하괘에 있는 두 음효를 누르고 있다. 이런 상황에서는 앞으로 나아가면 험난하며 뒤로 물러나야 편안하다. 때문에 잠시 물러나 내적 평안을 찾은 다음 발전을 도모해야 한다. '六四'는 柔順이며 得正이다. 하지만 柔爻가 陽剛한 九三을 무시하고 있으며, 하괘의 初六과도 호응하지 않아 자신도 곤경에 빠져 있다. 이 때문에 앞으로 나아가기도 어렵고 뒤로 물러나기도 어렵다. '九五'는 본 괘의 卦主다. 陽剛이며 得中이고 得正이다. 또한 尊位에 거하며 하괘의 六二와 호응한다. 극심한 곤경에 처해 있을 때, 친구들이 찾아와 함께 곤경을 극복한다. '上六'은 곤경의 마지막에 위치하여 앞길이 험난하다. 그러나 得正이므로 호응하는 것이 있고, 임금인 九五를 좇아 함께 고난을 극복한다. 큰 공을 세울 수 있어 결국 길하게 된다.

괘에 대한 설명

본 괘는 어려움을 극복하는 방법을 설명한다. 곤경을 극복할 때는 나아가고 물러남이 합당해야 한다. 즉 나아갈 때는 나아가고 물러날 때는 물러나야 한다. 이때, 위대한 인물의 도움이 필요하다. 또한 사람을 모아야 하며 위아래가 모두 정도를 지키고 힘을 합해야 난관을 극복할 수 있다. 재난을 극복하는 것은 길고도 험난한 과정이다. 어려움에 빠지면 자신을 돌보지 않고 분투하며, 서로 도와야만 험난함에서 벗어날 수 있다. 또한 신중해야 하며 자신의 능력을 헤아려 경솔한 행동은 피해야 한다. 대책을 적극적으로 모색하며, 현명하고 능력 있는 사람들의 의견을 수렴해야 위기에서 벗어날 수 있다.

고난을 이겨내는 방법

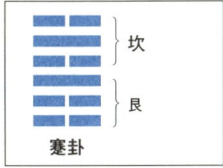

간은 산이고 감은 물로, 산 위에 물이 있다는 말이다. 산길은 원래 험난한데 물이 산 위에 쌓여 있어, 그 길이 더욱 험난한 것이 '건'이다. '건'은 '절뚝거리다', '걸음이 불편하다'는 뜻이고, '어렵다'라는 의미도 있다. 건은 곤경의 의미다. 곤경을 극복하기 위해서는 위대한 인물의 도움이 필요하다. 곤경에 처해 있을 때는 정도를 지켜야 곤경에서 벗어날 수 있다.

'초육'은 음유이며 실정이고 상괘에서 호응하는 것이 없다. 억지로 전진하면 곤경에 처한다. 물러나 때를 기다려야 한다.

'육이'는 득중이고 득정이며, 상괘의 구오와 호응한다. 이는 왕공과 대신들이 사욕을 버리고 힘을 모아 곤경에서 벗어나려는 것과 같다.

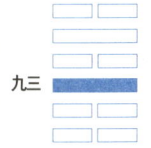

'구삼'은 득정이다. 곤경이 바로 앞에 와 있다. 이런 상황에서는 앞으로 나아가면 험난하다. 내적 평안을 찾은 다음 도모해야 한다.

'육사'는 유순이며 득정이다. 하지만 구삼을 무시하고 있으며, 하괘의 초육과도 호응하지 않아 자신도 곤경에 빠져 있다. 이 때문에 앞으로 나아가기도 어렵고 뒤로 물러나기도 어렵다.

'구오'는 득중이고 득정이다. 또한 존위에 거하며 하괘의 육이와 호응한다. 극심한 곤경에 처해 있을 때 친구들이 찾아와 함께 곤경을 극복한다.

'상육'은 곤경의 마지막에 위치하여 앞길이 험난하다. 그러나 임금인 구오를 좇아 함께 고난을 극복한다. 큰 공을 세울 수 있어 결국 길하게 된다.

곤경을 극복할 때는 나아가고 물러남이 합당해야 한다. 이때 위대한 인물의 도움이 필요하다. 또한 사람을 모아야 하며 위아래가 모두 정도를 지키고 힘을 합해야 난관을 극복할 수 있다. 어려움에 빠지면 자신을 돌보지 않고 분투하며, 서로 도와야만 험난함에서 벗어날 수 있다. 또한 신중해야 하며 자신의 능력을 헤아려 경솔한 행동은 피해야 한다. 대책을 적극적으로 모색하며, 현명하고 능력 있는 사람들의 의견을 수렴해야 위기에서 벗어날 수 있다.

육십사괘 | 해괘解卦

40 고난을 제거하고 백성과 휴식한다

해괘는 감坎이 하괘이며 진震이 상괘다. 감은 비雨이며 진은 천둥이다. 천둥이 치고 비가 내리면, 만물이 봄을 맞이하여 곳곳에서 생기가 피어난다. 이것이 '해解'다. 해는 '느슨하다緩', '완만하다'라는 뜻이다.

괘의 의미

어려움을 극복한 이후에는, 온화함으로 사람들을 편안하게 해야 한다. 또한 백성들과 함께 쉬며 그들을 번거롭게 하지 말아야 한다. 더 이상 번잡하지 않아야 길하다.

효의 의미

'初六'은 고난에서 막 벗어난 때다. 부드러운 모습으로 아래에 위치하며, 상괘의 九四와 호응하기 때문에 재난은 없다. '九二'는 양효가 음의 자리에 있어 失正이다. 그러나 강직하면서도 온화하다. 또한 상괘의 임금 六五와 호응하여 강함과 부드러움을 겸비했다. 이 때문에 고난에서 벗어난 이후에 九二는 재난의 씨앗을 제거하고 정도를 지킨다. 길하다. '六三'은 陰柔이며 失正이다. 陽剛인 九二를 무시하고 있으며 九四에게 아부한다. 이는 마치 소인이 귀인貴人의 수레에 탄 것과 같으니, 도둑의 습격을 받게 될 것이다. 정도를 지킨다고 해도 굴욕을 면하기 힘들다. '九四'는 不中이며 失正이고 하괘의 六三과 친밀하다. 이는 발끝에 병이 생겨 初六과 호응하는 데 장애가 생긴 것과 같다. 그 병을 치료한 다음에야 初六과 진심으로 호응할 수 있다. '六五'는 본 괘의 卦主다. 柔爻가 得中이고 尊位에 거하며 하괘의 九二와 호응한다. 고난을 극복하여 길하게 될 뿐만 아니라, 진실한 마음으로 소인을 감화시킬 수 있다. '上六'은 해괘解卦의 마지막에 위치하며, 진震의 정점에 있다. 높은 성 위에 있어서는 안 될 악조惡鳥 六三을 쏴서 떨어뜨리니, 이롭지 않은 것이 없다.

괘에 대한 설명

본 괘는 고난을 극복하는 방법을 설명한다. 고난을 만나면 방법을 찾아 여기서 벗어나야 한다. 원칙적으로 부드럽고 쉬운 방법을 사용해야 사람들의 지지를 얻을 수 있다. 또한 신속하게 처리해서 백성들의 고통을 덜어줘야 한다. 정도를 지키고 강함과 부드러움을 적절하게 사용하며 상황에 맞게 대처해야 한다. 또한 대충대충 해서는 안 되며 철저하게 악을 제거해야 한다. 소인의 세력이 사라지고 군자가 힘을 얻을 때, 비로소 정의로운 세력의 응원과 지지를 얻을 수 있다. 그러나 고난에서 벗어났을 때 늘 조심해야 하며, 순간의 편안함이 미래의 고난을 불러온다는 사실을 명심해야 한다.

고난이 사라진다

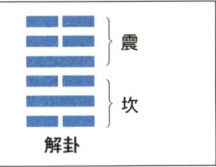

감은 비이며 진은 천둥이다. 천둥이 치고 비가 내리면, 만물이 봄을 맞이하여 곳곳에서 생기가 피어난다. 이것이 '해'다. 해는 '느슨하다', '완만하다'라는 뜻이다. 어려움을 극복한 이후에는, 온화함으로 사람들을 편안하게 해야 한다. 또한 백성들과 함께 쉬며 그들을 번거롭게 하지 말아야 한다. 더 이상 번잡하지 않아야 길하다.

初六

'초육'은 고난에서 막 벗어난 때다. 부드러운 모습으로 아래에 위치하며, 상괘의 구사와 호응하기 때문에 재난은 없다.

九二

'구이'는 실정이지만 강직하면서도 온화하다. 또한 상괘의 임금 육오와 호응하기 때문에 재난의 씨앗을 제거할 수 있어 길하다.

六三

'육삼'은 양강인 구이를 무시하고 구사에게 아부한다. 이는 마치 소인이 귀인의 수레에 탄 것과 같다. 굴욕을 면하기 힘들다.

九四

'구사'는 부중이며 실정이다. 발끝에 병이 생긴 것과 같다. 그 병을 치료한 다음에야 초육과 진심으로 호응할 수 있다.

六五

'육오'는 유효가 득중이고 존위에 거하며 하괘의 구이와 호응한다. 고난을 극복하여 길하게 될 뿐만 아니라, 진실한 마음으로 소인을 감화시킬 수 있다.

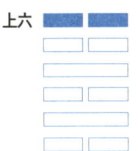

上六

'상육'은 괘의 마지막에 위치한다. 높은 성 위에 있어서는 안 될 악조를 쏴서 떨어뜨리니, 이롭지 않은 것이 없다.

고난을 만나면 방법을 찾아 여기서 벗어나야 한다. 이때, 부드럽고 쉬운 방법을 사용해야 사람들의 지지를 얻을 수 있다. 또한 신속하게 처리해서 백성들의 고통을 덜어줘야 한다. 대충대충 해서는 안 되며 철저하게 악을 제거해야 한다. 소인의 세력이 사라지고 군자가 힘을 얻을 때 비로소 정의로운 세력의 응원과 지지를 얻을 수 있다. 그러나 고난에서 벗어났을 때 늘 조심해야 하며, 순간의 편안함이 미래의 고난을 불러온다는 사실을 명심해야 한다.

| 육십사괘 41 | 손괘損卦

남에게 줄 때는 정성을 담아라

손괘는 태兌가 하괘이고 간艮이 상괘다. 태는 연못이고 간은 산이니, 연못이 산 아래 있는 것이다. 연못은 낮고 산은 높은데, 연못이 자신의 것을 떼어주어 산을 높게 하는 것이 '손'이다. 손은 '덜어내다'라는 의미가 있다.

괘의 의미

자신의 것을 남에게 줄 때는 정성이 있어야 한다. 정성이 있어야 보잘것없는 물건도 남에게 내줄 수 있다.

효의 의미

'初九'는 得正이며 상괘와 호응한다. 자신의 일을 그만두고 신속하게 도울 수 있다. 이처럼 자기를 버리고 남을 위하기 때문에 재난이 발생하지 않는다. 그러나 자신의 능력에 맞게 베풀어야 한다. '九二'는 六五와 호응하며, 六五는 온유한 모습으로 尊位에 거한다. 이때 출세에 급급하면 위험하다. 그러나 자신의 것을 남에게 주지 않고 중도를 지키기만 해도 윗사람에게 보탬이 될 수 있다. '六三'은 음효가 양의 자리에 있다. 오직 上九와 호응하면 친구를 얻는다. 음효인 六三, 六四, 六五가 모두 上九를 원하면 上九가 의심하게 된다. 이것은 윗사람에게 보태주는 것이 아니라 깎아내리는 것이다. '六四'는 柔爻가 得正이며 初九와 호응한다. 六四가 상괘인 간艮의 처음에 위치하여, 자신의 단점을 바로잡고 신속히 初九를 받아들인다. 매우 즐겁게 된다. '六五'는 柔爻가 得中이다. 또한 尊位에 거하며 하괘의 九二와 호응한다. 겸허하게 자신의 것을 떼어주기 때문에, 천하의 사람들이 끊임없이 보탬을 준다. 매우 길하다. '上九'는 마지막에 위치한다. '아래를 떼어내서 위를 보태주는 것損下益上'이 '위를 떼어내서 아래를 보태주는 것損上益下'으로 바뀐다. 자신의 남는 부분을 떼어내어 아랫사람들에게 보태준다. 이처럼 정도를 지키면 백성들의 추대를 받아 길하게 된다.

괘에 대한 설명

본 괘는 자신의 것을 남에게 주는 방법을 설명한다. 자신의 것을 떼어내 남에게 줄 때는 정성이 있어야 한다. 또한 시기적절해야 하며 균형을 유지해야 한다. 이때 자신의 사욕을 덜어내 공익에 보태고, 가산家産을 덜어내 천하 백성들에게 도움을 줘야 한다. 그러나 우선 덜어주지 않고도 도움이 되는 방법을 찾은 다음, 덜어내 보태주는 방법을 찾아야 한다. 남에게 줄 때는 신속하게 해야 하며 자신의 것을 덜어줌으로 생기는 손실을 최소화해야 한다. 남에게 줄 때는 상황에 맞게 해야 하며, 겸손하게 정도를 지켜야 사람들이 복종하고 지지한다.

떼어줄 때는 손실을 최소화해야 한다

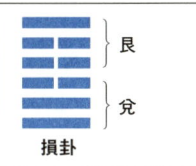
損卦

태는 연못이고 간은 산이니, 연못이 산 아래 있는 것이다. 연못은 낮고 산은 높은데, 연못이 자신의 것을 떼어주어 산을 높게 하는 것이 '손'이다. 손은 '덜어내다'라는 의미가 있다. 자신의 것을 남에게 줄 때는 정성이 있어야 한다. 정성이 있어야 보잘것없는 물건도 남에게 내줄 수 있다.

'초구'는 득정이며 상괘와 호응한다. 때문에 자신의 일을 그만두고 신속히 도울 수 있다. 이처럼 자기를 버리고 남을 위하기 때문에 재난이 발생하지 않는다. 그러나 자신의 능력에 맞게 베풀어야 한다.

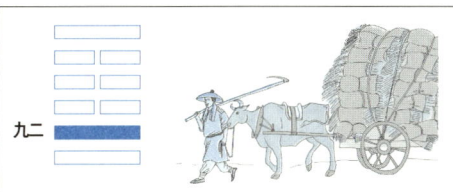

'구이'는 상괘의 육오와 호응하며, 출세에 급급하면 위험하다. 그러나 자신의 것을 남에게 주지 않고, 중도를 지키기만 해도 윗사람에게 보탬이 될 수 있다.

'육삼'은 오직 상구와 호응하면 친구를 얻는다. 만약 육사, 육오가 함께 상구를 원한다면 상구가 의심하게 된다. 이것은 윗사람을 깎아내리는 것이다.

'육사'는 유효가 득정이며 초구와 호응한다. 자신의 단점을 바로잡고 신속히 초구를 받아들인다. 매우 즐겁게 된다.

'육오'는 유효가 득중이다. 존위에 거하며 구이와 호응한다. 겸허하게 자신의 것을 떼어주기 때문에, 천하의 사람들이 끊임없이 보탬을 준다. 매우 길하다.

'상구'는 마지막에 위치한다. 자신의 남는 부분을 떼어내 아랫사람들에게 보태준다. 이처럼 정도를 지키면 백성들의 추대를 받아 길하게 된다.

자신의 것을 남에게 떼어줄 때는 시기적절해야 하며 균형을 유지해야 한다. 이때 자신의 사욕을 덜어내 공익에 보태고, 가문을 덜어내 천하 백성들에게 도움을 줘야 한다. 그러나 우선 덜어주지 않고도 도움이 되는 방법을 찾은 다음, 자신의 것을 덜어내 보태주는 방법을 찾아야 한다. 남에게 줄 때는 신속하게 해야 하며 자신의 것을 덜어줌으로 생기는 손실을 최소화해야 한다. 남에게 줄 때는 상황에 맞게 해야 하며 겸손하게 정도를 지켜야 사람들이 복종하고 지지한다.

육십사괘 42 | 익괘 益卦

타인을 돕고 신임을 얻는다

익괘는 진震이 하괘이며 손巽이 상괘다. 진은 천둥이고 손은 바람이다. 바람이 거세면 천둥은 빨라지고, 천둥이 강력하면 바람은 세차게 된다. 이처럼 바람과 천둥이 서로 돕는 것이 '익益'이다.

괘의 의미

'익'은 위를 떼어내 아래를 보태주는 것으로, 통치자가 재물을 떼어내 백성들에게 도움을 주는 것을 상징한다. 위를 떼어내 아래를 보태주면 발전할 수 있으며, 재난에서 벗어나는 데 도움이 된다. 상괘의 세 효는 주로 자신의 것을 떼어주며, 하괘의 세 효는 주로 도움을 받는다.

효의 의미

'初九'는 지위가 낮아 본래 큰일을 맡기 힘들다. 하지만 陽剛의 성품이 있어 윗사람이 도움을 준다. 초구는 이에 보답하면서 큰일을 맡을 수 있으나 그 일이 선할 때만 착오가 발생하지 않는다. '六二'는 柔順이고 得正이며 得中이다. 임금인 九五와 호응한다. 남에게 귀중한 보화를 선물받는다. 그러나 柔爻가 음의 자리에 있어, 항구하게 정도를 지켜야 길하다. 군왕이라면 하늘에 큰 제사를 드려야 길하다. '六三'은 失正이다. 하괘의 윗자리에 있어 보탬을 받는 것이 매우 많다. 보탬을 받아도 자신의 처지를 망각해서는 안 되므로, 반드시 성실한 마음으로 중도를 지켜야 한다. 또 남을 돕는 일에 힘써야 착오가 생기지 않는다. '六四'는 부드럽고 바른 성품이 있다. 상괘의 처음에 위치하여 陽剛인 九五를 받들고, 군주를 보좌하며 백성들에게 베푸는 형상이다. 반드시 중도를 지켜야 한다. '九五'는 본 괘의 卦主다. 陽剛이며 得中이고 得正이다. 군왕의 자리에 거하며 六二와 호응한다. 은혜를 베풀어 사람들의 지지를 얻으니 반드시 길하다. 사람들은 분명 그의 은덕에 보답한다. '上九'는 정점에 위치하여, 陽剛이 매우 성하며 탐하는 것이 끝이 없다. '위를 떼어내고 아래를 보태주던 것'이 '아래를 떼어내 위를 보태주는 것'으로 바뀐다. 이 때문에 천하의 누구도 보탬을 주지 않으며, 오히려 모두 일어나 공격하고 상처를 입힌다.

괘에 대한 설명

본 괘는 '위를 떼어내 아래를 보태주는 것'에 대해 설명하고 있다. 자신의 것을 떼어내 남을 도와주는 것은 타인을 기쁘게 하기 때문에 칭송을 받는다. 진심으로 남에게 보탬을 주면 보답을 받을 뿐만 아니라, 신임과 지지도 얻을 수 있다. 이렇게 되면 역량이 모여 큰일을 이룰 수 있다. 그러나 그 동기가 순수해야 하며 시기적절해야 한다. 남에게 도움을 청할 때는, 기꺼이 남을 도울 수 있는 사람을 찾아 시기적절한 때에 도움을 청해야 한다. 그러지 않으면 도움을 받지 못할 뿐만 아니라 재난을 당할 수도 있다.

정성껏 남을 돕는다

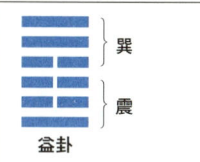

진은 천둥이며 손은 바람이다. 바람이 거세면 천둥은 빨라지며, 천둥이 강력하면 바람은 세차게 된다. 이처럼 바람과 천둥이 서로 돕는 것이 '익'이다. 익은 위를 떼어내 아래를 보태주는 것으로, 통치자가 재물을 떼어내 백성들에게 도움을 주는 것을 상징한다. 위를 떼어내 아래를 도와주면, 발전할 수 있으며 재난에서 벗어나는 데 도움이 된다.

'초구'는 지위가 낮아 본래 큰일을 맡기 힘들다. 하지만 윗사람이 도움을 주어 큰일을 맡을 수 있으나 그 일이 선할 때만 착오가 발생하지 않는다.

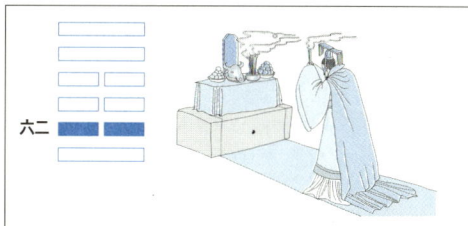

'육이'는 유순이고 득정이며 득중이다. 남에게 귀중한 보화를 선물받는다. 군왕이라면 하늘에 큰 제사를 드려야 길하다.

'육삼'은 실정이다. 보탬을 받는 것이 매우 많다. 그러나 반드시 성실한 마음으로 중도를 지켜야 한다. 또한 남을 돕는 일에 힘써야 착오가 생기지 않는다.

'육사'는 양강인 구오를 받들고, 군주를 보좌하며 백성들에게 베푸는 형상이다. 그러나 반드시 중도를 지켜야 한다.

'구오'는 득중이고 득정이다. 군왕의 자리에 거하며 하괘의 육이와 호응한다. 은혜를 베풀어 사람들의 지지를 얻으니 반드시 길하다. 사람들은 분명 그의 은덕에 보답한다.

'상구'는 양강이 매우 성하며 탐하는 것이 끝이 없다. 때문에 천하의 어느 누구도 그에게 보탬을 주지 않으며, 오히려 모두 일어나 공격하고 상처를 입힌다.

자신을 떼어내 남을 도와주는 것은 타인을 기쁘게 하기 때문에 칭송을 받는다. 진심으로 남에게 도움을 주면 보답을 받을 뿐만 아니라, 신임과 지지도 얻을 수 있다. 이렇게 되면 큰일을 이룰 수 있다. 그러나 그 동기가 순수해야 하며 시기적절해야 한다. 보탬을 받는 사람도 유순하고 겸손하며 중도를 지켜야 한다. 남에게 도움을 청할 때는, 기꺼이 남을 도울 수 있는 사람을 찾아 시기적절한 때에 도움을 청해야 한다. 그러지 않으면 도움을 받지 못할 뿐만 아니라 재난을 당할 수도 있다.

육십사괘 43

쾌괘 夬卦

굳세고 과감하게 소인을 제거한다

쾌괘는 건乾이 하괘이고 태兌가 상괘다. 건은 하늘이고 태는 연못이다. 하늘 위로 수증기가 피어올라 비가 곧 오려는 것이 '쾌夬'다. 이 때문에 쾌는 '결단決斷'을 상징하며, 사악함을 제거한다는 의미가 있다. 군자가 소인을 과감하게 제재함을 상징한다.

괘의 의미

군자가 소인을 제재할 때, 소인의 잘못을 명확히 밝혀 사람들의 지지를 얻고, 이를 통해 단결하여 함께 제재해야 한다. 그러나 소인은 계략이 많아 해를 끼칠 수 있기 때문에 늘 조심해야 한다. 무력을 남용하거나 난폭하게 대하지 않아야 순조롭다.

효의 의미

'初九'는 본 괘의 卦主다. 陽剛이며 아래에 위치하고, 상괘와 호응하는 것이 없다. 발끝에 힘이 넘쳐 조심하지 않고 서둘러 내달리는 것과 같다. 성공하기 어려우며 재난이 발생한다. '九二'는 강剛하면서 유柔한 자리에 있으며 得中이다. 과감하면서도 신중하여 늘 경계하니, 야밤에 피습을 당해도 우환이 생기지 않는다. '九三'은 剛正이며 홀로 상괘와 호응한다. 성격이 군건하고 과감하다. 소인을 제재할 때, 노여운 기색을 보여 그들의 원한을 산다. 위태롭다. 소인과 상대할 때는 上六과 호응해야만 한다. 이때 비를 맞아 옷이 젖거나 남들의 이해를 얻지 못할 수도 있지만, 결국 소인을 제거하며 과오를 남기지 않는다. '九四'는 失正이다. 결단이 부족하여 억지로 잡아끌어도 머뭇거리며 나아가지 않는다. 만약 九五를 의지하여 그의 뒤를 따르면 후회하지 않는다. 그러나 우둔하기 때문에 충고해도 듣지 않는다. '九五'는 尊位에 거하고 得中이며 得正이다. 잡초를 제거하듯이 소인을 제거한다. 그러나 중도를 지키고 신중하게 행동해야 과실이 없다. '上六'은 하나의 음효가 다섯 개의 양효 위에 위치한다. 이는 소인이 막다른 길에 몰려 크게 소리쳐도 상대하는 사람이 없는 것과 같다. 위험을 벗어나기 힘들다.

괘에 대한 설명

음양의 충돌이 격화되면, 양강陽剛이 과감하게 음유陰柔를 제거해야 한다. 올바른 기운이 사악함을 몰아내듯 군자도 소인을 제거해야 한다. 소인은 계략이 많아, 이들을 제거할 때에는 면밀하게 준비해야 한다. 늘 조심하면서도 비난을 두려워하지 말아야 한다. 또한 감정을 드러내지 말고 적절한 시기에 드러나지 않게 제거해야 한다. 망설이거나 충동적으로 행동하지 말아야 하며, 과격하거나 극단적이지 않아야 한다. 온유한 방법으로 사람을 감동시켜 스스로 개과천선하도록 하는 것이 가장 이상적인 방법이다. 소인의 세력이 오래가지 않을 것이며, 한때 득세했다고 해도 끝내 멸망을 당하게 될 것이다.

과감하게 제재한다

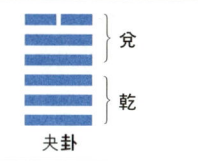

건은 하늘이고 태는 연못이다. 하늘 위로 수증기가 피어올라 비가 곧 오려는 것이 '쾌'다. 쾌는 '결단'을 상징하며 사악함을 제거한다는 의미가 있다. 군자가 소인을 제재할 때, 소인의 잘못을 명확히 밝혀 사람들의 지지를 얻고, 이를 통해 단결하여 함께 제재해야 한다. 무력을 남용하거나 난폭하게 대하지 않아야 순조롭다.

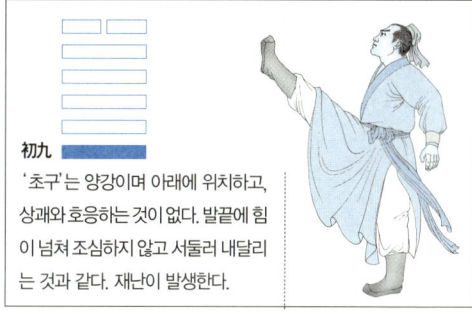

'초구'는 양강이며 아래에 위치하고, 상괘와 호응하는 것이 없다. 발끝에 힘이 넘쳐 조심하지 않고 서둘러 내달리는 것과 같다. 재난이 발생한다.

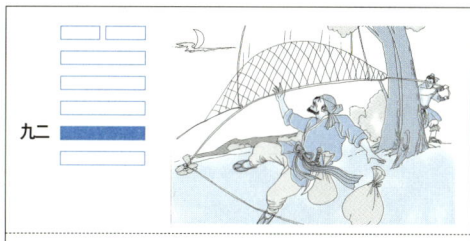

'구이'는 득중이다. 과감하면서도 신중하여 늘 경계하니, 야밤에 피습을 당해도 우환이 생기지 않는다.

'구삼'은 소인을 상대할 때 상육과 호응해야만 한다. 비를 맞아 옷이 젖거나 남들의 이해를 얻지 못할 수도 있지만, 결국 소인을 제거한다.

'구사'는 실정이다. 머뭇거리며 나아가지 않는다. 만약 구오를 의지하여 그의 뒤를 따르면 후회하지 않는다. 그러나 구사는 우둔하기 때문에 충고해도 듣지 않는다.

'구오'는 존위에 거하고 득중이며 득정이다. 잡초를 제거하듯이 소인을 제거한다. 그러나 중도를 지키고 신중하게 행동해야 과실이 없다.

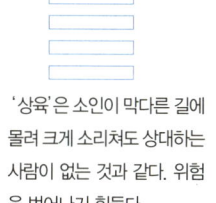

'상육'은 소인이 막다른 길에 몰려 크게 소리쳐도 상대하는 사람이 없는 것과 같다. 위험을 벗어나기 힘들다.

지나치게 강성하면 쇠약하게 된다. 이때 소인이 다시 득세하고 그들은 또 제재를 당하게 된다. 소인을 제거할 때는 면밀하게 준비해야 한다. 늘 조심하면서도 비난을 두려워하지 말아야 하며, 적절한 시기에 드러나지 않게 제거해야 한다. 망설이거나 충동적으로 행동하지 말아야 하며, 과격하거나 극단적이지 않아야 한다. 온유한 방법으로 사람을 감동시켜 스스로 개과천선하도록 하는 것이 가장 이상적인 방법이다. 소인의 세력이 한때 득세했다고 해도 끝내 멸망을 당하게 될 것이다.

육십사괘 **44** 구괘姤卦

우연히 만난다, 사악함을 예방하라

구괘는 손巽이 하괘이며 건乾이 상괘다. 손은 바람이며 건은 하늘이다. 바람이 온 세상을 돌며 수많은 사물을 만나는 것이 '구姤'다. '구'는 '후逅', '해후邂逅'의 뜻이 있으며 우연히 만나는 것을 말한다.

괘의 의미

만남은 예禮에 부합하고 정도를 지켜야 한다. 하늘과 땅도 서로 만나야만 여러 사물들이 세상에 나오게 된다. 강剛이 중도를 지키는 유柔를 만나서 굳셈과 부드러움을 겸비하며 서로 돕고 의지하면, 자신의 포부를 세상에 펼칠 수 있다.

효의 의미

'初六'은 제어 장치로 수레를 멈추게 하는 것과 같이 소인을 제지하는 것이 쉽다. 정도를 지키면 길할 수 있다. 그러나 바싹 마른 돼지처럼 소인이 끊임없이 배회하며 기회를 엿본다. 때문에 군자들은 마땅히 엄격하게 방비해야 한다. '九二'는 失正이며 得中이다. 初六이 九二를 받들고 있으며, 九二가 初六을 포위하고 있어 마대 속의 물고기가 움직이지 못하는 것과 같다. 이때, 九二에게 큰 피해는 생기지 않는다. 다만 물고기인 初六이 九四와 호응하는데, 이 물고기로 손님인 九四를 접대하는 것은 좋지 않다. '九三'은 지나치게 강하며 不中이고, 상괘와 호응하는 것이 없다. 때문에 행동에 어려움이 생기고 위험이 찾아온다. 그러나 得正이기 때문에 고립무원孤立無援에 빠져도 큰 재난은 없다. '九四'는 陽剛이 失正이며 본래 初六과 호응한다. 그러나 初六은 九二에 막혀 있어 앞으로 나아갈 수 없다. 때문에 九四의 자루에는 물고기가 없어 위험을 면하기 힘들다. 이는 백성들을 멀리하고 포용하지 못했기 때문에 생긴 결과다. '九五'는 陽剛이며 得中이고 得正이다. 또 尊位에 거한다. 겸손하게 자신을 낮추어 현명하고 능력 있는 인재를 찾는다면, 적합한 사람이 나타나게 된다. '上九'는 매우 높은 곳에 있어 만나는 사람이 아무도 없다. 편협하다는 비난을 받을 수 있지만, 소인에게 피해를 당하지 않기 때문에 특별한 재난은 없다.

괘에 대한 설명

본 괘는 '만남'의 이치를 설명한다. 존귀한 자가 덕을 닦고 현자를 찾으면, 현자는 반드시 나타날 것이다. 남의 것을 자기 것처럼 사용하는 것은 옳지 않으며, 자신에게 있는 것을 굳이 또 찾을 필요는 없다. 천하에 절대적인 선과 절대적인 악은 존재하지 않는다. 악행도 선한 면이 존재하므로, 그 행동의 동기가 순수한가를 먼저 봐야 한다. 때문에 악행이라도 마땅히 포용해야 한다. 사악함을 포용하여 그것이 번지는 것을 막아야 사악함이 자연스럽게 사라진다.

뜻밖의 만남

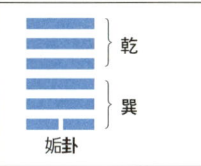

손은 바람이고 건은 하늘이다. 바람이 온 세상을 돌며 수많은 사물을 만나는 것이 '구'다. '구'는 '후', '해후'이며, '우연히 만나는 것'을 말한다. 본 괘는 음효 하나가 다섯 개의 양효 사이를 맴돌고 있어, 정절을 지키지 않는 여자라고 의심받게 된다. 또한 여자가 몸이 건장하면 음란하기 때문에, 만난다고 해도 아내로 맞을 수 없다. 그러나 강이 중도를 지키는 유를 만나서 강유를 겸비하면 포부를 펼칠 수 있다.

'초육'은 제어 장치로 수레를 멈추게 하는 것처럼 소인을 제지하는 것이 쉽다. 길하다. 그러나 바싹 마른 돼지처럼 소인이 끊임없이 배회하며 기회를 엿본다. 마땅히 엄격하게 방비해야 한다.

'구이'는 초육을 포위하고 있어, 마대 속의 물고기가 움직이지 못하는 것과 같다. 큰 피해는 생기지 않는다. 다만 물고기인 초육으로 구사를 접대하는 것은 좋지 않다.

'구삼'은 지나치게 강하며 부중이다. 때문에 어려움이 생기고 위험이 찾아온다. 그러나 득정이기 때문에 큰 재난은 없다.

'구사'는 양강이 실정이다. 구사의 자루에는 물고기가 없어 위험을 면하기 힘들다. 이는 백성들을 멀리하고 포용하지 못했기 때문에 생긴 결과다.

'구오'는 양강이며 득중이고 득정이다. 또 존위에 거한다. 자신을 낮추고 현능한 인재를 찾는다면, 적합한 사람이 나타난다.

'상구'는 매우 높은 곳에 있어 만나는 사람이 아무도 없다. 편협하다는 비난을 받을 수 있지만, 소인에게 피해를 당하지 않기 때문에 특별한 재난은 없다.

만남은 예禮에 부합하고 정도를 지켜야 한다. 또한 정당하지 않은 만남은 갖지 말아야 한다. 존귀한 자가 덕을 닦고 현자를 찾으면, 현자는 반드시 나타날 것이다. 남의 것을 자기 것처럼 사용하는 것은 옳지 않으며, 자신에게 있는 것을 굳이 또 찾을 필요는 없다. 천하에 절대적인 선과 절대적인 악은 존재하지 않는다. 악행도 선한 면이 존재하므로, 그 행동의 동기가 순수한가를 먼저 봐야 한다. 악행이라도 마땅히 포용하면 널리 사람들의 지지를 얻고 사악함은 자연스럽게 사라진다.

육십사괘 45 | 췌괘 萃卦

사람이 모인다, 편안하고 즐겁다

췌괘는 곤坤이 하괘이고 태兌가 상괘다. 곤은 땅이며 유순하고, 태는 연못이며 유쾌하다. 연못이 땅 위에 있다는 것으로, 물이 땅 위에 모여 연못을 이루고 만물을 적신다는 뜻이다. 이것이 '췌萃'다. '췌'는 '모이다聚'는 의미다.

괘의 의미

세상 사람들이 모인다는 것은 형통할 징조다. 덕망 있는 사람이 모임을 주관하면 반드시 정도를 따른다. 희생 제물을 바쳐 조상에게 제사를 지내면 비록 낭비하는 것처럼 보이지만 길하게 된다. 물건을 한곳에 모아야 풍족해지듯이, 민심을 하나로 모으면 큰일을 할 수 있다.

효의 의미

'初六'은 失正이고 九四와 호응한다. 그러나 陰爻인 六二와 六三이 방해하기 때문에 정성을 들여도 결실을 맺기 힘들다. 만약 初六이 九四에게 전념한다면, 九四가 반드시 이에 호응하여 함께 어울릴 수 있다. '六二'는 得中이며 得正이고, 九五와 호응한다. 반드시 존귀한 사람이 끌어주어 모이게 된다. 재난이 없으며 길하다. '六三'은 不中이며 不正이고, 호응하는 것이 없다. 모이기를 간절히 바라지만, 같은 부류를 만나지 못해 탄식한다. 陽剛인 九四와 친근하니 음양이 어울려 친밀하게 협조한다. 이 때문에 서로 모이며 재난이 없게 된다. 六三과 九四는 모두 失正이라 굴욕을 당하는 일이 생긴다. '九四'는 陽剛이며 失正이다. 하괘에 음효 세 개가 모여 있어 원래 재난이 있지만, 큰 공을 세워 길하게 되며 재난을 면한다. '九五'는 본 괘의 卦主다. 得中이며 得正이고 尊位에 거한다. 온 세상 사람들을 널리 모으니 과오가 없다. 그러나 백성들에게 완전한 신임을 얻은 것이 아니기 때문에, 늘 정도를 지켜야만 천하를 감동시킬 수 있다. 이렇게 되면 후회할 일도 사라진다. '上六'은 최고의 위치에 도달했지만 호응하는 것이 없다. 또한 陽剛인 九五를 무시하여 모으려 해도 모이지 않는다. 때문에 탄식하고 눈물을 흘린다.

괘에 대한 설명

만물은 함께 모여 생활하면서 발전한다. 군왕과 대인은 반드시 미덕과 정도로써 사람을 모으고 위아래를 소통시켜야 한다. 모임의 근본에 진심이 있어야 단결할 수 있다. 부적절한 모임은 사람들의 관심을 얻지 못할 것이며, 그 모임이 좋은 결과를 맺을 때만 위험에서 벗어날 수 있다. 지도자는 반드시 굳건하게 정도를 지키며, 덕으로 사람들을 감동시켜야 진심으로 복종한다. 자기 혼자만의 고아함을 추구하는 자는 사람들을 잃게 되니 늘 조심하고 반성해야 한다. 사물이 장기간 모여 있으면 혼란이 생기고, 사람이 오랜 기간 함께하면 다른 마음이 생긴다. 함께하면서도 의외의 사건이 발생하지 않도록 조심해야 한다.

• 한곳에 모으니 풍족하다

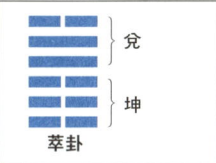

곤은 땅이며 유순하고, 태는 연못이며 유쾌하다. 연못이 땅 위에 있다. 물이 땅 위에 모여 연못을 이루고 만물을 적신다는 뜻이다. 이것이 '췌'다. '췌'는 '모이다'는 의미다. 사람들이 모이는 것은 형통할 징조다. 덕망 있는 사람이 모임을 주관하면 정도를 따른다. 희생 제물을 바쳐 조상에게 제사를 지내면 길하게 된다. 물건을 한곳에 모아야 풍족해지듯, 민심을 하나로 모으면 큰일을 할 수 있다.

'초육'은 실정이고 구사와 호응한다. 그러나 육이와 육삼이 방해하기 때문에 정성을 들여도 결실을 맺기 힘들다. 하지만 구사에게 전념한다면 함께 어울릴 수 있으니 앞날에 재난이 발생하지 않는다.

'육이'는 득중이며 득정이고, 상괘의 구오와 호응한다. 반드시 존귀한 사람이 끌어주어 모이게 된다. 재난이 없으며 길하다.

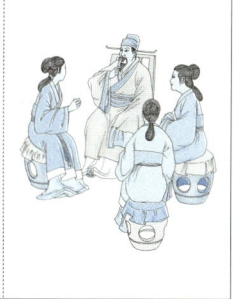

'육삼'은 모이기를 간절히 바라지만 같은 부류를 만나지 못하여 탄식만 한다. 그러나 구사와 친밀하게 협조하니 서로 모이고 재난이 없게 된다. 다만 굴욕을 당하는 일이 있다.

'구사'는 실정이며 하괘에 음효 세 개가 모여 있어 재난이 있다. 그러나 큰 공을 세워 길하게 되니 재난을 면한다.

'구오'는 득중이며 득정이고 존위에 거한다. 온 세상 사람들을 널리 모았지만, 백성들에게 완전한 신임을 얻은 것은 아니다. 정도를 지켜야만 천하를 감동시킬 수 있다.

'상육'은 췌괘의 마지막에 위치한다. 양강인 구오를 무시하여 모으려 해도 모이지 않는다. 때문에 탄식하고 눈물을 흘린다.

군왕과 대인은 반드시 미덕과 정도로써 사람을 모으고 위아래를 소통시켜야 한다. 그러나 모임의 근본에 진심이 있어야 단결할 수 있다. 부적절한 모임은 사람들의 관심을 얻지 못할 것이며, 그 모임이 좋은 결과를 맺을 때만 위험에서 벗어날 수 있다. 지도자는 굳건하게 정도를 지키며, 덕으로 감동시켜야 사람들이 진심으로 복종한다. 자기 혼자만의 고아함을 추구하는 사람은 사람들을 잃게 되니 늘 조심하고 반성해야 한다. 사물이 장기간 모여 있으면 혼란이 생기고, 사람이 오랜 기간 함께 하면 다른 마음이 생긴다. 함께하면서도 의외의 사건이 발생하지 않도록 조심해야 한다.

육십사괘	승괘 升卦

46 순탄하게 올라간다, 조금씩 쌓아 큰 것을 이룬다

승괘는 손巽이 하괘이며 곤坤이 상괘다. 손은 나무이고 곤은 땅이다. 땅에서 나무가 자라나는 것이 '승升'이다. 승은 '오르다上'라는 의미가 있다.

괘의 의미

사물이 성장하면 형통하고 길하다. 陽爻는 尊位에 있는 것이 합당치 않아 두려움이 있다. 그러나 덕망 높은 사람은 강하면서 균형을 유지할 수 있어 두려워할 필요가 없다. 밝은 곳을 향해서 가면 반드시 길하게 된다.

효의 의미

'初六'은 柔順하며 아래에 위치한다. 호응하는 것은 없지만 위에 있는 두 양효를 받들어, 음양이 합일하니 상승하기에 적합하다. 크게 길하다. '九二'는 강하면서도 균형을 유지하며, 상괘의 六五와 호응한다. 정성된 마음이 있어 반드시 위로 오르니 재난이 발생하지 않는다. '九三'은 陽剛이며 得中이고 上六과 호응한다. 위로 올라 상괘 곤에 도달한다. 곤은 음효로만 이루어져 있으며 가운데가 비어 있기 때문에, 마치 사람이 살지 않는 곳과 같다. '六四'는 柔順하며 得正이니 유한 사람에게 순종한다. 반드시 오르게 되며 길하고 재난이 없다. '六五'는 음효가 양의 자리에 있고, 원래 유약하기 때문에 정도를 지켜야 길하다. 그러나 六五는 柔順하며 得中이다. 또한 尊位에 거하며 하괘의 九二와 호응한다. 陽剛인 九二의 도움을 받아, 계단을 오르듯 한발 한발 올라가 순조롭게 왕위에 오른다. '上六'은 마지막에 위치하여 곤음坤陰의 정점에 서 있다. 매우 우매한데도 계속 상승하다가 이제 세력이 점차 사라진다. 정도를 지키며 경거망동하지 말아야 한다.

괘에 대한 설명

본 괘는 위로 상승하는 이치를 설명한다. 상승할 때는 흐름에 부합해야 하며, 꾸준하게 조금씩 쌓아 큰 것을 이루어야 한다. 또한 순서와 절차에 맞게 점진적으로 진행해야 한다. 상승할 때는 옛사람들의 발자취를 거울삼아야 순탄하다. 또한 진심이 있어야 사람들의 지지를 얻을 수 있으며, 적극적으로 해야 결실이 있다. 한편 상승의 방향은 반드시 올바르고 정확해야 한다. 현명하고 능력 있는 사람을 등용하고, 대중들이 원하는 방향으로 나아가야 저항이 적다. 또한 목표가 있어야 하고 절제할 줄 알아야 한다. 맹목적인 전진은 지속하기 힘들다.

승진과 상승

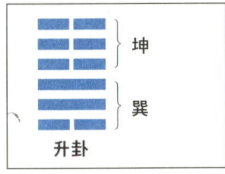

손은 나무이고 곤은 땅이다. 땅에서 나무가 자라나는 것이 '승'이다. 승은 '오르다'라는 의미가 있다. 양효는 존위에 있는 것이 합당치 않아 두려움이 있다. 그러나 덕망 높은 사람은 강하면서 균형을 유지할 수 있다. 밝은 곳을 향해서 가면 반드시 길하게 된다.

'초육'은 유순하며 아래에 위치한다. 호응하는 것은 없지만, 위에 있는 두 양효를 받들어, 음양이 합일하니 크게 길하다.

'구이'는 강하면서도 균형을 유지하며, 육오와 호응한다. 정성된 마음이 있어 반드시 위로 오르니 재난이 발생하지 않는다.

'구삼'은 위로 올라 상괘 곤에 도달한다. 곤은 음효로만 이루어져 가운데가 비어 있기 때문에, 사람이 살지 않는 곳과 같다.

'육사'는 유순하며 득정이니 유한 사람에게 순종한다. 반드시 오르게 되며, 길하고 재난이 없다.

'육오'는 유순하며 득중이고, 존위에 거하며 양강인 구이의 도움을 받는다. 계단을 오르듯 순조롭게 왕위에 오른다.

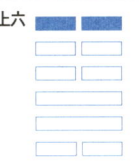

'상육'은 곤음의 정점에 서 있다. 매우 우매한데도 계속 상승하다가 이제 세력이 점차 사라진다. 정도를 지키며 경거망동하지 말아야 한다.

사물이 발전할 때는 순서와 절차에 맞게 점진적으로 진행해야 한다. 상승할 때는 옛사람들의 발자취를 거울삼아야 순탄하다. 또한 진심이 있어야 사람들의 지지를 얻을 수 있으며, 적극적으로 해야 결실이 있다. 한편 상승의 방향은 반드시 올바르고 정확해야 한다. 현명하고 능력 있는 사람을 등용하고, 대중들이 원하는 방향으로 나아가야 저항이 적다. 또한 목표가 있어야 하고 절제할 줄 알아야 한다. 맹목적인 전진은 지속하기 힘들다.

| 육십사괘 47 | 곤괘困卦 |

곤궁에 빠졌다, 천천히 출로를 모색한다

곤괘는 감坎이 하괘이고 태兌가 상괘다. 감은 물이고 태는 연못이다. 연못에는 물이 없고 연못 아래에 물이 있으니, 물이 말랐다는 말이다. 이것이 '곤困'이다. '곤'은 '곤궁하다'라는 뜻이다.

괘의 의미

군자는 곤궁에 처했을 때, 스스로 노력하고 이겨내야 형통하다. 덕망이 있고 정도를 지키는 사람이 길하다. 곤궁할 때는 남에게 신임을 얻지 못하니, 덕을 쌓으며 말을 적게 하는 것이 좋다.

효의 의미

'初六'은 곤의 처음에 위치하며 유약하고 미천하다. 九四와 호응하지만, 九四 역시 失正이기 때문에 곤궁하다. 앞으로 가도 도와주는 사람이 없고, 가만있어도 편안하기 힘들다. 오직 조용한 골짜기에 은거하여 상황이 풀리기를 기다린다. '九二'는 得中이며 失正이다. 곤궁에 빠져 능력을 펼치지 못하고 힘든 나날을 보낸다. 그러나 강하고 중도를 지키며 스스로 단속하니 결국 높은 관직을 얻게 된다. 험난함이 많았지만 재난은 발생하지 않는다. '六三'은 失正이며 九四와 친근하다. 九四는 初六과 호응하고 九二를 무시한다. 하지만 九二는 억세기 때문에 억누를 수 없다. 앞으로 가면 돌에 걸려 넘어지고, 잡고 오르면 가시에 찔린다. 곤궁함이 극심하여 어쩔 수 없이 물러나 집에 거하지만 집에서 부인을 볼 수 없다. 위험에 빠질 수 있다. '九四'는 失正이며 初六과 호응하려 하지만 九二가 가로막아 움직임이 느리다. 굴욕을 당하지만 결국 올바름이 찾아온다. 사악함이 올바름을 억누르지 못해 소원대로 만나게 된다. '九五'는 得中이며 得正이고 尊位에 거한다. 코를 베고 다리를 자르는 형벌로 백성을 다스리니, 백성들이 반란을 일으켜서 가족들이 헤어진다. 그러나 九五는 강하면서 균형을 유지하여, 포악함을 바로잡아 사람들의 신임을 얻는다. 점점 곤경에서 벗어난다. '上六'은 아래에 있는 두 개의 양효를 무시하며, 하괘에 호응하는 것이 없다. 그러나 때맞춰 깨닫고 행동을 조심하면 곤경에서 벗어날 수 있다. 이렇게 되면 길하다.

괘에 대한 설명

본 괘는 곤경에 대처하는 방법을 설명한다. 성장이 정점에 도달하면 곤궁에 빠진다. 이때 경솔한 행동을 삼가야 한다. 지나치게 쇠약해도 곤경에 빠지지만 너무 강성해도 곤경에 빠진다. 때문에 성공했어도 늘 조심하며 본래 모습을 잊어서는 안 된다. 곤궁하면 조급해하지 말고 신중하게 출로를 모색해야 한다. 궁핍하면 변화를 모색하게 되고, 변화하면 풍부해진다. 또 곤궁하면 뚫고 나가려 하고, 뚫고 나가면 활로가 열린다. 이것이 자연의 발전 법칙이다.

이러지도 저러지도 못하는 상황

감은 물이고 태는 연못이다. 연못에는 물이 없고 연못 아래에 물이 있으니, 물이 말랐다는 말이다. 이것이 '곤'이다. '곤'은 '곤궁하다'라는 뜻이다. 군자는 곤궁에 처했을 때, 스스로 노력하고 이겨내야 형통하다. 이때 덕망 있고 정도를 지키는 사람이 길하다. 곤궁할 때는 남에게 신임을 얻지 못하니, 덕을 쌓고 말을 적게 하는 것이 좋다.

'초육'은 유약하고 미천하다. 앞으로 가도 도와주는 사람이 없고, 가만있어도 편안하기 힘들다. 조용한 골짜기에 은거하여 상황이 풀리기를 기다린다.

'구이'는 득중이며 실정이다. 곤궁에 빠져 힘든 나날을 보낸다. 그러나 중도를 지키며 스스로 단속하니, 결국 높은 관직을 얻게 된다.

'육삼'은 실정이다. 앞으로 가면 돌에 걸려 넘어지고, 잡고 오르면 가시에 찔린다. 물러나 집에 거하지만 집에서도 부인을 볼 수 없다. 위험에 빠질 수 있다.

'구사'는 초육과 호응하려 하지만 구이가 가로막아 움직임이 느리다. 굴욕을 당하지만 결국 올바름이 찾아온다. 사악함이 올바름을 억누르지 못하여 소원대로 만나게 된다.

'구오'는 존위에 거한다. 형벌로 백성을 다스리니, 백성들이 반란을 일으켜 가족들이 헤어진다. 그러나 강하면서 균형을 유지하여, 점점 곤경에서 벗어난다.

'상육'은 정점에 위치한다. 때 맞춰 깨닫고 행동을 조심하면 곤경에서 벗어날 수 있다. 이렇게 되면 길하다.

성장이 정점에 도달하면 다시 곤궁에 빠진다. 곤경에 처하면 참기 힘들지만, 지혜를 모으고 경솔한 행동은 삼가야 한다. 지나치게 쇠약해도 곤경에 빠지지만 너무 강성해도 곤경에 빠진다. 때문에 성공했어도 늘 조심하며 본래 모습을 잊어서는 안 된다. 곤궁하면 신중하게 행동해야 하며, 조급해하지 말고 천천히 출로를 모색해야 한다. 궁핍하면 변화를 모색하게 되고, 변화하면 풍부해진다. 또 곤궁하면 뚫고 나가려 하고, 뚫고 나가면 활로가 열린다. 이것이 자연의 발전 법칙이다.

육십사괘

48

정괘井卦

덕을 쌓고 은혜를 베푼다,
공평하고 사심이 없다

정괘는 손巽이 하괘이고 감坎이 상괘다. 손은 나무이며 감은 물이다. 나무 위에 물이 있다는 말로, 두레박으로 물을 긷는다는 의미다. 때문에 정괘는 '우물'을 상징한다. 나무에 물이 있다는 것은, 나무가 촉촉하게 젖어 수분이 줄기를 타고 위로 올라가는 것이다. 이는 물을 길어 올리는 것과 상통한다.

괘의 의미

마을을 옮길 수는 있지만 우물을 옮길 수는 없다. 사람들이 끊임없이 물을 긷지만 우물은 늘 맑으며 마르지 않는다. 두레박이 수면에 다다랐을 때, 줄을 더 펼치지 않으면 두레박이 뒤집어져 깨지게 된다. 이처럼 덕을 쌓고 은혜를 베푸는 자는 처음부터 끝까지 선해야 하며, 마지막 단계에서 일을 그르치지 말아야 한다.

효의 의미

'初六'은 陰柔이며 미천하고 상괘와 호응하지 않는다. 이는 우물이 더러워 마실 수 없는 것과 같다. 버려진 우물은 짐승들도 마시지 않는데 하물며 사람이 마실 수 있겠는가. '九二'는 陽剛이며 得中이지만, 失正이고 호응하는 것이 없다. 물은 있지만 마시는 사람이 없고, 두레박이 깨져 물을 끌어올릴 수 없다. 우물물이 단지 우물 속에 사는 미물들에게만 쓰일 뿐이다. '九三'은 陽剛이며 得正이다. 깨끗한 우물을 팠지만 사람들이 아직 마시지 않아 안타깝다. 九三은 上六과 호응하기 때문에, 결국 사람들이 마시는 날이 올 것이다. 군왕이 명철하니 군왕과 신하가 함께 그 복을 누릴 것이다. '六四'는 柔爻가 得正이지만 하괘에 호응하는 것이 없다. 마땅히 드러나지 않게 덕을 닦아야 하며, 출세에 급급해서는 안 된다. 우물을 깨끗하게 고치면 재난이 없다. '九五'는 陽剛이고 得中이며 得正이다. 尊位에 거하고 上六과 친근하다. 우물을 파보니 물이 맑고 시원하여 사람이 마실 수 있다. '上六'은 본 괘의 卦主다. 九三과 호응한다. 우물물을 길어 우물 밖으로 끌어올린다. 많은 사람에게 물을 나눠주면 크게 길하다.

괘에 대한 설명

본 괘는 현자를 등용하는 것에 대해 설명하고 있다. 곤궁에 처해 있더라도 현명하고 능력 있는 자를 등용하면 다시 일어설 수 있다. 현명한 사람을 내버려두는 것은 막대한 낭비지만, 등용문이 너무 좁아 그들을 쓰지 못하는 경우가 많다. 위정자는 이 점에 유의하여 국가적인 차원에서 인재를 발굴하고 등용해서 만민에게 복을 나눠줘야 한다.

현명한 사람을 등용한다

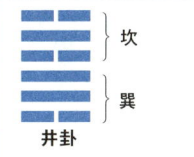

손은 나무이며 감은 물이다. 나무 위에 물이 있다는 말로, '두레박으로 물을 긷는다'는 의미다. 때문에 정괘는 '우물'을 상징한다. 사람들이 끊임없이 물을 긷지만 우물은 늘 맑으며 마르지 않는다. 두레박이 수면에 다다랐을 때, 줄을 더 펼치지 않으면 두레박이 뒤집어져 깨지게 된다. 이처럼 덕을 쌓고 은혜를 베푸는 자는 처음부터 끝까지 선해야 하며, 마지막 단계에서 일을 그르치지 말아야 한다.

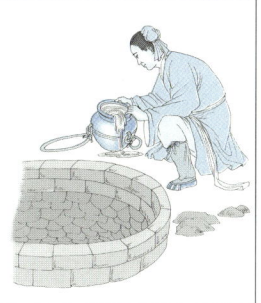

'초육'은 음유이며 미천하고, 상괘와 호응하지 않는다. 이는 우물이 더러워 마실 수 없는 것과 같다.

'구이'는 호응하는 것이 없다. 물은 있지만 마시는 사람이 없고, 두레박이 깨져 물을 끌어올릴 수도 없다.

'구삼'은 깨끗한 우물을 팠지만 사람들이 아직 마시지 않았다. 상육과 호응하기 때문에, 결국 사람들이 마시는 날이 올 것이다.

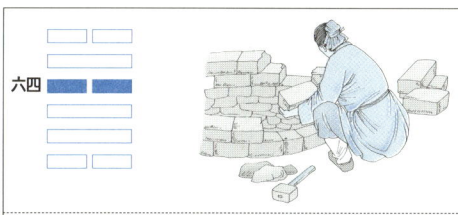

'육사'는 유효가 득정이지만 하괘에 호응하는 것이 없다. 마땅히 드러나지 않게 덕을 닦아야 하며, 출세에 급급해서는 안 된다. 우물을 깨끗하게 고치면 재난이 없다.

'구오'는 존위에 거하고 상육과 친근하다. 우물을 파보니 물이 맑고 시원하여 사람이 마실 수 있다.

'상육'은 하괘의 구삼과 호응한다. 우물물을 길어 우물 밖으로 끌어올린다. 이때, 많은 사람에게 물을 나눠주면 크게 길하다.

곤궁에 처해 있더라도 현명하고 능력 있는 자를 등용하면 다시 일어설 수 있다. 인재를 내버려두는 것은 막대한 낭비지만, 등용문이 너무 좁아 그들을 쓰지 못하는 경우가 많다. 위정자는 이 점에 유의하여 국가적인 차원에서 인재를 발굴하고 등용해서 만민에게 복을 나눠줘야 한다. 능력을 갖춘 사람은 꾸준히 수양하여 사심이 없어야 한다. 또한 백성을 위해 일하면서 늘 선을 행해야 하며, 마지막 단계에서 일을 그르치는 일이 없어야 한다.

육십사괘 49

혁괘 革卦

천명을 따르고 백성에 호응하여 개혁을 실행한다

혁괘는 이離가 하괘이고 태兌가 상괘다. 이離는 불이고 태는 연못이며, '연못 속에 불이 있다'는 말이다. 불은 건조하고 물은 습한데, 두 물질이 상생하지 않으니 변화가 생긴다. '혁革'은 '바꾸다', '개혁', '변혁' 등을 의미한다.

괘의 의미

개혁을 할 때는 과감하게 행동해야 한다. 개혁이 순수한 동기와 올바른 절차로 진행된다면, 사람들의 지지를 얻어 성공하게 된다. 이렇게 하면 개혁의 후유증도 없을 것이다.

효의 의미

'初九'는 개혁의 처음에 위치하며, 상괘와 호응하는 것이 없다. 때문에 관례를 따르고 함부로 개혁하지 말아야 한다. '六二'는 柔順하며 得中이고 得正이다. 상괘의 九五와 호응한다. 때가 무르익었다. 陽剛한 사람과 함께 개혁을 강력하게 추진하면 길하다. '九三'은 개혁이 처음 시작되는 형상이니, 신중하게 진행하는 것이 좋다. 그러나 억세고 조급하기 때문에, 재난이 생긴다. 이때 정당하게 행동하더라도 위험에 처한다. '九四'는 失正이며 본래 후회하는 일이 생긴다. 하지만 개혁이 진행되면, 수水와 화火가 뒤바뀌고 강剛이 유柔로 바뀌기 때문에 올바르게 개혁을 진행하면 후회하지 않는다. '九五'는 본 괘의 卦主이며 得中이고 得正이다. 또한 尊位에 거하고 六二와 호응한다. 개혁을 추진할 때, 자신의 덕과 위엄이 함께 드러난다. 철저하게 개혁하기 때문에 천하의 사람들이 모두 믿고 따른다. '上六'은 개혁의 정점에 위치한다. 군자가 군왕을 도와 개혁에 성공하니, 소인들이 찾아와 복종하며 옛날 자신들의 과오를 바로잡는다. 이때 조용히 지내며 정도를 지켜야 길하다. 계속 급진적으로 개혁을 진행하면 위험하게 된다.

괘에 대한 설명

본 괘는 개혁의 원칙을 설명한다. 성대함이 극에 달하면 쇠하게 되는데, 그 징조가 보이면 개혁 조치를 취해야 한다. 개혁 전에는 자신의 역량을 기르며 기회가 오기를 기다려야 한다. 개혁 중에는 천명을 따르며 사람들의 요구에 부응해야 신임과 지지를 얻을 수 있다. 개혁은 특별 조치이기 때문에 신중해야 하며, 이득을 노리거나 업적에 연연하지 말아야 한다. 개혁의 지도자는 순수한 동기를 가지고 정당한 방법을 택해야 한다. 두려워하지 말고 함부로 나서지 말며, 중용을 지켜야 한다. 개혁은 결코 남에게 보이기 위한 것이 아니다. 내적으로 철저하게 진행해야 하며, 모범을 보여 사람들이 따르게 해야 한다. 성공한 후에는 새로운 모습으로 백성들과 함께 기뻐하며 휴식을 취한다.

개혁을 단행한다

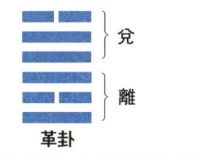

이離는 불이고 태는 연못이며, '연못 속에 불이 있다'는 말이다. 불은 건조하고 물은 습한데, 두 물질이 상생하지 않으니 변화가 생긴다. '혁'은 '바꾸다', '개혁', '변혁' 등을 의미한다. 개혁을 할 때는 과감하게 행동해야 한다. 개혁이 순수한 동기와 올바른 절차로 진행된다면, 사람들의 지지를 얻어 성공하게 된다. 이렇게 하면 개혁의 후유증도 없을 것이다.

'초구'는 개혁의 처음에 위치하며, 상괘와 호응하는 것이 없다. 때문에 관례를 따르고 함부로 개혁하지 말아야 한다.

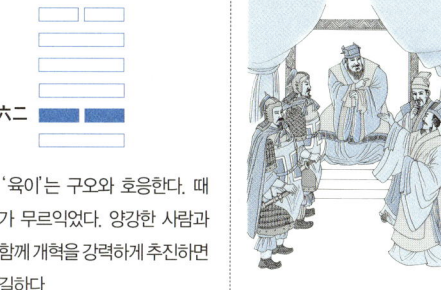

'육이'는 구오와 호응한다. 때가 무르익었다. 양강한 사람과 함께 개혁을 강력하게 추진하면 길하다.

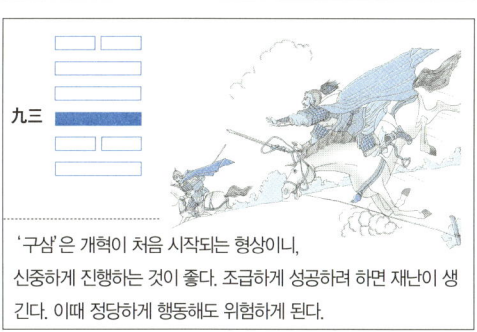

'구삼'은 개혁이 처음 시작되는 형상이니, 신중하게 진행하는 것이 좋다. 조급하게 성공하려 하면 재난이 생긴다. 이때 정당하게 행동해도 위험하게 된다.

'구사'는 실정이며 본래 후회하는 일이 생긴다. 그러나 개혁이 진행되면 수水와 화火가 바뀌기 때문에 올바르게 개혁을 진행하면 후회하지 않는다.

'구오'는 득중이고 득정이다. 존위에 거하고 육이와 호응한다. 철저하게 개혁하기 때문에 천하의 사람들이 믿고 따른다.

'상육'은 개혁의 정점에 위치한다. 개혁에 성공하니 소인들이 찾아와 복종한다. 이때 조용히 지내며 정도를 지켜야 길하다. 계속 급진적으로 개혁을 진행하면 반드시 위험하게 된다.

개혁 전에는 먼저 자신의 역량을 기르며 기회가 오기를 기다려야 한다. 개혁 중에는 천명을 따르며 사람들의 요구에 부응해야 신임과 지지를 얻을 수 있다. 개혁은 특별 조치이기 때문에 매우 신중해야 하며, 이득을 노리거나 업적에 연연하지 말아야 한다. 순수한 동기를 가지고 정당한 방법을 택해야 하며 늘 중용을 지켜야 한다. 개혁은 결코 남에게 보이기 위한 것이 아니다. 스스로 모범을 보여 사람들이 따르게 해야 한다. 개혁에 성공한 후에는 백성들과 함께 기뻐하며 휴식을 취한다.

육십사괘	**정괘** 鼎卦
50	# 헌것을 없애고 새것을 만든다, # 현명한 사람을 등용한다

정괘는 손巽이 하괘이며 이離가 상괘다. 손은 나무고 이離는 불이다. 나무 위에 불이 있으니, 이離는 나무가 불타고 있는 것으로, 요리하는 모습을 나타낸다. 이것이 바로 '정鼎'이다. '정'은 요리할 때 쓰는 용기이며 '솥'을 상징한다.

괘의 의미

'정'은 음식을 익히는 용기일 뿐만 아니라 권력과 통치의 상징이다. '정'을 가지고 있다는 것은 권력을 쥐고 있다거나 군왕에게 인정받았음을 의미한다. 때문에 크게 길하고 순조롭다.

효의 의미

'初六'은 음효가 낮은 자리에 위치하며 정을 거꾸로 세워놓은 것과 같다. 정이 뒤집히면 정 안의 찌꺼기를 쏟아버리고 새것을 담아 요리할 수 있다. 첩이 아들을 낳아 정실이 되는 것과 같으니 재난이 발생하지 않는다. '九二'는 陽剛이며 得中이다. 정 안에 물건이 가득 담겨 있는 모습이다. 六五와 호응하지만 六五는 九四를 무시하다가 병에 걸려 九二와 함께 있을 수 없다. 이렇게 되면 九二는 부담을 덜어 도리어 길하게 된다. '九三'은 陽剛이 지나치게 강하여 정의 귀가 떨어져 들기 불편한 것과 같다. 때문에 움직임에 장애가 생겨 꿩고기가 있어도 먹지 못하니 애석하다. 그러나 하괘인 손巽은 음이며, 음양이 조화를 이뤄 비가 내리니 후회할 일은 사라지고 길하게 된다. '九四'는 失正이며 不中이다. 또 六五를 받들며 初六과 호응한다. 자기 능력을 헤아리지 못하는 형상이다. 정에 무거운 물건을 담아서 다리가 부러지고 음식이 쏟아져 정이 오물과 뒤섞이게 되었다. 위험하다. '六五'는 본 괘의 卦主다. 柔爻가 得中이며 尊位에 거한다. 또한 九二와 호응한다. 이는 마치 정의 누런 귀에 튼튼한 고리를 달아놓은 것과 같다. 정도를 지킨다면 당연히 이롭다. '上九'는 陽爻가 陰의 자리에 있다. 견고한 손잡이에 옥고리를 달아 굳건하면서도 온화한 형상이다. 크게 길하며 모든 것이 이롭다.

괘에 대한 설명

새것을 만들 때는 반드시 지식인을 존중하고 인재를 적절하게 등용해야 한다. 소인을 등용하면 실패하기 쉽다. 적절하지 못한 인선人選은 재앙을 부르니 마땅히 소인들은 배제해야 한다. 현명한 사람은 등용되지 않아도 낙담할 필요가 없다. 정도를 지키면 언젠가 포부를 펼칠 날이 올 것이다. 명철한 군왕과 굳건한 신하는 서로 도와 빛이 난다. 굳셈과 부드러움을 겸비하면 길吉하지 않은 일이 없을 것이다.

• 권력과 통치

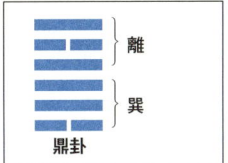

손은 나무고 이離는 불이다. 나무 위에 불이 있으니, 나무가 불타고 있는 형상으로, 요리하는 모습을 나타낸다. 이것이 바로 '정'이다. '정'은 요리할 때 쓰는 용기이며 '솥'을 상징한다. 정은 음식을 익히는 용기일 뿐만 아니라 권력과 통치의 상징이다. 군자가 정을 가지고 있다는 것은, 권력을 쥐고 있다거나 어진 선비가 군왕에게 인정받았음을 의미한다. 때문에 크게 길하고 순조롭다.

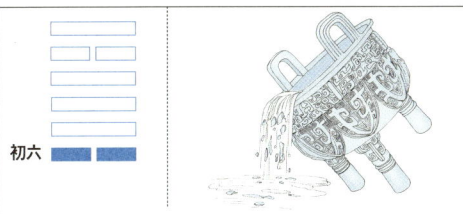

'초육'은 음효가 낮은 자리에 위치하며 정을 거꾸로 세워놓은 것과 같다. 정이 뒤집히면 정 안의 찌꺼기를 쏟아버리고 새것을 담아 요리할 수 있다. 재난이 발생하지 않는다.

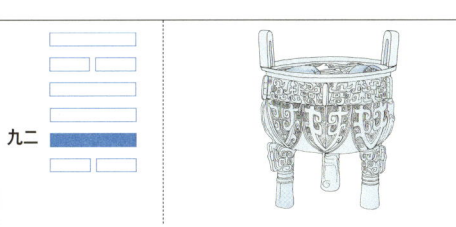

'구이'는 양강이며 득중이다. 정 안에 물건이 가득 담겨 있는 모습이다. 상괘의 육오와 호응하지만, 육오는 병에 걸려 구이와 함께 있을 수 없다. 이렇게 되면 구이는 부담을 덜어 도리어 길하게 된다.

'구삼'은 정의 귀가 떨어진 모습이다. 꿩고기가 있어도 먹지 못하니 애석하다. 그러나 하괘인 손은 음이며, 음양이 조화를 이뤄 비가 내리니 길하게 된다.

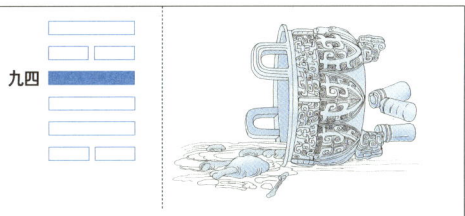

'구사'는 실정이며 부중이다. 자기 능력을 헤아리지 못하는 형상이다. 정의 다리가 부러져 음식이 쏟아지고 정이 오물과 뒤섞이게 되었다. 위험하다.

'육오'는 존위에 거하며 하괘의 구이와 호응한다. 이는 마치 정의 누런 귀에 튼튼한 고리를 달아놓은 것과 같다. 정도를 지킨다면 당연히 이롭다.

'상구'는 견고한 손잡이에 옥고리를 달아, 굳건하면서도 온화한 형상이다. 크게 길하며 모든 것이 이롭다.

개혁을 하려면 반드시 인재가 있어야 한다. 인재를 등용해야 낡은 것을 없애고 새것을 만들 수 있다. 새것을 만들 때는 반드시 지식인을 존중하고 마땅히 소인들은 배제해야 한다. 능력을 갖춘 사람은 등용되지 않아도 낙담할 필요가 없다. 정도를 지키면 언젠가 포부를 펼칠 날이 올 것이다. 굳셈과 부드러움을 겸비하면 길하지 않은 일이 없을 것이다.

육십사괘	진괘震卦
51	# 재난이 찾아온다, 진정하고 차분하라

진震은 천둥이다. 진괘는 상괘와 하괘가 모두 진이기 때문에, 천둥이 연이어 치는 것이 '진'이다. '진'은 '움직이다', '진동하다'는 의미가 있다.

괘의 의미

천둥이 쳐서 대지를 흔들면 만물은 두려워 조심한다. 때문에 형통하며 복이 찾아온다. 큰일이 닥쳐도 당황하지 않고 차분하다면, 제사를 거행할 수 있으며 보국안민輔國安民의 중대한 임무를 맡을 수 있다.

효의 의미

'初九'는 본 괘의 卦主이며, 陽剛이고 得正이다. 천둥이 쳐서 놀라 스스로 반성하니 복을 얻고 길하게 된다. '六二'는 柔爻가 初九를 무시하고 있다. 初九는 진震의 중심이므로, 천둥이 치면 六二가 처음 그것을 맞이하기 때문에 위험하다. 많은 재산을 잃고 첩첩산중으로 피신하게 된다. 그러나 六二는 得中이며 得正이기 때문에, 잃어버린 재물은 찾지 않아도 7일 내에 다시 돌아온다. '六三'은 失正이다. 천둥이 칠 때 안절부절못하지만, 남을 무시하지 않으며 유순한 자세로 양을 받는다. 천둥이 칠 때 조심스럽게 행동하니 재난이 없다. '九四'는 陽剛이지만 不中이며 失正이기 때문에 剛健함이 부족하다. 또한 위아래로 네 개의 음효 사이에 끼여 있어, 천둥소리에 놀라 진흙탕에 빠져서 나오지 못한다. '六五'는 위로 가면 음을 만나 적이 되고, 아래로 가면 강을 무시하여 과오를 범한다. 때문에 천둥이 칠 때, 위아래 어느 방향으로 가든지 모두 위험하다. 그러나 '六五'는 柔順하고 得中이며 두려운 마음으로 중도를 지키기 때문에 경솔하게 행동하지 않는다. 큰일을 당해도 커다란 손실은 없다. '上六'은 진의 정점에 위치하여 매우 심하게 놀란다. 천둥이 칠 때, 두 다리가 바들바들 떨리고 심장이 두근거린다. 이런 상황에서는 어떤 행동을 하더라도 모두 위험하다. 그러나 천둥이 치기 전에 미리 반성하면 재난이 없다. 다만 신분이 높은 사람은 주변 사람을 돌보지 않고 혼자만 피난을 가기 때문에 원망을 들을 수 있다.

괘에 대한 설명

본 괘는 두려울 때 조심스럽게 행동하면 형통할 수 있음을 설명한다. 위기를 겪으면 안정이 찾아온다는 의미를 내포한다. 의외의 사건이 발생하면 놀랄 수 있다. 이때 신중하고 조심하면 해결책을 찾을 수 있다. 굳건한 의지를 가지고 차분하게 자신을 진정시키고 재난에 대처해야 한다. 평상시에 늘 조심하고 반성하며 재난을 미연에 방지하는 것이 가장 중요하다.

진동하니 경계하라

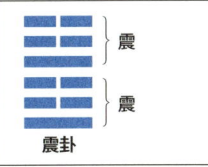

진은 천둥이며, 상괘와 하괘가 모두 진이기 때문에, 천둥이 연이어 치는 것을 '진'이라 한다. '진'은 '움직이다', '진동하다'는 의미가 있다. 천둥이 쳐 대지가 흔들리면 만물은 두려워 조심한다. 때문에 형통하며 복이 찾아온다. 큰일이 닥쳐도 당황하지 않고 차분하다면, 제사를 거행할 수 있으며 보국안민의 중대한 임무를 맡을 수 있다.

'초구'는 양강이고 득정이다. 천둥이 쳐서 놀라 스스로 반성하니 복을 얻고 길하게 된다.

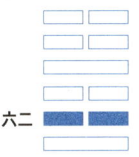

'육이'는 많은 재산을 잃고 첩첩산중으로 피신한다. 그러나 정도를 지키고 단속하니, 잃어버린 재물은 7일 내에 돌아온다.

'육삼'은 실정이다. 천둥이 칠 때 안절부절못하지만, 남을 무시하지 않으며 유순한 자세로 양을 받든다. 재난은 없다.

'구사'는 위아래로 네 개의 음효 사이에 끼어 있어, 천둥소리에 놀라 진흙탕에 빠져서 나오지 못한다.

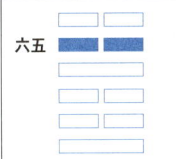

'구오'는 위아래 어느 방향으로 가든지 모두 위험하다. 그러나 유순하고 득중이며 중도를 지키기 때문에 큰일을 당해도 커다란 손실은 없다.

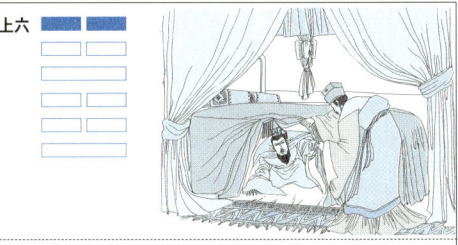

'상육'은 천둥이 칠 때, 두 다리가 바들바들 떨리고 심장이 두근거린다. 그러나 미리 반성하면 재난이 없다. 다만 주변 사람을 돌보지 않고 혼자만 피난을 가기 때문에 원망을 들을 수 있다.

본 괘는 위기를 겪은 후에 안정이 찾아온다는 것을 설명한다. 의외의 사건이 발생하면 놀랄 수 있다. 이때 신중하고 조심하면 해결책을 찾을 수 있다. 굳건한 의지를 가지고 차분하게 자신을 진정시키고 재난에 대처해야 한다. 재난을 당하면 손실을 최소화시키고 신속하게 회복해야 한다. 평상시에 늘 조심하고 반성하며 재난을 미연에 방지하는 것이 가장 중요하다.

육십사괘	간괘艮卦
52	# 스스로 절제하며 멈춘다

간괘는 상괘와 하괘가 모두 간艮이다. 간은 산이며 '멈추다'라는 특징이 있다. 산이 두 개 겹쳐 있으니 '멈추다'라는 의미가 더욱 강하다.

괘의 의미

멈춰야 할 때는 멈추고 전진할 때는 전진하며, 오직 시기적절하게 움직여야 앞길이 순탄하다. 간괘가 의미하는 '멈춤止'은 멈춰야 할 때 과감하게 멈추는 것이다. 자신의 사욕을 멈추게 하려면 마음이 평정을 찾아야 한다. 적합한 곳에서 멈춰야만 과실이 생기지 않는다.

효의 의미

'初六'은 陰柔가 아래에 위치하며 멈춰 있는 모습이다. 막 움직이려 할 때 발걸음을 멈추니 정도에 벗어나지 않아 재난이 없다. 늘 정도를 지켜야 재난이 생기지 않는다. '六二'는 柔爻가 得中이며 得正이다. 또한 陽剛인 九三을 받든다. 본래 행동이 바르지만, 다리를 막는 것이 있어 윗사람을 받들지 못한다. 제지당하는 것에 순종할 수 없으니 마음이 불쾌하다. '九三'은 陽剛이며 不中이다. 상괘와 하괘의 접점에 위치하여, 사람의 허리에 비유될 수 있다. 허리를 움직일 때 제지하면 척추가 부러지게 된다. 사람들이 배반하고 가족이 흩어지며, 속이 타고 마음이 불안하다. '六四'는 본 괘의 卦主이며 得正이다. 상괘에 위치하여 사람의 상체에서 통제하는 것과 같다. 심장은 체내에 있으면서 모든 행동을 통제한다. 자신을 억제하며 본분을 지키고 경거망동하지 않으니 재난이 생기지 않는다. '六五'는 柔爻가 得中이고 尊位에 거한다. 이는 사람의 턱에 비유될 수 있다. 말을 할 때는 턱을 움직이는데, 턱을 멈춘다는 것은 말을 삼가고 조심한다는 것이다. 이렇게 되면 말에 조리가 있어 후회할 일이 없다. '上九'는 괘의 마지막에 위치하여 멈춤의 최고 단계를 의미한다. 끝까지 멈춤을 유지하는 것이 가장 중요하다. 마무리 단계에서 더욱 조심하여 사욕을 억제하면 길하다.

괘에 대한 설명

본 괘는 적절한 시기에 멈추는 이치를 설명한다. 움직일 때가 있으면 멈출 때가 있다. 시기적절하게 자신을 절제하려면 고도의 수양이 필요하다. 억제와 절제는 움직임이 있기 전에 이루어져야 과실이 적게 된다. 적절하지 않은 곳에 멈춰 서거나 피동적으로 남만 좇으면 즐겁지 않다. 또한 억세기만 하고 절제할 줄 모르며 멈춰야 할 때 멈추지 않으면, 사람들은 배반하고 가족은 흩어지게 된다. 사물이나 탐욕에 동요되지 않으려면, 늘 말과 행동을 절제하며 합당하게 행동해야 한다. 끝까지 절제하는 것이 가장 중요하다.

멈추는 특성

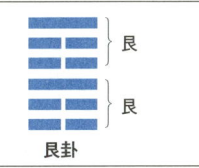

간은 산이며 '멈추다'는 특징이 있다. 산이 두 개 겹쳐 있으니 '멈추다'라는 의미가 더욱 강하다. 멈춰야 할 때는 멈추고 전진할 때는 전진하며, 오직 시기적절하게 움직여야 앞길이 순탄하다. 간괘가 의미하는 '멈춤'은 멈춰야 할 때 과감하게 멈추는 것이다. 자신의 사욕을 멈추게 하려면 마음이 평정을 찾아야 한다. 적합한 곳에서 멈춰야만 과실이 생기지 않는다.

'초구'는 음유가 아래에 위치하며, 막 움직이려 할 때 발걸음을 멈추는 것과 같다. 늘 정도를 지켜야 재난이 생기지 않는다.

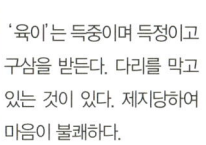

'육이'는 득중이며 득정이고 구삼을 받든다. 다리를 막고 있는 것이 있다. 제지당하여 마음이 불쾌하다.

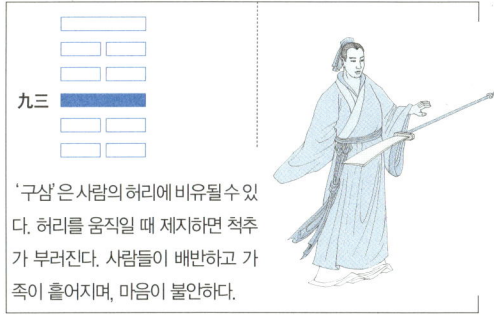

'구삼'은 사람의 허리에 비유될 수 있다. 허리를 움직일 때 제지하면 척추가 부러진다. 사람들이 배반하고 가족이 흩어지며, 마음이 불안하다.

'육사'는 사람의 상체에서 통제하는 것과 같다. 경거망동하지 않으니 재난이 생기지 않는다.

'육오'는 존위에 거하며, 사람의 턱에 비유될 수 있다. 말을 할 때는 턱을 움직이는데, 턱을 멈춘다는 것은 말을 삼가고 조심한다는 것이다. 이렇게 되면 말에 조리가 있어 후회할 일이 없다.

'상구'는 끝까지 멈춤을 유지하는 것이 가장 중요하다. 마무리 단계에서 더욱 조심하여 사욕을 억제하면 길하다.

움직일 때가 있으면 멈출 때가 있다. 시기적절하게 자신을 절제하려면 고도의 수양이 필요하다. 억제와 절제는 움직임이 있기 전에 이루어져야 과실이 적게 된다. 또한 억세기만 하고 절제할 줄 모르며, 멈춰야 할 때 멈추지 않으면, 사람들은 배반하고 가족은 흩어지게 된다. 사물이나 탐욕에 동요되지 않으려면, 늘 말과 행동을 절제하며 합당하게 행동해야 한다. 끝까지 절제하는 것이 가장 중요하다.

육십사괘	점괘漸卦
53	# 절차대로 진행한다, # 행동이 자연스럽다

점괘는 간艮이 하괘이며 손巽이 상괘다. 간은 산이고 손은 나무다. 산 위의 나무가 성장하면 산도 점점 높아진다. 이처럼 서두르지 않고 천천히 진행하는 것이 '점漸'이다. '점'은 천천히 나아간다는 의미다.

괘의 의미

여자가 시집가는 것과 같이 천천히 나아감을 비유할 수 있다. 예의와 절차에 따라 혼사를 차근차근 진행하면 길하다. 이때 정도를 지켜야만 이롭다.

효의 의미

'初六'은 유약하고 미천하며 상괘에 호응하는 것이 없다. 기러기가 물가로 날아가는 것과 같다. 몸이 연약한 데다 아직 멀리 날아가지 못해 마음이 불안하다. 또한 어린아이가 비방을 당하는 것과 같다. 서두르지 않고 천천히 나아가면 재난은 면할 수 있다. '六二'는 得中이며 得正이고, 九三을 받들고 九五와 호응한다. 기러기가 바위에 앉은 모습이다. 편안히 음식을 먹으니 길하다. '九三'은 기러기가 산봉우리로 날아와서 앉은 모습이다. 또한 六四와 친근하다. 남편은 출정出征해서 돌아오지 않고, 여자가 정절을 잃고 아기를 낳았다. 하지만 능력이 없어 기르지 못한다. 흉하다. 신중하고 강직하면 과오를 막을 수 있다. '六四'는 柔順하며 得正이다. 陽剛인 九五를 받들며 서두르지 않고 서서히 나아간다. 기러기가 높은 나무에 천천히 날아가 가지 위에 앉은 것과 같다. 재난이 없다. '九五'는 본 괘의 卦主이고, 得中이며 得正이다. 尊位에 거하며 六二와 호응한다. 九五와 六二는 모두 得中이며 得正이기 때문에 서로 호응함이 합당하다. 九三과 六四가 가로막고 있어 六二가 몇 년 동안 아이를 갖지 못했지만 결국 서로 만나 길하게 된다. '上九'는 정점에 위치한다. 성격이 고아하며 공을 세우는 것에 연연하지 않는다. 기러기가 천천히 높은 산봉우리에 날아오르는 것과 같다. 떨어진 깃털로 장신구를 만들 수 있어 길하다.

괘에 대한 설명

본 괘는 사물이 순서대로 서서히 발전함을 설명한다. 여자가 시집갈 때, 예의와 질서대로 혼사를 처리하면 길한 것과 같다. 발전의 과정에서는 중용을 지키고 한발 한발 진행하며, 움직이고 멈춤이 자연의 법칙에 부합해야 안전하다. 무모하게 돌진한다면, 사람들로부터 고립되어 위태로워진다. 중간에 장애가 발생하더라도 정당한 방법으로 돌파해야 한다. 세속에 초탈하고 명예와 이득에 연연하지 않으며, 나아가고 물러남을 자신의 생각대로 실행해야 한다.

• 천천히 나아간다

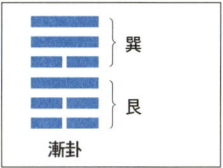

간은 산이고 손은 나무다. 산 위의 나무가 성장하면 산도 점점 높아진다. 이처럼 서두르지 않고 천천히 진행하는 것이 '점'이다. '점'은 '천천히 나아간다'는 의미다. 여자가 시집가는 것과 같이 천천히 나아감을 비유할 수 있다. 예의와 절차에 따라 혼사를 차근차근 진행하면 길하다. 이때 정도를 지켜야만 이롭다.

'초육'은 유약하고 미천하며, 기러기가 물가로 날아가는 형상이다. 몸이 연약한 데다 아직 멀리 날아가지 못해 마음이 불안하다. 또한 어린아이가 비방을 당하는 것과 같다. 서두르지 않고 천천히 나아가면 재난을 면할 수 있다.

'육이'는 득중이고 득정이며, 구삼을 받들고 구오와 호응한다. 기러기가 바위에 앉은 모습이다. 편안히 음식을 먹으니 길하다.

'구삼'은 기러기가 산봉우리로 날아와서 앉아 있는 모습이다. 또한 육사와 친근하다. 남편은 출정해서 돌아오지 않고, 여자가 정절을 잃어 흉하다. 그러나 신중하고 강직하면 과오를 막을 수 있다.

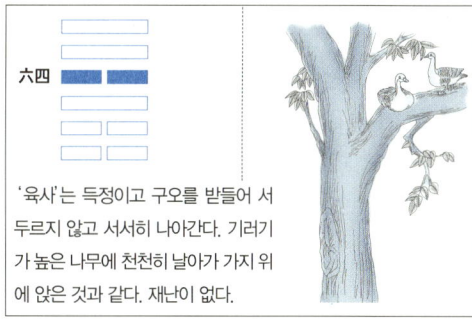

'육사'는 득정이고 구오를 받들어 서두르지 않고 서서히 나아간다. 기러기가 높은 나무에 천천히 날아가 가지 위에 앉은 것과 같다. 재난이 없다.

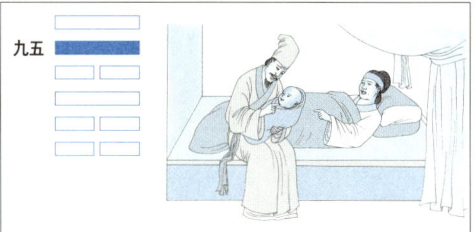

'구오'는 득중이며 득정이다. 또한 존위에 거하며 하괘의 육이와 호응한다. 비록 구삼과 육사가 가로막고 있어 몇 년 동안 아이를 갖지 못했지만, 결국 서로 만나 길하게 된다.

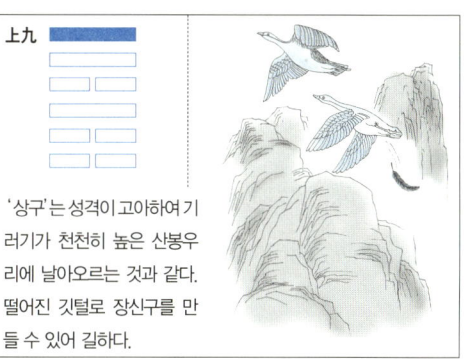

'상구'는 성격이 고아하여 기러기가 천천히 높은 산봉우리에 날아오르는 것과 같다. 떨어진 깃털로 장신구를 만들 수 있어 길하다.

순서대로 차근차근 발전해야 길하다. 발전의 과정에서는 중용을 지키고 한발 한발 진행하며, 움직이고 멈춤이 자연의 법칙에 부합해야 안전하다. 만약 지나치게 강하여 무모하게 돌진한다면, 사람들로부터 고립되어 위태로워진다. 중간에 장애가 발생하더라도 정당한 방법으로 돌파해야 한다. 발전의 가장 이상적인 모습은 세속에 초탈하고, 명예와 이득에 연연하지 않으며, 나아가고 물러남을 자신의 생각대로 실행하는 것이다.

| 육십사괘 54 | **귀매괘**歸妹卦

혼사를 준비한다, 부녀의 덕을 지켜라

귀매괘는 태兌가 하괘이며 진震이 상괘다. 태는 연못이고 음이며 쾌활하다. 진은 천둥이고 양이며 동적이다. 천둥이 쳐서 연못이 천둥을 따라 움직이니, 여자가 남자를 따르는 형상이다. '귀매歸妹'에서 '귀歸'는 여자가 시집가는 것이며 '매妹'는 젊은 여자를 말한다.

괘의 의미

혼인은 인류지대사로 인간의 삶에 있어 가장 중요한 일이기 때문에 정도를 지켜야 길하다.

효의 의미

'初九'는 상괘와 호응하는 것이 없다. 언니를 따라 시집가서 첩이 되는 것과 같다. 그러나 陽剛이며 현명하여, 정실은 아니지만 정성껏 남편을 보필한다. 이렇게 하면 다리에 장애가 있어도 열심히 걷는 것과 같아 길하다. '九二'는 陽剛이며 得中하여 여자가 현명한 형상이다. 그러나 九二와 호응하는 六五는 陰柔이고 失正이며 九二와 어울리지 않는다. 마치 눈이 하나 먼 사람이 멀리 보지 못하는 것과 같다. 조용한 곳에서 유유자적하며 정도를 지켜야 이롭다. '六三'은 失正이고 양陽을 무시한다. 정실이 되려 하지만 그렇게 될 수 없다. 무모하게 나아가면 안 된다. '九四'는 하괘에 응하는 것이 없다. 여자가 정숙하여 결혼을 쉽게 허락하지 않으니 혼기가 늦어졌다. 그러나 배필을 기다린다면 결혼할 수 있다. '六五'는 본 괘의 卦主다. 柔爻가 得中이고 尊位에 거하며 九二와 호응한다. 이는 제왕이 딸을 시집보내는 것과 같다. 귀한 사람이 낮은 사람에게 시집보내니 겸손하다. 정실이지만 그 의복이 측실側室보다 소박하다. 六五의 인품이 환히 비치는 보름달과 같다. 길하다. '上六'은 따르는 사람도 없고 하괘에 응하는 것도 없다. 여자의 광주리에는 아무것도 없으며, 남자는 희생양을 잡아도 피를 보지 못하여(고대 결혼 예식으로 신부는 바구니에 대추, 밤 등을 담아 시부모에게 바친다. 광주리가 비었다는 것은 부도婦道가 결여됐음을 상징한다. 또 희생 제물로 양을 잡아도 피를 보지 못했다는 말은 남편으로서 결함이 있음을 상징한다-옮긴이 주), 부부가 되는 예식을 거행하기 힘들다. 때문에 모든 것이 순조롭지 않다.

괘에 대한 설명

본 괘는 음양의 항구한 이치를 설명한다. 음은 양에서 머물러야 천지가 화합하고 만물이 번식한다. 남녀의 혼인은 인류 번영의 기본 요소로, 마땅히 자연에 순응하며 억지로 하지 않아야 한다. 가정의 주체는 주부이며, 주부는 유순과 중용 그리고 정절의 덕으로 가정의 이끌어야 한다. 첩으로 시집간다고 해도 부녀의 덕을 지키면 이롭다. 현숙한 여자는 늦게 시집가더라도 올바른 상대를 고른다. 외모의 허영을 추구하기보다 부녀의 덕을 닦는 것이 중요하다. 부녀의 덕이 없으면 결혼 생활이 행복할 수 없다.

결혼은 번영의 근원

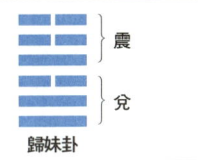

태는 연못이고 음이며 쾌활하다. 진은 천둥이고 양이며 동적이다. 천둥이 쳐서 연못이 천둥을 따라 움직이니, 여자가 남자를 따르는 형상이다. 이것이 '귀매'다. '귀매'는 '젊은 여자가 시집감'을 의미한다. 혼인은 인륜지대사로 인간의 삶에 있어 가장 중요한 일이기 때문에 정도를 지켜야 길하다.

'초구'는 가장 아래에 위치한다. 언니를 따라 시집가서 첩이 되는 것과 같다. 정실은 아니지만 정성껏 남편을 보필하면, 길하다.

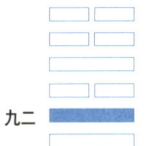

'구이'는 여자가 현명한 형상이다. 그러나 호응하는 육오와 어울리지 않는다. 정도를 지키는 사람이 이롭다.

'육삼'은 실정이고 양을 무시한다. 정실이 되려 하지만 그렇게 될 수 없다. 무모하게 나아가면 안 된다.

'구사'는 여자가 정숙하여 결혼을 쉽게 허락하지 않으니 혼기가 늦어졌다. 비록 늦어졌지만 배필을 기다린다면 결혼할 수 있다.

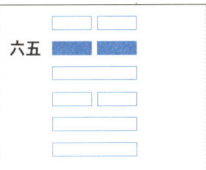

'육오'는 존위에 거하며, 제왕이 딸을 시집보내는 것과 같다. 정실이지만 그 의복이 측실보다 소박하다. 육오의 인품이 환히 비치는 보름달과 같다. 길하다.

'상육'은 따르는 사람이 없다. 여자의 광주리에는 아무것도 없으며, 남자는 희생양을 잡아도 피를 보지 못하여, 부부가 되는 예식을 거행하기 힘들다. 때문에 자신의 짝을 얻지 못하여 순조롭지 않다.

남녀의 혼인은 인류 번영의 기본 요소로, 마땅히 자연에 순응하며 억지로 하지 않아야 한다. 가정의 주체는 주부이며, 주부는 유순과 중용 그리고 정절의 덕으로 가정의 이끌어야 한다. 첩으로 시집간다고 해도 부녀의 덕을 지키면 이롭다. 현숙한 여자는 늦게 시집가더라도 올바른 상대를 고른다. 외모의 허영을 추구하기보다 부녀의 덕을 닦는 것이 더 중요하다. 부녀의 덕이 없으면 결혼 생활이 행복할 수 없다.

육십사괘 55 | 풍괘豐卦

풍요롭다, 지키고 보존하라

풍괘는 이離가 하괘이고 진震이 상괘다. 이離는 번개이고 불이며, 진은 천둥이다. 천둥은 하늘의 위엄이며 번개는 하늘의 빛이다. 천둥과 번개가 함께 치니 위엄과 밝음을 모두 갖추고 있다는 말이다. 이것이 풍豐이다. 풍은 '크다', '많다'의 의미다.

괘의 의미

풍부하면 자연히 형통하다. 덕이 있는 사람만이 풍부함을 얻을 수 있다. 때문에 덕망 있는 임금이 천하의 백성을 풍부하게 하며, 그 성덕盛德이 온 세상을 비춘다.

효의 의미

'初九'는 풍성함의 처음에 위치하며 九四와 짝을 이룬다. 初九와 九四의 세력이 서로 대등하다. 재난이 없으며 훗날 존중을 받는다. '六二'는 得中이며 得正이다. 하괘의 중심이기 때문에 빛의 정점에 도달한 형상이다. 그러나 호응하는 六五가 우매한 임금이기 때문에, 마치 태양이 커튼에 가려 대낮에도 북두칠성이 보이는 듯하다. 六二가 이러한 군왕을 뒤따르니 의심을 받을 것이다. 그러나 진심으로 상대방을 계도하면 길하다. '九三'은 하괘 이離의 끝에 위치하여, 풍성함이 지나가고 빛이 쇠약해졌다. 우매한 上六과 호응하는 것이, 마치 태양이 커다란 장막에 가려 낮에도 별이 보일 듯하다. 오른팔이 꺾인 듯이 힘이 없다. 억울해도 참고 이겨내면 재난은 없을 것이다. '九四'는 不中이며 失正이다. 태양이 장막에 가려 대낮에도 북두칠성이 보이는 듯하다. 그러나 九四는 양덕陽德이 대등한 初九를 만나 함께 행동하니 길하다. '六五'는 본 괘의 卦主이며, 得中이고 尊位에 거한다. 이는 우매한 군주를 상징한다. 그러나 자신과 호응하는 九二는 덕 있는 어진 선비이다. 그가 찾아와 도와주니 축하할 일이 생기며 칭찬을 얻는다. 길하다. '上六'은 음효가 풍의 정점에 위치한다. 높은 자리에 있어 교만하니 점점 더 우매해진다. 결국 아무도 찾아오지 않아 고립무원에 빠진다. 3년 동안 사람을 만나지 못하니 흉하다.

괘에 대한 설명

본 괘는 성쇠盛衰가 무상無常함을 설명한다. 괘명에 '풍성하다'의 뜻이 있지만, 모든 효가 '어둡다'라는 의미를 띠고 있다. 이는 풍성함이 극에 달하면 쇠하게 됨을 설명한다. 현명한 지도자는 부를 창출하여 사람들의 삶을 풍족하게 해야 한다. 하지만 풍족하면 쉽게 거기에 빠지게 되므로, 늘 앞날의 위기에 대비해야 한다. 지도자는 진심으로 백성들을 계도하고, 강하고 올바른 태도를 유지해야 한다. 또한 현명하고 능력 있는 사람을 등용하여 적극적으로 발전을 모색해야 풍족함을 오래도록 유지할 수 있다. 풍성함이 도리어 문제가 되어 파멸에 이르지 않도록 해야 한다. 이렇게 하지 않으면 풍성함 속에서 쉽게 옛 모습을 잊고 흥청망청하게 될 것이다.

● 백성들을 풍족하게 한다

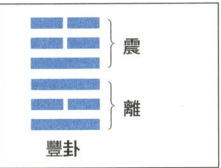

이離는 번개이고 불이며, 진은 천둥이다. 천둥과 번개가 함께 치니 위엄과 밝음을 모두 갖추고 있는 형상이다. 이것이 풍이다. 풍은 '크다', '많다'는 의미다. 풍부하면 자연히 형통하다. 덕이 있는 사람만이 풍부함을 얻을 수 있다. 때문에 덕망 있는 임금이 천하의 백성을 풍부하게 하며, 그 성덕이 온 세상을 비춘다.

'초구'는 풍성함의 처음에 위치하며 구사와 짝을 이룬다. 초구와 구사의 세력이 서로 대등하여, 재난이 없으며 훗날 존중을 받는다.

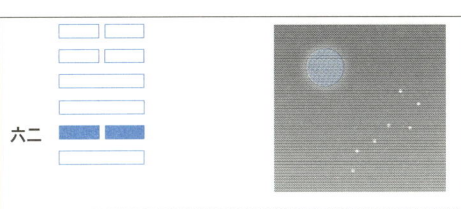

'육이'는 빛의 정점에 도달한 형상이다. 그러나 호응하는 육오가 우매한 임금이기 때문에, 마치 태양이 커튼에 가려 대낮에도 북두칠성이 보이는 듯하다. 진심으로 상대방을 계도하면 길하다.

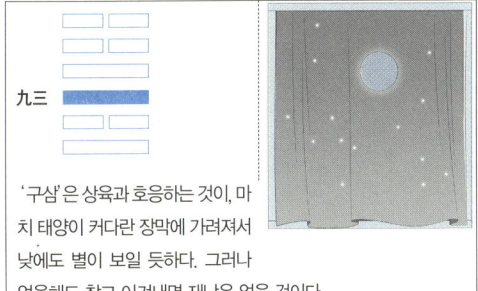

'구삼'은 상육과 호응하는 것이, 마치 태양이 커다란 장막에 가려져서 낮에도 별이 보일 듯하다. 그러나 억울해도 참고 이겨내면 재난은 없을 것이다.

'구사'는 부중이며 실정이다. 태양이 장막에 가려 대낮에도 북두칠성이 보이는 듯하나 초구를 만나 함께 행동하니 길하다.

'육오'는 존위에 거하며, 우매한 군주를 상징한다. 그러나 덕망 있고 어진 선비인 구이가 찾아와 도와주니 축하할 일이 생기며 칭찬을 얻는다. 길하다.

'상육'은 높은 자리에 있어 교만하니 점점 더 우매해진다. 아무도 찾아오지 않아 고립무원에 빠진다. 3년 동안 사람을 만나지 못한다.

풍성함이 극에 달하면 쇠하게 된다. 현명한 지도자는 부를 창출하여 사람들의 삶을 풍족하게 해야 한다. 하지만 풍족하면 쉽게 거기에 빠지게 되므로 늘 앞날의 위기를 대비해야 한다. 지도자는 진심으로 백성들을 계도하고, 강하고 올바른 태도를 유지해야 한다. 또한 현명하고 능력 있는 사람을 등용하여 적극적으로 발전을 모색해야 풍족함을 오래도록 유지할 수 있다. 이렇게 하지 않으면 풍성함 속에서 쉽게 옛 모습을 잊고 흥청망청하게 될 것이다.

육십사괘 **여괘**旅卦

56 흩어져 떠돈다, 안정이 우선이다

여괘는 간艮이 하괘이고 이離가 상괘다. 간은 산이고 이離는 불이다. 산 위에 불이 타고 있지만 그 세력이 오래가지 않는 것이 '여旅'다. 여는 본래의 자리를 떠나 타지他地에서 생활하는 것으로 '여행'을 상징한다.

괘의 의미

'여'는 객지 생활이며 외지에서 여행하는 것이다. 비록 六五와 六二가 모두 得中이지만 성격이 동일하여 서로를 밀어낸다. 이 때문에 여행할 때는 작은 발전만이 가능하며, 정도를 지켜야만 길할 수 있다.

효의 의미

'初六'은 陰爻가 여의 처음에 위치하며 지위가 낮다. 힘든 여행 중에 자잘한 것을 따지니 재난을 불러온다. 상괘에 호응하는 것이 있으나 도움이 되지 않는다. '六二'는 得中이며 得正이다. 여행 중에 편안한 여관에서 머무는 것과 같다. 陽剛인 九三을 충실하게 받든다. 이는 마치 충직한 어린 종과 충분한 여비를 얻은 것과 같다. 정도를 지켜야 과실이 없다. '九三'은 하괘의 끝에 위치한다. 지나치게 강하고 不中하여, 안정하지 못하고 쉼 없이 움직인다. 또한 아래의 六二와 친근하다. 이는 아랫사람에게 은혜를 베풀다가 윗사람의 시기와 질투를 받아, 여관이 타고 어린 종을 잃는 것과 같다. 때문에 정도를 지켜도 위험에 빠지게 된다. '九四'는 양효가 음의 자리에 위치하여 失正이며 不中이다. 상괘의 가장 아래에 위치하여 태도가 겸손하다. 여행의 여비가 충분하고 도끼가 있기 때문에, 여관에 묵거나 야영을 하는 데 문제가 없다. 그러나 마음은 여전히 편치 않다. '六五'는 본 괘의 卦主다. 柔爻가 得中이며 陽剛인 上九를 받든다. 비록 외지에서 여행하다가 약간의 손실(꿩을 쏘아 화살 하나를 잃었다)이 있었지만, 명철하고 부드러우며 균형을 유지하기 때문에 길하다. '上九'는 陽剛이 정점에 위치한다. 지위는 높고 성격은 오만하여, 많은 사람의 미움을 받아 재앙을 초래한다. 마치 둥지가 타버려 머물 곳 없는 새와 같다. 또한 논에서 소를 잃어버렸지만, 아무도 도와주지 않는 것과 같다.

괘에 대한 설명

삶은 여행과 같다. 여행을 하면 불안정한 상태가 계속되기 때문에 모든 것이 정상적이지 않다. 이때 반드시 柔順하며 정도를 지켜야 편안할 수 있다. 멀리 내다보며 안정을 찾고, 자잘한 것은 따지지 말아야 한다. 여행 계획을 면밀하게 세우고 충분히 준비한 후에 행동으로 옮겨야 한다. 한순간의 손익을 따지지 말고, 부드럽고 온화하며 자연에 순응하면 편안해질 수 있다. 세력을 과시하며 두려움을 모르고 교만하면, 실패를 면하기 힘들 것이다.

● 불안정한 상태

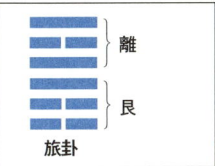
旅卦 — 離 / 艮

간은 산이고 이(離)는 불이다. 산 위에 불이 타고 있지만 그 세력이 오래가지 않는 것이 '여'다. 여는 본래의 자리를 떠나 타지에서 생활하는 것으로 '여행'을 상징한다. 외지에서 여행하기 때문에 작은 발전만이 가능하며, 정도를 지켜야만 길할 수 있다.

初六

'초육'은 힘든 여행 중에 자잘한 것을 따지니 재난을 불러온다. 상괘에 호응하는 것이 있으나 도움이 되지 않는다.

六二

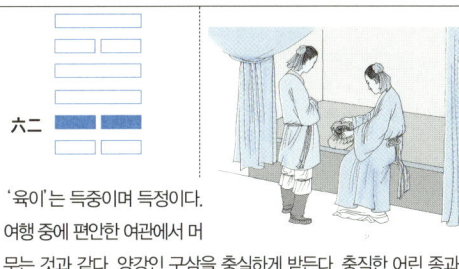

'육이'는 득중이며 득정이다. 여행 중에 편안한 여관에서 머무는 것과 같다. 양강인 구삼을 충실하게 받든다. 충직한 어린 종과 충분한 여비를 얻은 것과 같다. 정도를 지켜야 과실이 없다.

九三

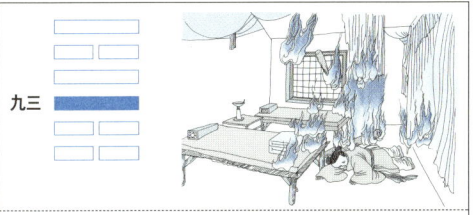

'구삼'은 지나치게 강하고 부중하다. 아랫사람에게 은혜를 베풀다가 윗사람의 시기와 질투를 받아, 여관이 타고 어린 종을 잃는 것과 같다. 정도를 지켜도 위험에 빠지게 된다.

九四

'구사'는 실정이며 부중이다. 여행의 여비가 충분하고 도끼가 있기 때문에, 여관에 묵거나 야영을 하는 데 문제가 없다. 그러나 마음은 여전히 편치 않다.

六五

'육오'는 득중이다. 비록 외지에서 여행하다가 약간의 손실(꿩을 쏘아 화살 하나를 잃었다)이 있었지만 길하다.

上九

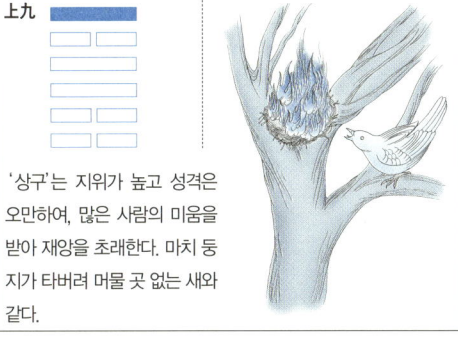

'상구'는 지위가 높고 성격은 오만하여, 많은 사람의 미움을 받아 재앙을 초래한다. 마치 둥지가 타버려 머물 곳 없는 새와 같다.

삶은 여행과 같다. 여행을 하면 불안정한 상태가 계속되기 때문에 모든 것이 정상적이지 않다. 이때 반드시 유순하며 정도를 지켜야 편안할 수 있다. 멀리 내다보며 안정을 찾고, 자잘한 것은 따지지 말아야 한다. 여행 계획을 면밀하게 세우고 충분히 준비한 후에 행동으로 옮겨야 한다. 한순간의 손익을 따지지 말고, 부드럽고 온화하며 자연에 순응하면 편안해질 수 있다. 세력을 과시하며 두려움을 모르고 교만하면, 실패를 면하기 힘들 것이다.

| 육십사괘 | 손괘巽卦

57 뛰어난 사람을 따른다, 겸손하고 유순하다

손巽은 바람이며 안으로 들어가는 성질이 있다. 바람은 사물을 파고들기 때문에 이르지 못하는 곳이 없다. 바람이 들어오면 사물은 모두 이에 순종한다. 사물이 순종해야 바람이 들어갈 수 있으므로 손은 '순종順從'의 의미다. 상괘와 하괘가 모두 손이기 때문에 순종의 의미가 더욱 강하다.

괘의 의미

겸손하면 형통하다. 그러나 손괘는 음괘이며, 하나의 음효가 두 개의 양효에 순종하니 자그마한 형통만 있을 뿐이다. 음이 양에 순종하는 것은 자연법칙에 부합하기 때문에 발전할 수 있다. 그러나 무작정 아무에게나 순종하지 말아야 하며, 반드시 적합한 대상을 선택해야 한다. 위대한 인물에게 순종하면 이롭다.

효의 의미

'初六'은 음효가 손巽의 처음에 위치한다. 지나치게 겸손하여 선택해야 할 때 망설인다. 무사武士처럼 과감하고 굳건해야 이롭다. '九二'는 양효가 음의 자리에 있어 자신을 낮추는 형상이다. 그러나 九二는 양덕陽德을 갖추고 중도를 지킨다. 정도를 지키며 윗사람을 따르고, 권력에 아부하지 않는 모습이다. 제사장처럼 겸손하게 기도하고 정성을 다한다면 길하다. '九三'은 得正이다. 六四가 무시하지만 굴욕을 참고 순종한다. 하지만 마음이 편치 않아 굴욕을 당한다. '六四'는 본 괘의 卦主다. 陽剛인 九三을 무시하기 때문에 후회함이 생긴다. 그러나 得正이며 양효인 九五를 받들고 있어서 후회할 일은 사라진다. 임금의 명을 받들어 일을 집행하면 반드시 큰 공을 세울 것이다. 들판에서 사냥하다 세 종류의 짐승을 잡아 제물로 바치는 것과 같다. '九五'는 양효가 음의 자리에 위치하여, 그다지 겸손하지 않아 사람들이 복종하지 않는다. 그러나 得中이며 得正이기 때문에, 불리한 요인들을 제거하여 순탄하고 길하게 된다. '上九'는 손괘의 정점에 위치한다. 겸손이 지나쳐서 과단성을 상실하니 반드시 위험하다.

괘에 대한 설명

본 괘는 특히 음이 양에게 순종하고 신하가 임금에게 순종함을 설명한다. 겸손은 사람의 기본 도리다. 겸손은 쉽게 받아들여지기 때문에 인심을 얻고 도움을 받을 수 있다. 겸손은 순종하는 것이다. 하지만 맹목적이지 않아야 하며 뛰어난 사람을 선택하여 순종해야 한다. 너무 유약하여 우유부단하거나, 두려움 때문에 비굴해지지 않아야 한다. 순종은 또 자신의 신분과 정도에 부합해야 한다.

• 겸손해야 받아들여진다

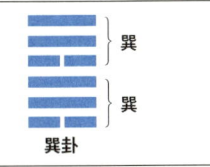
巽卦

손은 바람이며 안으로 들어가는 성질이 있다. 바람은 사물을 파고들어 이르지 못하는 곳이 없다. 사물이 순종해야 바람이 들어갈 수 있기 때문에 손은 '순종'의 의미가 있다. 음이 양에 순종하는 것은 자연법칙에 부합하기 때문에 발전할 수 있다. 그러나 무작정 아무에게나 순종하지 않아야 하며, 반드시 적합한 대상을 선택해야 한다.

初六

'초육'은 음효가 처음에 위치한다. 지나치게 겸손하여 선택해야 할 때 망설인다. 무사처럼 과감하고 굳건해야 이롭다.

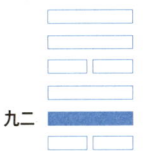
九二

'구이'는 자신을 낮추는 형상이다. 그러나 양덕을 갖추고 있어 아부하지 않는다. 겸손하게 기도하고 정성을 다하면 길하다.

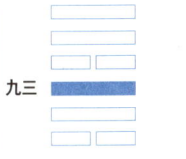
九三

'구삼'은 득정이다. 육사가 무시하지만 굴욕을 참고 순종한다. 하지만 마음이 편치 않아 굴욕을 당한다.

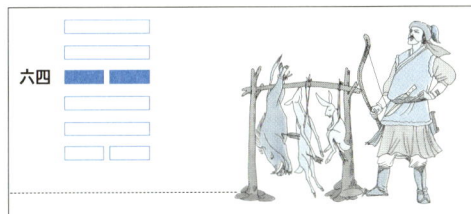
六四

'육사'는 후회함이 생긴다. 그러나 구오를 받들고 있어서 후회할 일은 사라진다. 임금의 명을 받들어 일을 집행하면 큰 공을 세울 것이다. 사냥하다 세 종류의 짐승을 잡아 제물로 바치는 것과 같다.

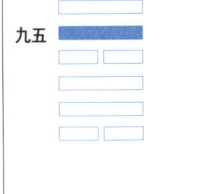
九五

'구오'는 겸손하지 않아 사람들이 복종하지 않는다. 그러나 불리한 요인들을 제거하여 순탄하고 길하게 된다.

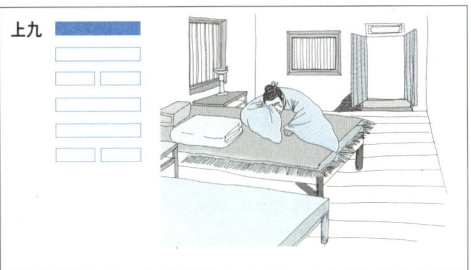
上九

'상구'는 손괘의 정점에 위치한다. 겸손이 지나쳐서 과단성을 상실하니 반드시 위험하다.

겸손은 사람의 기본 도리다. 겸손은 쉽게 받아들여지기 때문에 인심을 얻고 도움을 받을 수 있다. 겸손은 순종하는 것이다. 하지만 맹목적이지 않아야 하며 뛰어난 사람을 선택하여 순종해야 한다. 너무 유약하여 우유부단하거나, 두려움 때문에 비굴해지지 않아야 한다. 순종은 또 자신의 신분과 정도에 부합해야 한다.

| 육십사괘 58 | 태괘兌卦 |

외유내강하여 남들과 화평하다

태兌는 연못이며 유쾌한 특징이 있다. 위아래가 모두 즐거운 것이 '태'다. 또 위아래가 모두 연못으로, 두 연못의 물이 만나 윤택함을 나누기 때문에 즐겁게 된다.

괘의 의미

태괘는 陽剛인 九二와 九五가 得中이고, 陰柔인 六三과 上六이 상괘와 하괘의 바깥에 있다. 강하면서도 외적으로 기쁨을 유지하고, 부드러우면서도 내적으로 강함을 지니고 있다. 안과 밖의 剛柔가 적절히 어울린다. 또한 아첨하지도 않고 난폭하지도 않아 형통하다. 하지만 동기가 순수하고 사람들이 즐거워야 이롭다.

효의 의미

'初九'는 得正이다. 아래에 위치하지만 비위를 맞추며 아부하지는 않는다. 사람을 즐겁게 대하는 형상이다. 사악함이 없어 남들이 의심하지 않는다. 길하다. '九二'는 양효가 음의 자리에 있어 失正이기 때문에 본래 후회할 일이 있다. 그러나 九二는 得中이며 진심으로 사람을 대하기 때문에 길하다. '六三'은 失正이며 不中이다. 상괘와 호응하는 것이 없어, 양효인 九二와 初九의 비위를 맞추며 환심을 산다. 떳떳한 행동이 아니기 때문에 흉하다. '九四'는 失正이며 아첨하는 소인인 六三과 친근하다. 그러나 九四는 굳건하여 결국 소인이 六三의 유혹을 물리친다. 작은 병이 나은 것과 같다. 경사스러운 일이 생긴다. '九五'는 得中이며 得正이고 尊位에 거한다. 소인인 上六이 유혹하여 함께 즐거워하니 위험하다. '上六'은 본 괘의 卦主다. 음효가 즐거움의 절정에 위치한다. 수단과 방법을 가리지 않고 아래의 九五와 九四를 즐겁게 하는 형상이다. 유혹에 넘어가는 것은 상대방의 의지에 달려 있기 때문에 길흉을 판단하기 힘들다.

괘에 대한 설명

경쾌한 노래는 귀를 즐겁게 하고 아름다운 풍경은 눈을 즐겁게 한다. 즐거움을 추구하려는 것은 인지상정이다. 자신이 기쁘면 남들도 기쁘게 되니 분위기가 화기애애하다. 그러나 동기가 순수해야 하고 옳고 그름이 명확해야 한다. 또한 남을 기쁘게 하는 것은 분명 아첨이나 아부하는 것과는 다르다. 반드시 외유내강外柔內剛하며 원칙을 지켜야 한다. 소인들은 늘 수단과 방법을 가리지 않고 올바른 사람의 환심을 산다. 이때 굳건하고 과감하게 사악함을 몰아내야만 소인의 함정에 빠지지 않는다.

즐거움을 찾는 건 인지상정이다

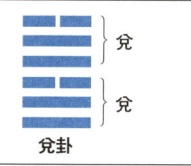

태는 연못이며 유쾌한 특징이 있다. 위아래가 모두 즐거운 것이 '태'다. 본 괘는 강하면서도 외적으로 기쁨을 유지하고, 부드러우면서도 내적으로 강함을 지니고 있는 형상이다. 또한 안과 밖의 강하고 부드러움이 적절히 어울리며, 아첨하지도 않고 난폭하지도 않아 형통하다. 하지만 동기가 순수하고 사람들이 즐거워야 이롭다.

'초구'는 득정이다. 아래에 위치하지만 비위를 맞추며 아부하지는 않는다. 사람을 즐겁게 대하는 형상이다. 사악함이 없어 남들이 의심하지 않는다. 길하다.

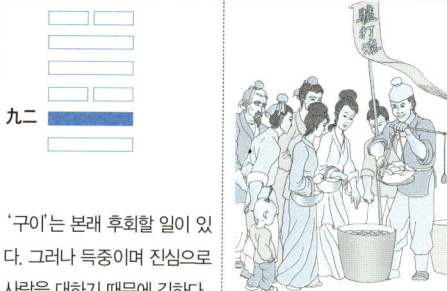

'구이'는 본래 후회할 일이 있다. 그러나 득중이며 진심으로 사람을 대하기 때문에 길하다.

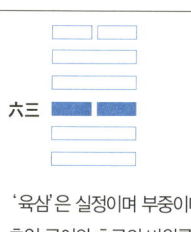

'육삼'은 실정이며 부중이다. 양효인 구이와 초구의 비위를 맞추며 환심을 산다. 떳떳한 행동이 아니기 때문에 흉하다.

'구사'는 실정이며 아첨하는 소인인 육삼과 친근하나 유혹을 물리친다. 작은 병이 나은 것과 같다. 경사스러운 일이 생긴다.

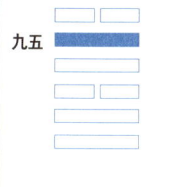

'구오'는 득중이며 득정이고 존위에 거한다. 소인인 상육이 유혹하여 함께 즐거워하니 위험하다.

'상육'은 즐거움의 절정에 위치한다. 수단 방법을 가리지 않고 구오와 구사를 즐겁게 하는 형상이다. 유혹에 넘어가는 것은 상대방의 의지에 달려 있기 때문에 길흉을 판단하기 힘들다.

즐거움을 추구하려는 것은 인지상정이다. 자신이 기쁘면 남들도 기쁘게 되니 분위기가 화기애애하게 된다. 그러나 동기가 순수해야 하고 옳고 그름이 명확해야 한다. 또한 남을 기쁘게 하는 것은 분명 아첨이나 아부하는 것과는 다르다. 반드시 외유내강하며 원칙을 지켜야 한다. 소인들은 늘 수단과 방법을 가리지 않고 올바른 사람의 환심을 산다. 이때, 굳건하고 과감하게 사악함을 몰아내야만 소인의 함정에 빠지지 않는다.

육십사괘 59 | **환괘** 渙卦

흩어짐을 막고 사심을 없애라

환괘는 감坎이 하괘이고 손巽이 상괘다. 감은 물이고 손은 바람이다. 바람이 물 위에 불어 물결이 흩어지는 것을 '환渙'이라 한다. 그래서 '환'은 '흩어짐散'을 의미한다.

괘의 의미

사물이 흩어질 때, 비록 형태는 흩어지지만 정신은 모일 수 있다. 흩어짐은 모임의 전 단계이기 때문에 형통하다. 이때 군왕은 종묘에 가서 지극한 정성으로 기도를 드려야 한다. 이렇게 되면 신이 도움을 주어 역량을 모으고 재난을 이겨낼 수 있다.

효의 의미

'初六'은 음효가 환의 처음에 위치하며 위에 있는 九二를 받든다. 튼튼한 말을 얻어 陰柔의 연약함을 보완하는 것과 같다. 이런 방법으로 흩어지는 상황을 극복하니 흩어지지 않고 길하다. '九二'는 失正이며 험난한 곳에 위치하여 후회할 일이 생긴다. 하지만 陽剛이며 得中인데, 이는 밖에서 뛰어 들어와 낮은 책상에 편안히 기대앉은 것과 같다. 때문에 후회하는 일이 사라진다. '六三'은 陰柔가 양의 자리에 있어 失正이고 不中이다. 본래 사리사욕을 좇았지만 강剛의 자리에 있어 사심을 억제한다. 적극적으로 행동하고 타인을 도우니, 훗날 후회하지 않는다. '六四'는 음陰의 자리에 거하며 得正이다. 위로 九五를 받들지만 하괘에 호응하는 것이 없어 사심이 없다. 흩어진 것을 모으라는 중책을 맡아 대대적인 단결을 이룬다. 사람들이 많이 모여 인산인해를 이루기 때문에 크게 이롭고 길하다. '九五'는 陽剛이며 得中이고 得正이다. 또한 尊位에 거한다. 중대한 명령이 반포된다. 또한 왕이 쌓아놓은 재물을 온 백성에게 나누어준다. 이렇게 하면 커다란 재난은 없다. '上九'는 陽剛이 환의 끝에 위치한다. 흩어짐이 정점에 도달하면 사방에서 모여든다. 또한 위험이 멀리 떨어져 있어 상처를 입지 않을 것이다. 위험에서 멀리 떨어져 있으니 커다란 재난은 없다.

괘에 대한 설명

본 괘는 흩어짐에서 구제하는 방법을 설명한다. 풍요롭고 편안한 환경 속에서는 인심이 쉽게 흩어진다. 이때 사람들의 마음은 흩어지고 덕이 무너지며, 사욕을 좇고 공익을 망각한다. 때문에 흩어짐의 징조가 보일 때 강력한 정책으로 이를 해결해야 한다. 우선 민심을 살피고 안정을 찾아야 한다. 아울러 사심을 제거하고 당파를 없애며 폐단을 개혁해야 한다. 이렇게 소아小我를 희생하고 대아大我를 완성해야 비로소 단결을 이루고 안정을 찾을 수 있다.

• 흩어질 징조가 보인다

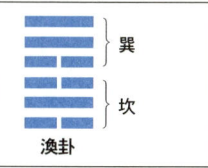

감은 물이고 손은 바람이다. 바람이 물 위에 불어 물결이 흩어지는 것이 '환'이다. 그래서 '환'은 '흩어짐'을 의미한다. 사물이 흩어질 때, 비록 형태는 흩어지지만 정신은 모일 수 있다. 흩어짐은 모임의 전 단계이기 때문에 형통하다. 이때 군왕은 종묘에 가서 지극한 정성으로 기도를 드려야 한다. 이렇게 되면 신이 도움을 주어 역량을 모으고 재난을 이겨낼 수 있다.

'초육'은 환의 처음에 위치하며 위에 있는 구이를 받든다. 튼튼한 말을 얻어 흩어지는 상황을 극복하니 길하다.

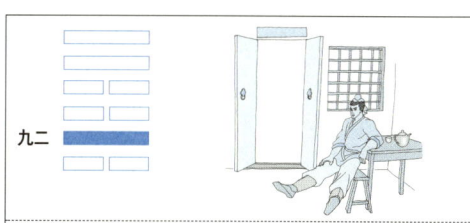

'구이'는 실정이다. 하지만 양강이며 득중인데, 이는 밖에서 뛰어들어와 낮은 책상에 편안히 기대앉은 것과 같다. 때문에 후회하는 일이 사라진다.

'육삼'은 부중이고 실정이다. 본래 사리사욕을 좇았지만 굳셈의 자리에 있어 타인을 도우니, 훗날 후회하지 않는다.

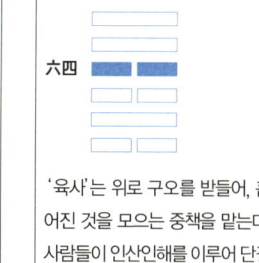

'육사'는 위로 구오를 받들어, 흩어진 것을 모으는 중책을 맡는다. 사람들이 인산인해를 이루어 단결한다. 크게 이롭고 길하다.

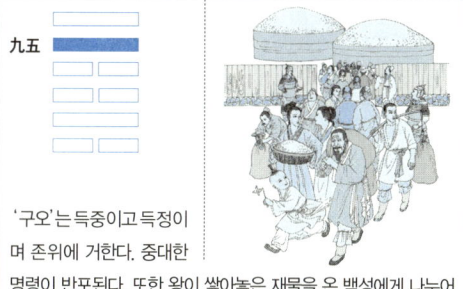

'구오'는 득중이고 득정이며 존위에 거한다. 중대한 명령이 반포된다. 또한 왕이 쌓아놓은 재물을 온 백성에게 나누어 준다. 이렇게 하면 커다란 재난은 없다.

'상구'는 흩어짐이 정점에 도달하여 사방에서 모여든다. 또한 위험이 멀리 떨어져 있어 상처를 입지 않을 것이다. 커다란 재난은 없다.

풍요롭고 편안한 환경 속에서 인심이 쉽게 흩어진다. 이때 사람들의 마음은 흩어지고 덕이 무너지며, 사욕을 좇고 공익을 망각한다. 때문에 흩어짐의 징조가 보일 때 강력한 정책으로 이를 해결해야 한다. 우선 민심을 살피고 안정을 찾아야 한다. 아울러 사심을 제거하고 당파를 없애며 폐단을 개혁해야 한다. 이렇게 소아를 희생하고 대아를 완성해야 비로소 단결을 이루고 안정을 찾을 수 있다.

육십사괘 60 **절괘** 節卦

절제하여 선을 넘지 않는다

절괘는 태兌가 하괘이고 감坎이 상괘다. 태는 연못이고 감은 물이다. 연못이 물을 받아들이는 데 한계가 있다. 물이 너무 많으면 넘치기 때문에 절제가 필요하다. '절節'은 '억제하다', '절제하다'라는 의미다.

괘의 의미

절제는 미덕이다. 스스로 깨달아 절제하며 정도를 지킨다면 반드시 형통할 것이다. 그러나 지나친 절제는 오히려 자신을 힘들게 하니 적절함이 필요하다.

효의 의미

'初九'는 처음에 위치하며 陽剛이고 得正이다. 남보다 뛰어난 능력이 있으나 아직 적당한 때가 오지 않았다. 때문에 스스로 절제하며 집 밖으로 나가지 않는다. 이렇게 신중하면 재난은 발생하지 않는다. '九二'는 양효가 음의 자리에 위치하며 失正이다. 그러나 得中이기 때문에 밖으로 나갈 수 있지만, 호응하는 사람이 없음을 걱정하여 여전히 집 밖으로 나가지 않는다. 이렇게 하면 기회를 잃어버리게 되어 흉하다. '六三'은 음효가 양의 자리에 있고 失正이다. 하괘인 태의 정점에 위치하고 있어서, 두 개의 양효를 무시하며 교만한 형상이다. 탄식할 만한 일을 초래하게 되지만, 자초한 일이니 누구를 탓하겠는가. '六四'는 陰柔가 得正이며 九五를 받들고 따른다. 절제함에 만족하고 편안함을 느끼니 형통하다. '九五'는 陽剛이며 得中이고 得正이다. 尊位에 거하며 본 괘의 卦主다. 적절하게 자신을 절제하니 반드시 길하다. 이렇게 계속 나아가면 위대한 공적을 세울 수 있다. '上六'은 정점에 위치하며, 지나치게 절제하여 감당하지 못하는 형상이다. 비록 정도를 지킨다 해도 흉함을 면하기 힘들다. 반성하고 고친다면 흉함은 사라진다.

괘에 대한 설명

본 괘는 절제의 원칙을 설명한다. 규율에 맞게 절제하면 발전에 도움이 되지만, 맹목적으로 절제하면 위험하다. 지나치거나 미치지 못하면 폐해가 생기니, 모두 정도에 맞아야 한다. 절제할 때가 아닌데 절제하면 정력을 소진하고 기회를 잃는다. 절제해야 할 때 절제하지 않으면 자신과 남에게 해를 끼치게 된다. 절제는 억지로 하지 말고 자연스러워야 한다. 잘못을 바로잡다가 오히려 더 나쁘게 될 수 있다. 지나치게 절약하거나 절제하면 고통만 초래하게 된다. 이렇게 되면 도리어 막혀 통하지 않게 되니, 적절한 절제가 가장 중요하다.

스스로 절제하다

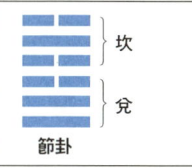

태는 연못이고 감은 물이다. 연못이 물을 받아들이는 데 한계가 있다. 물이 너무 많으면 넘치기 때문에 절제가 필요하다. '절'은 '억제하다', '절제하다'라는 의미다. 절제는 미덕이다. 스스로 깨달아 절제하며 정도를 지킨다면 반드시 형통할 것이다. 그러나 지나친 절제는 오히려 자신을 힘들게 하니 적절함이 필요하다.

'초구'는 남보다 뛰어난 능력이 있으나 아직 적당한 때가 오지 않았다. 때문에 스스로 절제하며 집 밖으로 나가지 않는다. 재난은 발생하지 않는다.

'구이'는 실정이지만 득중이기 때문에 밖으로 나갈 수 있다. 그러나 여전히 절제하며 집 밖으로 나가지 않는다. 기회를 잃어버려 흉하다.

'육삼'은 실정이며, 교만하고 절제하지 못하는 형상이다. 탄식할 만한 일을 초래하게 되지만, 자초한 일이니 누구를 탓하겠는가.

'육사'는 득정이며 구오를 받들고 따른다. 절제함에 만족하고 편안함을 느끼니 형통하다.

'구오'는 득중이고 득정이며 존위에 거한다. 적절하게 자신을 절제하니, 이렇게 계속 나아가면 위대한 공적을 세울 수 있다.

'상육'은 지나치게 절제하여 감당하지 못하는 형상이다. 반성하고 고친다면 흉함은 사라진다.

규율에 맞게 절제하면 발전에 도움이 되지만, 맹목적으로 절제하면 위험하다. 지나치거나 미치지 못하면 폐해가 생기니, 모두 정도에 맞아야 한다. 절제할 때가 아닌데 절제하면 정력을 소진하고 기회를 잃는다. 절제해야 할 때 절제하지 않으면 자신과 남에게 해를 끼치게 된다. 절제는 억지로 하지 말고 자연스러워야 한다. 적절한 절제가 가장 중요하다.

육십사괘 61 | 중부괘 中孚卦

정성을 다하여 화합을 불러온다

중부괘는 태兌가 하괘이고 손巽이 상괘다. 태는 연못이며 유쾌함이 특징이다. 손은 바람이며 순종의 의미가 있다. 바람이 연못 위에 불면 어느 곳이든 찾아간다. 이는 위아래가 서로 믿음을 가지고 있음을 의미한다. 이것이 '중부中孚'다. 때문에 '중부'는 '믿음'과 '진심'을 상징한다.

괘의 의미

본 괘의 가운데 있는 음효 六三과 六四는 속이 비어 있는 모양을 하고 있다. 또한 양효인 九二와 九五는 상괘와 하괘의 중앙에 위치하여 충실함을 상징한다. 때문에 '중부'라고 했다. 진심이 있으면 만물을 감동시킬 수 있다. 정성만 있다면 미약한 제물을 바쳐도 신이 기뻐하여 복을 내린다. 진심 어린 마음이 있으면 재난을 이겨낼 수도 있다.

효의 의미

'初九'는 처음에 위치하며, 진심으로 정성을 다하기 때문에 길하다. 六四와 호응하나 九二가 가로막고 있어, 六四에 다가가면 편안하지 못하다. '九二'는 陽剛이며 得中이다. 九五와 호응하며 九五 역시 진심을 가지고 있다. 이는 백학이 산그늘에서 울면, 새끼 학이 멀리서 화답하는 것과 같다. 또한 九二에게 좋은 술이 있어 九五와 함께 마시기를 원하는 것과도 같다. 진심이 있으면 서로 소통하게 된다. '六三'은 陰柔이며 失正이고 六四와 적대 관계다. 그러나 六四가 得正이라 기가 꺾여 물러난다. 六四가 반격할까 두려워하지만 六四는 더 이상 공격하지 않는다. 결국 근심이 사라진다. '六四'는 陰柔이며 得正이고 九五를 받든다. 이는 지위 높은 신하가 九五와 상응하는 모습이며, 한 쌍의 말이 서로 어울리는 것과 같다. 그러나 九五에게 신임을 얻으면 동료를 잃는다. 初九와 단절해야 재난이 없다. '九五'는 본 괘의 卦主다. 得中이며 得正이고 尊位에 거한다. 진심으로 대하여 많은 이들의 마음을 사로잡았다. 사람들도 진심으로 호응하니 허물이 없다. '上九'는 정점에 위치한다. 자신감이 지나쳐 성공을 뽐내니, 명성이 실제와 부합하지 않는다. 陽剛이며 순수한 동기를 가지고 있어도 흉함을 면하기 힘들다.

괘에 대한 설명

본 괘는 진심의 의미를 설명한다. 삶의 기본 원칙은 진심을 다하는 것이어야 하며, 마음을 비우는 것이 진심의 핵심이다. 진심이 있으면 친해지고 화해하며 단결할 수 있다. 그러나 여기에도 원칙이 필요하다. 반드시 동기가 순수해야 하며 신중하고 삼가야 한다. 의혹이 있으면 믿지 말고, 믿었으면 의심하지 말아야 한다. 그러지 않으면 우유부단하여 결정을 내리지 못한다. 의견을 나눌 수 있고 공감할 수 있는 사람에게 진심을 베풀어야 그 효과가 드러난다.

• 정성을 다하여 만물이 감동한다

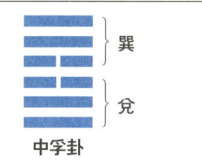
中孚卦

태는 연못이며 손은 바람이다. 바람이 연못 위에 불면 어느 곳이든 찾아간다. 위 아래가 서로 믿음을 가지고 있음을 의미한다. 이것이 '중부'다. 때문에 '중부'는 '믿음'과 '진심'을 상징한다. 진심이 있으면 만물을 감동시킬 수 있다. 정성만 있다면 미약한 제물을 바쳐도 신이 기뻐하며 복을 내리기 때문에 길하다. 진심 어린 마음이 있으면 재난을 이겨내고 정도를 지키는 데 이롭다.

初九

'초구'는 처음에 위치하며, 진심으로 정성을 다하기 때문에 길하다. 구이가 막고 있어 육사와 호응하려고 하면 편안하지 못하다.

九二

'구이'는 구오와 호응한다. 이는 백학이 산그늘에서 울면 새끼 학이 듣고 멀리서 화답하는 것과 같다. 또한 좋은 술이 있어 구오와 함께 마시기를 원하는 것과도 같다. 진심이 있으면 소통하게 된다.

六三

'육삼'은 이기지 못하고 기가 꺾여 물러난다. 육사의 반격을 두려워하지만, 육사는 침략하지 않는다. 근심이 사라져 노래를 부른다.

六四

'육사'는 득정이고 구오를 받든다. 이는 한 쌍의 말이 서로 어울리는 것과 같다. 그러나 구오에게 신임을 얻으면 동료를 잃는다. 초구와 단절해야 재난이 없다.

九五

'구오'는 득중이며 득정이고 존위에 거한다. 진심으로 대하여 많은 이들의 마음을 사로잡았다. 사람들이 진심으로 호응하니 허물이 없다.

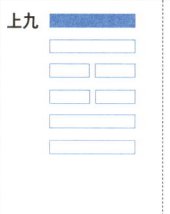 

上九

'상구'는 정점에 위치한다. 자신감이 지나쳐 자신의 성공을 뽐낸다. 비록 양강하고 순수한 동기를 가지고 있어도 흉함을 면하기 힘들다.

삶의 기본 원칙은 진심을 다하는 것이며, 마음을 비우는 것이 진심의 핵심이다. 진심이 있으면 친해지고 화해하며 단결할 수 있다. 그러나 여기에도 원칙이 필요하다. 동기가 순수해야 하며 신중하고 삼가야 한다. 의혹이 있으면 믿지 말고, 믿었으면 의심하지 말아야 한다. 의견을 나눌 수 있고 공감할 수 있는 사람에게 진심을 베풀어야 그 효과가 드러난다. 자신의 진심을 과신하면 고립되어 실패하게 된다.

육십사괘 | 소과괘 小過卦

62 조금 넘어섰다, 상황에 맞게 조절하라

소과괘는 간艮이 하괘이며 진震이 상괘다. 간은 산이고 진은 천둥이다. 산꼭대기의 천둥소리가 평소보다 큰 것이 '소과小過'다. '소과'는 '조금 지나치다', '약간 넘어서다'라는 의미가 있다.

괘의 의미

작은 일에는 형통할 수 있으나 큰일에는 불리하다. 이 괘는 새의 형상이 있는데, 위로 날아오르는 것은 형세를 거스르기 때문에 위험하고, 아래로 내려오는 것은 둥지를 찾을 수 있어 순조롭다. 어떤 일을 하든지 한도를 초과하지 말고 본분을 지켜 제자리로 돌아와야 한다.

효의 의미

'初六'은 처음에 위치하며 不中이고 失正이다. 위에서 六二가 막고 있어, 아래에 있어야 마땅하다. 그러나 새가 형세를 거스르고 위로 날아올라 九四와 호응한다. 흉하다. '六二'는 柔順하며 得中이고 得正이다. 앞으로 나아가 九三과 九四를 뛰어넘어 六五와 만난다. 할아버지를 뛰어넘어 할머니와 만나고, 임금에게 가지 못하고 신하만 만나는 격이다. 원하는 도움은 받지 못하지만 협조는 얻을 수 있다. 재난은 없다. '九三'은 陽剛이며 得正이고 上六과 호응한다. 강함을 뽐내며 작은 일은 가볍게 여겨 방비하지 않는다. 때문에 소인인 上六이 해를 끼쳐 흉하다. '九四'는 본래 위치가 높지 않아 내려와 初六과 상응해야 재난이 생기지 않는다. 그러나 조용히 기다리며 신중을 기해야 한다. 주동적으로 初六을 찾아가 호응하면 위험하다. 자신의 의견만을 주장하지 말고 상황에 맞게 변통해야 한다. '六五'는 尊位에 거하며 하괘에 호응하는 것이 없다. 임금이 생각은 많으나 능력이 부족하다. 교외 서쪽에 먹구름만 가득하고 비가 오지 않는 것과 같다. 이에 동굴에 화살을 쏴 六二를 잡아서 자신을 보좌하도록 한다. 그러나 六五와 六二는 모두 음효이기 때문에 일이 성사되지 않는다. '上六'은 음효 하나가 지나치게 왕성하여 한도를 넘었다. 이는 마치 새가 하늘 위로 날아가 둥지를 찾지 못하다가 화살을 맞은 것과 같다. 천재天災라고 하지만 자신이 초래한 인재人災다.

괘에 대한 설명

본 괘는 지나침과 절제의 이치를 설명한다. 자신감이 넘치면 종종 한도를 넘게 된다. 때문에 한도의 적정 수준을 명확하게 파악하는 것이 중요하다. 작은 일을 하면서, 과도한 목표를 세울 때는 큰 피해가 없다. 그러나 큰일을 하면서 자신의 능력을 망각하고 무리한 목표를 세운다면 스스로를 해치게 될 것이다. 시기에 맞게 변통하며, 지나치면 절제하고 강하면 부드럽게 해야 한다. 아무리 정의로운 일이라고 해도 지나치게 고집하면 도리어 남에게 피해를 준다.

• 조금 지나치다

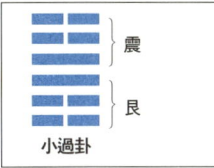

간은 산이고 진은 천둥이다. 산꼭대기의 천둥소리가 평소보다 큰 것이 '소과'다. '소과'는 '조금 지나치다', '약간 넘어서다'라는 의미가 있다. 작은 일에는 형통할 수 있으나 큰일에는 불리하다. 때문에 어떤 일을 하든지 한도를 초과하면, 더 멀리 가지 말고 본분을 지켜 제자리로 돌아와야 길하다.

'초육'은 부중이고 실정이다. 원래 아래에 있어야 마땅하나, 새가 형세를 거르고 위로 날아올라 구사와 호응한다. 흉하다.

'육이'는 구삼과 구사를 뛰어넘어 육오와 만난다. 할아버지를 뛰어넘어 할머니와 만나고, 임금에게 가지 못하고 신하만 만나는 격이다. 원하는 도움은 받지 못하지만 협조는 얻을 수 있다.

'구삼'은 득정이고 상괘의 상육과 호응한다. 강함을 뽐내며 작은 일은 가볍게 여겨 방비하지 않는다. 때문에 소인인 상육이 해를 끼쳐 흉하다.

'구사'는 마땅히 아래로 내려가야 하는 형상이다. 그러나 조용히 기다리며 신중기해야 한다. 주동적으로 나아가면 위험하나, 자신의 의견만을 주장하지 말고 상황에 맞게 변통해야 한다.

'육오'는 임금이 생각은 많으나 능력이 부족하여, 마치 교외 서쪽에 먹구름만 가득하고 비가 오지 않는 것과 같다. 이에 임금인 육오는 동굴에 화살을 쏴 육이를 잡아와서 자신을 보좌하도록 한다. 그러나 두 개의 음효가 결합하니 일이 성사되지 않는다.

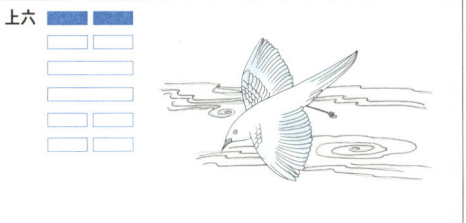

'상육'은 지나치게 왕성하여 한도를 넘었다. 이는 마치 새가 하늘 위로 날아가 둥지를 찾지 못하다가 화살을 맞은 것과 같다. 천재라고 하지만, 사실 자신이 초래한 인재다.

자신감이 넘치면 행동으로 드러나서 종종 한도를 넘게 된다. 때문에 한도의 적정 수준을 명확하게 파악해야 한다. 작은 일을 할 때, 과도한 목표를 세운다 해도 큰 피해는 없다. 그러나 큰일을 하면서 자신의 능력을 망각하고 무리한 목표를 세운다. 자신을 해치게 될 것이다. 이 때문에 시기에 맞게 변통하며, 지나치면 절제하고 강하면 부드럽게 해야 한다. 아무리 정의로운 일이라고 해도 지나치게 고집하고 적절하게 처리하지 못하면 도리어 남에게 피해를 끼친다.

육십사괘 63 | 기제괘 旣濟卦

모든 일을 이루었다, 지키는 것이 어렵다

기제괘는 이離가 하괘이며 감坎이 상괘다. 이離는 불이고 감은 물이다. 물이 불 위에 있어 음식을 끓이는 모습이 '기제旣濟'다. 기旣는 '이미已', '끝나다盡'의 뜻이며, 제濟는 '구제하다'라는 뜻이 있다. 때문에 '기제'는 '일을 마쳤다', '완성하다'의 의미다.

괘의 의미

육십사괘 중에서 기제괘만이 육효 모두 得正이다. 하지만 지나치게 완벽하면 오히려 경직된다. 때문에 큰일을 완성하지 못하고, 단지 작은 일만 형통할 수 있다. 그러므로 정도를 지키고 끊임없이 노력해야 이득이 있다. 그러지 않으면 처음에 길하던 것이 나중에 위태롭게 된다.

효의 의미

'初九'는 일이 막 완성된 모습이다. 得正이며 겸손하고 침착하다. 六四와 호응하지만, 서둘러 호응하지 않고 조심하는 형상이다. 수레바퀴가 굴러가지 않게 잡고 있는 것과 같고, 여우가 강을 건너면서 꼬리를 드는 것과 같다. 상황을 통제할 수 있어 조심하면 재난이 없다. '六二'는 본 괘의 卦主다. 柔順하고 得中이며 得正이다. 또한 상괘에 있는 임금인 九五와 호응한다. 九五가 六二를 환대하지 않아도 六二는 정도를 지킨다. '九三'은 성격이 강하다. 몇 년 동안 온 힘을 다해 우환을 제거해야 성공한다. 그러나 조급하게 일을 서두르면 반드시 혼란을 초래한다. 소인이 공을 세우면 큰 상만 주고 중책은 맡기지 않는다. '六四'는 근심이 많아 험난함을 상징하는 감坎의 처음에 위치한다. 일이 이미 완성되어 이제 막 전환하려 한다. 솜옷을 입어야 할 계절에 솜옷이 없어 해진 옷을 입는 것과 같다. 그러나 柔順하며 得正이고, 初九와 호응하니 재난을 막을 수 있다. '九五'는 陽剛이며 得中이고 得正이다. 또한 尊位에 거하여, 완성의 최고점에 도달한 형상이다. 이때 사치하지 않고 인덕을 쌓으며, 동쪽 이웃의 소를 빌려 제사를 지낸다. 하지만 이것보다 서쪽으로 가서 간소한 제사를 지내는 것이 더 낫다. '上六'은 음효가 끝에 위치한다. 제濟가 정점에 도달하여 환란이 찾아온다. 여우가 강을 건널 때, 머리까지 물이 차오른 형상이다. 흉함이 많고 길함은 적다. 때문에 성공한 이후에는 신중해야만 오래도록 성공을 유지할 수 있다.

괘에 대한 설명

본 괘는 일의 성공을 칭송하고 있지만, 한편으로 그것을 유지하는 것이 더 어렵다는 것을 강조한다. 사람들은 성공하면 기뻐하지만 그것을 오래도록 유지하기는 쉽지 않다. 일을 시작할 때는 열심히 노력하지만, 성공하고 나면 교만하여 노력하지 않는다. 이렇게 되면 안팎으로 걱정과 근심이 찾아온다. 성대한 후에 쇠약해지는 것은 필연적인 현상이다. 때문에 정도를 지키고 계속 발전을 모색해야 한다. 소인은 모든 문제의 화근이므로 엄격히 방비해야 한다.

완벽한 곳에 위기가 있다

이離는 불이며 감은 물이다. 물이 불 위에 있어 음식을 끓이는 모습이 '기제'다. '기제'는 '일을 마쳤다', '완성하다'의 의미다. 육십사괘 중에서 기제괘만이 육효 모두 득정이다. 하지만 지나치게 완벽하면 오히려 경직된다. 때문에 큰일을 완성하지 못하고, 단지 작은 일만 형통할 수 있다. 정도를 지키고 끊임없이 노력해야 이득이 있다. 그러지 않으면 처음에 길하던 것이 나중에 위태롭게 된다.

'초구'는 득정이며 겸손하고 침착하다. 수레바퀴가 굴러가지 않게 잡고 있는 것과 같고, 또 여우가 강을 건너면서 꼬리를 드는 것과 같다. 조심하면 재난이 없다.

'육이'는 임금인 구오와 호응한다. 구오가 부인인 육이를 환대하지 않아도, 육이는 정도를 지킨다. 육이가 수레 덮개를 잃어버렸지만, 찾지 않아도 되돌아온다.

'구삼'은 몇 년 동안 온 힘을 다해 우환을 제거해야 성공한다. 그러나 조급하게 일을 서두르면 반드시 혼란을 초래한다. 소인이 공을 세우면 큰 상만 주고, 중책은 맡기지 않는다.

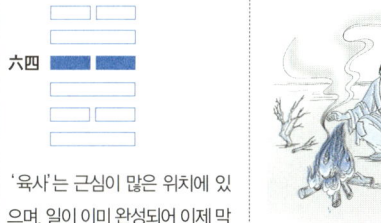

'육사'는 근심이 많은 위치에 있으며, 일이 이미 완성되어 이제 막 전환하려 한다. 마치 솜옷이 없어 해진 옷을 입는 것과 같다. 그러나 유순하며 득정이기 때문에 재난을 방비할 수 있다.

'구오'는 양강이며 득중이고 득정이다. 또한 존위에 거한다. 사치하지 않고 인덕을 쌓으며, 동쪽 이웃의 소를 빌려 제사를 지낸다. 하지만 이것보다 서쪽으로 가서 간소한 제사를 지내는 것이 더 낫다.

'상육'은 제가 정점에 도달하여 환란이 찾아온다. 여우가 강을 건널 때, 머리까지 물이 차오른 형상이다. 흉함이 많고 길함은 적다. 신중해야만 오래도록 성공을 유지할 수 있다.

사람들은 성공하면 기뻐하지만 성공을 오래도록 유지하는 것은 쉽지 않다. 처음 일을 시작할 때는 열심히 노력하지만, 일단 성공하고 나면 교만하여 옛일을 잊고 노력하지 않는다. 이렇게 되면 안팎으로 걱정과 근심이 찾아온다. 성대한 후에 쇠약해지는 것은 필연적인 현상이다. 때문에 환란을 미연에 방지해야 하며 한때의 성대함에 미혹되어 안주하지 말아야 한다. 소인은 모든 문제의 화근이니 엄격하게 방비해야 한다.

| 육십사괘 64 | 미제괘 未濟卦 |

사물은 끝없이 변화하고 발전한다

미제괘는 감坎이 하괘이며 이離가 상괘다. 감은 물이며 이離는 불이다. 불은 위로 타오르고 물은 아래로 흐른다. 이처럼 서로 다른 방향을 향해 분리되는 것이 '미제未濟'다. '미제'는 또 일이 완성되지 않은 상태를 말하며 '미완성'을 상징한다.

괘의 의미

육효가 모두 失正이기 때문에 미완성의 형상이다. 그러나 陽剛과 陰柔가 서로 호응하기 때문에, 발전 가능성이 충분하여 성공을 기대할 수 있다. 미완성은 완성의 가능성이 있고 미래의 희망이 있기 때문에 형통하다. 그러나 신중하지 않으면 이롭지 않다.

효의 의미

'初六'은 失正이며 미완성의 상태에 있다. 급하게 九四와 호응하여 신중하지 않고 중도를 지키지 못한다. 자신의 능력을 헤아리지 못하니 굴욕을 당한다. '九二'는 得中이며 양효가 음의 자리에 있다. 공손하고 중용을 지켜 스스로 억제할 수 있다. 마치 강을 건널 때 굴러가지 않도록 수레를 잡고 있는 것과 같다. 정도를 지키면 길하다. '六三'은 柔爻가 위험을 상징하는 하괘 감의 윗자리에 있다. 힘이 약하며 失正이다. 성공에 연연하니 위험할 수 있다. 그러나 九二와 친근하며 혼자만 성공하려 하지 않고, 九二와 함께 배를 타고 건너면 곤경에서 벗어날 수 있어 길하다. '九四'는 陽剛이며 失正이다. 상괘의 처음에 위치하여 미완성의 상태에서 상황이 호전되기를 기다린다. 이때 정도를 지키면 길하며 후회할 일이 사라진다. 그러나 九四는 失正이기 때문에 정도를 지키려면 오랫동안 분발해야 한다. 이는 3년의 전쟁을 치르며 임무를 완수해야만 상을 받을 수 있는 것과 같다. '六五'는 尊位에 거하지만 失正이다. 하괘인 九二와 호응하여 능력 있는 보좌관을 찾기 때문에 길하다. 六五는 빛의 가운데 위치하여, 군자의 덕이 빛나니 길하고 또 길하다. '上九'는 미제괘의 정점에 위치한다. 사물이 극한에 도달하면 반드시 전환하여 마침내 기제旣濟가 된다. 일이 완성되면 걱정이 사라지고, 사람에게 신임을 받아 즐겁게 술을 마신다. 이처럼 원래 허물이 없으나, 지나친 신임을 받으면 편안함이 지나쳐 일을 소홀히 하게 된다.

괘에 대한 설명

《역경》의 육십사괘는 여기에서 끝이 난다. 그러나 '변역變易', '간역簡易', '불역不易'의 원칙은 영원히 계속된다. 이제 막 성공하려는 순간에 위험이 사방에 도사리고 있다. 때문에 이때는 중용의 원칙을 지키며, 강함과 부드러움을 적절히 사용하여 함부로 행동하지 말아야 한다. 반드시 신중하게 판단하고 면밀히 계획해야 성공할 수 있다. 또한 항상 넓은 도량을 갖고, 차분하고 냉정하게 상황을 파악해야 한다.

성공의 가장자리

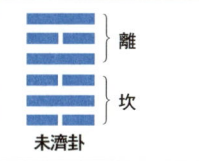

감은 물이며 이離는 불이다. 불은 위로 타오르고 물은 아래로 흐른다. 이처럼 서로 다른 방향을 향하여 분리되는 것이 '미제'다. '미제'는 또 일이 완성되지 않은 상태를 말하며 '미완성'을 상징한다. 미완성은 완성의 가능성이 있고 미래의 희망이 있기 때문에 형통하다. 그러나 신중하지 않으면 이롭지 않다.

'초육'은 실정이며 미완성의 상태에 있다. 신중하지 않고 중도를 지키지 못하여 굴욕을 당한다.

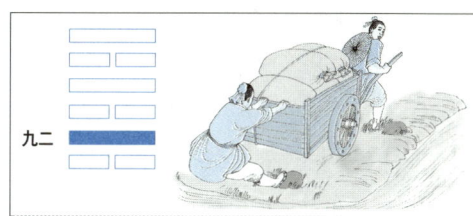

'구이'는 양효가 음의 자리에 있다. 공손하고 중용을 지키는 것이, 마치 강을 건널 때 굴러가지 않도록 수레를 잡고 있는 것 같다. 이렇게 정도를 지키면 길하다.

'육삼'은 구이와 친근하다. 만약 혼자만 성공하려 하지 않고, 구이와 함께 배를 타고 건너면 곤경에서 벗어날 수 있어 길하다.

'구사'는 실정이기 때문에 정도를 지키려면 오랫동안 분발해야 한다. 이는 3년의 전쟁을 치르며 임무를 완수해야만 상을 받을 수 있는 것과 같다.

'육오'는 존위에 거하지만 실정이다. 구이와 호응하여 능력 있는 보좌관을 찾기 때문에 길하다. 빛의 가운데 위치하여, 군자의 덕이 빛나니 길하고 또 길하다.

'상구'는 미제괘의 정점에 위치하여 마침내 기제가 된다. 일이 완성되면 걱정이 사라지고, 사람에게 신임을 받아 즐겁게 술을 마신다. 지나친 신임을 받으면 편안함이 지나쳐 일을 소홀히 하게 된다.

《역경》의 육십사괘는 여기에서 끝이 난다. 그러나 세상에 영원히 완벽한 것은 없다. 비록 여기에서 끝이 나지만, 모자라면 채워지고 채워지면 다시 기울면서 끊임없이 반복되고 순환한다. 이제 막 성공하려는 순간에 위험이 사방에 도사리고 있다. 때문에 이때는 중용의 원칙을 지키며, 강함과 부드러움을 적절히 사용하여 함부로 행동하지 말아야 한다. 반드시 신중하게 판단하고 면밀히 계획해야 성공할 수 있다.

이장의 도해圖解

천지의 운행은 법칙이 있다 249

인생에는 길흉이 있다 251

이치를 따르면 도움을 받는다 253

모든 것이 자연의 규율에 부합한다 255

높이 나는 용은 불운하다 257

세상 모든 사물은 변하는 과정에 있다 259

생명을 보존해야 내일을 기약할 수 있다 261

사람은 늘 근심 중에 있다 263

징조가 있으면 예측할 수 있다 265

길흉은 애정과 미움의 감정에서 비롯된다 267

5

〈계사전〉

'계사'는 원래 괘사와 효사를 가리키지만, 여기에서는 《역경》 뒤에 있는 〈계사전〉을 말한다. 〈계사전〉은 공자가 저술했다고 전해지며, 주로 《역경》의 철학 사상을 설명하고 있다. 단지 점치는 용도로 쓰였던 《역경》이 철학적인 면모를 갖추게 된 것은 〈계사전〉 때문이다. 따라서 《역경》의 철학 사상을 이해하기 위해서는 반드시 〈계사전〉의 도움이 필요하다.

| 〈계사전〉 1 | 우주자연의 법칙을 따르다
하늘은 높은 곳에 자리 잡고 땅은 낮은 곳에 위치하여 건곤이 정해졌다

"하늘은 높은 곳에 자리 잡고 땅은 낮은 곳에 위치하여 건곤乾坤이 정해졌다. 높은 것과 낮은 것이 펼쳐져서 귀貴한 것과 천賤한 것이 자리를 잡았다. 또한 움직임과 멈춤도 일정한 법칙이 있어, 이 때문에 강함과 부드러움이 결정되었다." 이는 〈계사전〉의 첫 구절로 우주 창조의 모습을 설명한다.

"하늘은 높은 곳에 자리 잡고 땅은 낮은 곳에 위치하여 건곤이 정해졌다"는 것은, 《역경》이 건곤으로 시작됨을 의미한다. 건乾은 하늘을 나타내고 곤坤은 땅을 나타낸다. 하늘은 높고 땅은 낮기 때문에, 하늘은 고귀함을 상징하고 땅은 미천함을 상징한다.

높고 낮음이 정해지면 귀천의 등급도 생겨나게 된다. 괘에 있는 여섯 개의 효, 그 위치에 따라 귀천이 나누어지는데, 이것을 사회에 존재하는 여러 가지 등급에 적용할 수 있다. 괘사와 효사가 만들어진 서주西周 시기에는, 봉건제도 속에서 신분의 등급이 있었다. 즉, 아래에서부터 사士, 대부大夫, 삼공三公, 제후諸侯, 천자天子, 종묘宗廟 순으로 배열된다. 그래서 초효는 원래 사의 위치이고, 이효는 대부, 삼효는 삼공, 사효는 제후, 오효는 천자, 상효는 종묘의 위치에 해당한다고 할 수 있다. 이것을 사회의 다른 영역에 적용할 수도 있다.

대립의 개념으로 본다면, 하늘은 동動적이고 땅은 정靜적이다. 하늘은 늘 움직이기 때문에 강건하며, 땅은 항상 고요하기 때문에 유순하다.

요컨대 하늘과 땅은 양기와 음기의 실체이며, 건과 곤은 순양純陽과 순음純陰의 기본 괘다. 우주 만물은 천지에서부터 생겨나기 때문에, 《역경》 육십사괘는 건곤으로부터 변화가 시작된다. 이것이 《역경》을 만든 기본 사상이다.

천지의 운행은 법칙이 있다

"하늘은 높은 곳에 자리 잡고 땅은 낮은 곳에 위치하여 건곤이 정해졌다. 높은 것과 낮은 것이 펼쳐져서 귀한 것과 천한 것이 자리를 잡았다. 또한 움직임과 멈춤도 일정한 법칙이 있어, 이 때문에 강함과 부드러움이 결정되었다." 이는 〈계사전〉의 첫 구절로 우주 창조의 모습을 설명한다. 하늘은 높고 귀하여 위에 위치하고, 땅은 낮고 비천하여 아래에 놓였다.

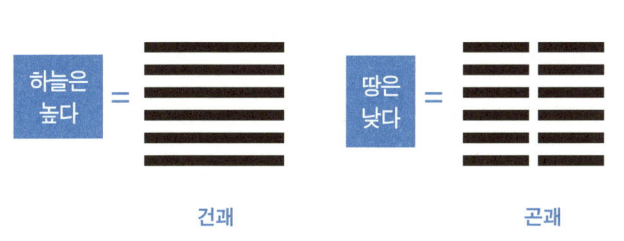

건은 하늘을 나타내고 곤은 땅을 나타낸다. 또 하늘은 높은 곳에 위치하여 고귀함을 상징하고, 땅은 낮은 곳에 위치하여 미천함을 상징한다.

육효의 위치에 따른 귀천의 구분

높고 낮음이 정해지면 귀천의 등급도 생겨나게 된다. 괘에 있는 여섯 개의 효는, 그 위치에 따라 귀천이 나누어지는데, 이를 사회에 존재하는 여러 가지 등급에 적용할 수 있다.

이는 단지 직위상의 구분에 불과하기 때문에 다른 영역 또한 이를 근거하여 적용시킬 수 있다. 하늘은 움직이기 때문에 강건하고, 땅은 고요하기 때문에 유순하다.

〈계사전〉
2

세상의 모든 현상을 표현하는 용어
길과 흉

"길흉吉凶은 득得과 실失의 징조이고, 회悔와 인吝은 근심과 걱정의 징조이며, 변화는 나아감과 물러남의 징조다." 《역경》의 육십사괘는 세상에서 일어나는 모든 일을 '길, 흉, 회, 인'의 네 가지로 표현했다.

세상에서 일어나는 가장 기본적인 현상은 길과 흉이다.

길은 성공과 이득의 징조이며, 흉은 실패와 손실의 징조다.

회와 인은 흉에 가깝다. 그렇다면 길흉은 어디에서 오는 것인가? 사람의 말과 행동이 길흉을 불러온다. 자신의 말과 행동을 절제하면 길을 부르고 흉을 피할 수 있다.

《역경》의 괘는 강효剛爻와 유효柔爻로 이루어졌다. 음과 양이 번갈아 찾아오는 것이 자연의 규율인데, 이것을 깨달으면 정도正道를 알 수 있다. 길과 흉은 강함과 부드러움의 상호 관계를 드러낸다. 즉 강이 유를 이기면 길하고, 유가 강을 이기면 흉하다. 그러나 길흉은 인간의 의지로 바꿀 수 없어, 길흉은 우리의 삶 속에 늘 병존한다. 모든 사물은 상대적인 것이 짝을 이루어 존재하기 때문에, 길이 있으면 흉이 있고 득이 있으면 실이 있기 마련이다.

항상 좋은 일만 있을 수는 없다. 그렇다면 어떻게 길한 상태를 오래도록 유지할 수 있을까? 그 방법은 '허물이 없게 하는 것無咎'이다. 즉, 자연의 규율에 부합되게 살면서, 과오를 범했을 때 이를 반성하고 고치는 것이다. 이렇게 순리대로 정도를 지키며 살면 오래도록 길을 유지할 수 있다.

인생에는 길흉이 있다

《역경》 육십사괘는 세상에서 일어나는 모든 일을 '길, 흉, 회, 인'의 네 가지로 표현했다. 길은 성공과 이득의 징조이고, 흉은 실패와 손실의 징조다. 회와 인은 흉에 가깝다. 그렇다면 길흉은 어디에서 오는 것인가? 사람의 말과 행동이 길흉을 불러온다. 자신의 말과 행동을 절제하면 길을 부르고 흉을 피할 수 있다.

성공得의 징조 | 실패失의 징조

길과 흉은 강함과 부드러움의 관계를 나타낸다

《역경》의 괘는 강효와 유효로 이루어졌다. 음과 양이 번갈아 찾아오는 것이 자연의 규율인데, 이것을 깨달으면 정도를 알 수 있다. 길과 흉은 강과 유의 상호 관계를 드러낸다.

강이 유를 이기면 길하다. | 유가 강을 이기면 흉하다.

> 길흉은 우리의 삶 속에 늘 병존하며, 항상 좋은 일만 있을 수는 없다. 그렇다면 어떻게 해야 길한 상태를 오래도록 유지할 수 있는가? 그 방법은 '허물이 없게 하는 것'이다. 즉, 자연의 규율에 부합되게 살면서, 과오를 범했을 때 이를 반성하고 고치는 것이다. 이렇게 순리대로 정도를 지키며 살면, 오래도록 길을 유지할 수 있다.

⟨계사전⟩

3 이치에 맞게 행동하다
하늘이 도와 길하고 순조롭다

"군자는 평소에 괘상卦象을 관찰하고 괘효사卦爻辭를 음미하며, 행동을 취할 때는 변화를 관찰하고 점괘를 음미한다. 이 때문에 하늘이 도와 길하고 순조롭다." 위의 내용은 이치에 맞게 행동하는 군자의 모습을 설명하고 있다.

군자는 괘상과 괘효사를 통해 드러나는 이치를 파악하여, 모든 일을 이 이치에 맞게 행동한다는 말이다. 괘효사, 특히 효사의 순서에는 드러나지 않는 의미가 숨었다. 예를 들면, 초효는 '잠복'이며, 드러나지 않는다는 뜻이 있다. 이효는 모습이 드러나는 것이며, 삼효는 노력하며 정진한다는 의미다. 또 사효는 능력이 발휘되기 시작하며, 오효는 하늘 위로 도약하여 능력을 마음껏 펼치고, 상효는 그 최고점에 도달한다. 자연의 변화 속에서, 인간의 위치와 단계는 천지 음양의 변화에 따라 정해진다. 그 위치를 인간이 스스로 선택할 수 없기 때문에 주어진 위치와 환경을 기꺼이 받아들여야 한다.

세상의 모든 일들은 독자적으로 이루어지지 않는다. 여러 사물과의 관계 속에서 서로 도움을 주고받으면서 일이 성사된다. 일이 성사되고 성공하는 주된 이유가 두 가지 있는데, 첫째는 객관적인 이치에 따라 일을 진행하는 것이며, 둘째는 일을 실행하는 사람의 노력이다. 사람이 자신의 주어진 환경을 명확하게 파악하고, 이치에 맞게 최선을 다하며 때를 기다리면, 하늘이 도움을 주게 된다.

《역경》의 이치를 따르는 것은 계단을 오르는 것에 비유할 수 있다. 자신이 첫 번째 계단에 서 있다면, 마땅히 이를 근거로 두 번째 계단으로 올라야 한다. 첫 번째 계단에서 단번에 100번째 계단으로 오르려 하는 것은 이치를 벗어나는 것이다. 이처럼 《역경》의 이치에 따라 움직이면 하늘의 도움을 받아 일이 순탄하게 된다.

'하늘의 도움'에 대해, 공자는 다음과 같이 설명했다. "우祐는 도와주는 것이다. 하늘이 돕는 것은 사람이 순응하기 때문이고, 사람이 돕는 것은 믿음이 있기 때문이다. 신의를 지키고 천지에 순응하며 현자賢者를 숭상하기 때문에 하늘이 도와주어 길하고 순조로운 것이다." 즉, 하늘의 도움을 얻기 위해서는 그 이치를 따라야 함을 공자는 강조하고 있다.

이치를 따르면 도움을 받는다

세상 모든 일들은 독자적으로 이루어지지 않는다. 여러 사물과의 관계 속에서 서로 도움을 주고받으면서 일이 성사된다. 일이 성사되고 성공하는 주된 이유가 두 가지 있는데, 첫째는 객관적인 이치에 따라 일을 진행하는 것이며, 둘째는 일을 실행하는 사람의 노력이다. 사람이 자신의 주어진 환경을 명확하게 파악하고, 이치에 맞게 최선을 다하면서 때를 기다리면, 하늘이 도움을 주게 된다.

자연의 변화 속에서, 인간의 위치와 단계는 천지음양의 변화에 따라 정해진다. 그 위치를 인간이 스스로 선택할 수 없기 때문에 주어진 위치와 환경을 기꺼이 받아들여야 한다.

왜냐하면 천지는 하늘과 땅의 변화 속에서 만들어지기 때문이다.

《역경》의 이치를 따르는 것은 계단을 오르는 것에 비유할 수 있다. 자신이 첫 번째 계단에 서 있다면, 마땅히 이를 근거로 두 번째 계단으로 올라야 한다. 첫 번째 계단에서 단번에 100번째 계단으로 오르려 하는 것은, 이치에 벗어나는 것이다. 이처럼 《역경》의 이치에 따라 움직이면 하늘의 도움을 받아 일이 순탄하게 된다.

〈계사전〉
4

수양의 최고 단계
하늘에 순응하며 운명에 만족한다

"하늘에 순응하며 운명에 만족하니 걱정이 없다. 자신의 상황에 만족하고 인덕을 기르니, 만물을 사랑할 수 있다樂天知命, 故不憂, 安土敦乎仁, 故能愛." 여기에서 "낙천지명樂天知命"은 수양의 최고 단계를 가리킨다. 낙천은 우주자연의 이치를 알고 이에 부합되게 행동하는 것이며, 지명은 생명의 가치와 의의를 아는 것이다. '낙천'하고 '지명'하기 때문에 '걱정이 없다'는 말이다.

삶의 여정 속에서, 우리는 고통, 번뇌, 성공, 실패 등 다양한 일들을 겪게 된다. 하지만 이러한 일들은 고정불변한 것이 아니라 왔다가 사라지기도 하고 없던 것이 생기기도 하며 수없이 변화한다. 괘도 이와 마찬가지로 어느 단계에 도달하면 다른 모습으로 변한다. 모든 사물이 변한다는 것을 알기 때문에, 주어진 여건에 만족하고 운명을 받아들일 수 있다.

"우주가 손 안에 있고 만물의 법칙이 마음에서 나온다"는 말이 있다. 이는 사람이 도달할 수 있는 수양의 최고 경지를 나타낸다. 위로는 천문天文을 알고, 아래로는 지리地理를 이해하며, 더 나아가 우주자연의 규율을 깨닫는다면, 우리도 이러한 경지에 도달할 수 있다. 인간의 지혜는 자연에 부합해야 완성될 수 있다. 자연은 변화하며, 그 변화는 일정한 규율이 있다. 사람이 자연의 법칙에 부합하여, 우주자연과 혼연일체가 되는 것이 바로 '낙천지명'이다. 이러한 상태에 도달하면, 사람은 아무런 걱정이 없게 된다.

'낙천'은 우주론의 문제이며, 이 우주자연을 즐거움의 시각으로 바라보는 것이다. 한편 '지명'은 인생론의 문제이며, 인생의 문제에 '알다'의 의미를 강조한 것이다. 어떻게 보면, '낙천지명'은 인생의 절실한 문제에 대한 해답이다. '낙천지명'은 사람이 자연에 순응하는 것이며, 사람과 자연이 하나로 어우러진 '천인합일天人合一'의 경지에 도달하는 것이다. 이렇게 되면 '자신의 환경에 만족하고 인덕仁德을 기르니, 만물을 사랑하게 된다.'

모든 것이 자연의 규율에 부합한다

'낙천지명'은 인간 수양의 최고 단계를 표현한 말이다. 낙천은 우주자연의 이치를 알고 이에 부합되게 행동하는 것이고, 지명은 생명의 가치와 의의를 아는 것이다. '낙천'하고 '지명'하기 때문에 '걱정이 없다'는 말이다.

"우주가 손 안에 있고 만물의 법칙이 마음에서 나온다"는 말이 있다. 이는 사람이 도달할 수 있는 수양의 최고 경지를 나타낸다. 위로는 천문을 알고, 아래로는 지리를 이해하며, 더 나아가 우주자연의 규율을 깨닫는다면, 우리도 이러한 경지에 도달할 수 있다.

인간의 지혜는 자연에 부합해야 완성될 수 있다. 자연은 변화하며, 그 변화는 일정한 규율이 있다. 사람이 자연의 법칙에 부합하여 우주자연과 혼연일체가 되는 것이 낙천지명이다. 이러한 상태에 도달하면 사람은 아무런 걱정이 없게 된다.

낙천	우주론의 문제이며, 이 우주자연을 '즐거움'의 시각으로 바라보는 것이다.
지명	인생론의 문제이며, 인생의 문제에 '알다'라는 의미를 강조한 것이다.

'낙천지명'은 사람이 자연에 순응하는 것이며, 사람과 자연이 하나로 어우러진 '천인합일'의 경지에 도달하는 것이다.

〈계사전〉 5

높은 곳에 있으며 추위를 이기지 못한다

지극히 존귀하면 지위가 없고, 너무 높이 있으면 따르는 백성이 없다

〈계사전〉에서는 공자의 말을 인용하여 "지극히 존귀하면 오히려 지위가 없고, 너무 높으면 따르는 백성이 없다. 이렇게 되면, 현자가 아래에 있어도 군왕을 도울 수가 없기 때문에, 움직이면 후회하게 된다"라고 했다. 이런 상황이 되면, 사람들이 떠나가고 주위에 인재人才가 사라지게 된다. 이처럼 지극히 높은 위치에 있을 때 가장 어렵고 힘들다.

　육효 중에 가장 위에 있는 효를 '상上'이라 한다. 그것이 양효이면 '상구上九'이고, 음효이면 '상육上六'이다. 각 괘의 첫 효는 '초初'라 하고, 마지막 효를 '상上'이라 한다. 건괘乾卦의 구오九五는 상괘의 중앙에 있는 중효中爻다. 이 자리는 사람의 경우에도 길하고, 사물의 경우에도 길하다. 그러나 육효나 초효는 좋지 않다. 《역경》의 괘는 중정中正의 위치를 알려주며, 점을 칠 때는 특히 득중得中인지 부중不中인지를 살핀다. 득중이면 옳지 않은 일이 없고, 부중이면 하는 것마다 옳지 않다. 중中은 '표적을 맞춘다'는 '중仲'의 의미도 있다.

　건괘 상구의 효사는 "높이 나는 용은 불운하다亢龍有悔"이다. '항亢'은 '높다'는 말이다. 지극히 높은 곳에 오르면, 오히려 지위가 없고 백성도 따르지 않는다. 황제들은 지극히 높은 자리에 올라 늘 쓸쓸하고 적막한 삶을 보내야 했다. 여기에서 '회悔'는 '불운하다'라는 의미로 쓰였다. 즉 높은 위치에 오르면 불운하다는 것이다. 모든 일은 최고점에 도달하면 자연스럽게 고통과 번민이 따라온다는 말이다.

　'항룡亢龍'은 하늘 위로 높이 나는 용을 형상한다. 용이 하늘 끝까지 날아갔다면, 어쩔 수 없이 다시 내려와야 한다. 이처럼 사물은 성대함의 최고점에 도달했다가 다시 쇠락하게 된다. 때문에 사람의 지위도 너무 높지 않아야 한다. 너무 높이면 불운하다.

높이 나는 용은 불운하다

〈계사전〉에서는 공자의 말을 인용하여 "지극히 존귀하면 오히려 지위가 없고, 너무 높으면 따르는 백성이 없다. 이렇게 되면, 현자가 아래에 있어도 군왕을 도울 수가 없기 때문에 움직이면 후회하게 된다"라고 했다. 이런 상황이 되면, 사람들이 떠나가고 주위에 인재가 사라지게 된다. 지극히 높은 위치에 있을 때 가장 어렵고 힘들다.

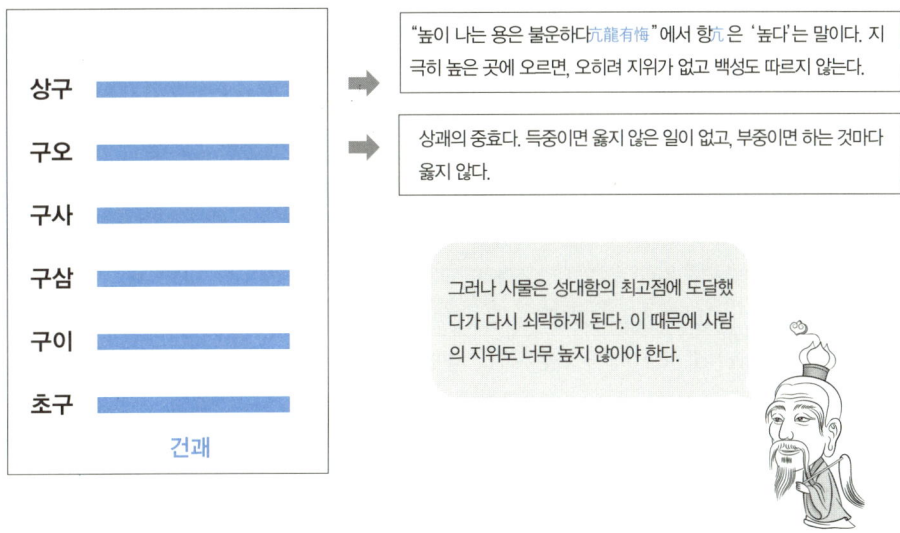

"높이 나는 용은 불운하다亢龍有悔"에서 항亢은 '높다'는 말이다. 지극히 높은 곳에 오르면, 오히려 지위가 없고 백성도 따르지 않는다.

상괘의 중효다. 득중이면 옳지 않은 일이 없고, 부중이면 하는 것마다 옳지 않다.

그러나 사물은 성대함의 최고점에 도달했다가 다시 쇠락하게 된다. 이 때문에 사람의 지위도 너무 높지 않아야 한다.

건괘의 상구는, 외부적으로 막대한 권력이 있어 군중이 이탈하고, 내적으로는 지나치게 자신감이 있어 남들의 지지를 받지 못하게 됨을 나타낸다.

용이 하늘 끝까지 날아갔다면, 어쩔 수 없이 다시 내려와야 한다.

〈계사전〉 변變과 통通

6 | 열고 닫음을 되풀이하는 것이 변이고, 오고 가며 막힘이 없는 것이 통이다

〈계사전〉에서는 "열고 닫는 것이 변變이고, 오고 가며 막힘이 없는 것이 통通이다"라고 했다.

위 구절은 《역경》의 변통變通을 설명하고 있다. 사마천이 〈태사공자서〉에서 "《역경》은 천지, 음양, 사시, 오행을 기록했기 때문에 변의 사상이 뛰어나다"라고 말했듯이, 《역경》에서 변은 가장 중요한 사상이다.

《역경》의 육십사괘와 384효는 변화의 체계 속에 존재한다. 상괘와 하괘의 효들은 서로의 관계 속에서 변화한다. 점을 칠 때도 본괘本卦에서 별괘別卦로의 변화가 있으며, 괘의 육효도 변화할 수 있다. 이 때문에 《역경》에는 세응설世應說, 승승설承乘說, 호체설互體說 등이 있다.

《역경》의 효와 괘는 모두 변화의 과정에 있으며, 그 변화를 통해 서로 견제하고 영향을 주며, 또 다른 관계를 형성한다. 때문에 변화는 여러 요인들의 조합으로 이루어지는 결과다. 효의 위치, 상효와 하효와의 관계, 상괘와 하괘의 호응 관계에 따라 길흉吉凶, 득실得失, 비태否泰, 손익損益, 행지行止, 성패成敗가 결정된다.

'변'과 '통'은 서로 연결되어 있으며, 자연과 사회의 모든 사물은 끊임없이 변통의 과정을 겪는다. 변화가 있어야 이루어지며 이루어져야 오래갈 수 있다. 《역경》에서는 "변통은 사시四時와 일치한다"라고 했다. 즉, 사계절이 번갈아 찾아오면서 항구하게 운행하는 것처럼, 변통해야 항구함을 유지할 수 있다.

《역경》을 보면서 변통을 이해하지 못한다면 모든 것을 딱딱하고 고정적인 것으로 인식하게 될 것이다. 변화를 이해하고, 그 법칙성을 찾아 활용한다면 신통한 경지에 도달할 수 있을 것이다.

세상 모든 사물은 변하는 과정에 있다

사마천이 〈태사공자서〉에서 "《역경》은 천지, 음양, 사시, 오행을 기록했기 때문에 변의 사상이 뛰어나다"라고 말했듯이, 《역경》에서 변은 가장 중요한 사상이다.

吉	得	泰	損	行	成
凶	失	否	益	止	敗

각각의 변화는 서로 견제하고 영향을 주며, 또 다른 관계를 형성한다. 때문에 변화는 여러 요인들의 조합으로 이루어진 결과다. 효의 위치, 상효와 하효의 관계, 상괘와 하괘의 호응 관계에 따라 길흉, 득실, 비태, 손익, 행지, 성패가 결정된다.

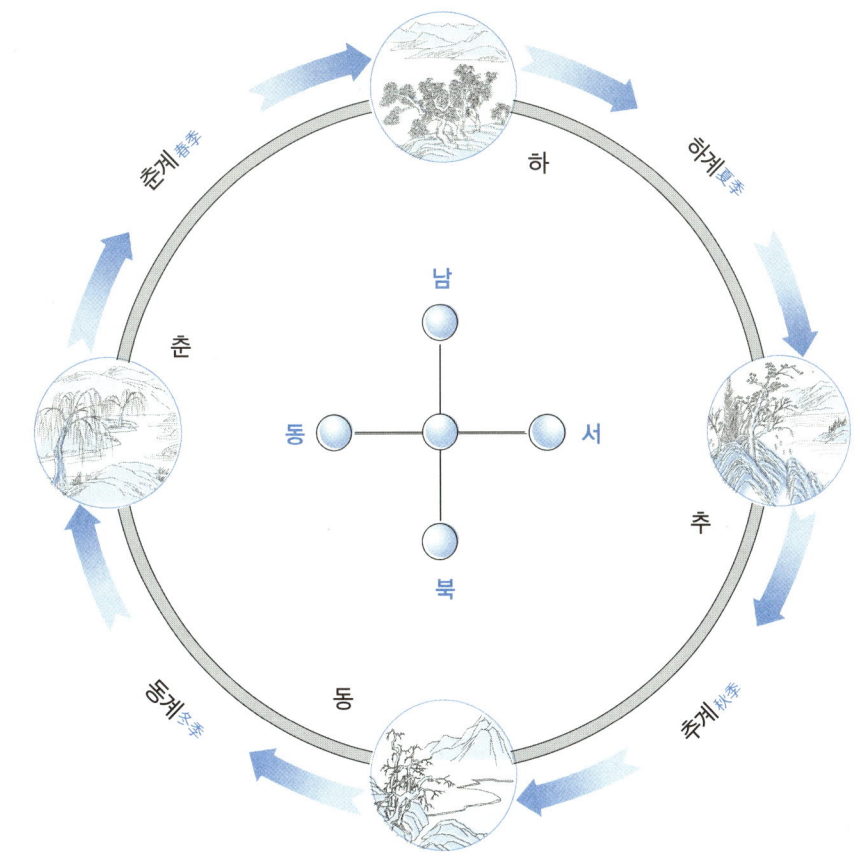

우리는 매 시간마다 변화하고 있으며, 세상에 존재하는 모든 사물도 변화하고 있다. 《역경》을 통해 변통을 이해해야 한다. 변화를 이해하고 그 법칙성을 찾아 활용한다면, 신통한 경지에 도달할 수 있을 것이다.

〈계사전〉
7

뒤로 물러나는 것은 실패가 아니다
자벌레가 몸을 굽히는 것은 앞으로 나아가기 위함이다

"자벌레가 몸을 굽히는 것은 앞으로 나아가기 위함이고, 용과 뱀이 칩거하는 것은 몸을 보존하기 위함이다. 이치를 탐구하여 신통함에 이르는 것은 이를 활용하기 위함이고, 이치에 따르고 몸을 편하게 함은 덕을 높이기 위함이다 尺蠖之屈, 以求信也. 龍蛇之蟄, 以存身也. 精義入神, 以致用也, 利用安身, 以崇德也."

자벌레는 앞으로 나가기 위해 먼저 허리를 구부리며, 뱀과 개구리는 봄을 맞이하기 위해 겨울에 동면을 취한다. 이와 같이 사람도 일이 순탄치 않을 때는 뒤로 물러나야 한다. 뒤로 물러난다는 것은 결코 실패하는 것이 아니며, 잠시 '몸을 보존하는 것'이다. 이렇게 할 때 미래를 계획할 수 있다.

동물과 사람은 모두 동일한 모습이 존재한다. 다만 기회를 포착하고 이를 이용하는 것은 각자의 지혜에 달려 있다.

이때 사용되는 지혜를 "정의입신精義入神"이라 한다. 정신, 학문, 행위를 가다듬어, 더욱 정교한 수준에 이르게 하는 것이 정의精義다. 그런 다음 우주와 만물, 그리고 인간의 모든 이치를 하나로 관통하여 신묘한 경지에 도달하는 것이다. 이렇게 해서 얻은 지혜는 사회에 활용할 수 있다.

"이용안신利用安身 이숭덕야以崇德也"에서, '이용안신'은 만물의 이치를 이해하고 자신의 상황에 만족하는 것이다. 때문에 어떠한 환경에 처하더라도 그 상황에 맞게 변화를 할 수 있게 된다면 최고의 덕에 도달할 수 있을 것이다.

수양하는 자세로 《역경》을 숙독熟讀하며 수시로 생각을 가다듬어야 한다. 사고하고 연구하며 가다듬어야 얻는 바가 있다. 드러나지 않게 실력을 쌓고, 상황을 파악하고 때를 기다려야 한다. 이것이 바로 자벌레가 몸을 굽히고 용과 뱀이 동면하는 목적이다.

생명을 보존해야 내일을 기약할 수 있다

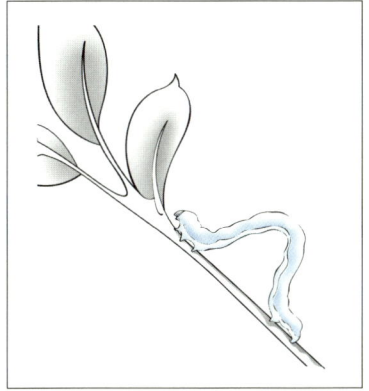

자벌레는 앞으로 나가기 위해 먼저 허리를 구부리며, 뱀과 개구리는 봄을 맞이하기 위해 겨울에 동면을 취한다. 이처럼 움츠리는 것은 '몸을 보존하기 위해서'다. 생명을 보존해야만 미래를 계획할 수 있다.

동물과 사람은 모두 동일한 모습이 존재한다. 다만 기회를 포착하고 이를 이용하는 것은 각자의 지혜에 달려 있다.

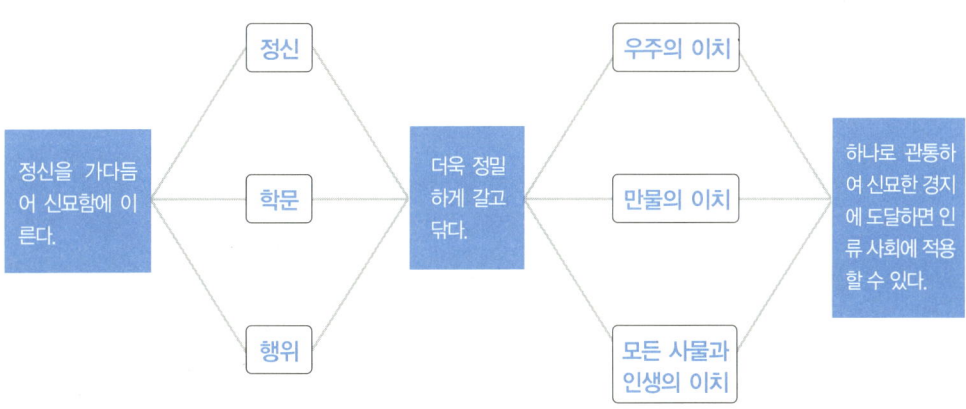

정신 / 학문 / 행위 — 정신을 가다듬어 신묘함에 이른다.

더욱 정밀하게 갈고 닦다.

우주의 이치 / 만물의 이치 / 모든 사물과 인생의 이치 — 하나로 관통하여 신묘한 경지에 도달하면 인류 사회에 적용할 수 있다.

만물의 이치를 이해하면, 어떠한 환경에 처하더라도 그 상황에 맞는 변화를 할 수 있게 된다. 이렇게 된다면 최고의 덕에 도달할 수 있을 것이다.

수양하는 자세로 《역경》을 숙독하며 수시로 생각을 가다듬어야 한다. 사고하고 연구하며 가다듬어야 얻는 바가 있다.

〈계사전〉
8

인생은 근심의 연속이다
《역경》을 지은 이는 근심하는 바가 있었다

〈계사전〉에 "《역경》이 만들어진 때는 중고中古 시대일 것이며, 《역경》을 지은 이는 근심하는 바가 있었을 것이다易之興也, 其於中古乎. 作者, 其有憂患乎"라는 말이 있다. 중국 사람들은 늘 말하기를 "사람은 먼 걱정이 없으면 반드시 가까운 근심이 있다"고 말한다. 미래를 걱정하지 않으면 뜻밖의 일이 생길 수 있다는 의미다. 때문에 인생은 근심의 연속이다.

"역지흥야易之興也, 기어중고호其於中古乎"에서 '흥興'은 '흥성하다'라는 의미다. '역지흥야'는 《역경》이 어느 시대에 흥성했는지를 묻는 것이다. 또 "작역자作易者, 기유우환호其有憂患乎"에서 '작역作易'은 《역경》을 지은 사람을 가리킨다. 지금 우리가 보는 《역경》은 주 문왕이 지은 것으로, 그는 감옥에서 근심에 쌓여 《역경》을 지었다. 당시 그는 사형 집행을 기다리는 처지였기 때문에, 공자는 "《역경》을 지은 이는 근심하는 바가 있었을 것이다"라고 했다. 이는 고통에 직면해 있어야 진정 《역경》을 이해할 수 있다는 말이다. 이렇게 말한 후, 공자는 이履, 겸謙, 복復, 항恒, 손損, 익益, 곤困, 정井, 손巽 등 아홉 괘의 의의를 설명했다.

"이괘履卦는 덕의 기초가 되고, 겸괘謙卦는 덕을 실행하는 중추이며, 복괘復卦는 덕의 근본이 되고, 항괘恒卦는 덕을 견고하게 한다. 또한 손괘損卦는 덕을 닦게 하고, 익괘益卦는 덕을 풍부하게 하며, 곤괘困卦는 덕을 분별하고, 정괘井卦는 덕을 행하는 터전이 되며, 손괘巽卦는 덕을 제어한다."

이괘履卦는 도덕이 기초이며, 예절을 설명한다. 예절을 언급한 것은 자신의 신분과 지위를 지킨다는 것이다. 겸괘謙卦는 겸손에 대한 설명이다. 사람이 교만하면 도덕을 상실하기 때문에 겸괘는 도덕의 핵심이 된다. 복괘復卦는 잘못을 고치고 정도로 돌아오는 것이다. 사람이 잘못을 고치지 못하면 도덕 수양의 근본을 잃게 된다. 항괘恒卦는 항구하게 지조를 지키는 것이다. 지조를 잃어버리면 도덕은 굳건할 수 없다. 손괘損卦는 개인의 결점과 사욕을 없애는 것이다. 결점과 사욕을 없애지 않으면 도덕을 수양할 수 없다. 익괘益卦는 도덕을 증진하는 것이며, 선을 행하면서 자신의 장점을 키우는 것이다. 곤괘困卦는 도덕의 좋고 나쁨을 분별하는 것이다. 도덕의 정도를 보면 곤경의 대처 능력을 알 수 있다. 정괘井卦는 도덕의 근거 기반이다. 늘 그 자리에 있으면서 사람을 이롭게 하는 것이다. 만약 그 자리를 이탈하면, 사람들은 혜택을 받지 못하며, 도덕의 기반도 사라지게 된다. 손괘巽卦는 도덕의 운용이다. 시기와 장소에 따라 적절하게 운용하지 않으면 도덕은 교조주의로 빠질 수 있다.

위의 설명은 도덕의 완성된 모습을 형상한 것이다. 고난 중에 있기 때문에 이러한 《역경》의 이치를 이해할 수 있었던 것이다.

• 사람은 늘 근심 중에 있다

〈계사전〉에는 "《역경》이 만들어진 때는 중고 시대일 것이며, 《역경》을 지은 이는 근심하는 바가 있었을 것이다"라는 말이 있다. 중국 사람들은 늘 "사람은 먼 걱정이 없으면 반드시 가까운 근심이 있다"고 말한다. 미래를 걱정하지 않으면 뜻밖의 일이 생길 수 있다는 의미다. 때문에 인생은 늘 근심의 연속이다.

주 문왕은 근심에 쌓여 《역경》을 지었기 때문에 공자는 "《역경》을 지은 이는 근심하는 바가 있었을 것이다"라고 했다. 이는 고통에 직면해 있어야 진정 《역경》을 이해할 수 있다는 말이다.

공자는 이, 겸, 복, 항, 손損, 익, 곤, 정, 손巽 등 아홉 개 괘의 의의를 설명했다.

도덕의 이상적인 모습

- **이履**: 이괘는 도덕이 기초이며, 예절을 설명한다. 예절을 언급한 것은 자신의 신분과 지위를 지킨다는 것이다.
- **겸謙**: 겸괘는 겸손에 대한 설명이다. 사람이 교만하면 도덕을 상실하기 때문에 겸괘는 도덕의 핵심이 된다.
- **복復**: 복괘는 잘못을 고치고 정도로 돌아오는 것이다. 사람이 잘못을 고치지 못하면 도덕 수양의 근본을 잃게 된다.
- **항恒**: 항괘는 항구하게 지조를 지키는 것이다. 지조를 잃어버리면 도덕은 굳건할 수 없다.
- **손損**: 손괘는 개인의 결점과 사욕을 없애는 것이다. 결점과 사욕을 없애지 않으면 도덕을 수양할 수 없다.
- **익益**: 익괘는 도덕을 증진하는 것이며, 선을 행하면서 자신의 장점을 키우는 것이다.
- **곤困**: 곤괘는 도덕의 좋고 나쁨을 분별하는 것이다. 도덕의 정도를 보면 곤경의 대처 능력을 알 수 있다.
- **정井**: 정괘는 도덕의 근거 기반이다. 늘 그 자리에 있으면서 사람을 이롭게 하는 것이다. 만약 그 자리를 이탈하면 사람들은 혜택을 받지 못하며 도덕의 기반도 사라지게 된다.
- **손巽**: 손괘는 도덕의 운용이다. 시기와 장소에 따라 적절하게 운용하지 않으면 도덕은 딱딱한 교조주의로 빠진다.

위의 설명은 도덕의 완성된 모습을 형상한 것이다. 고난 중에 있기 때문에 이러한 《역경》의 이치를 이해할 수 있었던 것이다.

⟨계사전⟩ 관찰하는 능력

9 사물을 보고 현상을 파악하며, 점을 쳐서 미래를 안다

"수많은 변화 속에서 길한 일은 길한 징조가 나타난다. 사물을 보고 현상을 파악하고 점을 쳐서 미래를 안다" 是故變化云爲, 吉事有祥, 象事知器, 占事知來

사물이 변화할 때는 징조가 나타나는데, 이것을 관찰하면 어떻게 변할지 알 수 있다. 징조가 있으면 예측할 수 있고, 점을 치면 미래의 일을 알 수 있다.

"변화운위變化云爲, 길사유상吉事有祥"에서 '운云'은 '많다'라는 의미이고 '위爲'는 '무엇을 하다'라는 뜻이다. '운위云爲'는 많이 발생했다는 말이다. '상祥'은 길한 징조를 가리킨다. 수많은 변화 속에서, 길한 일은 길한 징조가 나타난다는 말이다. 자연적으로 발생한 것처럼 느껴지는 일들을 면밀히 따져보면, 그 일은 다른 일의 징조가 되기도 하고, 또 어떤 일에 수반되어 발생하는 부대적인 현상이 되기도 한다. 때문에 이들의 상호 관계를 이해하면, 하나의 일을 근거로 다른 일을 알 수 있고 옛것을 관찰하여 미래의 일을 예측할 수 있다.

《역경》을 공부하다 보면 인심人心이 천심天心임을 알 수 있다. 그렇다면 천심은 어디에 존재하는가? 그것은 바로 사람의 마음속에 있다. 사람의 마음속을 볼 수 있는 능력이 천심이다. 천심은 사람을 통해 드러나기 때문에 사람이 없으면 천심도 드러나지 않는다.

하나의 괘에는, 괘의 이치인 괘리卦理가 있고 괘상卦象이 있다. 상象이라는 것은 괘가 드러나는 현상이다. 위에서 언급한 '상사象事'는 사물의 드러나는 현상이고, '고사占事'는 점을 치는 행위를 말한다.

현재의 삶의 모습을 알면, 그 앞날과 한평생의 삶을 꿰뚫어 볼 수 있다. 어떤 경우 사람이 말하는 것만 들어도 앞날을 예견할 수 있다고 한다. 평소의 삶의 모습을 유심히 관찰하면 그의 미래를 엿볼 수 있다.

징조가 있으면 예측할 수 있다

일반적으로 사물이 변할 때는 징조가 나타난다. 이것을 관찰하면 어떻게 변할지 알 수 있다. 징조가 있으면 예측할 수 있고, 점을 치면 미래의 일을 알 수 있다.

자연적으로 발생한 것처럼 느껴지는 일들은 다른 일의 징조가 되기도 하고

어떤 일에 따라 일어나는 부대적인 현상이 되기도 한다.

이러한 상호 관계를 이해하면 하나의 일을 근거로 다른 일을 알 수 있고, 옛것을 관찰하여 미래의 일을 알 수 있다.

〈역경〉을 공부하다 보면 인심이 천심임을 알 수 있다. 사람들의 마음속에 볼 수 있는 능력이 천심이며, 천심은 우리의 사고를 통해 드러난다.

하나의 사건을 보면 미래에 발전되는 모습을 알 수 있고, 한사람의 삶의 모습을 보면 그의 앞날과 한평생의 삶을 꿰뚫어 볼 수 있다.

평소의 삶의 모습을 유심히 관찰하면 그의 미래를 엿볼 수 있다.

<계사전>

절대적인 길흉은 존재하지 않는다

10 좋아함과 미워함이 서로 충돌하여 길흉이 생긴다

> "이해관계에 따라 변화가 결정되고, 개인의 감정에 따라 길흉은 변화한다. 이 때문에 애정과 미움이 서로 충돌하여 길흉이 생기고, 먼 것과 가까운 것이 서로 공격하여 회린悔吝이 생기며, 진실한 마음과 거짓된 생각이 감응하여 이해利害가 발생한다.《역경》을 근거해보면, 가까이 있으면서 잘 어울리지 못하면 흉하여, 상처를 입기도 하고 후회와 걱정이 생기기도 한다變動以利言, 吉凶以情遷, 是故愛惡相攻而吉凶生, 遠近相取而悔吝生, 情僞相感而利害生. 凡易之情, 近而不相得則凶, 或害之, 悔且吝."

"변동이리언變動以利言, 길흉이정천吉凶以情遷"은, 이득의 있고 없음에 따라 효爻가 변하고 마음에 따라 길흉이 달라진다는 말이다.

'미움惡'은 싫어하는 것이고, '공攻'은 '취取'와 같으며, '공격하다', '빼앗다'라는 의미다. 애정과 미움이 서로 충돌하면 길흉이 발생하고, 먼 것과 가까운 것이 서로 공격하여 회린悔吝이 생겨난다.《역경》에서 음효와 양효는 '애정愛'이 되고, 서로 호응하는 위치에 있으면 '애정'이 되며, 위아래 인접한 두 효도 '애정'이 된다. 이와 반대되는 것이 '미움'이다. '정情'은 진실한 마음이며 '위僞'는 거짓된 생각이다. 진실한 마음과 거짓된 생각이 서로 충돌하면 '이利'와 '해害'가 생긴다. 진실된 마음끼리 서로 감응하면 '이利'가 되고, 거짓된 생각들이 서로 어울리면 '해'가 된다.

'득得'은 잘 어울리는 것이다.《역경》의 경우, 가까이 있으면 대체적으로 서로 잘 어울리지 않아 흉하다. 이럴 경우 작은 상처를 주어 근심과 후회가 생긴다.

사람들은 왜 점을 쳐서 미래의 일을 알려고 하는가? 이는 자신의 이해와 연관되기 때문인데, 이것이 바로 "이해관계에 따라 변화가 결정된다"는 것이다. 그렇다면 길흉은 무엇인가? 그것은 사람의 마음 상태에 따라 결정된다.

동일한 괘를 보더라도, 남이 대길大吉이라고 여기는 일들이, 내가 보기엔 대흉大凶이 될 수 있고 남이 보기에 대흉인 것이, 내가 접해보면 대길인 경우도 있다. 때문에 길흉은 개인의 상태에 따라 결정된다고 한 것이다.

그렇다면 어떤 상황을 길흉이라고 하는가? 길흉은 '애정'과 '미움'이 서로 충돌되면서 비롯된다. 내가 좋아하지 않는 사람이 나에게 잘해준다면, 내가 싫어하기 때문에 대흉이다. 남이 싫어하는 일을 내가 좋아한다면, 두 사람의 애정과 미움이 상반되어 서로 충돌하게 된다. 길흉은 이런 애정과 미움에서 비롯된다. 공자가《역경》을 연구한 이후에, 세상에 절대적인 길흉, 선악, 시비는 없으며, 이것은 모두 사람들의 필요에 따라서 결정된다고 결론지었다.

길흉은 애정과 미움의 감정에서 비롯된다

이득의 유무에 따라 효가 변하고, 개인의 상황에 따라 길흉이 달라진다. 애정과 미움이 충돌하면 길흉이 생겨나고, 먼 것과 가까운 것이 서로 충돌하면 회린悔吝이 만들어진다.

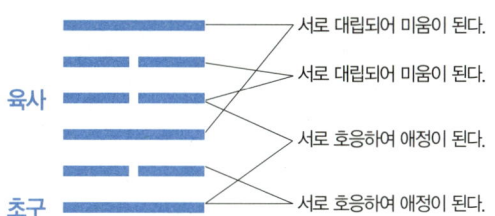

서로 대립되어 미움이 된다.
서로 대립되어 미움이 된다.
서로 호응하여 애정이 된다.
서로 호응하여 애정이 된다.

육사
초구

《역경》에서 음효와 양효는 '애정'이 되고, 서로 호응하는 위치에 있으면 '애정'이 되며, 위아래 인접한 두 효도 '애정'이 된다.

《역경》의 경우, 가까이 있으면 대체적으로 서로 잘 어울리지 않아 흉하다. 이럴 경우 작은 상처를 주어 근심과 후회가 생긴다.

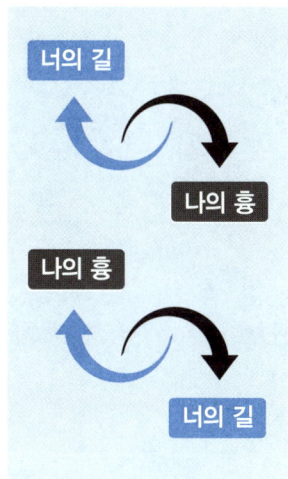

공자가 《역경》을 연구한 이후 세상에 절대적인 길흉, 선악은 없으며 이것은 모두 사람들의 필요에 따라서 결정된다고 결론지었다.

길흉은 사람의 심리 상태에 따라 결정된다. 동일한 괘를 보더라도, 남이 대길이라고 여기는 일들이, 내가 보기엔 대흉이 될 수 있고, 남이 보기에 대흉인 것이 내가 접해보면 대길인 경우도 있다. 내가 좋아하지 않는 사람이 나에게 잘해준다거나, 남이 싫어하는 것을 내가 좋아한다면, 두 사람의 애정과 미움이 상반되어 서로 충돌하게 된다. 길흉은 이런 애정과 미움에서 비롯된다.

이장의 도해圖解

역학의 도 - 이치를 규명하고 인성을 파악한다 271

과거를 판단할 때는 순의 순서를 따르고, 미래를 헤아릴 때는 역의 순서를 따른다 273

팔괘의 방위와 계절 275

팔괘가 신묘한 이유는 만물을 예측할 수 있기 때문이다 277

건은 강건하고 곤은 유순하다 279

팔괘의 괘상이 갖는 구체적인 의미 281

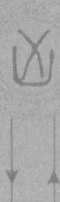
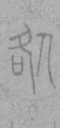

6

〈설괘전〉

〈설괘전〉은 《역경》의 괘상을 설명하는 글이다. 〈계사전〉에 따르면, 《역경》에는 본래 설명이 없었으며, 단지 괘상만 있었다고 한다. 때문에 《역경》의 핵심을 이해하려면 괘상을 고찰해야 한다. 〈설괘전〉은 괘상이 어떤 의미를 담고 있는지 알려주고 있다.

〈설괘전〉	성인이 《역경》을 만든 이유
1	# 이치를 규명하고 인성을 파악하여 천명을 이해한다

> "옛날 성인聖人이 《역경》을 지을 때, 하늘의 이치를 고찰하여 역술법을 만들었다. 하늘의 작용을 홀수로 하고 땅의 작용을 짝수로 하여, 하늘과 땅을 수로 나타냈다. 음양의 변화를 관찰하여 괘를 만들었고, 강유의 변동을 근거로 효를 만들었다. 그리하여 도덕과 어울리며 이치에 부합하였고, 이치를 규명하고 인성人性을 파악하여 천명을 이해했다."

주 문왕이 《역경》을 만들 때, 음양 운행의 법칙을 근거로 시초점을 만들었고, 하늘과 땅이 어우러진 이치를 검토하여 《역경》의 수를 만들었다. 음양의 변화를 관찰하여 괘를 만들었으며, 강유의 변화를 보고 효를 만들었다. 또한 인간의 도덕과 자연의 규율을 조화롭게 융합했고, 만물萬物과 만사萬事의 이치를 연구하여 천명天命을 밝혔다. 이러한 과정을 거쳐 비로소 《역경》이 만들어졌다.

"이치를 규명하고 인성을 파악하여 천명을 이해"하는 것은, 성인이 《역경》을 만든 목적이다. "이치를 규명하고 인성을 파악한다"는 것은, 《역경》이 현실 문제부터 시작해서 궁극적인 이치를 탐구했음을 설명하고 있다.

《역경》은 '성명性命에 순응함'을 강조한다. 그렇다면 '성명'은 무엇인가? 《중용中庸》에서는 "하늘이 명한 것을 성性이라 하고, 성을 따르는 것을 도道라 한다"고 했다. 그러면 성과 명命은 어떤 관계가 있는 것일까? 천명은 우주의 법칙으로 최고의 도를 말한다. 하늘에 속하면 '명'이고 사람에게 속하면 '성'이니, 인성人性은 천명天命에서 파생되어 나온 것이다. 이러한 맥락에서 보면 '하늘과 사람은 하나'다. 여기에서는 성명을 천인관계天人關係로 풀이했다. 먼저 '이치를 깨닫고' 사람의 '본성盡性'을 회복해야만, 우주의 법칙인 도道와 하나가 될 수 있다. 이는 '사람이 하늘에 부합'하는 과정이며, 이로써 '사람과 하늘이 통通'하게 된다.

옛사람들은 천명과 도를 우주의 최고 법칙이라고 여겼다. 하지만 〈설괘전〉은 형이상학적인 '천'을 '인성'과 결합하여, 천도天道의 음양과 지도地道의 강유, 그리고 인도人道의 인의仁義를 포괄하는 동일체로 인식했다. 이렇게 성의 범위를 '이理'와 '명'에까지 확대한 것이다. 이것은 맹자의 "마음을 다하는 사람은 그 성을 아는 사람이며, 성을 아는 사람은 천을 안다盡其心者 知其性也 知其性則知天矣"는 말과 일치한다.

역학의 도-이치를 규명하고 인성을 파악한다

"이치를 규명하고 인성을 파악하여 천명을 이해"하는 것은, 성인이 《역경》을 만든 목적이다. "이치를 규명하고 인성을 파악한다"는 것은, 《역경》이 현실 문제부터 시작해서 궁극적인 이치를 탐구했음을 설명하고 있다.

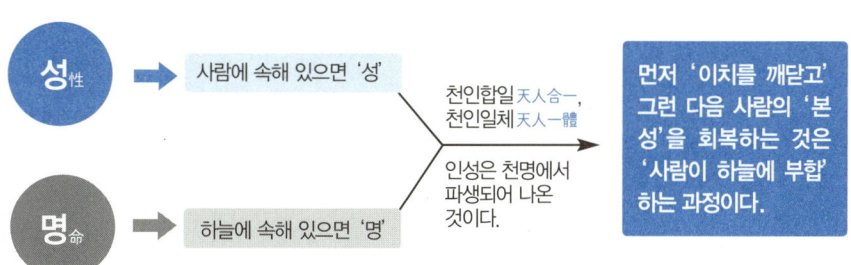

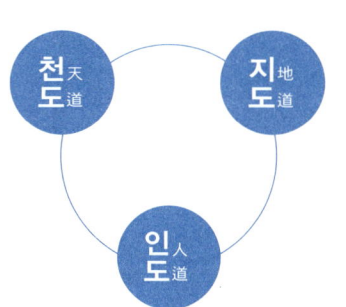

옛날 사람들은 천명과 도를 우주의 최고 법칙이라고 여겼다. 하지만 〈설괘전〉은 형이상학적인 '천'을 '인성'과 결합하여, 천도의 음양과 지도의 강유 그리고 인도의 인의를 포괄하는 동일체로 인식했다. 이렇게 성의 범위를 '이理'와 '명'에까지 확대한 것이다.

심心, 성性, 명命은 천도가 다른 형식에서 드러나는 것이며, 그 본질적인 내용은 서로 완전히 일치한다. 따라서 사람이 만약 수신修身하고 성을 파악한다면, 이는 《역경》의 '진성지명盡性至命'을 실천하는 것이다.

〈설괘전〉
2

미래를 예견할 수 있는 후천팔괘
《역경》은 후천팔괘의 순서를 따른다

"하늘乾과 땅坤이 자리를 정했다. 산艮과 연못兌은 기운이 통하고, 천둥震과 바람巽은 부딪치며, 물坎과 불離은 침범하지 않고, 팔괘가 서로 섞인다. 지나간 일을 판단할 때는 순順의 순서를 따르고, 미래를 헤아릴 때는 역逆의 순서를 따른다. 이 때문에 《역경》은 역의 순서에 근거한다天地定位, 山澤通氣, 雷風相薄, 水火不相射, 八卦相錯. 數往者順, 知來者逆, 是故易逆數也."

여기에서는 팔괘의 형상을 설명한다. 팔괘에서 건乾은 하늘, 곤坤은 땅을 나타낸다. 실제로 하늘은 위에 있고 땅은 아래에 있기 때문에, 팔괘에서도 건은 위에, 곤은 아래에 위치한다. "산택통기山澤通氣"에서 간艮은 산이며, 태兌는 연못이다. 산은 구름과 물을 만들며, 물이 흘러 연못이 된다. 연못의 물은 증발하여 구름이 되고, 구름은 산 위에서 비로 내린다. 이러한 과정에서 그들은 서로 통하기 때문에, 간과 태는 서로 연결되어 있다. "뇌풍상박雷風相薄"에서 '박薄'은 '격발시키다'라는 뜻으로 쓰였다. 진震은 천둥이며, 손巽은 바람을 나타낸다. 바람과 천둥은 서로를 격발시키는데, 천둥이 쳐서 바람을 거세게 하고, 바람이 불어 천둥의 위력을 증가시킨다. "수화불상사水火不相射"에서, '사射'는 '침범하다'라는 뜻으로 쓰였다. 감坎은 물이며 이離는 불이다. 물과 불은 대립하지만 어울리기도 한다. 물과 불은 분리되어 침범하지 않으면 소멸하지 않고 서로에게 도움을 준다. "팔괘상착八卦相錯"에서 '착錯'은 '섞이다', '교차하다'라는 의미이며, 팔괘의 위치와 순서가 서로 섞인다는 말이다.

이는 복희씨 시대 선천팔괘의 순서를 말한 것이다. 후에 주 문왕이 이것을 변화시켜 후천팔괘를 만들었는데, 선천팔괘와 후천팔괘의 방위는 서로 다르다. "수왕자순數往者順, 지래자역知來者逆"에서 수數와 지知는 모두 '셈하다'라는 뜻으로 쓰였다. 여기에서는 팔괘의 순서와 그 역순에 대해 설명한다. 팔괘에는 순順의 순서가 있고 역逆의 순서가 있다. 순의 순서는 앞에서 언급한 선천팔괘의 순서이고, 역의 순서는 후천팔괘의 순서다. 팔괘의 순의 순서는 건일乾一, 태이兌二, 이삼離三, 진사震四, 손오巽五, 감육坎六, 간칠艮七, 곤팔坤八이다. 그 방위는 건남乾南, 곤북坤北, 이동離東, 감서坎西, 태동남兌東南, 간서북艮西北, 진동북震東北, 손서남巽西南이다. 역의 순서는 감일坎一, 곤이坤二, 진삼震三, 손사巽四, 중오中五, 건육乾六, 태칠兌七, 간팔艮八, 이구離九이며, 그 방위는 이남離南, 감북坎北, 진동震東, 태서兌西, 손동남巽東南, 건서북乾西北, 곤서남坤西南, 간동북艮東北이다. 선천팔괘의 위치와 순서로 과거의 일을 계산하고, 후천팔괘의 위치와 순서를 근거로 미래의 일을 알 수 있다.

《역경》은 주로 미래의 일을 예측하기 때문에, 역의 순서인 후천팔괘를 사용한다. 때문에 "시고역후수야是故易逆數也"라고 했다.

과거를 판단할 때는 순의 순서를 따르고, 미래를 헤아릴 때는 역의 순서를 따른다

"하늘과 땅이 자리를 정했다. 산과 연못은 기운이 통하고, 천둥과 바람은 부딪치며, 물과 불은 침범하지 않고 팔괘가 서로 섞인다. 지나간 일을 판단할 때는 순의 순서를 따르고, 미래를 헤아릴 때는 역의 순서를 따른다. 이 때문에 《역경》은 역의 순서에 근거한다." 이는 팔괘의 위치와 순서를 설명한다. "수왕자순數往者順, 지래자역知來者逆"은 선천팔괘와 후천팔괘의 순서를 말하는 것으로, 선천팔괘는 순의 순서이고 후천팔괘는 역의 순서다.

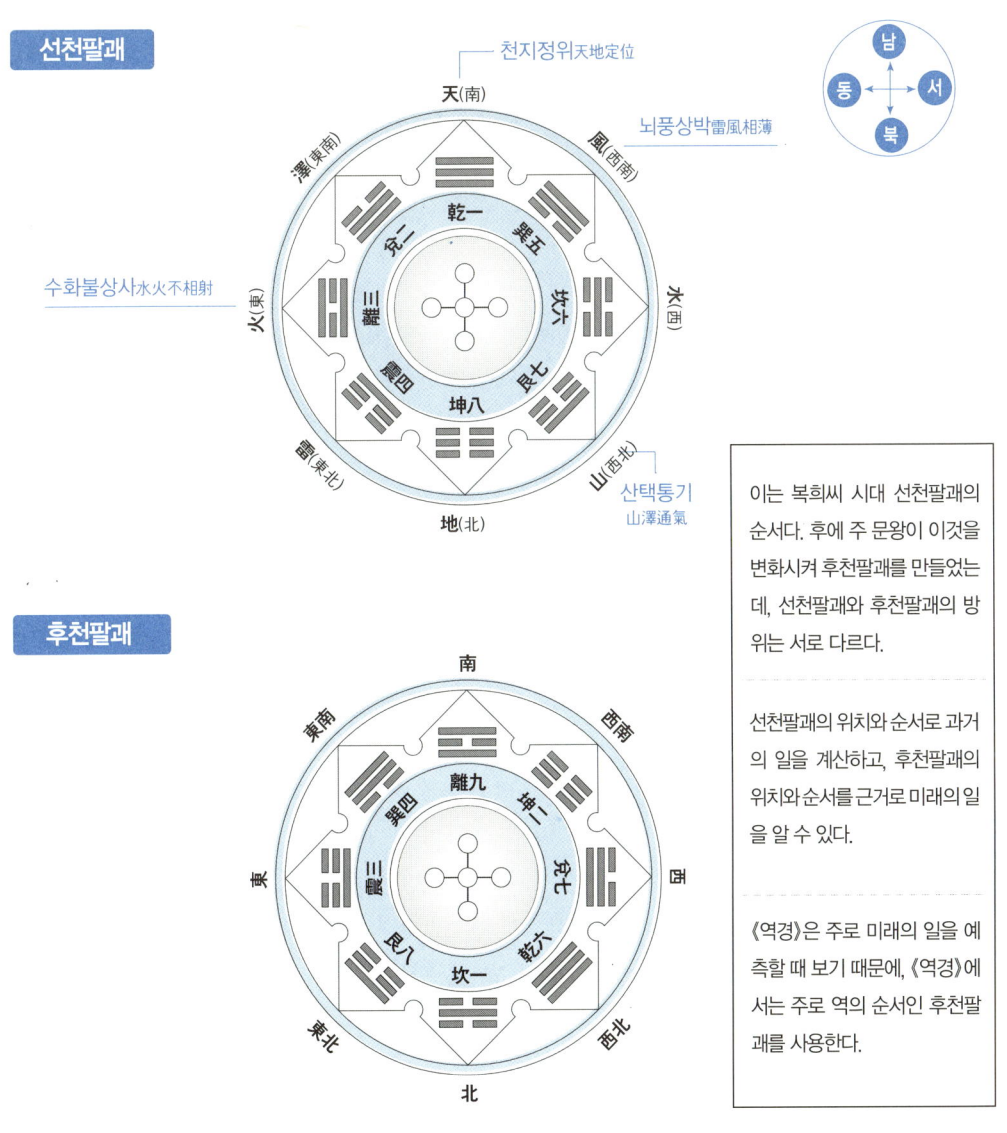

이는 복희씨 시대 선천팔괘의 순서다. 후에 주 문왕이 이것을 변화시켜 후천팔괘를 만들었는데, 선천팔괘와 후천팔괘의 방위는 서로 다르다.

선천팔괘의 위치와 순서로 과거의 일을 계산하고, 후천팔괘의 위치와 순서를 근거로 미래의 일을 알 수 있다.

《역경》은 주로 미래의 일을 예측할 때 보기 때문에, 《역경》에서는 주로 역의 순서인 후천팔괘를 사용한다.

〈설괘전〉 | 방위와 계절

3 만물은 진에서 출발하여 손에서 정돈된다

"만물은 진에서 시작하여, 손에서 정돈되고, 이離에서 서로 보며, 곤에서 일을 한다. 또한 태에서 기뻐하고, 건에서 싸우며, 감에서 힘쓰고, 간에서 완성된다 帝出乎震, 齊乎巽, 相見乎離, 致役乎坤, 說言 乎兌, 戰乎乾, 勞乎坎, 成言乎艮."

'제帝'는 북극성을 말하며 '천제天帝'라고도 했다. 천제의 움직이는 방향은 북두칠성을 보고 알 수 있다. 북극성은 스스로 움직이지 않지만, 북두칠성의 움직임을 통해 그 능력을 드러낸다. 북두칠성과 만물의 운행은 서로 부합한다. "제호손齊乎巽"은 천제가 손의 위치에 오면 만물이 가지런히 정돈된다는 의미다. "치역호곤致役乎坤"은 천제가 곤에게 일을 맡겨 완성하게 한다는 의미다. 때문에 곤은 '노역하다'라는 의미가 있다. 태의 위치에 오면 기쁘고 즐거우며, 건의 위치에 오면 육양六陽이 모두 풍족하여 음기와 충돌하며, 감의 위치에 오면 고생스럽게 된다. 때문에 감에는 '노고'와 '포상'의 의미가 있다. 간의 위치에 오면 천제의 순행巡行이 끝나기 때문에 간에는 '완성'의 의미가 있다.

〈설괘전〉에서는 또 다음과 같이 설명한다.

"만물은 진에서 나오며 진은 동방을 가리킨다. 손에서 정렬하며 손은 동남東南을 가리킨다. 제齊는 정돈한다는 의미다. 이離는 밝음을 의미하기 때문에 만물을 볼 수 있다. 이離는 남방의 괘다. 성인은 남쪽을 향해 앉아 정무政務를 봤는데, 이는 밝게 다스린다는 의미를 취한 것이다. 곤은 땅이며 만물이 모두 여기에서 길러지기 때문에 '곤에서 일을 한다'고 했다. 태는 가을이며, 만물이 결실을 맺어 기뻐하는 계절이다. 건에서는 싸운다고 했는데, 건은 서북西北의 괘이며, 음과 양이 서로 부딪침을 의미한다. 감은 물이고 북방의 괘이며 노고하는 괘다. 만물이 되돌아가는 것이니, 감에서 노고한다고 말한다. 간은 동북東北의 괘이며, 만물의 마지막이자 시작을 나타낸다. 그러므로 간에서 이룬다고 말한다."

여기서는 팔괘의 방위와 계절을 설명하고 있다. 진은 동, 손은 동남, 이離는 남, 건은 서북, 감은 북, 간은 동북을 나타낸다. 또한 태는 가을, 진은 봄, 이離는 여름, 감은 겨울이다. 선천팔괘는 사람이 남쪽의 태양을 바라보며 팔괘의 방위를 정한다. 후천팔괘는 하나의 입체도이다. 감·이·진·태는 평면의 방위이며, 건·간·손·곤은 상하의 방위이다. 북두칠성은 시계 반대 방향으로 움직이는데, 이것은 실제 천체의 움직임과 같다. 그래서 위의 좌표가 아래로 내려오면, 아래의 좌표가 위로 올라가게 된다. 이러한 상황은 선천팔괘의 위치와 완전히 상반된다.

중국은 지구의 북반구에 위치하고 건천乾天은 서북에서 관찰하며, 곤지坤地는 서남에서 관찰한다. 간은 산이고 동북에 위치하며, 손은 땅이고 동남에 위치한다. "서북에는 하늘이 높고, 동남에는 평지가 많다 天高西北 地傾東南"라고 한 것은 동서남북과 상하의 개념으로 중국 지리를 설명한 것이다. 이 위치를 근거로 음기와 양기의 움직임을 계산할 수 있다.

팔괘의 방위와 계절

"만물은 진에서 나오며 진은 동방을 가리킨다. 손에서 정렬하며 손은 동남을 가리킨다." 〈설괘전〉은 여기에서 팔괘의 방위와 계절을 설명하고 있다.

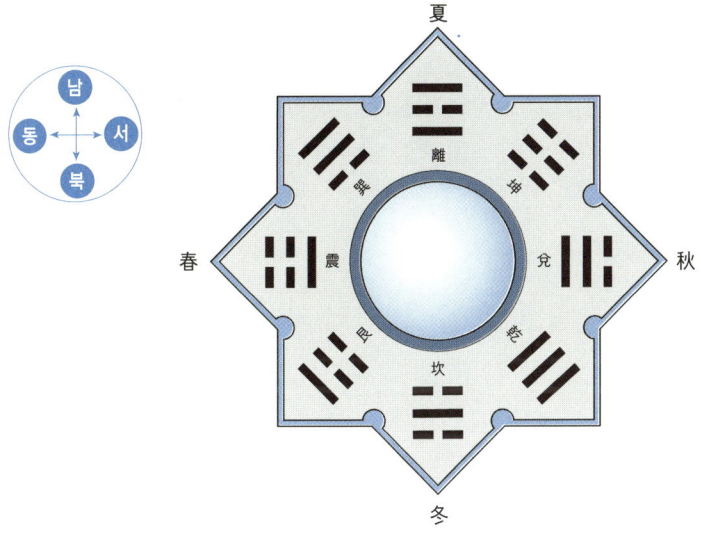

실제로 후천팔괘는 하나의 입체도다. 감·이·진·태는 평면의 방위이며 건·간·손·곤은 상하의 방위다. 북두칠성은 시계 반대 방향으로 움직이는데 이것은 실제 천체의 움직임과 같다. 그래서 위의 좌표가 아래로 내려오면 아래의 좌표가 위로 올라가게 된다. 이러한 상황은 선천팔괘의 위치와 완전히 상반된다.

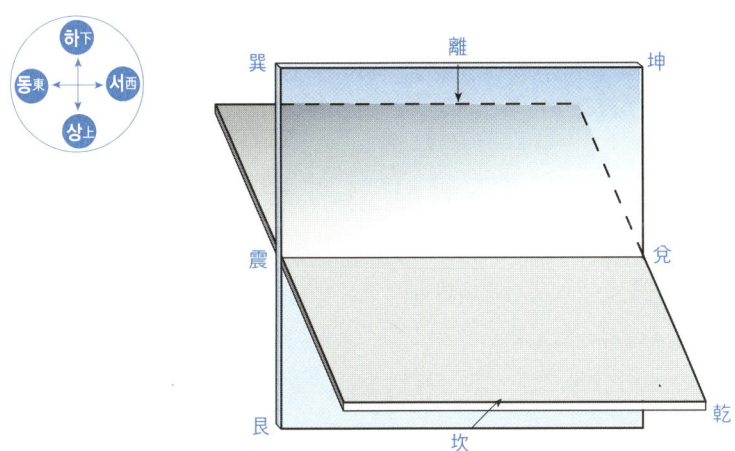

중국은 지구의 북반구에 위치하여, 건천乾天은 서북에서 관찰하고 곤지坤地는 서남에서 관찰한다. 간艮은 산이며 동북에 위치하고, 손巽은 땅이며 동남에 위치한다. 이는 동서남북과 상하의 개념으로 중국 지리를 설명한 것이다. 이 위치를 근거로 음기와 양기의 움직임을 계산할 수 있다.

〈설괘전〉	여덟 개의 자연 현상과 그 의미
4	# 신이란 만물의 작용을 말하는 것이다

"변화가 오묘하기 때문에 신神이라 말한다. 만물을 움직이게 하는 데 천둥만 한 것이 없고, 만물을 요동치게 하는 데 바람만 한 것이 없으며, 만물을 건조시키는 데 불만 한 것이 없고, 만물을 기쁘게 하는 데 연못만 한 것이 없다. 만물을 적시는 데 물만 한 것이 없고, 만물을 끝맺고 시작하게 하는 데 산만 한 것이 없다. 그러므로 물과 불은 그 효용이 서로 미치고, 천둥과 바람은 서로 거스르지 않으며, 산과 연못은 서로 기운이 통한다. 이렇게 된 다음에 비로소 변화할 수 있고 만물을 완성할 수 있다 神也者, 妙萬物而爲言者也. 動萬物者莫疾乎雷, 橈萬物者莫疾乎風, 燥萬物者莫熯乎火, 說萬物者莫說乎澤, 潤萬物者莫潤乎水, 終萬物始萬物者, 莫盛乎艮. 故水火不相逮, 雷風不相悖, 山澤通氣, 然後能變化, 旣成萬物也

이는 팔괘의 형상과 의의를 설명하고 있다.

"동만물자막질호뢰動萬物者莫疾乎雷"에서 '질疾'은 빠르다는 뜻이다. 진괘는 '움직임動'의 특징이 있으며, 그 속도도 빠르다는 말이다. "요만물자막질호풍橈萬物者莫疾乎風"에서, '요橈'는 '요撓'와 같으며 '요동치게 하다'는 뜻이다. 즉 손은 바람을 상징하여 사물을 요동치게 한다는 뜻이다. "조만물자막한호화燥萬物者莫熯乎火"에서 이괘는 '마르다燥'는 특징이 있다. 이괘의 내효는 음이고 외효는 양이다. 이는 두 강자가 약자 하나를 위협하는 형상으로, 불이 물을 핍박하여 건조시키는 것과 같다. "설만물자막설호택說萬物者莫說乎澤"에서 설說은 열悅이며 '기쁘다悅'는 특징이 있다. 태괘의 상효는 두 눈과 같고 아래에 있는 두 양효는 입의 모양이기 때문에, 태괘는 기쁘게 웃는 모습이다. "윤만물자막윤호수潤萬物者莫潤乎水"에서 감괘는 적시는 특징이 있으며 물은 만물을 적신다. "종만물시만물자終萬物始萬物者, 막성호간莫盛乎艮"에서, 간은 만물을 끝맺고 또 시작하기 때문에 삶과 죽음 혹은 사물의 전환점을 나타낸다.

위의 내용은 팔괘의 배열과 순서를 근거로 설명한 것인데, 진에서 시작하여 간에서 끝맺으며 중간에 건곤이 빠져 있다. 왜냐하면 설명의 중심 내용이 만물이기 때문이다. 〈서괘전〉에서 "천지가 생긴 후에 만물이 생겼다"고 했다. 천지는 만물의 어머니이며 천지와 만물은 서로 대등하지 않기 때문에, 여기에서는 건곤을 빼고 만물만 거론한 것이다.

"고수화불상체故水火不相逮"에서 '체逮'는 '미치다及'는 뜻이다. "뇌풍불상패雷風不相悖"에서 '불상패'는 거스르지 않는다는 의미다. "산택통기山澤通氣"에서 '통기'는 간과 태의 기가 서로 통한다는 말이다.

"연후능변화然後能變化, 시성만물야旣成萬物也"라는 말은 위의 과정을 다 겪은 후에 만물을 만들어낸다는 뜻이다. 만물의 오묘함은 바로 '변화'에 있다.

팔괘가 신묘한 이유는 만물을 예측할 수 있기 때문이다

"변화가 오묘하기 때문에 신묘하다고 말한다. 만물을 움직이게 하는 데 천둥만 한 것이 없고, 만물을 요동치게 하는 데 바람만 한 것이 없으며, 만물을 건조시키는 데 불만 한 것이 없고, 만물을 기쁘게 하는 데 연못만 한 것이 없다. 만물을 적시는 데 물만 한 것이 없고, 만물을 끝맺고 시작하게 하는 데 산만 한 것이 없다."

위의 내용을 보면, 진에서 시작해서 간에서 끝맺는다고 했는데, 왜 중간에 건괘와 곤괘가 빠져 있나요?

〈서괘전〉에서 "천지가 생긴 후에 만물이 생겼다"고 했다. 천지는 만물의 어머니이며, 천지와 만물은 서로 대등하지 않기 때문에, 여기에서는 건곤을 빼고 만물만 거론한 것이란다.

진은 천둥이다

만물을 움직이는 데 천둥만 한 것이 없다.

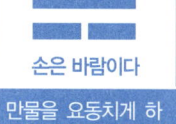

손은 바람이다

만물을 요동치게 하는 데 바람만 한 것이 없다.

이離는 불이다

만물을 건조시키는 데 불만 한 것이 없다.

태는 연못이다

만물을 기쁘게 하는 데 연못만 한 것이 없다.

감은 물이다

만물을 적시는 데 물만 한 것이 없다.

간은 산이다

만물을 끝맺고 시작하는 데 산만 한 것이 없다.

간은 만물을 끝맺고 또 시작하기 때문에 삶과 죽음, 혹은 사물의 전환점을 나타낸다.

〈설괘전〉	팔괘의 특성
5	# 건은 강건하고 곤은 유순하다

"건은 강건하고, 곤은 유순하다. 진은 움직이며, 손은 들어간다. 감은 빠지며, 이離는 부착되어 있다. 간은 멈추며, 태는 기뻐한다."

이는 팔괘의 특성을 설명한 것이다. 건은 세 개의 양효로 이루어졌으며, 양 중의 양이기 때문에 하늘을 나타낸다. 건은 강건하며, 천체의 운행과 춘하추동의 변화를 나타낸다. 어느 것도 이를 변화시킬 수 없기 때문에, 굳세고 완전하다. 또한 주도적인 역할을 한다.

곤은 세 개의 음효로 이루어졌으며, 땅을 형상한다. 하늘은 기氣의 아버지이고, 땅은 사물의 어머니다. 하늘은 주동적이며 땅은 피동적이다. 곤의 특징은 유순이며, 대자연의 규율에 순종하여 만물을 만든다. 또한 모든 능력을 끌어들이는 특징이 있다.

진은 그릇의 모양을 하고 있으며 천둥을 상징한다. 가을과 겨울 사이 두 음효에 숨어 있던 양기가, 봄이 되어 기운을 펼친다. 이는 만물이 싹을 틔우는 것과 같다. 진은 진작하는 특징이 있다. 즉, 억눌리지 않고 떨쳐 일어나 전진한다는 뜻이다.

손은 가장 아래 효가 끊겨 있으며, 하나의 음효가 두 개의 양효 아래에 숨어 있는 모양이다. 때문에 안으로 깊게 들어가거나 안으로 발전하는 형상이다. 바람은 몰래 틈 안으로 들어와 역량을 모으기 때문에 손은 바람을 상징하며, '들어온다入'는 특징이 있다.

감은 가운데가 가득 찬 모양이며 안으로 발전하는 형상이다. 또 외유내강外柔內剛이며, 안은 동적이고 밖은 정적이기 때문에 물을 상징한다. 물은 늘 움푹 파인 곳에 있으므로, 감괘는 움푹 파인 것이 특징이다.

이離는 가운데가 비어 있는 모양이며 가운데에서 밖으로 발전하는 형상이다. 또한 외강내유外剛內柔이며 외부는 동적이고 내부는 정적이기 때문에 불을 상징한다. 불은 역량을 밖으로 발산하는 특징이 있어, 이離는 흩어진다는 의미도 있다. 이괘는 또 밝고 아름답다는 특징이 있다.

간은 그릇을 엎어놓은 모양이며 위는 작고 아래는 커서 산의 형상이다. 아래와 오른쪽으로 발전하는 특징이 있다. 간괘는 또 '장애'와 '곤경'을 상징하며 상실하허上實下虛의 형상이다. 간괘는 '고요'와 '정지'의 특성이 있다. 산 정상에서 앞으로 가는 것은 내려오는 것을 의미한다.

태는 위가 빠져 있어 상허하실上虛下實의 형태이며, 위로 발전하는 형상이다. 태는 물이 반쯤 담겨 있는 형태이기 때문에 연못을 상징한다. 외허내실外虛內實이라서 쉽게 주변의 사물과 소통한다. 태괘의 특성은 기쁨이다. 태는 또한 가을을 상징하는데, 가을은 추수의 계절이기 때문에 기쁘다.

건은 강건하고 곤은 유순하다

"건은 강건하고, 곤은 유순하다. 진은 움직이며, 손은 들어간다. 감은 빠지는 것이며, 이離는 부착되고 아름답다. 간은 멈추며, 태는 기뻐한다." 이는 팔괘의 특성을 설명한 것이다.

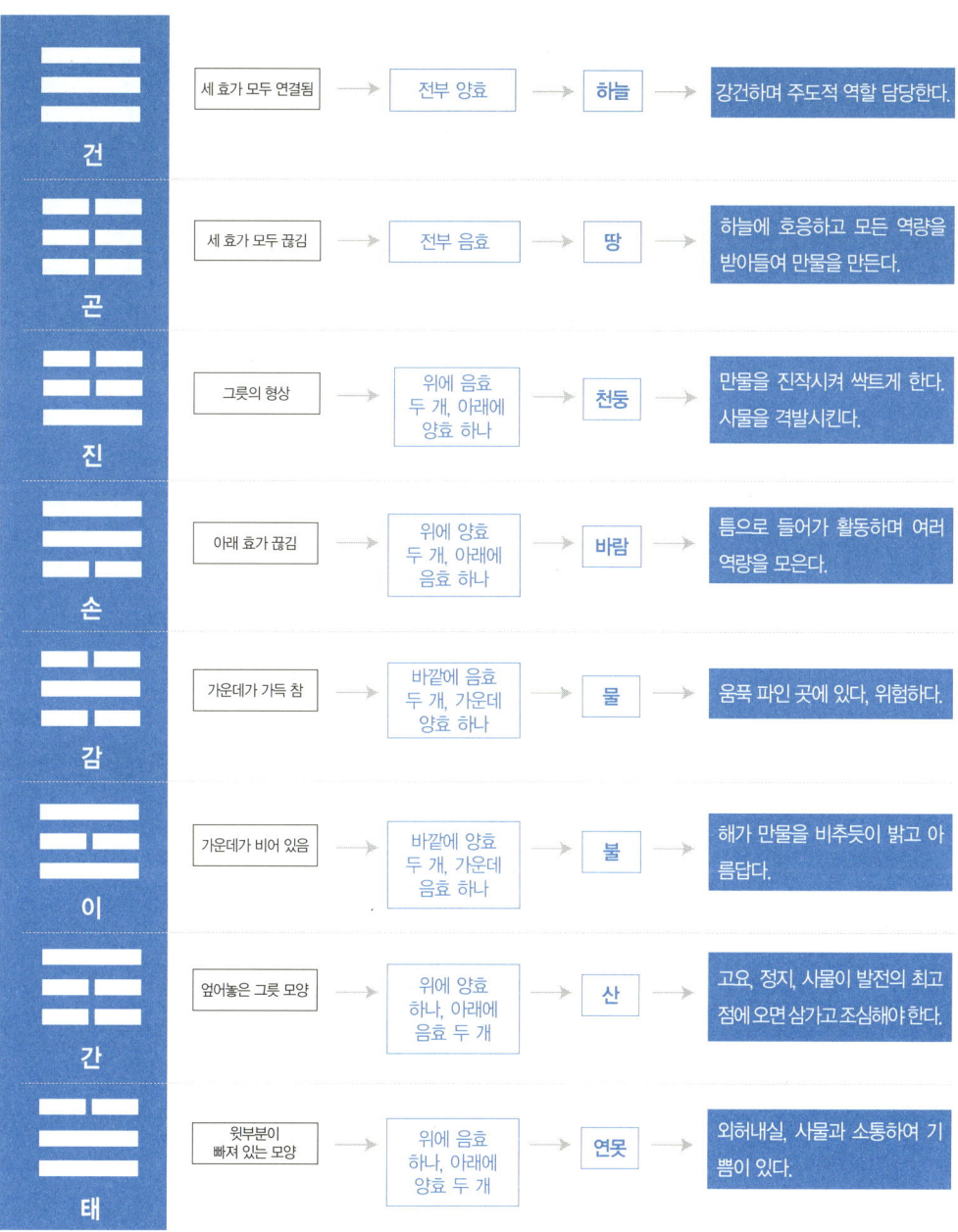

〈설괘전〉 6 | 팔괘가 나타내는 각종 형상
건은 말이고 곤은 소다

"건은 말, 곤은 소, 진은 용, 손은 닭, 감은 돼지, 이離는 꿩, 간은 개, 태는 양을 상징한다. 또한 건은 머리, 곤은 배를 상징한다. 진은 발, 손은 다리를 상징한다. 그리고 감은 귀, 이離는 눈, 간은 손, 태는 입을 상징한다. 건은 하늘이기 때문에 아버지라 부른다. 곤은 땅이기 때문에 어머니라 부른다. 진괘는 곤괘가 건괘의 첫 효를 취해 낳은 남자아이이며 장남이라고 부른다. 손괘는, 건괘가 곤괘의 첫 효를 취해 낳은 여자아이이며 장녀라고 부른다乾爲馬, 坤爲牛, 震爲龍, 巽爲雞, 坎爲豕, 離爲雉, 艮爲狗, 兌爲羊. 乾爲首, 坤爲腹, 震爲足, 巽爲股, 坎爲耳, 離爲目, 艮爲手, 兌爲口. 乾, 天也, 故稱乎父, 坤, 地也, 故稱乎母, 震一索而得男, 故謂之長男, 巽一索而得女, 故謂之長女.

이는 팔괘의 괘상을 설명한 것이다. "건위마乾爲馬……태위양兌爲羊"에서 '시豕'는 돼지를 나타낸다. "건위수乾爲首……태위구兌爲口"에서는 팔괘가 상징하는 사람과 동물의 신체 부위를 설명하고 있다. 여기에서 '고股'는 허벅지를 말한다.

"건乾, 천야天也, 고칭호부故稱乎父……고위지장녀故謂之長女"에서는, 팔괘가 부모와 세 아들 그리고 세 딸을 상징하고 있음을 설명한다. 건은 하늘이고, 하늘은 양陽에 속하며 아버지를 나타낸다. 곤은 땅이고 땅은 음에 속하며 어머니를 나타낸다. 곤괘가 건괘의 첫 번째 강효剛爻를 얻어 남자아이를 낳았는데 이것이 진괘다. 때문에 진은 장자長子를 나타낸다. 건괘가 곤괘의 첫 번째 유효柔爻를 얻어 여자아이를 낳았으니 이것이 손괘다. 그래서 손은 장녀를 의미한다. 곤괘가 건괘의 두 번째 강효를 얻어 사내아이를 낳았는데 이것이 감이다. 그래서 감괘는 차남을 가리킨다. 건괘가 곤괘의 두 번째 유효를 얻어 여자 아이를 낳았는데, 이것이 이괘다. 그래서 이離는 차녀를 의미한다. 곤괘가 건괘의 세 번째 강효를 얻어 남자아이를 낳았는데, 이것이 간괘다. 그래서 간은 막내아들을 나타낸다. 건괘는 곤괘의 세 번째 유효를 얻어 여자아이를 낳았는데 이것이 태괘다. 그래서 태는 막내딸을 의미한다. '색索'은 '얻어내다'는 의미다. 예를 들어 "진괘는 곤괘가 건괘의 첫 효를 취해 낳은 남자아이이며 장남이라고 부른다"라고 했듯이, 팔괘에서 초효初爻는 장長, 중효中爻는 중中, 상효上爻는 소少를 나타내기 때문에, 진은 장자가 된다.

이 뒤의 "건은 하늘이고, 원형 수레 덮개의 모양을 하고 있으며, 임금의 형상이다乾爲天, 爲圓, 爲君"에서부터 마지막까지는 팔괘의 구체적인 형상을 설명한다. 여기에 수많은 형상을 제시했지만 세상의 모든 형상들을 다 적용하기에는 부족하다. 그래서 〈설괘전〉에서는 다른 형상을 유추할 수 있도록 "사람의 경우에其於人也", "말의 경우에其於馬也", "나무의 경우에其於木也" 등의 표현을 사용했다. 이러한 말들은 하나의 영역을 지칭하기 때문에 이것과 연관 지어 여러 영역을 유추할 수 있다.

팔괘의 괘상이 갖는 구체적인 의미

"건은 말, 곤은 소, 진은 용, 손은 닭, 감은 돼지, 이는 꿩, 간은 개, 태는 양이다."〈설괘전〉은 여기에서 팔괘의 구체적인 괘상을 설명한다.

괘명	자연	사람	속성	동물	신체	방위	계절
건	하늘	아버지	강건	말	머리	서북	초겨울
곤	땅	어머니	유순	소	배	서남	초가을
진	천둥	장남	움직임	용	발	동	봄
손	바람, 나무	장녀	진입	닭	허벅지	동남	늦봄, 초여름
감	물, 달	차남	파임	돼지	귀	북	겨울
이	불, 해	차녀	부착	꿩	눈	남	여름
간	산	막내아들	정지	개	손	동북	늦겨울, 초봄
태	연못	막내딸	기쁨	양	입	서	가을

여기에 수많은 형상을 제시했지만 세상 모든 형상들을 모두 적용하기에는 부족하다. 그래서 〈설괘전〉에서는 다른 형상을 유추할 수 있도록 '사람의 경우에', '말의 경우에', '나무의 경우에' 등의 표현을 사용했다. 이러한 말들은 하나의 영역을 지칭하기 때문에, 이것과 연관 지어 여러 영역을 유추할 수 있다.

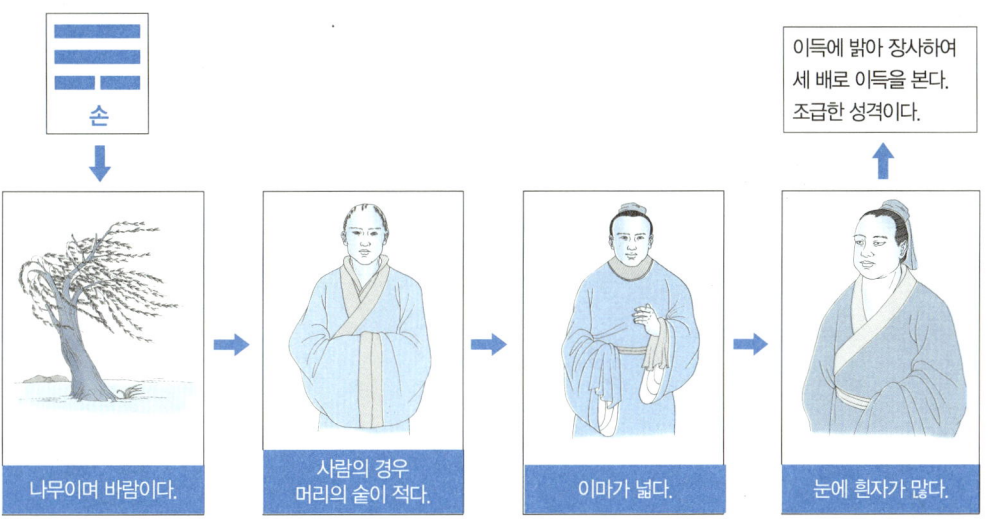

손

나무이며 바람이다.

사람의 경우 머리의 숱이 적다.

이마가 넓다.

눈에 흰자가 많다.

이득에 밝아 장사하여 세 배로 이득을 본다. 조급한 성격이다.

6장 · 〈설괘전〉 281

관련 주요 저작

《역경》과 관련된 저작은 매우 많다. 여기에서는 비교적 영향력이 있는 책들을 소개한다.

《경씨역전京氏易傳》 | 서한西漢의 경방京房이 편찬한 책으로 3권이다. 책 제목이 《역전易傳》이지만 경문에 주석을 가하지 않았으며, 그 내용이 《역경》의 의미와도 부합하지 않는다. 이 책에서는 건乾과 곤坤은 근본이고 감坎과 이離는 성명性命이라 여기며, 이것이 육십사괘를 통제한다고 주장한다. 또한 세응世應, 비복飛伏, 유혼游魂, 귀혼歸婚 등의 개념으로 효와 괘의 관계를 설명했다. 이를 보면 이 책은 상수역학에 속한다고 할 수 있다. 이 책은 천인감응天人感應의 관점으로, 천재지변이 하늘이 내리는 화복의 표징이라고 주장했다. 훗날 출현한 동전으로 점치는 방법은 바로 이 책에서 비롯되었다.

《역위易緯》 | 《역경》의 경문經文과 전문傳文을 해설한 위서緯書를 《역위》라고 칭한다. 《역위》에서 제기한 팔괘용사八卦用事, 효진爻辰, 서괘序卦, 구궁九宮, 육일칠분六日七分, 칠십이후七十二候, 괘기卦氣, 이십사기二十四氣, 육십사괘주세六十四卦主歲, 육십괘후六十卦候, 도서圖書 등의 개념들은 자연과학적인 성격이 매우 강하다. 《역위》에는 《건곤착도乾坤鑿度》, 《건착도乾鑿度》, 《계람도稽覽圖》, 《변종비辨終備》, 《통괘험通卦驗》, 《건원서제기乾元序制記》, 《시류모是類謀》, 《곤영도坤靈圖》 등 8종이 있다. 이 책들의 편찬 시기에 대해서는 중론이 분분하다. 남조南朝의 유협劉勰은 이 책들이 서한 후기에 편찬되었으며 동한東漢의 정현鄭玄이 주해했다고 주장했다. 하지만 원서는 모두 없어졌고 후대에는 단편적인 내용들만 편집되어 전해진다. 명대明代 손곡孫穀의 《고미서古微書》, 청대清代 마국한馬國翰의 《옥함산방집일서玉函山房輯佚書》 및 황석黃奭의 《한학당총서漢學堂叢書》에 단편적으로 수록되어 있다. 조재한趙在翰이 수집한 《칠위七緯》와 교송년喬松年의 《위군緯捃》은 비교적 완전한 모습을 갖추고 있다.

《주역정의周易定義》 | 당대唐代 공영달孔穎達이 태종太宗의 명을 받아 《오경정의五經定義》를 편찬했는데, 그중에 《주역정의周易定義》 10권이 들어 있다. 이 책은 처음 《주역의찬周易義贊》이라고 불리다가 나중에 황제의 명을 받들어 《주역정의》로 개명했다. 소위 '정의定義'라는 것은 경전의 주해에 다시 해설을 더한 것이다. 공영달의 《주역정의》는 왕필王弼의 《주역주周易注》를 근거하여 정리한 것이다. 이 책은 읽기 편하도록 《역경》의 경문, 왕필의 주注, 공영달의 해설을 모두 함께 수록했고, 왕필 《주역주》의 형식을 모방하여 10권으로 편찬했다. 이 책은 《십삼경주소十三經注疏》, 《사고역학총간四庫易學叢刊》에 수록되어 있다.

《강절설역전서康節說易全書》 | 송대宋代 소옹邵雍의 《역경》 해설서이자 역학 분야의 거작이다. 소옹은 역학 분야에 크게 두 가지 공헌을 했다. 그 첫 번째가 하락지학河洛之學과 상수지학象數之學을

종합했다는 것이며, 두 번째는 오묘한 역학의 내용을 보다 간략하고 쉽게 풀이했다는 것이다. 이 책에는 소옹의 주요 저작인 《하락진수河洛眞數》, 《매화역수梅花易數》, 《자미두수紫微斗數》, 《철판신수鐵板神數》, 《소자신수邵子神數》, 《황극경세서皇極經世書》, 《이천격양집伊川擊壤集》 등이 모두 망라되어 있다.

《정씨역전程氏易傳》 | 북송北宋 정이程頤가 편찬한 책으로 모두 4권이며 《이천역전伊川易傳》이라고도 한다. 이 책은 상하의 경문만을 해설했고, 〈단전〉, 〈상전〉, 〈문언전〉은 왕필의 주를 사용했다. 또한 〈서괘전〉을 각 괘의 앞에 배치했다. 정이는 왕필과 호원胡瑗의 의리역학義理易學의 영향을 받아 상수역학象數易學을 반대했고, 괘사와 효사의 풀이를 통해 이치를 설명했다. 《이정집二程集》본(1981년 중화서국中華書局에서 교감하여 출판)과 동치금릉서국각본同治金陵書局刻本이 있다. 《사고역학총간》과 《역학정화易學精華》(1990년 제남출판사齊南出版社 출판)에도 수록되어 있다.

《역경본의周易本義》 | 남송南宋 주희朱熹가 편찬했다. 이 책은 왕필《주역주》의 순서를 따르지 않고, 여조겸呂祖謙의 《고주역古周易》을 근거하여 경전을 설명했다. 모두 12권으로 〈상경〉과 〈하경〉이 2권, 〈십익〉이 10권이다. 각 권의 첫머리에는 〈구도九圖〉를 수록했고, 권의 끝에는 〈주역오찬周易五贊〉과 〈서의筮儀〉를 수록했다. 남송 함순연간咸淳年間에 동해童楷가 편찬한 《주역전의부록周易傳義附錄》은 주희의 《주역본의》를 《이천역전》의 밑에 각각 덧붙여놓았다. 《이천역전》의 체계는 왕필의 《주역주》를 근거했기 때문에 주희의 《주역본의》의 형태가 흩어지게 되었다. 명대 영락제永樂帝가 《오경대전五經大全》을 편찬했을 때, 동해의 책을 근거했다. 그 후에 또 《오경대전》을 근거로 4권으로 된 《주역본의周易本義》를 편찬했는데, 그 체계는 여전히 《이천역전》의 형식을 취하고 있어 《주역본의》의 원래 모습은 찾아 볼 수 없었다. 《사고전서四庫全書》에서 이 책을 수록할 때, 송대 함순연간 오혁각본吳革刻本의 모각본을 사용하여 《주역본의》의 원래 모습을 보존했다. 《사고전서》에는 또 4권으로 된 《주역본의》도 뒤에 덧붙여놓아 참고하도록 했다.

《주역절중周易折中》 | 청대 이광지李光地 등이 황제의 명을 받아 편찬한 책으로 22권으로 되어 있다. 고본을 근거하여 《역경》의 경문과 전문으로 나누어 배열했다. 정이의 《이천역전》과 주희의 《주역본의》를 위주로 하고 여러 책을 참고하여 하나의 학설에 치중하지 않았다. 하지만 복잡하고 근거 없는 주장은 수록하지 않았다. 이 책은 각상번본各省飜本과 절국간본浙局刊本이 있으며 《사고역학총간》에 수록되어 있다.

그림으로 풀어쓴
역경